W0216877

1

Une forte odeur de vieux livres, à la fois sèche et humide, prit Kate au nez et à la gorge à peine le seuil franchi. Forte, mais pas désagréable. La vieille bâtisse qui abritait la librairie se situait un peu en retrait de la rue principale de Wigtown. Pour y accéder, il fallait emprunter la ruelle étroite qui formait un angle entre les autres commerces, puis remonter une allée au pavage anarchique qui serpentait parmi un foisonnement d'arbustes et de buissons à l'abandon. Bref, un lieu peu engageant à première vue, du moins lorsqu'on le découvrait sous le fin crachin et la brume grisâtre de Solway. Un panneau tout écaillé, peint à la main, signalait au passant l'entrée de cette grange remplie de livres dont on distinguait à peine l'intérieur par les vitres sales. L'espace, qui n'était pas quadrillé par de longs rayonnages métalliques d'aspect bancal, était occupé par des tables jonchées d'ouvrages disposés sans aucun ordre apparent, sans rime ni raison : des trésors de mots entassés n'importe comment, livrés à la moisissure.

C'est au beau milieu de ce fouillis que débarqua Kate Vincent, à peine descendue d'avion. Épuisée par son voyage transatlantique, elle prit connaissance du décor, déconcertée. Que venait-elle faire là ?

Emily Cotton était assise derrière le vieux comptoir. Elle portait le gros pull à torsades et l'écharpe à volants rose et or que Kate lui avait envoyés. Elle les avait confectionnés elle-même dans l'espoir de raviver leur amitié, s'il n'était pas déjà trop tard. En retour, elle avait reçu une petite carte de remerciement poli : Emily était une fille bien élevée. C'était la dernière fois qu'elles avaient été en contact. Jusqu'à ce fameux e-mail.

Absorbée par sa lecture, Emily remuait les lèvres en silence quand l'arrivée de cette cliente inattendue lui fit brusquement relever la tête. Elle avait le teint d'une pâleur maladive et deux croissants de lune bleus creusaient ses yeux gris, ternes, éteints. Un timide rayon de soleil vint éclairer son visage dans la semi-pénombre tandis que, bouche bée, elle découvrait la présence de son amie. La transformation fut radicale : ses fines boucles brunes s'enflammèrent de reflets cuivrés et ses yeux gris se parèrent d'un éclat mauve. Après un instant de confusion, elle bondit de son tabouret en poussant un joyeux cri de surprise.

— Kate ! Tu es venue !

Un mois s'était écoulé depuis qu'Emily avait envoyé son e-mail, rédigé sous l'influence d'une bouteille de merlot. L'appel à l'aide d'une amie de longue date. Dans son message, Emily suppliait Kate de venir la soutenir dans sa nouvelle entreprise qui, sous l'effet combiné de la détresse et du vin, lui paraissait aussi précipitée que déraisonnable – quand elle était d'humeur plus optimiste, elle avait l'impression de vivre un rêve. Son grand projet, bien que très flou, était d'ouvrir une librairie dans une ville qui en comptait déjà beaucoup et était d'ailleurs célèbre pour ça.

Emily était la propriétaire de ces locaux, c'était signé et scellé, mais, face à l'ampleur de la tâche, à son manque total d'expérience commerciale voire de perspicacité tout court, elle s'était sentie dépassée. En outre, elle n'était

LA LIBRAIRIE DES NOUVEAUX DÉPARTS

JEN MOUAT

Traduit de l'anglais
par Audray Sorio

City
Poche

© **City Editions 2020**, pour la traduction française
© 2017 Jen Mouat
Couverture : Shutterstock/Studio City
Publié en Grande-Bretagne sous le titre
The Bookshop of new Beginnings par HQ Digital.

ISBN : 978-2-8246-1744-2
Code Hachette : 56 7872 1

Collection dirigée par Christian English & Frédéric Thibaud.
Catalogue et manuscrits : city-editions.com

Conformément au Code de la propriété intellectuelle, il est interdit
de reproduire intégralement ou partiellement le présent ouvrage, et ce,
par quelque moyen que ce soit, sans l'autorisation préalable de l'éditeur.

Dépôt légal : Août 2020

Pour Chris : sans toi, la vie ne serait
qu'une succession d'errances
mues par le hasard
et
pour Brittany, mon Américaine exigeante :
tout ça, c'est grâce à toi.

pas dans l'état d'esprit idéal pour se lancer dans ce genre d'aventures ; depuis des semaines, elle oscillait entre joie et désespoir et remettait tout au lendemain. Lorsqu'elle n'errait pas comme une âme en peine dans sa boutique glaciale, déplaçant d'un air absent les livres d'une étagère à l'autre, elle se plongeait dans un roman, fuyant pendant quelques heures l'obligation de se mettre à la tâche ou de prendre des décisions.

De toute façon, elle n'avait pas le cœur à prendre des décisions ; même les plus anodines lui paraissaient au-delà de ses forces. La peur de l'échec la minait, réduisait sa détermination à néant. Joe occupait ses pensées en permanence, sapant toute motivation, lui rappelant sans cesse sa faiblesse.

Et voilà que l'impensable se produisait : le retour de Kate ! Tout allait s'arranger, maintenant qu'elle était là.

— Tu es venue ! répéta-t-elle avec une pointe d'incrédulité, comme si elle doutait encore de l'évidence.

Kate était-elle un mirage, fruit de son désespoir ? Si tel était le cas, sa famille avait sans doute raison de s'inquiéter pour elle : son état était grave.

Emily se jeta au cou de Kate, se procurant ainsi la preuve irréfutable de sa présence. Elle huma son parfum et son shampoing – il n'y avait que Kate pour rester aussi belle et sentir aussi bon après un si long voyage. Une pointe de jalousie refit surface, qu'elle s'empressa de chasser ; ce n'était pas en se confrontant aux pans les plus sombres de sa personnalité qu'elle surmonterait son désarroi.

De son côté, Kate lui rendit son étreinte, les yeux clos. Les souvenirs affluaient avec une netteté parfaite, des souvenirs que n'entachait aucune ombre de déception ou de culpabilité. L'accolade spontanée d'Emily, façon rouleau compresseur – typique de sa famille chaleureuse – dissipait le malaise des retrouvailles après une si longue séparation. Bien sûr, dans sa maladresse, Emily lui écrasa les orteils et lui fit manger un peu de ses cheveux, mais ce fut un moment de perfection, de totale harmonie ; elles ne s'étaient plus serrées comme ça, ni même vues, depuis six ans.

— Évidemment que je suis venue. J'ai reçu une convocation, dit Kate avec un petit sourire taquin lorsqu'elles s'écartèrent l'une de l'autre.

Sans lâcher les mains de son amie, elle recula pour la considérer avec attention.

Au souvenir de son e-mail aviné et bourré de superlatifs, Emily prit un air penaud. Elle examina Kate de la tête aux pieds : sa robe de satin bleu marine à motif d'oiseaux n'était pas des plus adaptées pour les étés pluvieux d'une petite ville écossaise. Des collants bleu marine aussi fins qu'un murmure et des bottines en daim grises – désormais maculées de boue du chemin – complétaient l'ensemble. Sa chevelure soyeuse se déployait sur ses épaules et un gloss vermillon illuminait son sourire.

Emily lui rendit ce sourire avec nervosité. Ses lèvres à elle étaient gercées, aussi pâles que des pétales de rose, et son teint était blafard. Bouleversée par cette arrivée inattendue, elle s'éloigna de Kate en se frictionnant les bras.

— Sophisti-Kate, ironisa-t-elle

Kate avait hérité de ce surnom au sortir de ses années de garçon manqué, tel le vilain petit canard devenu cygne.

— Jamais je n'aurais cru que tu viendrais.

Son intonation émerveillée témoignait du cadeau que lui faisait Kate, par sa seule présence. Il suffisait que, sur un coup de tête, elle achète une librairie décrépite et envoie un e-mail aux relents d'alcool pour que Kate débarque dans la foulée ? C'était si facile. *J'aurais dû le faire bien plus tôt. J'aurais dû faire revenir Kate à la maison.*

Kate frissonna et de nouveau promena un regard critique tout autour d'elle ; son principal souci, c'était la température qui régnait dans ce local, mais la poussière omniprésente, les toiles d'araignée dans les coins et l'apathie générale des lieux ne lui échappèrent pas.

— Et pourtant, me voilà ! Il fait un froid de canard, ici, Em. Tu n'as pas de chauffage ?

Emily se rembrunit et secoua la tête. Kate commença à déambuler dans la pièce, déjà en train de repenser l'agencement de la librairie : les rayonnages, le stock, la décoration, bref la mise en valeur de l'ensemble.

— Peu importe, s'empressa-t-elle d'ajouter en se frottant les bras pour réprimer un autre frisson.

— Je peux te prêter un pull, si tu veux, proposa Emily en jetant un coup d'œil dubitatif à la tenue de son amie.

Elle attrapa quelque chose sous le comptoir et le lui tendit : un sweat à capuche qui avait connu des jours meilleurs. Kate l'enfila par-dessus sa robe sans rechigner, distraite par une bribe de souvenir émergeant parmi tant d'autres : c'était le pull qu'Emily réservait autrefois aux lendemains de fête. Elle y ajouta une paire de mitaines et se sentit encore mieux. L'élégance était le cadet de ses soucis ; il régnait dans cette grange un froid de vieilles pierres à l'abandon.

Comme Emily le craignait, son sweat jurait totalement sur Kate, mais cette dernière redressa le menton avec défi et adopta une pose comique qui les fit éclater de rire toutes les deux. En réalité, ce pull fut le lien invisible qui leur permit de renouer leur amitié. Les souvenirs remontèrent à la surface, sans entraves, comme des bulles.

Et en premier, leurs fous rires. Elles avaient ri souvent, longtemps et fort dans une succession d'appartements d'étudiants délabrés. Et puis, les soirées arrosées dans des cuisines aux couleurs criardes, au milieu des restes de repas improvisés ; les week-ends à paresser toute la matinée devant de vieux films, blotties dans le canapé, sous la couette de Kate parce que, la plupart du temps, elles ne pouvaient pas se permettre d'allumer le chauffage. Les garçons allaient et venaient, d'autres amies gravitaient autour d'elles, mais au bout du compte, c'était toujours Emily et Kate. Ensemble. Elles formaient un tout.

Depuis le premier jour, à l'école primaire de South Morningside. Une cour de récré où résonnaient les cris de grandes victoires et de petits conflits, la mélodie des comptines pour corde à sauter, les querelles de football et les brutales parties de cache-cache – un lieu de conquêtes, de petits chefs, de reine des abeilles et d'allégeances indispensables, mais aussi un lieu où se forgeaient des amitiés qui pouvaient s'étioler et, un jour qui sait, s'éteindre.

Ou durer toute une vie.

L'amitié de Kate et Emily survivrait-elle à l'épreuve du temps ? Le jury devait encore délibérer là-dessus. Elles avaient toutes les deux douté de se revoir un jour, pourtant Kate était bien là, et c'était un bon début. Cependant, tous les fous rires possibles leur seraient nécessaires pour entreprendre cette aventure ensemble et réparer ce qui avait été brisé : cette grange et ses livres moisis, mais aussi leur amitié. Chaque mot, chaque sourire, chaque gloussement les ramenaient au bon vieux temps, faisaient tomber les barrières et entamaient le lent et minutieux processus de reconstruction.

— Tu pourrais proposer des pulls aux clients, suggéra Kate en tirant sur les manches du sweat à capuche élimé. Tu les présenterais dans un grand panier à l'entrée.

Elle ne plaisantait qu'à moitié.

— Encore faudrait-il qu'il y en ait, des clients, objecta Emily avec tristesse.

Sa remarque lui valut un regard sévère de Kate, aussi s'empressa-t-elle de remiser ses doutes avec un pâle sourire.

— Un thé ? proposa-t-elle d'un ton enjoué.

Ah, revoilà l'Emily d'antan ! songea Kate. Pour son amie, le thé était le remède à tous les maux. Et si le thé ne suffisait pas, elle passait au merlot.

— Avec joie. Tu as l'électricité, donc ?

Cette fois encore, elle plaisantait à moitié. Il fallait vite qu'elle revoie sa conception de cette librairie ; les images réjouissantes qui l'avaient nourrie tandis qu'elle traversait l'océan s'effilochaient rapidement. Il n'était pas question d'une affaire florissante, on en était même loin : pour l'instant, le lieu se résumait à quatre murs, un toit, des piles de livres, et une Emily tellement accablée par le poids des dernières années qu'elle en avait perdu toute sa verve et tout son entrain. Où était passée la vraie Emily, l'instigatrice, la meneuse à l'imagination débordante, la tête pensante de tous leurs jeux, celle qui commandait toujours ses frères et son amie au cours de leurs étés à Solway ?

Emily se redressa, drapée dans le peu de dignité qui lui restait.

— Oui, j'ai l'électricité. Oh, ça va, pas la peine de prendre cet air surpris ! Par contre, j'ai bien peur de ne pas avoir de café. Mais viens voir par toi-même, faisons le tour du propriétaire.

Elle entreprit de faire visiter la librairie à Kate, telle une reine en son domaine, débordante de fierté. Malgré tous ses défauts, ce magasin lui appartenait, avec ses pierres et ses poutres, et elle l'adorait.

— En fait, l'installation électrique n'est pas en si mauvais état, déclara Emily en entraînant Kate par une porte au fond de la pièce. La lumière tremblote parfois, mais… Regarde, il y a une petite cuisine ici, et des toilettes à l'arrière, et aussi des annexes dehors, où nous pourrons entreposer le stock.

L'emploi du « nous » ne passa pas inaperçu, mais resta en suspens entre elles ; il renfermait un petit quelque chose de bien réel et de rassurant. Kate se réjouit de l'enthousiasme d'Emily.

Elle regarda dehors par une minuscule fenêtre obscurcie par des décennies de crasse et acquiesça. Son arrivée, comprit-elle, avait ranimé la flamme chez son amie : de fines volutes d'optimisme émanaient d'elle comme de la fumée. On entrevoyait de nouveau la petite fille aux grandes ambitions qui avait hérité de l'obstination de sa grand-mère. Cependant, cette assurance était précaire et Kate voyait à quel point elle était devenue fragile.

Véritable mouchoir de poche, la cuisine se targuait d'un évier, d'un plan de travail fissuré et d'une bouilloire au joyeux glouglou. Face à face dans cet espace réduit, les deux amies se dévisagèrent l'une l'autre, échangeant de grands sourires un peu fous, incrédules, timides ; elles avaient l'impression de se retrouver au premier jour, dans la cour de récré de l'école, lorsque Emily avait partagé sa collation avec Kate, pour la simple et bonne raison que Kate n'en avait pas – d'instinct Emily avait su que ce n'était pas un oubli, mais une fatalité.

À l'époque, la petite Kate de douze ans s'était raccrochée à Emily et à sa famille, les Cotton ; ils étaient devenus sa planche de salut dans la tempête que lui faisaient vivre au quotidien la dépression et l'alcoolisme de sa mère. Lily Vincent n'avait pas attendu la naissance de sa fille pour succomber à ses démons et l'arrivée de ce petit être si dépendant n'avait pas suffi à l'arracher au bourbier de désespoir dans lequel elle s'enlisait. En grandissant,

Kate avait appris à ne compter que sur elle-même, sans jamais cesser de croire à la possibilité d'une autre vie. Si elle était parvenue à faire plus que survivre, à se fabriquer une nouvelle réalité et à oser rêver d'un avenir dans lequel elle pourrait s'accomplir, c'était uniquement grâce à la famille Cotton.

Emily sortit une boîte de sachets de thé, deux tasses fêlées et une bouteille de lait à l'odeur suspecte : elles décidèrent de s'en passer. Leur tasse à la main, elles regagnèrent la boutique, leurs pensées convergeant sans qu'elles en aient conscience. Un moment intense, vibrant d'une parfaite harmonie. *Ce n'est pas pratique. Ça par contre, c'est génial ! Pourquoi on n'a pas fait ça plus tôt ?* Mais aussi : *Qu'est-ce qui nous prend de le faire maintenant ?*

Elles continuaient à échanger de petits regards timides. Les sourcils froncés, Emily pesait ses mots, cherchait comment aborder la question. Pourquoi Kate était-elle venue ? Elle avait sûrement laissé des tas de choses derrière elle, à New York : sa carrière, son compagnon, ses amis… tout ça pour passer un été froid et humide à Wigtown ? Pour retaper une librairie en ruine avec une vieille copine qui ne méritait certainement pas un tel sacrifice de sa part ?

— Je n'avais pas le droit d'attendre de toi que tu viennes, je n'avais même pas le droit de te le demander, finit-elle par déclarer, aux prises avec le poids de sa gratitude.

Kate but une gorgée de thé et la considéra posément.

— Tu en avais tout à fait le droit. Tu es ma meilleure amie.

— Est-ce toujours le cas ? Après tout ce temps ?

— Le temps ne peut rien y changer, Em.

Sous leurs sourcils épais, les yeux d'Emily luisaient

d'espoir et de doute mêlés ; un regard d'une intensité troublante.

— Ah non ?

Ce regard – l'attente qu'elle y lisait surtout –, c'était trop pour Kate. Le problème n'était pas la durée, mais plutôt les circonstances de leur séparation. Juste après l'université, Emily s'était enfuie avec le séduisant et peu recommandable Joe, bien décidée à faire sa vie avec lui malgré les objections de sa famille ; de son côté, Kate, fatiguée de se chamailler à ce propos avec Emily, le cœur toujours en lambeaux à la suite de sa propre rupture amoureuse, avait éprouvé le besoin viscéral de mettre un maximum de kilomètres entre sa mère et elle. Elle avait piqué au hasard une punaise sur une carte et celle-ci s'était plantée sur New York. Une ville flamboyante, glamour, pleine d'ambiguïté, anonyme : le cadre idéal pour une renaissance.

Oui, le temps ne comptait pas autant que tous les moments perdus, que toutes les conversations qu'elles n'avaient pas eues. Kate savait ce qu'il fallait dire pour ne pas gâcher cet instant, elle savait ce qu'Emily avait besoin d'entendre.

— Pas pour nous.

Une réponse empathique qui ne tolérait aucune discussion. Le reste, elles le régleraient plus tard. Kate posa sa tasse marquée de rouge à lèvres sur une table et entreprit un nouveau tour des lieux, ses talons claquant sur le sol dallé.

Son circuit achevé, elle fit une pause, lèvres pincées, plongée dans une profonde réflexion ; les idées commençaient à prendre forme, tissaient peu à peu leur toile dans son esprit. Elle avait voyagé de nuit, fait la queue à l'aéroport, loué une voiture et roulé pendant des heures. Elle n'avait pratiquement pas dormi, pourtant sa fatigue s'était envolée. Elle se tourna vers Emily, les yeux brillants.

— Ça va être super ! Tout d'abord, un bon nettoyage s'impose. Il faudra aussi repenser toute la disposition du magasin : nouvelles tables, fauteuils, tapis. Et puis, réfléchir à une stratégie commerciale, un argument de vente béton, quelque chose qui nous singularise...

Elle s'interrompit. Elle voyait d'ici le résultat : lampes basses diffusant une lumière tamisée, coussins moelleux, fauteuils confortables, rangées de livres à perte de vue attendant le sourire gourmand des habitués comme des fureteurs occasionnels, et bien sûr, l'arôme d'un excellent café pour parfaire l'ambiance.

Le tableau était si réaliste que Kate sentait presque sous ses doigts la couverture lisse et fraîche des livres neufs, entendait déjà le bruissement des pages et le bourdonnement de voix enjouées. Sans être une grande lectrice, elle avait hâte de s'y mettre, de retrousser ses manches pour créer la plus belle librairie possible et imaginable avec Emily. Ensemble.

Emily s'enfouit la tête dans les mains. Des bulles de panique enflaient dans sa poitrine ; son bel enthousiasme était en train de retomber comme un soufflé.

— S'il te plaît…

— Excuse-moi. Je m'emballe peut-être un peu ? demanda Kate, la mine désolée. Mais… c'est bien pour ça que tu m'as fait venir, non ?

Emily écarta les mains de son visage avec un soupir.

— Oui, mais ça va trop vite. J'ai déjà besoin d'un peu de temps pour me faire à l'idée que tu es là, alors penser à des tapis, des fauteuils et… et à des « stratégies commerciales », n'en parlons pas.

Kate l'étudia d'un regard froid, méditatif, et décida de couper court aux considérations angoissées de son amie.

— N'importe quoi, rétorqua-t-elle d'un ton sec. Indique-moi l'épicerie la plus proche et trouve-moi un carnet. On prendra des notes tout en déjeunant.

Munie de devises britanniques et d'indications précises – sa dernière visite datait et les enseignes de Wigtown avaient changé au fil des années –, Kate se dirigeait vers la porte quand elle fit brusquement volte-face. Plantée au milieu de la librairie, Emily la regarda avec anxiété.

— Emily, j'ai débarqué sans prévenir. J'aurais dû t'appeler avant... je ne me suis même pas demandé où j'allais loger.

Sauter dans le premier avion et arriver à l'improviste, les mains dans les poches, lui paraissait soudain impulsif et imprudent.

Emily reposa son livre et ramena ses cheveux derrière ses oreilles.

— Mais chez moi, bien sûr, répondit-elle, comme si la question ne se posait même pas.

— Oui, mais où est-ce exactement, chez toi ? insista Kate en feignant de mobiliser une grande patience. Tu as installé ton sac de couchage dans l'une des annexes ?

Avec Emily, il fallait s'attendre à tout.

Celle-ci frémit en pensant aux araignées qui devaient grouiller dans les dépendances.

— J'ai emménagé à Bluebell Bank, avec Lena. Tu logeras là-bas avec nous.

Kate fut parcourue d'un frisson d'excitation. Retour à Bluebell Bank. La boucle était bouclée. C'était plus qu'elle n'espérait. En ratant toutes ces années avec Emily, elle avait aussi perdu de vue tous les autres membres de la famille Cotton. La demeure de Bluebell Bank était à l'origine de ses seuls souvenirs d'enfance heureux et insouciants. En l'accueillant dans leur clan uni, les Cotton l'avaient extraite de son quotidien de pauvreté et de solitude pour la propulser ici, dans la région de Solway, où elle avait partagé des étés idylliques avec Emily, ses frères et Lena, leur grand-mère peu conventionnelle.

— Ça ne posera pas de problème à Lena ? s'enquit-elle.

Elle tressaillait à l'idée d'avoir fait tout ce chemin pour être rejetée ou, pire, traitée comme une vieille connaissance oubliée depuis longtemps.

Car dans l'esprit de Kate, il n'y avait aucun doute : elle faisait partie de la famille Cotton. Elle était liée à eux. Et ils étaient liés à elle.

— Aucun, lui assura Emily avec véhémence. Ce sera génial !

Pourtant, son amie lui cachait quelque chose, Kate le sentait. Elle s'attarda sur le pas de la porte pour observer Emily qui attrapa un autre livre et se mit à le feuilleter nerveusement, le regard rivé au sol. Kate fut alors saisie d'une peur terrible, une poigne d'acier lui ôta tout air des poumons. Pour la première fois depuis qu'elle avait reçu cet e-mail – pris sa décision précipitée, mis un terme à sa vie new-yorkaise et franchi l'océan –, elle envisagea la possibilité, atroce, que ce sanctuaire n'ait pas attendu son retour, intact, comme elle se l'était toujours imaginé.

— Bluebell Bank, murmura-t-elle tandis que le regard inquiet d'Emily croisait de nouveau le sien. On a été si heureux là-bas quand on était jeunes.

Emily lui renvoya un sourire à l'image des pauvres rayons de soleil qui parvenaient à percer les vitres presque opaques de saleté : pâle et sans conviction.

— Oui. Et on le sera encore.

2

Kate marchait d'un bon pas, reprenant peu à peu ses marques dans la ville : les larges rues pavées aux jardinières fleuries qui tranchaient dans la grisaille tenace ; l'hôtel de ville avec, juste en face, le terrain réservé aux parties de boulingrin, à l'intersection ; la rue principale et ses boutiques, paradis des artisans ; les pubs et les marchands de journaux.

Sans oublier des librairies, des librairies et encore des librairies.

Quelle idée d'en ouvrir une de plus dans cette ville ! Où donc Emily avait-elle la tête ?

Kate songea à la vieille grange pleine de courants d'air – rustique et romantique, dirait Emily – avec ses bouquins moisis, son humidité, sa température glaciale, ses lampes qui « tremblotaient parfois ». C'était typique d'Emily d'occulter les défauts pour ne voir que le potentiel de l'endroit, le phare au milieu du brouillard, prêt à sauver le monde. *Tu parles*, à condition de se retrousser les manches, et vite !

Wigtown était régulièrement envahie de touristes. La première édition du festival du livre avait braqué tous les projecteurs culturels sur la ville et celui-ci ne cessait de se développer depuis. Et le golfe de Solway, avec ses plages, ses forêts, sa beauté vallonnée, était un paradis pour les vacanciers, ça ne datait pas d'hier. Nous étions début juin, il restait quelques mois avant le festival et la saison touristique n'avait pas encore démarré. En ce lundi particulièrement gris et morne, Kate trouva donc la ville plongée dans un profond silence. L'espace d'un instant, elle s'y sentit à l'étroit et éprouva une bouffée de nostalgie pour New York.

Et pour Ben, qu'elle visualisa en train de se prélasser dans son grand lit avec un regard langoureux. Non, Ben et ses beaux yeux noirs n'attendraient sûrement pas qu'elle revienne se glisser sous ses draps en coton d'Égypte. Il continuerait à vivre, à travailler, à faire de la lèche à ses clients pour décrocher des contrats et impressionner ses associés, à passer de bons moments dans ses bars à vin préférés.

Kate se mordilla les lèvres. La première lame de doute perçait son armure. Elle avait recommencé, elle avait fui : leur relation évoluait et elle avait eu peur de devoir prendre une décision. Quelle décision ? Si elle était restée, l'issue aurait été inéluctable, sans équivoque : un mariage glamour et une nouvelle réincarnation pour elle, cette fois en épouse et jeune maman ravissante et docile. Ben avait été très clair sur ce qu'il attendait d'elle.

Alors, oui, elle était revenue ici pour rembourser sa dette et pour apaiser un peu la culpabilité qui la rongeait, mais elle était aussi en train de fuir, ça ne faisait pas un pli.

* * *

Dans sa grange rustique et romantique, Emily essayait de reprendre ses esprits. Le moins que l'on puisse dire, c'était que l'arrivée de Kate l'avait chamboulée. Bien sûr, elle avait besoin qu'on la secoue un peu, mais elle ne s'attendait pas à ça, et maintenant elle avait peur que Kate soit déçue – d'elle et de la librairie. Depuis des semaines, Dan la tannait pour qu'elle réalise un plan d'affaires, qu'elle se remue un peu. Elle esquivait les coups de fil de sa mère, la reine de l'organisation, qui aurait pourtant adoré mettre la main à la pâte dans son projet. Ally lui envoyait des e-mails inquisiteurs polis, enjoués : il venait à la pêche aux infos, s'assurer qu'Emily s'était remise de son divorce. Tout le monde semblait être d'avis qu'elle aurait dû tourner la page depuis bien longtemps. Même Noah avait son mot à dire sur Joe et la librairie, mais Emily n'avait pas de leçon à recevoir de son plus jeune frère, encore moins depuis qu'il s'était lui-même fourré dans un sacré pétrin. Seul Fergus restait à l'écart de tout ça, sûrement parce qu'il se trouvait à l'autre bout de la terre et que ses contacts avec lui étaient on ne peut plus sporadiques. De manière générale, la compassion de sa famille s'était vite tarie.

Elle se rassit derrière le comptoir et tâcha de se concentrer sur sa respiration : il fallait qu'elle se calme. Kate, qui était désormais une inconnue, lui paraissait pourtant encore si familière. Emily appréhendait sa présence autant qu'elle en avait besoin. Elles avaient pas mal de choses à mettre à plat, mais serait-elle à la hauteur ? Elle en doutait. N'en déplaise à sa famille, elle était toujours torturée par son divorce et la fin prématurée – et peu glorieuse – de sa carrière d'enseignante.

Kate s'attendait peut-être à tout retrouver comme avant, à ce que Bluebell Bank soit resté un havre de paix. Qu'allait-elle penser des changements ? De Lena ?

Soudain, le pas de Kate se rapprocha dans l'allée. Elle se dépêcha de plaquer un sourire sur ses lèvres.

— Il faut qu'on trouve une cloche pour l'entrée, déclara Kate en refermant la porte. Une jolie clochette, avec un son joyeux. Dis-moi, Em, c'était quoi, l'idée, en ouvrant une énième librairie dans cette ville ?

Emily se mordit les lèvres. Le pragmatisme et la franchise légendaires de Kate dans toute leur splendeur.

— Ah, tu as remarqué ?

— Tu parles des *centaines* d'autres librairies ? Oui, Em, j'ai remarqué.

— Arrête, il n'y en a qu'une dizaine. Environ. Tu es dans la ville du livre, ici. C'est notre fleuron. Tu as oublié ? Tiens, j'ai trouvé de quoi noter toutes tes idées : vas-y, épate-moi.

Elle se rassit sur son tabouret et nargua son amie en s'éventant avec un carnet.

Kate considéra les pages lignées qui défilaient sous ses yeux comme un folioscope, papier vierge qui n'attendait plus que son inspiration, puis le visage confiant d'Emily. Elle posa son café sur le comptoir et déballa les belles tranches de cake nappées de glaçage qu'elle avait rapportées.

— Oui, j'avais oublié, marmonna-t-elle. Les librairies, ça n'a jamais été mon truc. C'est toi qui avais toujours le nez fourré dans un bouquin, je te rappelle. Bon, je propose de commencer par le dessert. Ensuite, on passera au déjeuner et puis au plan d'attaque. Il n'y a que comme ça qu'on y arrivera.

Elle se hissa sur le comptoir et croisa les jambes.

— Il est pas mal, ce comptoir. On devrait le garder.

Elles dégustèrent leur cake en silence. Tandis qu'elle léchait le reste de glaçage sur ses doigts, Kate jeta un coup d'œil au carnet. Tout en haut de la première page, Emily avait écrit : *Garder le comptoir.* C'était un début.

Après le repas, elles mirent leurs idées en commun ; une pluie de mots s'abattit sur le papier avec l'écriture tout en rondeur d'Emily. La liste était longue et sans doute ruineuse, mais Emily préférait ne pas y penser pour l'instant. Pas alors que son rêve, vital, était encore si fragile. La librairie. Elle et Kate, travaillant côte à côte.

Après l'avoir passée en revue, Kate tapota la page d'un ongle manucuré.

— Voilà, c'est comme ça qu'on fera de cet endroit une affaire qui marche, déclara-t-elle, satisfaite.

— Il faut tout ça ?

Emily était épuisée avant même d'avoir fini de relire la liste. Elle mâchouilla le bout de son crayon.

Kate le lui confisqua.

— Pas le choix, mais on va y aller en douceur. Un pas à la fois. Notre priorité, c'est un grand nettoyage et la construction d'étagères plus solides.

Elle griffonna de petits astérisques à côté de ces deux tâches pour établir un ordre d'importance, puis rendit le crayon à Emily.

— Bon, tu es certaine de ne pas accrocher à mon concept de librairie-boudoir ? On s'installerait dans des chaises longues, vêtues de belle lingerie, et on lirait du Jane Austen à voix haute, avec des lunettes hyper sexy… Au moins, on sortirait du lot, argua-t-elle avec le sourire.

Emily visualisa ses soutiens-gorge délavés et ses petites culottes aux couleurs criardes, flanquées de personnages de dessins animés et de slogans effrontés.

— Je ne fais pas dans la dentelle, répliqua-t-elle avec fermeté. Et je ne suis pas spécialiste en lingerie ni toi en Jane Austen.

Kate poussa un soupir théâtral.

— Non, c'est vrai. Cela dit, l'idée des chaises longues n'est peut-être pas mauvaise. Je vois bien de gros fauteuils douillets installés autour d'un poêle à bois. Nous pourrions les chiner et les restaurer nous-mêmes. Vas-y, écris-le, Em !

Ensuite, elle sauta du comptoir, prit un ouvrage au hasard sur une table et souffla dessus, grimaçant devant le nuage de poussière qui se souleva. Elle entreprit de rassembler les livres, créant des tours penchées instables.

— Tous les meubles ne sont pas à jeter, déclara-t-elle après avoir déblayé la table et découvert sa surface en bois.

C'est drôle, pensa Emily. Elle-même considérait ces volumes entassés comme des pépites, des joyaux de littérature, alors que son amie n'y voyait que de la déco et se concentrait sur la solidité du mobilier.

Kate se tourna et s'appuya contre la table bancale qu'elle venait d'examiner. Les piles de livres vacillèrent.

— Ce n'est peut-être pas le bon moment pour aborder le sujet, mais il faudra que je jette un coup d'œil à ton *business plan*... je pense à ton plan financier, entre autres. J'y verrais plus clair si je connaissais le budget dont on dispose.

Emily blêmit.

— Un plan financier ?

— Oui. Tu dois en avoir un, non ?

— Pas vraiment, répondit-elle à contrecœur.

Pourquoi fallait-il déjà en arriver là ?

Elle était bien loin d'avoir la tête aux plans financiers le jour où, après avoir descendu cette bouteille de merlot, elle avait imploré sa meilleure amie de voler à son secours. Elle n'avait d'ailleurs la tête à rien, elle avait simplement pensé que tout irait mieux avec la bonne fée Kate à ses côtés. Réprimant une bouffée de panique, Kate fronça les sourcils.

— Comment as-tu réussi à convaincre une banque de te prêter de l'argent sans présenter une étude financière détaillée ?

C'était du Emily tout craché. Certes, elle ne s'attendait pas à tomber sur un projet bien ficelé, mais tout de même…

— Je me doutais qu'il y aurait quelques retouches à y apporter, mais…

Emily croisa les bras sur le comptoir et considéra son amie posément.

— Il faudra beaucoup plus que quelques retouches. En fait, c'est bien simple : je n'ai aucun plan financier. Je n'ai rien emprunté à la banque.

Kate haussa un sourcil.

— D'accoooord…

Son intonation incrédule réclamait des réponses.

Un long silence pesant s'installa. Puis Emily capitula.

— L'argent vient de Joe, avoua-t-elle, surprise par le son de sa propre voix, sorte de râle brisé.

La simple mention de son nom suffisait toujours à l'anéantir.

Elle vit les yeux de Kate se braquer là où, quelques mois plus tôt, se trouvaient encore sa bague de fiançailles et son alliance. Inconsciemment, elle se massa l'annulaire, comme si leur absence lui causait une véritable douleur physique. Malgré la courte durée de son mariage, sa peau portait toujours une marque un peu plus claire à cet endroit.

— Je vois, répondit Kate, radoucie. Le divorce ? La vente de la maison ?

— En quelque sorte.

Emily changea de position, esquivant le regard de son amie. Elle détestait inspirer de la pitié, pourtant elle le faisait malgré elle : elle n'était plus que l'ombre d'elle-même. Et dès qu'elle pensait à lui ou en parlait, c'était pire encore.

— Il… il a touché un beau petit pactole juste après notre séparation. Il m'a versé une partie de cet argent ; assez pour acheter la librairie. J'ai emménagé chez Lena. Elle… Ça nous arrangeait bien toutes les deux.

Kate pinça les lèvres ; elle n'avait jamais aimé Joe.

— Oui, je l'ai entendu à la radio, c'est une vraie star maintenant. Bon. Alors, pitié, dis-moi qu'il te reste de quoi faire de cet endroit un commerce viable.

— Je crois, oui.

Kate écarquilla les yeux.

— Tu *crois ?* Emily, tu ne connais pas le montant exact qui figure sur ton compte bancaire ?

Elle haussa les épaules, sur la défensive.

— Ça m'énerve, moi, tout ça. Je ne suis pas comme toi, l'argent ne m'intéresse pas.

Ça lui avait échappé. Allait-elle tout gâcher ?

— D'accord. Merci, grommela Kate.

— Ce n'est pas ce que je voulais dire. Enfin, tu vois…

Elle désigna avec lassitude la coupe de cheveux de Kate, sa robe vintage qui avait dû coûter à elle seule l'équivalent de l'intégralité de sa propre garde-robe, et son bracelet, sûrement serti de véritables diamants, qui scintillait à l'un de ses fins poignets bronzés.

— Bien sûr que si, c'est ce que tu voulais dire, mais pas de problème. Par contre, tu as tort, Emily. L'argent ne m'intéresse pas au sens où tu l'entends. C'est sûr, j'en ai assez et je n'ai pas besoin de me battre pour vivre, je ne vais pas prétendre le contraire. Dieu sait que je me suis assez battue pour le restant de mes jours. Tu n'as tout de même pas oublié l'époque où mes nouveaux vêtements, c'était tes vieilles fringues ? L'époque où je devais accepter la charité de tes parents, comme une mendiante, où je raclais les fonds de tiroir pour m'acheter de quoi manger ?

Le volume de sa voix avait grimpé, elle serrait les poings, mais elle regretta aussitôt de s'être emportée.

Emily acquiesça, rongée par le remords.

— Je sais. Je suis désolée. Eh merde, ça fait quoi… deux heures que tu es là ? Tu n'as pas encore passé une journée entière ici et j'ai déjà réussi à mettre les pieds dans le plat. Ce n'est pas très gai de traîner avec moi en ce moment. Les autres te le diront. Ils croient tous que je perds la boule depuis que… tu vois.

— Joe, répondit Kate avec un petit soupir. C'est bon. On n'est pas obligées de parler de ça maintenant. Ni même des questions financières. Comme tu dis, je viens à peine d'arriver.

Emily hocha la tête.

— Je sais que ça n'en a pas l'air, mais cet endroit, c'est un rêve qui se réalise pour moi.

Kate attrapa Emily aux épaules.

— Ça n'en a pas *encore* l'air, mais c'est pour bientôt, rétorqua-t-elle.

Emily esquissa un petit sourire.

— O.K. Et si on déclarait cette journée officiellement terminée et on rentrait à la maison ?

3

Kate s'empara du carnet, la recette de leur succès. Elle se sentait mieux avec un plan d'attaque : une fois le dernier point de la liste rayé, plus besoin de se soucier de rien.

Emily alla chercher un sac-poubelle dans la cuisine pour y jeter les déchets de leur déjeuner.

— J'ai une voiture de location, l'informa Kate en glissant le carnet de notes dans son sac. Je dois la rendre dans trois jours et l'agence la plus proche se trouve à l'entrée de Glasgow.

— Pas de problème, je te suivrai jusque-là avec le Land Rover, lança Emily par-dessus son épaule en rapportant le sac-poubelle dans la cuisine. On peut prendre une journée et en profiter pour faire le tour des salles de ventes ou autres.

Soudain, tout cela parut bien trop définitif au goût de Kate. Comme si le simple fait de rendre cette voiture allait la bloquer à Wigtown pour tout l'été. Elle se dépêcha de faire taire ses incertitudes pour se concentrer sur la librairie, et sur Emily qui semblait, elle aussi, avoir besoin d'une fameuse remise en état.

— Depuis le temps, ce n'est sûrement plus le même Land Rover ?

Dans son souvenir, une grosse brute à la carrosserie verte, lourde, couverte de boue et un peu capricieuse. C'était là-dedans que Lena venait les chercher à Édimbourg, lorsque Kate, fuyant la solitude de son immeuble sordide, s'incrustait à Bluebell Bank avec les Cotton pour les vacances. Chaque printemps et chaque été, ils s'entassaient à bord de la vieille jeep et parcouraient la route aux paysages pittoresques qui rejoignait Wigtown en passant par les villes de Moffat et de Dumfries, et cette impressionnante vallée appelée Devil's Beef Tub [1]. Emily ressortit de la cuisine en passant la bandoulière d'une vieille besace en daim par-dessus sa tête, sa veste au bras.

— Tu parles de Jasper ? Si, si, il roule toujours à merveille.

Kate émit un reniflement moqueur.

— Ah bon ? Ça a bien changé alors.

— Ne sois pas méchante avec ce pauvre vieux Jasper. Lena nous avait raconté que c'était le nom de l'un de ses anciens amoureux, tu te rappelles ? Elle a baptisé le Land Rover comme ça parce qu'ils étaient aussi grincheux l'un que l'autre.

Kate sourit à cette évocation. Lena parlait ouvertement de ses anciens soupirants à ses petits-enfants, fumait comme une cheminée, jurait comme une charretière, bref le genre de femme que l'on (la mère d'Emily) considérait en général comme un mauvais exemple. En réalité, c'était elle la meilleure d'entre tous : elle avait su rester elle-même dans un monde où l'on attendait des gens qu'ils s'effacent pour se conformer à la société.

Elle se revit à quatorze ans, serrée sur la banquette arrière de Jasper avec Emily, Fergus et Ally. Em et elle

1. Littéralement, le « bassin du bœuf du diable », vallée de 150 mètres de profondeur au nord de Moffat, en Écosse.

lisaient en gloussant la rubrique courrier du cœur d'un magazine pour ados, fascinées par les histoires de sexe. Dan et Fergus, qui s'étaient battus pour avoir le privilège de s'asseoir à la place du mort, ruminaient chacun de leur côté en suçotant leurs plaies. Kate jetait de petits coups d'œil furtifs à Dan. Cet été-là, une drôle sensation avait commencé à lui papillonner dans le ventre, une sorte de désir – pour quelle raison, elle l'ignorait. Elle avait envie que Dan la remarque *comme ça*. Lena chantait faux sur un air des Kinks et l'haleine fétide de son chien empuantissait l'habitacle. C'était le fameux été où elle avait rencontré Luke Ross et où tout avait changé.

— Allez, viens, on rentre chez Lena, lança Emily, interrompant ses rêveries.

Kate rougit à l'évocation de son béguin pour Dan aussitôt supplanté par une passion bien plus dévorante pour Luke. L'un des meilleurs étés de sa vie. Par la suite, les étés s'étaient succédé, chauds, langoureux, et les vacances à Solway étaient peu à peu devenues synonymes d'amour et de Luke. Bluebell Bank n'avait jamais vieilli ni perdu de son attrait. Ils avaient continué à y venir bien après l'âge auquel la plupart des jeunes se détournent des vacances en famille, surtout en compagnie d'une vieille grand-mère grincheuse. Cependant, Lena comprenait les jeunes, elle ne les méprisait pas, ne se mêlait jamais de leurs affaires, et les jeunes l'adoraient.

Chaque année, ils s'étaient réunis dans ce magnifique havre de paix qu'était Bluebell Bank, cadre de leurs jeunes et si heureuses années, jusqu'à ce qu'Emily s'enfuie avec Joe et que Kate parte pour New York.

Kate était partagée entre impatience et nervosité. Bluebell Bank. Ce nom faisait rejaillir des images empreintes de nostalgie : les chambres avec moulures au plafond et tapis à motifs, les salades composées des chaudes journées d'été et les voilages gonflés par le vent aux fenêtres ; la rivière où ils pataugeaient, la corde au bout de laquelle ils se balançaient ; les pommiers noueux et les cris d'enfants dans la brise chaude. Un endroit où le temps ralentissait, suspendait son envol, un endroit que les problèmes ne pouvaient pas atteindre. Bluebell Bank, c'était un univers parallèle ; là-bas, Kate n'avait jamais pu croire que sa petite vie misérable se poursuivait, préférant s'imaginer que celle-ci glissait dans une faille spatio-temporelle, dans un monde totalement nouveau, où elle ne devait pas se soucier de sa mère ni d'avoir quelque chose à se mettre sous la dent au prochain repas.

Kate visualisa aussi l'indomptable Lena en train de surveiller la pagaille des rejetons Cotton dans sa tenue de prédilection – pantalon de travail pour homme et sandales usées – avec ses cheveux blancs en bataille et ses yeux bleus rusés, perçants. La matriarche des Cotton prêtait toujours une oreille attentive aux petits malheurs des enfants et son esprit d'aventure rencontrait un franc succès auprès d'eux. Kate avait hâte de la revoir, cette femme avait été une mère pour elle, plus que quiconque. Celle d'Emily, Melanie, avait toujours été d'une extrême gentillesse, mais elle était si raffinée et si parfaite que Kate, trop intimidée, n'avait jamais réussi à surmonter son admiration pour elle.

Emily verrouilla la porte gondolée par l'humidité de la librairie à l'aide d'une lourde clé rouillée. Le jardinet luxuriant les enveloppa de son parfum de pluie d'été ; elles se faufilèrent entre les buissons encore ruisselants de l'allée sinueuse et regagnèrent la rue principale.

— Demain, on attaque les grands travaux, prévint Kate en jetant un regard éloquent à Emily.

Il ne fallait pas que son amie perde de vue le chemin qu'il leur restait à parcourir ni les obstacles qui les attendaient.

Elles sortirent de la ville en se suivant à bord de leur véhicule respectif, passèrent devant le Bladnoch Inn et sa distillerie, puis empruntèrent une série de petites routes bordées d'arbres. Situé à un peu plus d'un kilomètre de la ville, Bluebell Bank trônait au sommet d'une petite colline. D'un côté le jardin dévalait la pente jusqu'à la rivière, de l'autre une allée en lacets traversait un petit bois dont les vieux arbres étaient toujours fidèles au poste.

Kate quitta la route et amorça l'allée avec sa voiture immaculée, négociant les ornières et les tournants. Une vision de ce petit bois plein d'enfants s'imposa à elle. Elle se revit foncer dans les hautes herbes avec Emily, pieds nus, cheveux au vent, s'accrochant de temps à autre aux vieux troncs noueux pour jeter un coup d'œil en arrière et évaluer la distance de leurs poursuivants. Leurs rires essoufflés, les brindilles et l'herbe sèche qui collaient à ses pieds… Fergus qui tombe en pleine course, sans grâce et avec force jurons ; Dan riant avec complaisance avant de crier qu'il perdait son temps et qu'il valait mieux qu'ils s'asseyent et attendent que les filles risquent un sprint final vers la maison : Lena était leur seule et unique protection dans ce féroce jeu de poursuite. Kate avait envie que Dan l'attrape ; si seulement elle avait pu sentir ses bras se refermer autour d'elle, la soulever du sol, l'étreindre ! À l'époque, Dan lui semblait si grand, si beau, si courageux… tout ce dont pouvait rêver une gamine de son âge.

Elle émergea du dernier tournant et se gara sur l'étendue de gravier devant la maison qui se dressait à contre-jour dans le soleil de fin d'après-midi. Le bonheur des parenthèses parfaites de sa jeunesse irradiait des murs de la bâtisse. Le jardin s'ouvrait un peu plus loin, sur le côté.

La nervosité la submergea de nouveau lorsqu'elle descendit de la voiture. Les oiseaux chantaient dans les arbres, l'air embaumait l'été : le chèvrefeuille, la terre des champs et la végétation rincée par la pluie. *Voilà. J'y suis.* Elle était excitée par le projet qui l'avait amenée ici et en même temps appréhendait les réactions, craignant de ne pas obtenir le pardon qu'elle espérait recevoir. La porte de la maison s'ouvrit et une silhouette athlétique s'avança sur le perron, hésitante. Une personne d'un certain âge qui plissait les yeux à cause de la luminosité, l'air intrigué, la tête auréolée de longs cheveux blancs comme de la ouate. Elle était vêtue d'une chemise bleue trop large dont les manches étaient retroussées sur ses avant-bras noueux. Une apparition familière pour Kate.

— Lena ! lança-t-elle joyeusement.

Elle pressa le pas dans l'allée tandis qu'un chien brun-roux se glissait à côté de la grand-mère et descendait les marches en remuant sa queue duveteuse. Le vieux bonhomme au museau grisonnant boitillait désormais, les pattes raides.

Emily appela Kate avec une note d'avertissement dans la voix. Cette mise en garde et l'instinct poussèrent Kate à s'arrêter avant d'avoir atteint l'escalier. Lena la toisait, sans l'ombre d'un sourire.

— C'est qui, ça ? demanda la vieille dame à Emily d'un ton bougon.

Kate se tourna vers son amie, qui était en train de sortir sa valise du coffre de la voiture de location, puis se pencha pour caresser le chien, en quête de soutien moral.

— Lena, répondit Emily avec douceur. C'est Kate. Une copine. Elle est venue passer quelque temps chez nous.

Kate la dévisagea, consternée. Pourquoi diable était-elle en train de la présenter comme une parfaite inconnue ? Un vernis de politesse aimable remplaça la méfiance du début sur les traits de Lena, ce qui effraya Kate plus encore que tout le reste : Lena était rarement polie. Bourrue, d'une franchise implacable, d'une tendresse intense, oui, mais jamais polie.

— Entrez donc, fit Lena. Un peu de thé ?

Kate resta pétrifiée dans l'allée tandis qu'Emily passait devant elle, posait la valise sur le perron et se haussait sur la pointe des pieds pour embrasser la joue burinée de sa grand-mère.

— Je n'étais pas au courant de son arrivée.

— Je… J'aurais dû prévenir, bafouilla Kate, décontenancée. Je voulais faire une surprise à Em…

— Il y a toute la place qu'il faut, ici, l'interrompit Lena, laconique.

Puis elle recula d'un pas et retrouva sa mine renfrognée.

— Où est donc mon chapeau ?

Elle s'éloigna dans le hall en traînant les pieds, le chien sur les talons.

Kate décocha un regard interrogateur à son amie, mais visiblement les réponses allaient devoir attendre.

— Je vais t'aider à le retrouver, déclara Emily avant de s'élancer derrière Lena en cognant la valise aux murs dans son sillage.

Perplexe, Kate les suivit.

Le vestibule n'avait pas changé. Les murs vert pomme étaient toujours couverts de cadres photo représentant les Cotton à travers les âges : Emily et ses frères ; leurs parents, Jonathon et Melanie ; Jonathon et sa sœur Val, enfants ; un cliché sépia du frère de Lena, Austin, en uniforme militaire ; un couple de jeunes mariés souriants qui avait dû être immortalisé quatre-vingts ans plus tôt ; un cliché du mariage de Lena avec James, mort depuis vingt ans. Nostalgique, Kate effleura du bout des doigts ces générations poussiéreuses.

Une photo sur laquelle elle figurait elle-même attira son attention. Elle s'arrêta net pour l'étudier. Emily et elle, blotties l'une contre l'autre, assises sur un rocher, avec le magnifique paysage de Rigg Bay en guise de décor. Les yeux plissés en direction de l'objectif, leurs pieds sales pendant dans le vide, elles se tenaient par les épaules, tête contre tête, les nattes blond miel de Kate mêlées aux fines boucles d'une Emily tout sourire. Elle, en revanche, avait l'air sérieux. Tout à coup, Emily vint décrocher le cadre et l'emporta dans la cuisine. Kate lui emboîta le pas, enjambant au passage sa valise abandonnée. Debout devant le plan de travail, Lena était en train de disposer des sachets de thé dans une théière. Elle semblait avoir oublié son chapeau.

Emily lui tapota l'épaule et lui montra la photo.

— Regarde, Lena.

Puis elle désigna la version vivante de Kate, à moitié planquée dans l'entrée.

Le chien allait de l'une à l'autre en remuant la queue, langue pendante.

Lena considéra Kate, puis le cadre, et soudain ses traits s'épanouirent comme un bourgeon sous le soleil printanier. Elle l'avait reconnue.

— Ah, c'est toi !

Quelque chose avait changé, Kate retrouva la Lena d'autrefois.

Le fait de se souvenir semblait lui procurer une joie incommensurable, même s'il restait l'ombre d'un léger effort à fournir, un soupçon d'incertitude, une petite trace de faux-semblant.

— La fille aux bracelets, ajouta-t-elle avec une sorte d'émerveillement dans la voix.

Cette description décontenança Kate. Lena lui tendit la photo avec un grognement et tout devint clair : elle portait au poignet une multitude de bracelets en plastique roses, jaunes et verts fluo. Emily les lui avait offerts pour son douzième anniversaire et à l'époque elle ne s'en séparait jamais, même pour dormir. De simples babioles que son amie avait achetées avec son argent de poche chez le marchand de journaux de Wigtown, mais pour Kate celles-ci étaient aussi précieuses que des diamants. C'était la première fois de sa vie qu'on lui offrait un bijou.

— Oh oui ! s'écria-t-elle. Je les avais oubliés ! Pourtant, je les ai toujours quelque part.

— Allez, asseyez-vous, fit Lena en leur indiquant de sa main osseuse la grande table de réfectoire qui trônait au milieu de la cuisine en désordre.

Cette fois, elle semblait beaucoup plus elle-même.

Kate obéit. Emily s'installa en face d'elle et posa la photo entre elles.

— Merci, dit Emily en prenant la tasse que lui tendait Lena.

Elle y ajouta un trait de lait, but une gorgée et grimaça lorsque le liquide lui brûla la langue.

— Kate est venue m'aider à rénover la librairie.

Lena jeta une boîte de biscuits sur la table en émettant un grognement que l'on pouvait interpréter comme approbateur. Emily continua et lui décrivit leurs projets avec passion, tel un enfant évoquant ses rêves. Kate sentait tout le poids de la responsabilité de leur succès ou de leur échec peser sur ses épaules. Au bout de quelques minutes, le regard de Lena se voila et son expression changea. Elle afficha un sourire perplexe et se mit à hocher la tête poliment.

— Une librairie ? Quelle charmante idée, dit-elle lorsque le mot revint dans la conversation, comme si c'était la première fois qu'elle en entendait parler.

L'anxiété de Kate grimpa encore d'un cran.

Elles achevèrent leur thé accompagné de biscuits fourrés à la vanille, ensuite Emily se leva et attrapa le vieux chapeau de Lena pendu à un crochet du buffet initialement destiné à recevoir des tasses.

— Et si tu allais jardiner un peu avec Bracken ? suggéra-t-elle en tendant le couvre-chef à sa grand-mère. Je vais montrer sa chambre à Kate, puis préparer le dîner.

Lena coiffa son chapeau dont le large bord cachait presque tout son visage et s'exécuta. Elle siffla le chien qui s'était roulé en boule sous la table dans l'espoir de récolter quelques miettes de biscuits et ils se dirigèrent tous les deux vers la porte de derrière. Kate les regarda s'éloigner dehors, elle parlant de sa voix rauque et rassurante tandis que le fidèle animal trottait à son côté en remuant la queue en guise de réponse. Emily se leva et entreprit de débarrasser la table.

— Tu te souviens sûrement de Bracken ? Il ne devait être qu'un chiot la dernière fois que tu l'as vu.

Elle avait adopté un ton prudent, chargé de non-dits.

Sans crier gare, les nombreuses heures de voyage rattrapèrent Kate et l'épuisement la submergea. Elle n'était pas d'humeur à supporter les faux-fuyants de son amie.

— Que se passe-t-il, Em ?

Emily déposa la vaisselle dans l'évier dans un grand bruit de porcelaine.

— D'accord, mais pas ici. Montons.

Elles se relayèrent pour traîner la valise dans l'escalier grinçant, puis allèrent s'asseoir côte à côte sur le lit d'Emily, dans sa chambre presque oubliée par le temps.

Elle n'avait pas encore apporté son empreinte d'adulte à cette pièce toujours fermement ancrée dans l'enfance.

Kate se débarrassa de ses chaussures et s'installa en tailleur. Elle se laissa aussitôt envelopper par la douceur du lit, et le décalage horaire menaça de l'emporter pour de bon.

— Alors ? lança-t-elle avec empressement.

Emily caressa les coutures de son couvre-lit en patchwork et prit une profonde inspiration avec l'air de celle qui s'apprête à avouer un terrible secret. Elle regarda Kate droit dans les yeux, très solennelle.

— Lena souffre d'Alzheimer.

Kate reçut l'annonce de cette maladie comme une claque et fut presque assommée par la force de l'impact. Lena était l'un des piliers fondateurs de son enfance, un pilier sur lequel elle s'était construite. Six années de perdues… six années de moments qui s'étaient envolés et qui continuaient à s'envoler.

— Les trous de mémoire, c'est le pire pour elle, ça la terrorise, poursuivit Emily avec douceur. Rien de très grave pour l'instant : elle oublie parfois la fin d'une phrase, le nom d'un objet très courant du quotidien, le nom de gens qu'elle connaît pourtant, ou encore des conversations récentes. Elle se débrouille mieux avec tout ce qui remonte à longtemps. Tout à l'heure, j'ai préféré te présenter comme si elle ne t'avait jamais vue parce que si elle avait compris qu'elle était censée te reconnaître alors qu'elle en était incapable, ça l'aurait mise dans tous ses états. Parfois, les photos l'aident à faire le lien. D'autres fois, il faut juste accepter qu'elle ne se souvienne pas et surmonter l'épisode jusqu'à ce qu'elle revienne à elle. Elle finit toujours par reprendre ses esprits.

Emily dévisagea Kate avec une lueur de défi dans les yeux avant de baisser la tête sur ses poings serrés.

— Jusqu'à présent, en tout cas, ajouta-t-elle. Par moments, elle est bien là avec moi… et dans la seconde qui suit elle repart.

Elle maîtrisait sa voix et ses propos, mais sa douleur était perceptible.

Kate garda le silence pendant un long moment, en proie à un tourbillon de pensées et de questions ; tout ce qu'elle savait sur cette maladie – c'est-à-dire presque rien, elle était forcée de le reconnaître – était déprimant et inéluctable. Un lent déclin émaillé de moments pénibles et inconvenants : était-ce ce que l'avenir réservait à Lena ?

— Quand l'avez-vous découvert ? finit-elle par demander, faute de mieux.

Emily rongea l'un de ses ongles pourtant déjà bien maltraités, puis soupira.

— Le diagnostic est tombé il y a un an, à peu près. Elle vivait seule et mes parents avaient peur que ça devienne dangereux à long terme. Ils ont envisagé plusieurs solutions, comme vendre la maison et prendre Lena avec eux à Édimbourg ou la placer dans une maison de retraite, mais…

Kate haussa un sourcil.

— Je n'imagine pas une seconde Lena heureuse dans l'une de ces deux situations.

Emily secoua la tête.

— Non, d'ailleurs nous ne les lui avons même pas proposées. Je venais d'arrêter d'enseigner – j'étais vraiment trop nulle pour ça ! –, je n'avais aucune idée de ce que j'allais faire de ma vie et j'avais besoin d'un toit. Tu vois, emménager ici m'arrangeait bien, mon geste n'était pas totalement désintéressé. Ça rassure papa et maman de me savoir ici pour garder un œil sur elle. Et puis, on s'entend bien, elle et moi. On joue au Scrabble, on fait des mots croisés, on s'occupe du jardin et on vend nos légumes au marché. Je fais tout pour qu'elle maintienne une vie normale le plus longtemps possible. On a de la chance, pour le moment elle est encore Lena la plupart du temps. Parfois, j'ai l'impression de perdre des petits bouts d'elle, mais le plus souvent elle reste fidèle à elle-même. Physiquement, elle est en pleine santé, mais il faudra petit à petit se faire à l'idée que ça changera dans le futur. Son état va s'aggraver et lorsqu'elle aura perdu toute notion d'elle-même… Enfin bref, je crois qu'il faut s'y préparer.

Kate fronça les sourcils ; Emily s'était peut-être résignée, mais tout ça était nouveau pour elle et ça gâchait la joie des retrouvailles.

— Comment fait-on pour se préparer à une chose pareille ?

Les lèvres d'Emily frémirent avant de former un pâle sourire.

— Je n'en sais rien. Je te le dirai quand j'aurai trouvé.

Kate la scruta avec attention.

— Tu crois que ça risque de la perturber que je m'installe ici ? Je ne veux surtout pas que son état empire à cause de moi.

— Parfois, ma présence suffit à la perturber. Elle oublie que j'habite avec elle, qu'elle a des enfants et des petits-enfants. Je ne pense pas que te voir dans les parages aggravera la situation. Au contraire, ça lui fera plus de compagnie et beaucoup de bien de parler à d'autres personnes. Et puis, j'ai besoin de toi ici, moi.

Kate se remémora une fois de plus la Lena de son enfance, un peu brute de décoffrage, attentionnée, mais à sa façon bien à elle, peu orthodoxe, et ne put empêcher les regrets d'affluer. La perte était trop immense, trop inconcevable pour qu'elle se fasse une raison. Si seulement elle n'avait pas gaspillé toutes ces années à l'étranger.

— C'est vraiment génial de ta part de faire ça. Je suis sérieuse, Em. Lena a de la chance de t'avoir.

Et ils avaient tous eu de la chance d'avoir Lena.

Emily rabattit ses manches sur ses ongles martyrisés et hocha la tête.

— J'avais besoin d'un endroit sûr où aller après… Après Joe.

Une fois de plus, ce nom sembla altérer l'air, modifier sa texture, faire rétrécir Emily, la réduire à néant. Elle se leva, alla jusqu'à sa commode et se mit à déplacer les bibelots sur la pellicule de poussière qui couvrait la surface.

Elle secoua vivement la tête.

— Écoute, je n'ai pas envie de parler de lui. C'est trop tôt.

Le son de sa voix était fragile, comme si elle risquait de se briser à tout moment, tels des morceaux de porcelaine déjà recollés sur le point de se fendiller à nouveau.

— Et si tu me parlais plutôt de Ben et de ta vie à New York ? Ça a l'air si merveilleux…

Emily songeait au compte Instagram de Kate sur lequel elle louchait parfois : ce Ben si parfait, avec son luxueux costume, son physique de mannequin et ses cheveux faussement négligés. Une relation avec un tel homme ne pouvait être qu'idyllique. Elle avait étudié chaque photo que Kate avait postée dans le moindre détail (après tout, c'était tout ce qui lui restait d'elle) : les vacances à la neige, les boîtes de nuit, les restos chics et les vernissages, cette vie opulente dans laquelle Kate avait plongé en se glissant dans la peau d'un nouveau personnage. Emily, elle, avait sûrement été réduite à une photo de profil parmi les centaines d'autres qui suivaient sa page, un fragment de souvenir bien accroché, comme un crustacé à son rocher, un visage insignifiant de plus. Jusqu'à aujourd'hui. Kate devait avoir ses raisons pour revenir, outre les vieilles promesses et la volonté de renouer avec son amie d'enfance. Sa nouvelle vie ne devait pas la combler tant que ça s'il lui était si facile de tout plaquer et d'abandonner ce nouveau rôle tellement glamour.

Kate était en train de jouer avec une mèche de ses cheveux.

— D'accord, mais pas tout de suite. Je n'ai pas trop envie de parler de Ben non plus. C'est compliqué. Il est là-bas… et moi ici.

— Au moins, vous n'êtes pas mariés.

Emily avait tendance à dire tout ce qui lui passait par la tête sans réfléchir et, si c'était une qualité indéniable à certains égards, cela ne l'avait pas toujours aidée à se faire des amis.

Kate, elle, avait l'habitude.

— Non, pas encore, répondit-elle avec un petit rire peu convaincant. Bon, donc on peut clore le sujet des hommes pour l'instant ?

Emily lui adressa un sourire triste.

— Je suppose, mais qu'entends-tu par « pas encore » ?

Kate balaya la question d'un geste de la main vaguement dédaigneux.

— On verra ça plus tard, quand je ne tomberai plus de fatigue.

Emily acquiesça.

— Bien sûr, désolée. D'ailleurs, c'est le bon moment pour te reposer, je vais préparer le dîner. Tu devrais en profiter. Après avoir mangé, nous pourrions aller nous promener jusqu'à la ferme de Dan et lui rendre une petite visite.

Kate bâilla à s'en décrocher la mâchoire. Un frisson d'appréhension et de plaisir parcourut tout son corps à la perspective de revoir Dan.

— D'accord. Enfin, pas pour la sieste. Je pensais plutôt prendre une douche. Si je m'endors maintenant, je n'émergerai plus avant des heures.

— O.K. Tu sais où se trouve la salle de bain. Et ta chambre… C'est la même que celle que tu as toujours eue. Tu as besoin que je te la montre ?

Kate secoua la tête et se leva malgré tous les efforts de l'oreiller et du couvre-lit si doux pour la retenir.

Tandis que les pas d'Emily s'éloignaient en claquant dans l'escalier, Kate traîna sa valise dans le couloir et pénétra dans la chambre qui avait toujours été la sienne. Ce fut un véritable bond dans le passé. Tout était intact : le couvre-lit chenille, les draps au motif de myosotis, les murs couleur bleuet, le miroir en argent terni, un peu de travers, accroché au-dessus de la commode bancale, le lit en bois face à la fenêtre, l'odeur d'adoucissant et de poussière, les vitres qui auraient bien mérité un petit nettoyage, mais qui offraient malgré tout la plus belle vue au monde. Des voyages, Kate en avait fait beaucoup, pourtant aucune vue de carte postale n'avait jamais surpassé celle de sa chambre à Bluebell Bank.

Une bouffée d'émotion lui serra le cœur et lui remonta jusqu'à la gorge. Elle faillit craquer tandis qu'une chape de nostalgie s'abattait sur elle et que toutes les nuances de joie et de tristesse la traversaient. Non, elle refusait de se laisser démonter par le décalage horaire et la mélancolie, alors elle s'occupa l'esprit et les mains. Elle commença par ouvrir sa valise et en extraire sa trousse de toilette, puis sortit et traversa le corridor.

Dieu merci, la salle de bain avait été rénovée depuis sa dernière visite : nouvelle cabine de douche, murs rafraîchis, porcelaine blanche, immaculée. Autrefois, se laver consistait à passer sous le filet d'eau tiède qui sortait d'un tuyau en caoutchouc fixé au robinet d'une ancienne vasque en pierre glaciale et si abîmée qu'il était impossible d'en déterminer la couleur exacte. À l'époque, Kate s'en fichait éperdument. Elle aurait très bien pu se contenter d'un petit plongeon quotidien dans la rivière si Lena ne l'avait pas obligée à « prendre une douche » de temps en temps. Aujourd'hui, elle déballa toute sa collection de produits de soins onéreux et se glissa dans la cabine pleine de vapeur avec un soupir de volupté.

Alors qu'elle se savonnait, les dernières tensions de sa dispute avec Ben finirent par s'estomper. Ses remarques incrédules avaient résonné dans ses oreilles pendant toute sa traversée de l'océan Atlantique (« Abandonner ton boulot pour tenir une vieille librairie qui pue le moisi ! Mais pourquoi ? Tu ne lis même pas. Et c'est qui, cette soi-disant meilleure amie sortie de nulle part ? Tu ne m'en as jamais parlé. »)

Touché. Kate était incapable de donner une raison valable à ce soudain et irrésistible attrait pour son pays natal. La famille Cotton, Bluebell Bank, Emily.

Elle avait su qu'elle partirait à l'instant même où elle avait ouvert l'e-mail de son amie. Ce soir-là, elle attendait que Ben rentre, assise dans son grand lit, vêtue d'un petit short en soie et d'un T-shirt de l'université d'Édimbourg, avec la *skyline* de New York qui se déployait dans la nuit de l'autre côté de la baie vitrée : une vision duveteuse, teintée de pourpre, polluée par la lueur de millions d'ampoules.

Le message était tellement typique d'Emily qu'elle avait eu l'impression de l'entendre prononcer chacun des mots affichés à l'écran. Elle entendait aussi le merlot, et elle avait envie de rire et de pleurer en même temps.

Pendant six ans, Emily avait été réduite à un fragment de sa mémoire, une pointe de culpabilité qui la transperçait parfois au beau milieu d'une nuit d'insomnie, une pensée spontanée qui la surprenait toujours au moment où elle s'y attendait le moins : lorsqu'elle traversait Time Square à toute vitesse, en retard pour le boulot, ou lorsqu'elle montait dans le métro et apercevait une expression sur un visage ou un geste qui lui rappelait son amie.

Aucun message, pas un seul mot, hormis la petite carte de remerciement d'une politesse déprimante. Jusqu'à ce fameux e-mail.

Quitter son boulot, l'annoncer à Ben, réserver son billet, dire au revoir à ses amis : autant de tâches sur sa liste dont elle s'était acquittée en coup de vent, avec une énergie impassible. Elle les avait toutes rayées vite et simplement. Avant même de réaliser ce qui se passait, elle posait sa valise sur le pas de la porte de l'appartement de Ben, le ticket d'un vol aller simple coincé entre les pages de son passeport et beaucoup de gens déconcertés autour d'elle qui lui réclamaient des explications.

À vrai dire, elle ne comprenait pas tout à fait son choix non plus, mais ce qu'elle en savait lui suffisait : c'était une forme de rédemption, pour elle et pour Emily ; c'était la joie de redécouvrir une époque où tout était plus simple, de revenir sur leurs pas. Emily l'avait sauvée en l'intégrant dans sa grande famille aimante lorsqu'elle ne connaissait que la négligence, le froid et la désagréable sensation qui accompagnait le funeste cliquetis de bouteilles de vin s'entrechoquant.

À présent, c'était au tour de Kate de sauver son amie.

Elle n'avait pas emporté de vêtements adéquats, en fait elle n'en possédait tout simplement pas : elle était désormais citadine jusqu'au bout des ongles. Maintenant qu'elle était ici, ça n'avait plus d'importance. Plus rien n'avait d'importance : les divergences entre Emily et elle, la façon dont elles avaient laissé les circonstances s'immiscer entre elles et leurs chemins se séparer, les doutes et les incertitudes que Ben avait exploités pour essayer de la convaincre de rester.

En sortant de la douche, Kate était toujours aussi épuisée : l'espace confiné dans l'avion et les ronflements de son gigantesque voisin ne l'avaient pas vraiment aidée à s'assoupir tandis que l'appareil survolait en bourdonnant le vaste océan gris. Néanmoins, elle se sentait prête à repousser la fatigue un peu plus longtemps. De retour dans sa chambre, elle fourragea dans sa valise et passa en revue ses jolies robes et ses tenues griffées avec un œil critique. Rien ne convenait pour Bluebell Bank. Elle finit par opter pour un jean et enfila de nouveau le pull d'Emily. Elle s'éloigna du lit après lui avoir lancé un long regard de désir et se dirigea vers l'escalier pour rejoindre son amie.

4

Les fantômes continuaient de resurgir tandis que Kate descendait l'escalier et elle fut assaillie par un sentiment d'imposture. Pour la première fois, une idée dérangeante vint la tarauder : et si cet e-mail avait été le fruit d'un moment d'égarement aviné et qu'Emily n'avait jamais espéré ni même eu envie qu'elle vienne ? Elle revit son amie lui sauter au cou dans la librairie et se rasséréna.

Elle avait perdu l'habitude de douter d'elle-même – chez elle, l'incertitude datait d'une époque depuis longtemps révolue – et ces hésitations inopinées la perturbaient.

La vie avec Lily avait été bien sombre dans leur sinistre appartement d'Édimbourg, parfois même un combat pour survivre. Si elle s'en était sortie, si elle avait réussi, c'était grâce aux Cotton. Grâce à un soir en particulier, en fait : celui où elle n'avait eu d'autre choix que de leur demander de l'aide. Le soir, c'était toujours pire. Le comportement de sa mère devenait plus dangereux. Lorsqu'elle sortait, ça pouvait aller, mais lorsque ses petites sauteries avaient lieu à l'appartement, c'était le cauchemar. Incapable de dormir, Kate restait alors allongée sous son fin drap sans bouger, à écouter les voix rauques qui résonnaient dans le salon. Une nuit, un homme avait fait irruption dans sa chambre et avait avancé en titubant vers son lit en marmonnant. Il lui avait ordonné de se taire avec un sourire d'ivrogne. Kate était restée pétrifiée dans son lit, impuissante, le cœur battant à tout rompre, jusqu'à ce que Lily débarque à son tour et fasse sortir son compagnon en le traînant par la chemise, hilare. Après cet épisode, Kate avait toujours veillé à bloquer la poignée de la porte de sa chambre avec une chaise.

Par conséquent, les soirs où Lily allait on ne savait où avec ces gens qu'elle appelait ses amis étaient un grand soulagement. Sauf ce soir-là. Après avoir tout fait pour garder le secret du terrible problème de boisson de sa mère, Kate avait été contrainte d'invoquer la pitié de la famille Cotton. Incapable de dormir, elle attendait le retour de Lily depuis des heures, en proie à une terreur indicible. Un peu plus tôt, elles s'étaient disputées ; la violente altercation avait éclaté parce que Lily dépensait tout son argent en alcool et qu'il leur restait trop peu pour se nourrir. Depuis, Kate tentait d'apaiser sa rancœur tenace et la douleur lancinante de la gifle qu'elle avait reçue. Le bleu était de plus en plus visible à l'endroit où sa mère l'avait frappée avant de partir.

Lily ne revenait pas. L'électricité était de nouveau coupée, elles n'avaient plus d'argent à mettre dans le compteur. Enveloppée dans une couverture, Kate grelottait. Elle regardait les gouttes dévaler les vitres sombres ; la lueur des réverbères se mêlait aux motifs dessinés par la pluie sur leurs fenêtres dépourvues de rideaux. Elle attendait désespérément que sa mère rentre à la maison, saine et sauve. Elle avait sa boîte à chaussures sur les genoux. Le contenu de cette boîte, qui se résumait à un amas de détritus, aurait semblé ridicule à n'importe qui d'autre, mais Kate y voyait des trésors qu'elle conservait précieusement et qu'elle comptait bien garder jusqu'à l'âge adulte : des coquillages de Rigg Bay, les bracelets en plastique d'Emily, une carte d'anniversaire couverte des pattes de mouche de Dan, un morceau de verre turquoise poli par la mer et d'autres babioles de ce genre.

Petit à petit, les bruits du passage des voitures dans les flaques s'étaient espacés et la rue était devenue désormais presque déserte. Lorsque Kate consulta le réveil à côté du lit de sa mère, il indiquait quatre heures du matin. Alors elle fit la seule chose qui lui vint à l'esprit.

Elle n'avait pas d'argent pour prendre le bus ; pas grave, elle se sentait plus en sécurité à pied qu'en compagnie d'ivrognes et de types louches dans un bus de nuit. Lorsqu'elle arriva dans la petite rue de banlieue paisible et endormie des Cotton, à un kilomètre et demi de son immeuble insalubre, elle était dans un état lamentable : cheveux plaqués par la pluie, tête de déterrée, yeux creusés, éteints. Pas étonnant que Dan ait eu l'air si choqué lorsqu'il avait ouvert la porte, avec son père juste derrière lui, la mine surprise et les lunettes de travers. Même si cette nuit-là restait marquée par le froid, la peur et la solitude, Kate se rappellerait toujours la chaleur de la main de Dan lorsqu'il l'avait tirée à l'intérieur, son bras passé autour d'elle pour la guider avec douceur vers la cuisine, son air soucieux et sa colère tandis qu'il écoutait son récit, assis à table avec elle ; Ally préparait un chocolat chaud plein de grumeaux, Fergus beurrait des tartines grillées et Emily s'était blottie contre elle. Plus tard, Jonathon l'avait ramenée chez elle pour qu'elle puisse vérifier que sa mère était bien rentrée – celle-ci ronflait sur le canapé, plongée dans un profond coma – et récupérer ses affaires. Elle était restée une semaine chez les Cotton et, au moment de les quitter, les avait suppliés de ne pas appeler les services sociaux ; elle ne voulait pas se retrouver catapultée loin d'Emily et de ses frères. À dater de ce jour, elle avait passé le plus clair de son temps chez les Cotton et cela valait largement les quelques soirées qu'elle était obligée de supporter avec sa mère pour préserver son sanctuaire.

Cette nuit-là, Kate avait demandé de l'aide pour la première fois de sa vie. Elle s'était montrée sous son plus mauvais jour aux Cotton et ils ne l'avaient pas repoussée. Elle qui avait toujours été si méfiante, si renfermée, trop honteuse de ce qu'elle vivait chez elle, avait alors commencé à s'épanouir comme une fleur.

De leur côté, les Cotton avaient découvert le quotidien de Kate. C'était la première fois qu'ils étaient témoins d'une existence telle que la sienne : pas de frigo rempli en permanence, pas de parents casse-pieds pour se plaindre du linge sale qui traîne, certes, mais pas non plus de parents qui pensent à préparer le pique-nique pour le déjeuner tous les jours ou à signer les formulaires pour les excursions scolaires. Dans les foyers comme celui de Kate, il faisait toujours froid, on ne se sentait jamais en sécurité et l'on se retrouvait confronté à des responsabilités d'adulte et à l'angoisse bien trop tôt. Cette découverte suscita une véritable prise de conscience chez les quatre enfants Cotton qui développèrent un instinct très protecteur envers Kate.

Après cet événement, Kate n'avait plus jamais eu peur parce qu'elle ne s'était plus jamais sentie seule. Le fait d'être acceptée au sein de la famille Cotton avait fait naître en elle une certaine assurance et l'avait aidée à prendre un tout autre chemin. À l'époque, elle plaisantait souvent en affirmant que les frères d'Emily étaient aussi les siens, ce à quoi son amie avait l'habitude de répondre qu'elle en était ravie. À treize ans, Emily était à un âge où l'on méprise sa famille ; Dan était dédaigneux de nature parce qu'il était l'aîné ; Fergus était un vrai casse-pieds, toujours en train de faire des farces et de se moquer de tout le monde ; Ally suivait Kate et Emily partout comme un petit chien perdu ; quant à Noah, il était bien trop jeune pour être d'un quelconque intérêt.

Pourtant, Kate ne les aurait échangés pour rien au monde. Elle s'attarda un peu dans le vestibule, encore sous le coup des souvenirs de cette horrible nuit-là et de tant d'autres. Elle avait beau avoir retrouvé la maison de son cœur, auprès des Cotton, elle était toujours incapable de se rappeler leur bonté sans être hantée par des bribes de sa misérable vie antérieure.

Alors, bien sûr, le revirement qu'elle venait d'opérer était terrifiant, tourner ainsi le dos à tout qu'elle avait bâti petit à petit pour foncer dans une voie aussi hasardeuse, mais c'était également grisant et nécessaire. Elle redressa les épaules. Toute sa vie elle avait joué les caméléons, obligée de s'adapter pour poursuivre sa route. Elle était parvenue à décrocher une place à l'université pour étudier l'art où elle avait fait décoller ses notes médiocres au prix de beaucoup de travail et avec un coup de pouce d'Emily ; elle avait quitté Lily, laissant leur appartement et tout ce qu'il représentait derrière elle pour se forger une nouvelle vie en Amérique. Pour ça, elle avait dès le départ endossé le rôle d'une fille sûre d'elle et insouciante, et avait découvert avec surprise que tout le monde semblait se laisser berner par sa nouvelle personnalité.

Emily préparait bruyamment le dîner dans la cuisine. Kate s'arrêta dans l'embrasure de la porte et ne put s'empêcher de sourire devant cette scène de la vie domestique que l'on ne pouvait pas vraiment qualifier de « joyeuse ».

— Je peux t'aider ?

Difficile de deviner ce qu'Emily mitonnait, mais cela nécessitait apparemment de nombreux ustensiles et casseroles.

— Ah, tu es là. Non, ça ira, merci. Par contre, assieds-toi et fais-moi la conversation. Tu aimes toujours la sauce bolognaise ?

— Oui.

Kate étudia les ingrédients étalés sur le plan de travail.

— Mais tu es sûre que c'est ce que tu prépares ?

— Oui. Enfin, si on veut. J'y mets un peu de tout.

— Je vois ça.

Kate se laissa tomber sur une chaise et inspecta la pièce du regard. Outre la pagaille des préparatifs en cours, il régnait dans la cuisine – qui du reste était propre – un certain désordre. Ça lui avait échappé à l'heure du thé. Le panneau d'affichage, en revanche, était bien ordonné, couvert de petits mémentos sur lesquels Emily avait rédigé au feutre noir des instructions et des rendez-vous : un guide pour que la journée se déroule sans accroc. Sans tous ces petits mots, le tableau aurait ressemblé à n'importe quel pense-bête familial. Celui-là était un rappel flagrant de la maladie de Lena.

Elle repéra aussi quelques photos récentes qu'elle analysa avec soin, mettant à jour l'image mentale qu'elle avait gardée des membres de la famille.

— Parle-moi des garçons, lança-t-elle en tapotant un cliché des cinq frères et sœur Cotton réunis, dans un aéroport à en juger l'arrière-plan et les bagages.

Au centre, Fergus, cheveux roux flamboyant et sourire aux lèvres, amenait ses frères et sa sœur dans le champ, les bras grands ouverts.

— Les garçons ? Il n'y a pas grand-chose à raconter. Ils n'ont pas changé.

— Pas possible ! s'esclaffa Kate. Ça fait tout de même six ans.

Les garçons de cette photo étaient tous des hommes à présent ; seul Noah, le plus jeune, s'accrochait encore un peu à l'adolescence.

Emily versa une boîte de coulis de tomates dans l'étrange mixture qui mijotait sur la vieille cuisinière en fonte Aga. Elle mélangea rapidement, puis se tourna vers Kate en fronçant les sourcils ; elle essayait sans doute de résumer six ans dans une seule et même phrase.

— Dan est marié depuis deux ans. Sa femme Abby et lui tiennent la ferme ensemble et ils attendent leur premier enfant.

Cette première information fit l'effet d'une gifle à Kate, mais de quel droit éprouvait-elle quoi que ce soit ?

— Noah vit chez eux en ce moment, continua Emily. Il est venu travailler à la ferme pour l'été. Ça n'allait pas trop à la maison : il s'est fait expulser de son école. Il a dix-sept ans, tu te rends compte ? Je n'arrive toujours pas à y croire.

Kate songea au petit garçon de ses souvenirs, un gentil petit gars timide de onze ans.

— Quoi ? Attends… il a été expulsé ?

Emily hocha la tête.

— C'est une longue histoire, il vaut mieux qu'il te la raconte lui-même. À toi, il le fera sûrement : de nous tous, tu as toujours été sa préférée. Et il refuse de nous en parler, précisa-t-elle en se renfrognant.

Visiblement, ce n'était pas faute d'avoir essayé de lui tirer les vers du nez. Kate s'occuperait de ça plus tard.

— Et Fergus ?

— Il est parti en Australie il y a huit mois. Il s'éclate là-bas. Dan et lui ont eu un différend sur la gestion de la ferme. Ça a toujours été la ferme de Dan – c'est à lui que Lena l'a donnée quand les derniers locataires sont partis – et il a eu du mal à avaler les ingérences de Fergus.

De toute façon, Ferg est plus heureux quand il entreprend seul. Alistair va bien. Il est à Londres. Il a obtenu son diplôme de droit et maintenant il bosse pour devenir associé dans sa boîte. On ne le voit presque jamais, dit-elle avec un sourire triste. Tu sais ce que c'est, chacun mène sa vie et est très occupé.

Elle avait terminé sa phrase d'un ton sec et se tourna pour mélanger sa sauce.

— Vous êtes éparpillés, c'est ça ? Bien sûr, c'était idiot de ma part de croire que vous seriez encore tous ici, releva Kate, dépitée. Tout le monde doit suivre sa voie, je suppose.

— Oui, à New York, par exemple, ne put s'empêcher de rétorquer Emily.

Kate lui concéda ce point.

— Ce n'est pas faux. En tout cas, je suis bien contente que Dan et Noah soient ici. J'ai hâte de les revoir. Tes frères m'ont manqué presque autant que toi.

— Mais j'étais là, moi.

Un silence gênant s'installa. Franchement, Emily était gonflée : Kate avait peut-être fui le pays, mais c'était elle qui l'avait lâchée la première. Cela dit, elle n'avait rien à gagner avec ce genre de petit jeu mesquin.

Emily fit ce qu'elle faisait le mieux : elle se dépêcha de changer de sujet.

— Tu sais que lorsqu'on était jeunes, je voulais que tu te maries avec l'un de mes frères ?

Kate saisit la perche et embraya.

— Oui, tu me l'as déjà dit. Souvent.

Elle n'avait pas envie de parler de ses sentiments pour Dan, ni de la façon dont ça s'était terminé. Que savait Emily, exactement ? C'était l'un des rares secrets qu'elle n'avait pas partagés avec elle, mais Dan n'avait peut-être pas été aussi discret.

— Ally était comme un frère pour moi, reprit-elle avec le ton le plus léger possible. Fergus était bien trop occupé par son rôle d'ado rebelle pour être intéressé. Noah était un chouïa trop jeune, et Dan…

Sa phrase resta en suspens. Elle ne trouvait rien à dire sur Dan, ou plutôt il y avait tant à en dire, mais c'était trop tard. Il était marié ! Et il allait devenir papa !

Elle ne put s'empêcher d'exprimer tout haut le fond de sa pensée.

— Quand je pense que c'est un homme marié maintenant. C'est si bizarre.

Une décision très… adulte. Bon, d'accord, il avait presque trente ans et gérait sa propre entreprise depuis dix ans. Au fond, ne s'était-elle pas toujours vaguement accrochée à l'idée égoïste qu'il lui appartenait ? Pourtant c'était elle qui l'avait laissé tomber.

— Si j'avais dû parier sur un de mes frères pour toi, j'aurais misé sur Dan, déclara Emily avec un petit sourire en coin. Maintenant c'est fichu. Tu sais, je reste persuadée qu'il était dingue de toi. Moi, j'avais juste envie que tu fasses partie de la famille, même si c'est déjà le cas bien sûr.

Le cœur de Kate s'emballa. Emily en savait-elle plus qu'elle ne le laissait paraître ? Encore un point qu'elles devraient mettre à plat si elles voulaient apaiser les tensions entre elles, mais c'était encore trop tôt.

Emily avait employé le présent, ce qui lui faisait plaisir. Cela lui rappelait qu'elle avait gagné sa place parmi les photos de famille du vestibule, et que sa chambre l'attendait comme si elle l'avait quittée hier. Comme si elle avait lu dans ses pensées, Emily attrapa le cadre photo où on les voyait poser sur la plage de Rigg Bay, sortit un petit papier et un feutre d'un tiroir, écrivit quelque chose et épingla Kate sur l'aide-mémoire de Lena.

Ensuite elle se tourna vers elle avec une satisfaction innocente, à croire que tous ses soucis s'étaient envolés. Elle sourit.

— Ne bouge pas, j'arrive. J'ai quelque chose pour toi. Tu n'as qu'à ouvrir une bouteille de vin en attendant. Elles sont dans ce placard, là-bas.

Elle désigna le buffet à Kate avant de s'éclipser dans un tourbillon de boucles brunes ; elle avait troqué son gros pull contre un T-shirt rouge un peu plus adapté à la saison qui contrastait avec ses cheveux sombres.

En passant devant la cuisinière, Kate renifla la casserole avec méfiance. Étonnamment, le contenu sentait bon – meilleur en tout cas que ce que ne laissait présager la succession d'ingrédients qu'Emily y avait jetés au petit bonheur la chance. Elle choisit une bouteille au hasard dans le buffet. Du merlot, bien sûr. Il ne lui en fallut pas plus pour se remémorer leurs années d'étudiantes, lorsque Em et elle partageaient une bouteille ou trois ; à cette époque, elles se contentaient des piquettes bon marché de supérettes.

Les placards de cuisine de Bluebell Bank étaient bien rangés, en dépit du désordre qui régnait à l'extérieur : journaux repliés à la page des mots croisés, vieilles recettes jaunies, tickets de caisse, listes diverses et piles de publicités. L'endroit avait toujours été marqué par un capharnaüm plein de vie qui offrait un contraste saisissant avec l'ordre méticuleux de la maison des parents d'Emily et la bauge où vivait Kate. Ici, on prenait plaisir à s'installer dans un fauteuil, entouré des nombreux témoignages de l'histoire des Cotton qui conféraient un caractère immuable aux lieux.

Kate venait de déboucher la bouteille lorsque Emily réapparut avec un gros livre dans les bras.

— Les verres sont là-bas, lança-t-elle. Lena n'aime pas le vin, elle préfère le whisky, mais elle est rationnée de façon très stricte… à cause des médicaments.

Elle écarta une liasse de papiers, s'assit à table, prit le verre de vin que lui tendait Kate et, après avoir hésité une fraction de seconde, poussa son livre vers elle.

— Tiens. J'ai fait ça pour toi, un soir où j'étais d'humeur sentimentale. Au cas où je te reverrais un jour.

Kate posa son verre et souleva la couverture en cuir. On aurait dit un livre très ancien, mais à l'intérieur les pages étaient toutes neuves : un album photo déguisé en vieux bouquin.

— Est-ce que « sentimentale » est un euphémisme pour « saoule » ?

Emily haussa les épaules avec une ébauche de sourire.

— Peut-être.

Kate tourna les pages lentement. Emily avait documenté leur vie ensemble et lui offrait le résultat pour apaiser les turbulences de son retour : des portraits scolaires en sweat-shirt chiffonné ; des photos de leurs étés à Bluebell Bank et des journées chaudes à la plage sur lesquelles on les découvrait en bermuda aux couleurs criardes et lunettes de soleil Mickey Mouse ou dans le vieux canot pneumatique orange avec Ally et Fergus ; des clichés de jeunes ados au rouge à lèvres trop vif et aux yeux trop maquillés adoptant des poses provocantes ; un autre où elles pavoisaient autour d'un feu de camp avec leurs premières cigarettes (volées) entre les doigts aux ongles vernis de noir.

Ensuite leur époque universitaire défila : soirées dans les bars estudiantins de toute la ville ; bains de soleil dans le parc de Princes Street Gardens, entourées de différents parasites qu'elles qualifiaient autrefois d'amis ; un week-end dans les night-clubs londoniens ; une semaine dans une auberge de jeunesse à Rome.

Tout y était, chaque moment important de la frise chronologique de leur amitié et, par conséquent, de leur vie : leur vie et leur amitié étaient tellement liées et indissociables que l'on ne distinguait plus la limite entre les deux, la jonction entre la fin d'Emily et le début de Kate.

Puis, le défilé de souvenirs s'interrompit brusquement, comme une phrase sans point final. Après une dernière photo – une excursion en voiture sur les plages de St Andrews –, Kate se retrouva face à du papier immaculé. Toutes les pages restées blanches étaient un rappel criant de la fracture brutale qu'il y avait eu. Il manquait aussi quelque chose. Ou plutôt quelqu'un. Luke.

Cette absence l'interpella et le nom de Luke erra sur ses lèvres tandis qu'elle feuilletait l'album à l'envers, passant en revue tous les endroits où il aurait dû apparaître. Emily aurait tout aussi bien pu laisser des espaces vides que ça n'aurait pas pu être plus clair. Lorsque Kate releva la tête, elle détourna la sienne, comme si elle prenait conscience de son erreur. Peut-être avait-elle simplement voulu la préserver, la protéger de ce douloureux souvenir, mais effacer Luke n'était pas la solution : comment aurait-elle pù l'oublier ?

— Merci, dit-elle avec douceur en poussant le livre sur le côté. C'est super.

Emily semblait tout à coup très intéressée par ses ongles rongés. Elle but une gorgée de vin. Avec cet album, elle ravivait les périodes sombres tout autant que les souvenirs doux et joyeux. Pas de Luke, pas de Joe, pourtant ils étaient là quand même.

— Avec plaisir. J'avais plein de boîtes de photos qui traînaient et je me suis dit qu'elles méritaient de figurer dans un album. Elles ont toutes été prises avec mon appareil, alors j'ai pensé que tu ne les avais pas.

Plein de boîtes ? Mais alors, où était Luke ?

— Je n'en avais aucune. Merci.

Elle but à son tour.

Emily se leva brusquement, manquant de renverser son verre dans la précipitation.

— Je ferais mieux de surveiller ma sauce. Elle doit être prête. Au fait, j'ai passé un coup de fil à Dan. Il nous attend. Je ne lui ai pas dit que tu étais là. Je veux lui laisser la surprise. Il n'en croira pas ses yeux.

Perdue dans ses pensées, Kate la gratifia à peine d'un murmure. Cet album photo lui faisait l'effet d'une bourrasque automnale, d'un tourbillon de feuilles mortes. Une grosse prise de conscience s'opérait en elle : ses deux univers ne pouvaient pas fusionner ni coexister. Elle ne pourrait jamais être la Kate de New York ici, à Bluebell Bank, pas avec les Cotton ni avec de tels souvenirs.

Elle avait fui à New York pour échapper à ces souvenirs, à cette version d'elle-même, pour devenir quelqu'un de tout à fait différent, de meilleur. Du moins l'avait-elle cru.

Cependant, elle ne pourrait pas vivre avec une telle fracture. Soit elle restait la « nouvelle » Kate, distante, indépendante, professionnelle, soit elle redevenait « l'ancienne » Kate, celle qui appartenait à ce monde-ci avec les personnes qui le peuplaient. L'une des deux devait disparaître.

Elle devait choisir.

Renoncer à sa nouvelle personnalité, à laquelle elle avait consacré tant de soin et d'attention, serait une perte inestimable, une trahison. Pourtant, elle avait envie de redevenir la fille aux bracelets en plastique, celle qui collectionnait les petits trésors simples et se raccrochait aux Cotton. Aussi inquiétant que ça puisse paraître, ici, submergée par ces souvenirs d'amour et de chagrins, de Luke et de Dan, elle ne se sentait plus du tout en phase avec la Kate de Ben. Celle dont Ben était tombé amoureux était bidon. La vraie Kate était celle que les Cotton connaissaient.

En regardant Kate parcourir l'album la deuxième fois, Emily avait compris son erreur : elle avait été stupide d'oublier volontairement Luke dans ses annales. Pourtant ça n'avait pas été facile parce qu'il était sur presque toutes leurs fichues photos ! Elle avait voulu épargner à Kate la douleur de le voir et – pour être tout à fait honnête – s'épargner ça aussi. Luke Ross était un territoire dangereux sur lequel elles n'avaient vraiment pas besoin de s'aventurer ce soir.

Kate avait redécouvert son adolescence en images avec une expression empreinte de douceur. Emily et ses frères n'étaient jamais bien loin et l'album avait eu l'effet escompté : lui rappeler qu'ils avaient tous fait partie de sa vie un jour.

Et qu'ils pouvaient de nouveau en faire partie.

Elles devaient repartir de zéro, oublier les vieilles disputes et aller de l'avant. C'était possible. Elles allaient s'occuper de cette librairie ensemble, et peut-être que tout le reste aussi serait plus facile avec Kate à ses côtés : supporter la maladie de Lena ; réconcilier Noah et Dan, qui se sautaient à la gorge en permanence ; oublier Joe. Pour la première fois depuis son retour à Bluebell Bank, Emily se sentait gagnée par un élan d'optimisme.

5

Elles dînèrent dans la salle à manger. Ce ne fut pas l'un des repas de famille épiques auxquels Kate était accoutumée, il n'y avait pas assez de monde autour de la table pour ça, mais l'évocation était bien là et avait quelque chose de réconfortant. Tout comme les murs rouge cerise, les fins rideaux de la baie vitrée qui dansaient dans la brise et le tapis à motif cachemire usé par endroits. Elles dégustèrent la sauce bolognaise originale d'Emily, même si, dans un souci d'authenticité, elles auraient dû manger de la salade et de la charcuterie accompagnées de tomates, d'avocats, de concombre, de fines tranches de rôti froid roses et luisantes et de quartiers d'œufs durs. S'ils avaient dérogé à ce menu une seule fois au cours de leurs étés à Bluebell Bank, Kate ne s'en souvenait pas.

Elle prit son verre de vin tandis qu'Emily et Lena évoquaient en riant l'une des célèbres colères de Fergus.

— Il est roux, fit remarquer Lena d'un ton docte. J'aurais dû me douter qu'il développerait ce caractère, j'ai moi-même été rousse. Un jour, j'ai jeté l'assiette de James contre un mur tellement j'étais furieuse.

Emily écarquilla les yeux.

— Ce n'est pas vrai ? Tu as fait ça ? Ça devrait figurer dans les Mémoires.

Elle bondit de sa chaise et se dirigea vers un vieux buffet pour revenir un instant plus tard avec un bloc-notes et un stylo.

— J'ai peur d'oublier, expliqua-t-elle devant le regard interrogateur de Kate tandis qu'elle griffonnait à la hâte.

— Les Mémoires ? s'enquit Kate.

Emily acquiesça.

— Le récit de la vie de Lena. Je consigne toutes ces tranches de vie pour elle.

Et pour nous tous. Cette réponse et les non-dits qui gravitaient autour ramenèrent la maladie de la matriarche sur le tapis.

Kate jeta un coup d'œil à Lena, mais celle-ci ne semblait pas troublée le moins du monde. Elle surprit même son regard et lui adressa un sourire effronté.

— C'est comme si elle me téléchargeait sur un de ces disques durs machin-chose. Elle fait une sauvegarde. Comme pour un ordinateur.

Ne sachant trop comment prendre une telle franchise, Kate se cacha derrière son verre de vin pour éviter de devoir répondre. Emily et sa grand-mère avaient toujours été très proches et la solidité de leur lien était plus flagrante que jamais. Son amie paraissait indifférente face à cette maladie pourtant incontestable ; elle affrontait les pertes de lucidité de sa grand-mère avec un calme et une gentillesse inébranlables, c'était à peine si son sang-froid vacillait. Un bon signe, car Emily avait toujours été très nerveuse.

En voulant débarrasser les verres, Kate surprit une mise au point entre Lena et sa petite-fille dans la cuisine.

— Mais qui c'est, celle-là ? Elle est venue pour nettoyer ? Je t'ai pourtant dit que je n'avais besoin de personne.

— Non, ce n'est pas une aide-ménagère. C'est une vieille copine à moi. C'est Kate.

— Kate ? Allons, ne dis pas de sottises. Kate n'est encore qu'une enfant.

Elle dut faire demi-tour avec les verres et regagna la salle à manger pour reprendre son souffle ; elle était prise de vertiges et se sentait complètement déboussolée. Comment Emily tenait-elle le coup ?

Plus tard, au moment de sortir pour rendre visite à Dan, Lena avait retrouvé ses esprits. C'était une paisible soirée d'été, l'air était à la fois doux et lourd. Les derniers rayons de soleil se déversaient sur les champs encore trempés par la pluie, les hautes herbes ployaient sous le poids de l'eau et les bottes en caoutchouc que Kate avait empruntées émettaient des bruits de succion au contact de la boue tandis qu'elle marchait à l'ombre des arbres. Les bois débordaient de vie : ça piaillait, bruissait, craquait, pataugeait à tout va.

— On fait cette promenade presque tous les soirs après le dîner, expliqua Emily. On ne s'arrête pas tous les jours à la ferme pour saluer Dan et Abby, mais c'est un excellent exercice pour Bracken, et Lena connaît le chemin comme sa poche. Elle se balade ici depuis soixante-dix ans, alors je n'ai pas peur qu'elle se perde.

Exact. Cela dit, elle manipulait aussi des couverts depuis plus de soixante-dix ans. Pourtant, lorsque Lena avait voulu dresser la table un peu plus tôt, Kate l'avait vue se figer, décontenancée ; son regard avait fait plusieurs allers-retours entre les couverts qu'elle tenait et la table, comme si on lui soumettait un casse-tête particulièrement compliqué qu'elle était incapable de résoudre. Pour finir, frustrée, elle les avait jetés en tas au milieu du reste. Elles avaient pris chacune ce dont elles avaient besoin au moment de se servir, ce n'était pas grave. Sauf que, si, ça l'était.

Le sentier qui reliait Bluebell Bank à la ferme – tracé par des générations de Cotton – démarrait au fond du jardin et traversait les bois, la rivière et plusieurs échaliers avant de longer les champs puis de descendre jusqu'au bas des pâtures pour enfin aboutir au corps de ferme niché dans une petite vallée.

Une vie passée à courir les campagnes et les collines de Galloway avait donné à Lena un corps élancé et athlétique. Elle paraissait si forte, avançant d'un bon pas, avec ses robustes chaussures et son chapeau à large bord vissé sur ses cheveux blancs hirsutes, que pendant quelques instants Kate parvint presque à se convaincre qu'elle allait parfaitement bien. Cette vitalité était injuste au regard du mal insidieux qui rongeait son esprit et effaçait des pans entiers d'elle-même. Emily aurait-elle échangé cette maladie mentale contre un handicap physique, si cela lui avait permis de conserver une Lena lucide et fidèle à elle-même ? Et Lena ? Si on lui avait laissé le choix ? Elle chassa cette pensée et continua à avancer. Lena ouvrait la marche : son œil de lynx était plus vif que jamais ; elle repérait et nommait les oiseaux de la forêt avec une facilité naturelle. Cette femme qui ne se souvenait pas toujours de l'utilité d'une fourchette reconnaissait les becs-croisés, les roitelets et les pics-verts sans même devoir réfléchir.

Tandis qu'elles suivaient Lena et Bracken dans les bois, Emily se plaça à la hauteur de Kate et la prit par le bras avec tendresse.

— Alors, parle-moi un peu de ton boulot…

Kate retroussa ses manches. L'air du soir avait un petit quelque chose d'estival : il faisait chaud et frais à la fois.

— Il n'y a pas grand-chose à raconter, répondit-elle en souriant. J'ai démissionné. Faire la navette tous les jours entre Wigtown et New York risquait d'être un peu trop compliqué.

Sa tentative d'humour fut récompensée par un sourire d'Emily.

— Je t'avoue que je ne sais même pas très bien ce que tu faisais. De la pub ou un truc comme ça ?

— Je bossais dans une bonne agence de pub, oui. Nous avions de grosses campagnes. J'étais assistante, mais je commençais à prendre du galon. Juste avant mon départ, je planchais sur la prochaine campagne d'une grande marque de lingerie.

— Tu devais vendre des petites culottes ? demanda Emily, l'air goguenard.

— Pas des petites culottes, de la lingerie, rectifia Kate avec un regard appuyé.

— Tu peux présenter ça comme tu veux, une petite culotte, ça reste une petite culotte, rétorqua Emily, sentencieuse.

Kate lui donna une petite bourrade.

— Tiens, ça aurait fait un bon slogan : « Une culotte, ça reste une culotte. »

Elle soupira. Elle avait déjà eu cette impression, lorsqu'elle ressortait d'interminables réunions, épuisée et désabusée : au fond, tout ça pour quoi ? Passer des heures à pinailler sur une phrase destinée à faire gagner un max de millions à une entreprise de sous-vêtements qui payait ses ouvriers des clopinettes. De belles formules pour le summum du chic décadent : mousselines, dentelles, rubans et artifices à gogo, le tout confectionné avec soin pour donner l'illusion de la beauté – un emballage de luxe pour sexe. Tandis qu'elle décrivait tout cela à Emily, la vacuité de ce métier lui sautait plus que jamais aux yeux.

— Devrais-je me sentir coupable ? s'enquit Emily. Je veux dire : as-tu renoncé à une carrière lucrative de cadre supérieure dans la pub pour ma pauvre librairie et moi ?

Kate haussa les épaules.

— Oui, sans doute. Cela dit, c'est plutôt une bénédiction. Oh, je ne voulais pas dire que tu devais culpabiliser, non ! C'est moi qui ai pris la décision de venir. Pour être honnête, Em, ce boulot était très barbant et futile. Je passais mes journées en réunion à débattre de sujets qui paraissaient hyper importants sur le moment, avec des gens qui se comportaient comme si la terre allait s'arrêter de tourner si nous n'atteignions pas la perfection… et quand je rentrais chez moi, je me demandais à quoi tout ça rimait. Je ne dessinais jamais ; en réalité ma fonction demandait très peu de créativité. D'ailleurs, rien de tel que l'esprit d'entreprise pour tuer toute forme de créativité. Non, je t'assure, je comptais partir de toute façon. Tu n'as fait que me donner l'impulsion nécessaire pour le faire.

— Eh bien, le malheur de la lingerie fait mon bonheur, déclara Emily. Si jamais ça venait à te manquer, il y a une échoppe qui vend des sous-vêtements sur le marché. Je suis certaine qu'on pourrait te dégoter un job : vente à la criée de culottes de grand-mère.

Elles éclatèrent de rire.

— Ah là là, merci, Em ! C'est bon de te retrouver.

Emily sourit.

— Tu sais, je ne te vois pas exercer autre chose qu'un métier qui exploite ta fibre artistique, déclara-t-elle avec plus de précaution. Tu étais si sûre de vouloir devenir styliste quand tu as eu ton diplôme. Et tu étais douée, Kate. Très douée. Tu te souviens du défilé de fin d'études ?

Le sourire de Kate s'envola et elle acquiesça. Ce défilé avait été l'apothéose de son parcours : l'occasion de présenter le fruit de trois années de dur labeur, de vie sociale sacrifiée, de longues journées et de longues nuits cloîtrées dans son atelier. Trois années au cours desquelles elle s'était totalement immergée dans le stylisme, où plus rien d'autre n'avait compté.

— C'est… compliqué, répondit-elle.

— Je me doute.

Emily savait tout ça : elle avait exercé une profession qu'elle détestait. Ce qui l'avait décidée à choisir l'enseignement restait un mystère pour tout le monde, mais elle savait à quel point il était difficile d'allier travail et passion.

— Quels sont tes projets ? Après la librairie, bien sûr.

Sa voix trahissait une certaine anxiété : elle craignait que Kate reparte.

— Je n'ai pas de projet. Après l'été, après la librairie… Eh bien, on verra.

Kate tâchait de garder un ton léger, comme si son avenir ne dépendait pas de ses futurs choix. La vérité, c'est qu'elle n'en avait pas la moindre idée.

Elles sortirent du bois, franchirent un vieux mur de pierre en empruntant un échalier, puis s'arrêtèrent un instant pour contempler la ferme tout en bas de la colline. Le pré où elles se tenaient était vide, les vaches avaient été transférées dans une autre pâture, un peu plus haut. Emily avisa Kate et les grosses bottes qu'elle lui avait prêtées, et, sans crier gare, s'élança joyeusement dans la descente ; elle courait avec l'enthousiasme d'un enfant et une absence totale de grâce.

— Je parie que j'y serai avant toi, cria-t-elle pardessus son épaule.

Surprise, Kate fronça les sourcils. Emily, en train de piquer un sprint ? De lui lancer un défi ? Aussitôt elle se précipita derrière elle. Elle gagna en vitesse dans la pente ;

elle n'avait plus couru comme ça depuis des années. Rien à voir avec le tapis de course d'une salle de *fitness* : la sensation incomparable du vent dans ses cheveux, les odeurs de la terre et de la ferme qui lui chatouillaient le nez, et puis un véritable objectif droit devant elle. Autrefois, Kate était fière de ses aptitudes sportives – on ne pouvait pas en dire autant d'Emily – mais ici, il n'était pas question d'adresse, ce n'était qu'une course. Elle accéléra, les yeux rivés sur le T-shirt rouge vif de son amie ; un éclat de rire enfla dans sa poitrine puis s'échappa de sa gorge, la privant de précieuses respirations. Elle n'avait plus fait ça depuis si longtemps, c'était génial ! Un véritable retour en enfance : courir juste pour le plaisir de courir. Elle finit par dépasser Emily et s'arrêta juste avant d'entrer en collision avec la grille de la ferme contre laquelle elle s'écroula, à bout de souffle.

Emily s'accrocha à la grille et se plia en deux.

— Ouille, ouille, ouille, gémit-elle. Ça… fait… trop mal. Peux plus respirer.

Elle écarta ses cheveux de son visage en sueur et sourit à Kate.

— Je t'ai laissé gagner, en souvenir du bon vieux temps, mais en réalité je suis devenue assez sportive.

— Je n'en doute pas.

Remise d'aplomb en premier, Kate se redressa. La chaleur irradiait de ses joues ; elle devait faire peur à voir, mais c'était le cadet de ses soucis.

Emily réarrangea sa queue-de-cheval, puis saisit Kate par le bras.

— J'ai trop hâte de voir la tête de mon frère quand il découvrira que tu es là.

Elles continuèrent à récupérer en attendant Lena, appuyées contre la grille ouverte. La ferme de Dan et Abby comportait, outre le bâtiment principal, toute une série de petites dépendances éparpillées et un grand silo en métal. Deux jeunes chiens se précipitèrent à la rencontre de Lena sur le sentier. Il suffit d'un mot de sa voix bourrue et d'une petite tape sèche des mains pour qu'ils se calment aussitôt. Les chiens de Dan s'approchèrent de Kate en gémissant puis reniflèrent Bracken pour le saluer.

— Gros bêtas, les réprimanda Lena en secouant la tête.

Emily et Kate échangèrent un sourire.

C'est Abby, enceinte jusqu'aux yeux, qui ouvrit la porte.

— Salut, Lena, Em, lança-t-elle en se caressant le ventre.

Elle jeta un regard curieux à Kate.

— Et bonjour à vous.

— Abby, je te présente mon amie Kate.

Comme toujours, le regard d'Emily fut attiré par la bosse volumineuse que formait le bébé et elle prit une courte inspiration ; il lui était presque impossible de regarder sa belle-sœur sans être traversée par un éclair de jalousie. Elles se débarrassèrent de leurs bottes crottées sur le paillasson et suivirent Abby dans la grande cuisine, le centre névralgique de la maison. Lena s'affala aussitôt dans son fauteuil en tweed préféré et posa les pieds sur un tabouret. Emily sourit affectueusement ; autrefois cette ferme appartenait à Lena et à son mari James. C'était bien avant qu'ils construisent Bluebell Bank, et avant la mort de James. Lena l'avait ensuite louée à toute une série de locataires médiocres pour finir par l'offrir à Dan lorsque ce dernier, alors âgé de vingt et un ans, ne savait quelle direction prendre, résistant à toutes les tentatives de sa mère pour l'envoyer à l'université. À l'époque, Lena avait bien senti d'où venait le vent ; elle avait compris que Dan avait besoin de concret et qu'il ne risquait pas de trouver sa voie dans une bibliothèque. Emily et Ally, peut-être, mais pas Dan, ni Ferg non plus, d'ailleurs.

— Bienvenue, Kate. Du thé pour tout le monde ou autre chose ?

Abby semblait extravertie et sympathique. Cheveux blonds jusqu'au menton, elle avait la peau couleur or pâle et constellée de taches de rousseur.

— Un brandy, réclama Lena.

Bracken avait posé sa grosse tête brun-roux sur l'un de ses genoux et la contemplait avec adoration.

Abby esquissa un petit sourire indulgent.

— Bien sûr. Et toi, Kate ?

— Kate Vincent ? C'est vraiment toi ? tonna une voix dans son dos sans lui laisser le temps de répondre.

Elle fit volte-face et découvrit Dan dans l'embrasure de la porte. Un Dan plus grand et plus costaud que dans son souvenir, aux bras et aux muscles forgés par le labeur, la peau burinée par le vent et sillonnée de quelques ridules. Ses yeux marron pleins de chaleur se braquèrent sur les siens et le temps s'arrêta pendant une fraction de seconde.

— Oui, c'est bien moi, parvint-elle à articuler, le souffle coupé par la joie et la nervosité.

Dan traversa la pièce en trois pas de géant et la souleva du sol pour la serrer dans ses bras.

— Il était temps !

Il la déposa et l'observa.

— Bon sang, ce que je suis content de te voir !

Son sourire était plus contagieux que jamais : un éclair blanc au milieu de sa barbe sombre et négligée.

Kate était embarrassée par cet accueil exubérant et désarçonnée par sa propre réaction. Sous le regard de la femme enceinte de Dan, voilà que des souvenirs défendus affluaient.

— Heureuse de te retrouver aussi.

Elle ramena ses cheveux derrière ses oreilles et baissa les yeux sur les dalles du sol avant de risquer quelques regards furtifs ; elle cherchait des signes de tension, de cette ancienne relation qui les avait liés, de résignation aussi, après la douleur qu'elle lui avait infligée. Pour finir, elle détourna la tête.

— Kate est venue m'aider à la librairie, expliqua Emily qui ne se doutait de rien.

Ils s'installèrent autour de la table, à l'exception de Lena qui avait pris racine dans son fauteuil et semblait satisfaite, Bracken ronflant déjà à ses pieds.

— Super, fit Abby. Tu avais bien besoin d'un coup de main.

Elle caressa le crâne de l'un de ses chiens de berger en souriant à Emily. Kate ne put s'empêcher d'étudier la jeune femme. Que de changements au cours de ces six dernières années ! L'épouse de Dan. Et l'*enfant* de Dan. Et pourtant elle décelait une lueur dans le regard de celui-ci, une lueur qui semblait lui dire qu'il ressentait toujours le lien qui les unissait.

Mais il n'était plus l'ado qu'elle avait connu. Les ridules autour de ses yeux témoignaient d'une vie de rires et de sourires ; il était heureux et elle en était ravie – bien sûr qu'elle l'était. Si seulement il n'y avait pas eu cette petite pointe de regret, le souvenir de son rire rauque, si intime, qui lui avait autrefois appartenu.

Dan la scrutait ; elle avait oublié la force que pouvait avoir ce regard.

— Merde alors, tu en as mis du temps ! s'exclama-t-il d'une voix émerveillée.

Abby émit un petit rire gêné et le réprimanda avec douceur, lui rappelant qu'il devait surveiller son langage devant son ventre. Comment était-il possible qu'elle n'ait pas remarqué la tension et la fascination qui émanaient de lui ?

Tout simplement parce qu'elle avait confiance – en Dan et en elle-même.

— Je sais, répondit Kate avec calme, adressant sa réponse à Abby. Il y a longtemps que j'aurais dû revenir vous voir.

Dan se leva en se frottant les mains.

— Il faut qu'on ouvre une bonne bouteille pour fêter ça. Bon sang, Kate, je n'arrive toujours pas à y croire ! Et d'où sors-tu comme ça ?

— De New York.

— Je veux absolument savoir ce que tu fabriquais là-bas et ce qui t'a ramenée ici, mais d'abord je vais chercher du vin. Du rouge ?

Elle acquiesça.

En général, elle ne buvait pas pendant la semaine – elle était très stricte avec elle-même là-dessus – mais là, toutes les règles, comme la réalité, semblaient avoir été mises entre parenthèses.

— Elle est venue à ma rescousse, tel un preux chevalier venu sauver ma santé mentale et mon entreprise, déclara Emily en pressant l'épaule de son amie.

Puis elle se leva.

— Je vais t'aider, Dan.

Tandis qu'Emily et son frère se chamaillaient gentiment sur le choix du vin à l'autre bout de la grande cuisine, Abby se pencha vers Kate et lui effleura le bras.

— Je suis bien contente que tu sois là, lui confia-t-elle à voix basse. Emily s'est lancée dans une aventure un peu hasardeuse et elle a besoin de soutien. Ce n'est pas évident pour elle, je suppose que tu es au courant.

— Je suis venue pour l'aider, répondit Kate, un peu mal à l'aise.

Elle n'avait pas envie de jaser sur le divorce d'Emily dans son dos.

— J'ai hâte qu'on se mette au travail, ajouta-t-elle.

Abby hocha la tête.

— Ce n'est pas la reine du pragmatisme, tu sais. Dan a peur qu'elle n'ait pas pensé à tout. Tout s'est passé si vite.

Kate sourit.

— J'ai habité avec elle à l'université. Je la connais par cœur. Tout ira bien. Elle a juste besoin d'un petit coup de pouce au démarrage, c'est tout.

Abby la considéra avec curiosité, mais n'insista pas. Visiblement, on avait rarement parlé de Kate en sa présence.

Dan revint avec du vin et une tasse de thé à la menthe pour Abby, qui grimaça.

— J'en ai marre de ce traitement de faveur.

Dan s'assit à côté d'elle et posa une main sur sa nuque ; un banal geste d'affection, mais très significatif. Il but une gorgée.

— On devrait organiser un repas, suggéra-t-il, et passer un coup de fil à Ally, il devrait pouvoir se libérer. Pas vrai, Lena ?

— À Bluebell Bank, répondit Lena en hochant vigoureusement la tête. Un vrai repas de famille, avec tout le monde ; Austin sera à la maison.

Elle avait le regard confus. Puis elle comprit son erreur et chassa les fantômes du passé.

— On n'a qu'à faire ça chez nous, proposa Dan, les yeux rivés sur ceux de sa sœur. On peut recevoir tout le monde ici, comme ça tu ne devras pas te tracasser pour le repas, Lena.

Elle secoua la tête.

— Non, ça doit se faire à Bluebell Bank. Que je suis bête : pas Austin, bien sûr. Jonathon, et Alistair, et… c'est quoi encore, son petit nom ?

Dan fronça les sourcils, ce qui rappela à Kate son côté obstiné, son besoin de tout contrôler. Il luttait contre la maladie de sa grand-mère au lieu d'encaisser les coups et de s'adapter.

— Dan…, le réprouva Em d'une voix douce.

Il se renfrogna encore davantage.

— En fait, on devrait vraiment se réunir à Bluebell Bank, intervint Kate. Sans ça, ce ne serait pas la même chose pour moi. Et puis, je pourrai aider Lena à préparer le repas et Abby ne sera pas obligée de cuisiner.

Ensuite elle jeta un coup d'œil à Lena.

— Melanie, lui rappela-t-elle posément.

Le nom de sa belle-fille erra un instant sur le bout de la langue de Lena, puis elle acquiesça, satisfaite.

— Oui, c'est ça.

Abby tapota le bras de Dan en souriant.

— Ce serait super, Kate. Je ne sais pas pourquoi, mais plus mon ventre grossit, plus Dan se met en tête d'inviter du monde et d'organiser des petites fêtes improvisées.

La mine contrite, Dan écarta une mèche du front de sa femme et se pencha pour l'embrasser. Kate ne put s'empêcher de détourner la tête devant ce témoignage d'amour.

— C'est vrai, j'oublie tout le temps, s'excusa Dan.

— Tu as bien de la chance, rétorqua Abby en se caressant le ventre.

Tout le monde éclata de rire.

— Et Noah, où est-il ? J'aurais bien aimé le voir, déclara Kate.

Elle avait gardé de lui l'image d'un petit garçon maigrelet, un peu isolé du reste de la famille par sa différence d'âge. De tous, c'était sûrement lui qui avait le plus changé.

— Il est sorti avec ses potes, répondit Dan d'un air boudeur. S'il rentre encore beurré cette fois-ci, je jure que je le tue.

Abby émit un petit rire forcé. Apparemment c'était un sujet de discorde récurrent.

— S'il a un peu de bon sens, il préférera dormir dans la grange plutôt que de t'affronter.

— Oh là là ! Boire alors qu'on n'a pas l'âge légal, quelle horreur ! Toi, bien sûr, tu n'as jamais fait ça, railla Kate avec un sourire entendu.

Dan se radoucit.

— C'est vrai, je ne suis qu'un vieil hypocrite. Je n'étais pas parfait, loin de là. Aucun d'entre nous ne l'était d'ailleurs, mais quand on est responsable de quelqu'un, ce n'est pas la même chose.

— Pourtant, tu ferais mieux de t'y habituer, intervint Emily.

— Nous allons avoir une fille et elle ne sera pas autorisée à quitter la maison avant son vingt et unième anniversaire. Je serai un père très vieux jeu.

— Pauvre enfant, le taquina Emily avant d'achever son verre. Tu veux que je t'aide à rentrer les vaches pour la traite ?

— C'est pas de refus, merci.

Kate suivit Dan et Emily à bonne distance tandis qu'ils guidaient les vaches du pré jusqu'à la laiterie. Elle se garda bien de rester sur le chemin de ces bêtes énormes qui passèrent devant elle d'un pas nonchalant en l'observant avec curiosité, fouettant leur arrière-train avec leur queue. À la fois émerveillée et encore sidérée de se retrouver là, Kate étudiait Dan de loin. Les vaches n'étaient pas pressées, bien au contraire. Dan et Em avaient beau crier et courir pour les rattraper, elles vagabondaient ici et là.

Kate s'attarda près de la grille, savourant quelques instants de tranquillité. Elle tâcha d'assembler les différents morceaux de Bluebell Bank et de ses habitants pour intégrer les changements et s'en constituer une nouvelle image. Celle-ci jurait avec ses souvenirs. Elle avait beau apprécier Abby – et elle l'appréciait vraiment –, elle avait du mal à l'intégrer dans le tableau.

* * *

Peu avant la tombée de la nuit, elles rentrèrent à la maison avec Lena en coupant à travers champs, toutes les deux étourdies par le vin.

À la maison.

En effet, tandis que les premières ardoises du toit de Bluebell Bank apparaissaient parmi les cimes des arbres, Kate se sentait enfin chez elle. Jamais aucun endroit ne lui avait donné cette impression. Et les Cotton étaient ce qui s'approchait le plus d'une famille pour elle.

6

Kate se rafraîchit au lavabo de la salle de bain puis s'épongea le visage en étudiant son reflet dans le miroir. Dans la pénombre, ses yeux étaient plus verts que bleus et, avec ses cheveux ramenés en arrière et sa peau démaquillée, elle avait l'air plus jeune malgré la fatigue. Tandis qu'elle s'observait, agrippée à la vasque en porcelaine, elle se revit enfant, lorsque chaque arrivée à Bluebell Bank lui donnait l'impression de pénétrer dans un conte de fées.

Que faisait Ben en ce moment même ? L'avait-il déjà remplacée ? Ils s'étaient séparés en des termes ambigus, gênants, sans se faire la moindre promesse, ni l'un ni l'autre. Pourtant, il l'avait présentée à ses parents récemment et faisait de temps en temps allusion au mariage, même si le ton était trop désinvolte pour qu'elle considère ses sous-entendus comme une véritable demande.

Elle ne se faisait aucune illusion sur Ben. Entre eux, tout avait commencé par une banale attirance physique, puis la relation avait évolué vers quelque chose d'indéfinissable. Ces derniers temps, elle avait eu l'impression qu'ils s'engageaient sur une route toute tracée, donnant un tour plus sérieux à leur couple simplement parce que le temps passait et que c'était pratique. Kate était jolie et menait une brillante carrière : l'accessoire idéal pour les soirées, à la fois décoratif et intéressant. Elle ferait l'épouse parfaite pour un citadin à la tête d'une fortune familiale avec une réputation à maintenir. De son côté, Ben était un beau parti : attentionné, agréable, d'une beauté renversante. Et riche.

Pouvait-on qualifier ça d'amour ? Probablement pas. D'autant que Ben était sans doute incapable d'attendre son retour pendant six jours, sans parler de six semaines, et six mois encore moins, bref, quelle que soit la durée de son absence.

À l'époque où elle tentait de le séduire, il était inaccessible, ce qui avait rendu la conquête d'un tel homme exaltante. À présent, il s'attardait dans ses pensées et son sourire charmeur la taquinait de l'autre côté de l'océan. Pas de doute, elle éprouvait toujours de l'attirance pour lui.

Ses doigts la démangeaient, elle mourait d'envie d'attraper son téléphone pour vérifier sa messagerie. *S'il m'a écrit, ça veut dire qu'il m'aime et qu'il m'attend, et je rentrerai sur-le-champ à la maison*, décida-t-elle.

Comment était-ce possible, puisqu'elle était déjà à la maison ?

Kate fit la grimace à son reflet dans le miroir. Bluebell Bank et Solway étaient indissociables d'un autre amour, plus primal, plus impérieux. Si elle avait connu ses premiers émois de lycéenne avec Dan, elle avait vécu le coup de foudre et une histoire d'une intensité incomparable avec Luke Ross.

Au fond, n'était-elle pas en train de céder aux sirènes d'un mariage pratique, qui la mettrait à l'abri du besoin, elle qui redoutait tant de sombrer à nouveau dans la pauvreté de son enfance ? Aimait-elle réellement Ben ? Elle n'en était pas certaine.

La sécurité financière et la promesse d'un certain niveau de vie ne constituaient pas des raisons suffisantes pour se marier.

Kate enfila un peignoir par-dessus son débardeur et son short et regagna sa chambre, pieds nus. Après avoir refermé la porte derrière elle, elle s'assit en tailleur sur son lit et attrapa son iPhone en maudissant la fébrilité et l'impatience qui papillonnaient dans son ventre.

Un message de Ben l'attendait. Elle l'ouvrit, les doigts tremblants.

Kate, bébé, tu me manques, bordel. B.

C'était tout. Kate détestait les petits noms, en particulier « bébé », et Ben le savait très bien. Et puis, n'avait-il donc rien d'autre à lui dire, lui, l'homme qui l'avait couverte de champagne et de diamants, qui lui avait procuré le sentiment de sécurité dont elle avait tant besoin ?

Ce message était insuffisant, exaspérant.

Sans Kate, le petit monde de Ben continuerait de tourner : travailler sans relâche et s'amuser tout autant. Lui qui adorait se plaindre de son boulot si stressant n'était en réalité heureux que sous pression. Il avait besoin de se sentir important, indispensable, et s'il y avait une source de dissension dans leur relation, c'était l'indépendance de Kate. Elle était bien trop autonome à son goût. Il lui avait demandé de ne pas partir, mais ce qu'elle avait pris pour une supplique résonnait à présent plutôt comme une menace.

Au cours de l'année qui venait de s'écouler, elle s'était laissé consumer par son rôle de compagne de Ben. Tous ses amis étaient sous le charme de ce gendre idéal et encourageaient leur union ; il n'y avait eu personne – pas d'Emily – pour lui ouvrir les yeux : Ben était arrogant, émotionnellement illettré et égoïste. Certes, il était canon et capable de lui faire croire d'un seul regard qu'elle était le centre de son univers, mais il usait de ses charmes sur tout le monde. Oh non, Ben ne se languirait pas d'elle et ne noierait sûrement pas son chagrin dans la solitude. Il avait accepté à contrecœur de poursuivre leur relation à distance, mais il ne tarderait pas à céder à la tentation d'un petit flirt innocent pour accompagner ses martinis.

— Je n'aurai pas beaucoup de temps à te consacrer, l'avait-il prévenue.

— Aucun changement de ce côté-là, avait rétorqué Kate, vexée.

Leurs adieux n'avaient pas été à la hauteur des scènes déchirantes d'aéroport qu'elle s'était imaginé, pas d'étreintes passionnées ni d'effusions sentimentales. Attendu pour une importante réunion, Ben l'avait saluée à la hâte dans le taxi et elle avait ensuite erré seule dans le terminal, abattue.

Elle posa son téléphone sur la table de chevet et retrouva son cynisme naturel : *Je te manque surtout dans ton lit, pour garder tes draps au chaud.*

Le sexe n'était pas un motif suffisant non plus pour se marier. Elle se réfugia sous les couvertures et regarda la réalité en face : leur relation avait sans doute pris fin à l'instant même où elle avait posé le pied dans l'avion. Elle se tourna sur le côté et ferma les yeux pour oublier, mais, décalage horaire ou pas, le sommeil allait avoir beaucoup de mal à venir.

Dans le noir, ce ne furent pas les traits de Ben qui s'imposèrent à elle, mais la superposition de deux visages depuis longtemps relégués dans les abysses de sa mémoire : celui de Luke, qui avait conquis son cœur pour mieux le briser, et celui de Dan, dont elle avait elle-même brisé le cœur.

Le lendemain matin, Kate resta plantée en sous-vêtements devant le contenu de sa valise éparpillé sur le lit et soupira. Les tenues qu'elle avait emportées étaient magnifiques, mais aucune n'était adaptée à Bluebell Bank. Créations de grands couturiers, étoffes hors de prix… tout cela avait sa place à New York, mais paraissait très artificiel ici et lui rappelait la métamorphose complète qu'elle avait opérée.

Sans garde-robe, sans domicile fixe et sans but, Kate était partagée entre deux maisons, deux identités. Elle sélectionna sa pièce la plus simple – un long débardeur blanc – et l'enfila. Puis elle ramassa le jean de la veille, pour l'exclure aussitôt. Dehors, le ciel bleu promettait une chaleur estivale. Elle ouvrit la porte de sa chambre et cria après Em.

Cette dernière sortit de sa chambre au bout du couloir, une serviette de bain serrée autour de sa poitrine. Ses boucles mouillées s'enroulaient sur ses épaules.

— Que se passe-t-il ? s'inquiéta-t-elle, surprise.

— Rien. Je me demandais juste si tu n'aurais pas un short à me prêter.

Emily haussa les sourcils.

— Moi ?

— Oui. On dirait qu'il va faire chaud aujourd'hui et je n'en ai pas pris.

— Je dois avoir ça, répondit Emily, dubitative.

Elle regagna sa chambre en coup de vent et réapparut avec un short bleu marine type treillis qu'elle lança à Kate.

— Il est un peu simple, mais les seuls autres que j'ai sont en tissu éponge et plutôt réservés à la plage.

Kate l'attrapa sans même le regarder.

— C'est parfait.

— Super, alors.

Emily n'avait pas l'air convaincue, mais, comme prise d'une inspiration subite, son regard se mit à pétiller. Elle passa devant Kate et jeta un coup d'œil dans sa chambre, où la valise béante gisait toujours sur le lit. Un coffre à trésors bourré de pépites.

— Je suppose que ça ne vaut pas la peine que je t'emprunte quelque chose ?

Kate ouvrit la bouche… et ravala sa réponse juste à temps. Elle n'avait pas envie de blesser Emily, mais depuis l'âge de la puberté, elles avaient développé des physiques radicalement différents. À son grand désarroi, Emily semblait s'être éveillée un beau matin avec des courbes et avait toujours fait une taille – ou deux, selon la rigueur avec laquelle elle suivait son dernier régime en date – de plus que Kate. Tandis qu'elle cherchait comment le lui rappeler avec tact, Kate observa de plus près son amie à peine vêtue de sa serviette et réprima cette fois un cri de surprise. Les rondeurs d'Emily avaient cédé la place à des os noueux. Elle avait les côtes saillantes, les jambes beaucoup trop fines. Pour la première fois, Kate remarqua à quel point ses joues et ses orbites étaient creuses, ses pommettes proéminentes. Le chagrin et les problèmes l'avaient fait fondre ; un régime peu recommandé pour une nouvelle silhouette qui, en toute honnêteté, ne seyait pas tellement à Emily. Les courbes lui allaient beaucoup mieux.

— Bien sûr, finit-elle par répondre avec douceur. Prends tout ce que tu veux.

Ensuite elle jaugea la nouvelle Emily avec un œil de styliste.

— En fait, j'ai une longue robe qui s'assortirait à merveille avec tes cheveux.

Elle fouilla sa valise et brandit une robe d'été bleu canard et bronze avec un motif à fleurs. Elle en extirpa aussi une paire de sandales et lui tendit l'ensemble.

— Va essayer ça et reviens me montrer, lui ordonna-t-elle.

Emily sortit avec son butin en souriant. Kate passa le short : un peu large au niveau des hanches. Par chance, son dernier autobronzant avait tenu le coup et ses jambes étaient toujours douces et dorées. Elle enfila une paire de tongs rouges – *des claquettes*, se rappela-t-elle. Une version enfantine et gaie qui évoquait les étés foufous, les seaux, les petites pelles et les filets pour pêcher le crabe dégotés au rayon babioles des marchands de journaux.

Elle sourit. Elle adorait la sonorité de ce mot et se promena dans la pièce en faisant « clac-clac » avec ses claquettes tandis qu'elle se coiffait et enfilait le bracelet en or blanc que Ben lui avait offert pour son anniversaire.

La robe allait comme un gant à Emily, et elle l'avait bien compris car elle rayonnait. Pour une fois, elle avançait avec assurance, le menton levé.

Elle tournoya, savourant le tourbillon vaporeux de tissu autour de ses chevilles. Douce et légère, la robe lui moulait le buste pour ensuite s'élargir à partir de la taille. Les sandales dorées dépassaient sous le bord.

— Tu es superbe, dit-elle en avisant Kate, un peu contrariée que son affreux short lui aille si bien.

Elles descendirent l'escalier bras dessus bras dessous et prirent la direction des cliquetis de vaisselle qui révélaient une présence dans la cuisine. Emily s'arrêta devant le miroir du vestibule pour arranger ses cheveux, Kate continua seule.

Elle entra dans la pièce en prenant toutes ses précautions, de crainte que Lena l'ait de nouveau oubliée : elle ne voulait pas l'effrayer. Cependant, la personne qui était en train de préparer bruyamment son petit déjeuner, faisant racler les chaises contre les dalles et posant sans aucune délicatesse son bol de céréales dans une flaque de lait renversé, n'était pas Lena, mais un jeune homme. Kate l'observa de plus près : un ado, avec les traits des Cotton et un regard qu'elle connaissait bien. Il but une gorgée de thé très noir, puis attaqua ses Cheerios.

— Noah ! s'écria-t-elle, sous le choc.

Elle était juste devant elle, la preuve flagrante de ses six années d'absence. Emily n'avait pas beaucoup changé entre vingt et un et vingt-sept ans, pareil pour Dan, mais entre onze et dix-sept ans, la transformation était souvent radicale, à tel point que certains devenaient méconnaissables. C'était le cas de Noah : le petit garçon était presque un homme désormais. Il avait une silhouette dégingandée d'adolescent, maigre à certains endroits, muscles en train de bourgeonner à d'autres, et il portait l'uniforme de sa génération : jean taille basse et T-shirt Abercrombie & Fitch. Il arborait aussi l'allure « au saut du lit » de ceux qui ne se soucient pas de leur apparence. Ses yeux étaient clairs et brillants, sa peau était fraîche et propre, tout au plus un bouton ici ou là, et une ombre légère teintait ses joues, là où il avait commencé à raser. Les cernes trahissaient sa courte nuit, mais il possédait la résistance de la jeunesse ; la fatigue lui donnait un air mignon et enfantin.

Il releva la tête de son bol de céréales.

— Kate ! Dan m'a annoncé que tu étais là, alors je suis venu voir par moi-même.

Il baissa les yeux et remua sa cuillère.

— J'avais faim, aussi.

Kate s'installa sur une chaise.

— Dan ne te nourrit pas ?

Elle l'aurait bien serré dans ses bras, mais était trop gênée pour ça. Pour lui, ça faisait une éternité. Quel souvenir avait-il gardé d'elle après tout ce temps ? Onze ans, c'était un âge charnière, on avait encore un pied dans l'enfance tout en flirtant déjà avec l'adolescence.

— Ce n'était pas le petit déj', le problème, lui expliqua Noah en plongeant sa cuillère dans le lait. C'était plutôt le sermon matinal que Dan comptait me servir en accompagnement.

Kate sourit.

— Mérité, ce sermon ?

Noah réfléchit, puis haussa les épaules avec désinvolture et se remit à mâcher.

— Peut-être, mais je n'étais pas obligé de m'asseoir et de l'écouter pour autant.

Kate remisa cette réponse, elle y réfléchirait plus tard. Il y avait chez Noah une certaine fragilité ; il semblait perdu. Emily lui avait parlé de son expulsion et Dan avait fait allusion à des soirées trop arrosées entre potes.

— Tu t'es bien amusé, hier ? Tu sortais avec des amis, c'est ça ?

— Ouais.

— C'était sympa ?

Il haussa de nouveau les épaules.

— Ouais. Tu sais, je suis bien content de te revoir. C'est vraiment cool que tu sois revenue.

— Ah ? fit Kate, prise au dépourvu.

Noah acquiesça.

— Avec toi ici, tout va s'arranger pour Em.

La porte de la cuisine s'ouvrit et l'intéressée entra.

— Salut, lança-t-elle en ébouriffant les cheveux de son frère au passage.

Noah s'écarta brusquement et la fusilla du regard.

— Qu'est-ce que tu mijotes ? demanda-t-elle d'une voix chantante qui avait visiblement le don d'irriter son cadet.

— À ton avis ? Je prends mon petit déj' et je discute avec Kate.

Emily le toisa.

— Je voulais dire : qu'est-ce que tu fabriques ici ? Tu n'es pas censé travailler ? Je te rappelle que Dan est ton patron.

— Comme si je risquais de l'oublier.

Il repoussa son bol sur le côté, se leva, remplit la bouilloire et l'alluma.

— Du thé ? proposa-t-il en jetant un coup d'œil par-dessus son épaule. J'en ai préparé pour Lena. Elle est déjà au jardin avec Bracken.

— Elle va bien ? s'enquit Emily plus sèchement.

— Bien sûr. Pourquoi ça irait mal ?

Il se détourna de sa sœur et s'adressa à Kate.

— Du thé ?

— Avec plaisir, merci.

Inutile de réclamer du café : on était à Bluebell Bank. Ici, personne ne tenait plus d'une heure sans sa dose de thé et le café était considéré comme la boisson du diable.

— Alors, tu veux bien m'expliquer pourquoi tu n'es pas au boulot ? insista Emily avec ce ton inquisiteur et enjoué qui agaçait tant Noah.

— Parce que si j'avais dû passer une heure de plus avec Dan, il y aurait eu des blessés. Et, dans son état, Abby n'a pas besoin de stress.

Emily émit un petit son impatient typique des professeurs.

— Franchement, tu pourrais faire un effort. Je te répète que c'est ton patron. Il te paie.

— Ça ne lui donne pas le droit de me dicter ce que je dois faire de ma vie.

Elle fronça les sourcils.

— En fait, si. Tu vis sous son toit et tu n'as que dix-sept ans.

Noah remplit les tasses d'eau bouillante puis sortit une brique de lait du frigo avec un excès de détermination. Kate les observait tous les deux, consternée par la tension qu'elle percevait entre eux. Que pouvait-elle dire pour détendre un peu l'atmosphère ?

— Si tu ne travailles pas aujourd'hui, lança-t-elle, prise d'une inspiration soudaine, que comptes-tu faire ?

— Se remettre de sa gueule de bois, se moqua Emily.

Noah posa brutalement la tasse de Kate sur la table en soupirant. Le thé déborda. Il s'affala sur sa chaise et reprit son petit déjeuner.

— Je n'ai pas la gueule de bois, rétorqua-t-il d'un air boudeur.

— Ne parle pas la bouche pleine, le gronda Emily en lui donnant une tape.

Elle souriait. Ne se rendait-elle pas compte à quel point elle était exaspérante ?

Noah croisa le regard de Kate avec une mine résignée et le courant passa tout de suite entre eux. Il était clairement soulagé par sa présence : enfin quelqu'un à qui parler qui ne soit pas un Cotton.

— Pourquoi tu me poses cette question ? lui demanda Noah, ignorant complètement Emily. Tu as quelque chose en tête ?

— Oui. On aurait bien besoin d'un petit coup de main, répondit-elle avec un rapide coup d'œil à Emily.

— On peut très bien se débrouiller toutes seules.

— Emily, on a besoin de son aide, la sermonna Kate avec un regard lourd de reproches. Nous devons faire quelques emplettes, expliqua-t-elle à Noah. Il nous faut du bois pour fabriquer des étagères pour la librairie.

Noah acquiesça.

— Je veux bien vous accompagner. Je peux même construire les étagères.

— Nous aussi, rétorqua Emily, laconique.

Kate se tourna vers elle.

— Ah bon ? Tu sais faire ça, toi ?

— Il doit bien exister un tuto pour me l'expliquer, nuança Emily. On trouve tout, sur Internet.

— C'est sûr, mais on ne va quand même pas refuser son aide, si ?

— C'est vrai que si ça peut l'empêcher de s'attirer d'autres problèmes, pourquoi pas, relativisa Emily.

Son ton moralisateur hérissa Kate, mais Noah se borna à lever les yeux au ciel.

— Vous savez, si vous voulez acheter des planches, il vous faut un autre moyen de transport que Jasper. J'ai un pote en ville qui me doit une faveur, je peux nous trouver une camionnette.

— Ce serait génial. Tu pourrais aussi la conduire ?

— J'ai mon permis. J'ai appris à la ferme. Bien sûr, Dan ne me prête jamais son camion, et depuis qu'Emily a débarqué, Jasper est toujours occupé, mais je suis un bon conducteur.

— Ça, c'est subjectif, intervint Emily.

Si c'était une tentative d'humour, c'était raté, sa réflexion tomba à plat. Kate poussa un soupir, mais Noah ne se laissa pas démonter.

— Tu n'es pas obligée de venir, dit-il d'un ton acerbe. Si tu as autre chose de prévu, Kate et moi pouvons très bien nous en sortir seuls.

Emily fronça les sourcils ; elle avait conscience d'être allée trop loin, mais rechignait à s'excuser.

— Je n'ai rien d'autre de prévu, évidemment. Et c'est sûr qu'une camionnette pourrait nous être utile et que ton aide serait appréciable.

Elle était tout sauf magnanime.

— On aura besoin de muscles, déclara Kate pour compenser l'amertume d'Emily.

Noah rougit de plaisir.

— J'appelle mon pote et je vous rejoins ici avec la camionnette, d'accord ?

— Parfait ! Pas vrai, Emily ?

Celle-ci poussa un grognement évasif.

— Il faut d'abord que tu t'arranges avec Dan et que tu lui demandes sa permission. Tu ne peux pas le laisser tomber comme ça, sinon il va te flanquer à la porte.

— Oh là là, je serais effondré, ironisa Noah.

Il disparut sans laisser à sa sœur l'occasion de riposter.

Après son départ, un silence crispé s'installa. La mine revêche d'Emily n'encourageait pas la conversation ; elle prit un journal – qui datait de plusieurs jours, remarqua Kate – et se plongea dans sa lecture avec une attention extrême tout en sirotant son thé. Peut-être aurait-elle préféré un roman, mais, n'en ayant pas sous la main, ce journal ferait l'affaire ; pour elle, lire n'importe quoi était toujours mieux que ne pas lire du tout. Kate était mal à l'aise. La scène à laquelle elle venait d'assister était déconcertante et le sol avait une fois de plus failli se dérober sous ses pieds : qu'était devenue l'Emily d'antan, si chaleureuse, si drôle, si bavarde, parfois impulsive, souvent maladroite, mais jamais méchante ?

Elle l'observa jusqu'à ce que le silence devienne insupportable. Cela ne faisait même pas vingt-quatre heures qu'elles étaient réunies ; la veille, tout avait semblé étrange et si excitant à la fois, chaque moment regorgeait de promesses. À présent tout était différent, sous tension.

— Je crois, se risqua-t-elle avec prudence, que l'aide de Noah sera la bienvenue. En plus, ça me donnera l'occasion d'apprendre à le connaître.

Emily leva à peine les yeux.

— Mmmh.

— Pour être franche, je te trouve un peu dure avec lui.

Cette fois, Emily releva brusquement la tête et posa son journal.

— Tu ne sais rien, argua-t-elle, sans agressivité, mais la morsure n'en fut pas moins douloureuse. Enfin, Kate, il a été renvoyé de son école ! Et tout… Tout va de travers, c'est une catastrophe.

Elle passa la main dans ses cheveux.

Kate comprit qu'elle ne parlait pas uniquement de son frère et acquiesça.

— D'accord. J'imagine que c'est difficile pour tout le monde, entre cette expulsion et puis Lena… mais je trouve que vous vous acharnez beaucoup sur Noah. Ce n'est que mon opinion d'observatrice externe.

Elle leva les mains et capitula avec un petit sourire. Elle n'était pas là pour mettre les pieds dans le plat, à moins que ce ne soit nécessaire… Peut-être était-elle venue pour ça, en fin de compte.

Emily soupira comme si elle subissait un long calvaire.

— Tu n'es pas une observatrice externe, lui assura-t-elle sans remettre en question le reste. Le truc, c'est que…

Elle marqua une pause.

— Écoute, ce n'est pas à moi de t'expliquer ce que Noah a fait. J'espère qu'il s'en chargera lui-même. Maman et papa l'ont envoyé chez Dan pour l'éloigner de toute cette agitation, mais il refuse de nous parler. Pourtant, il a besoin de se confier à quelqu'un, mais il ne choisira jamais Dan comme confident, ni moi non plus. Ce pourrait être toi.

— Je le connais à peine. La dernière fois que je l'ai vu, ce n'était qu'un gamin.

— Oui, mais il y a un lien particulier entre vous. Tu sais, parfois je me dis que tu as été une meilleure sœur que moi, se désola Emily.

Kate secoua la tête, exaspérée.

— Non, c'est toi, sa sœur. Il faut juste que tu lui lâches un peu les baskets.

Emily se tut pendant un moment.

— Enfin, soit, j'espère que tu lui toucheras un mot quand même, conclut-elle d'une toute petite voix.

— Je le ferai, si tu crois que ça peut l'aider, à condition que Noah soit d'accord.

— Quand tu auras entendu toute l'histoire, tu comprendras peut-être pourquoi Dan et moi sommes si inquiets pour lui.

Elle se leva.

— Je vais m'assurer que Lena va bien avant de partir.

Kate resta seule dans la cuisine avec la vaisselle sale et son thé en train de refroidir. Elle n'avait aucune envie de le boire. Elle commençait à prendre conscience qu'au moment où elle avait cliqué sur le lien de la compagnie aérienne pour réserver son billet, elle n'avait pas la moindre idée de ce dans quoi elle s'engageait.

Au bout d'une demi-heure, Noah réapparut au volant d'une camionnette toute cabossée. Assise sur un banc devant la maison, Kate profitait d'un moment de solitude sous les pâles rayons du soleil matinal ; un peu de quiétude après sa traversée précipitée de l'Atlantique et les révélations préoccupantes que lui avait réservées Bluebell Bank. Jasper et sa voiture de location rutilante étaient garés côte à côte un peu plus loin. L'allée de gravier s'interrompait là où démarrait la pelouse – bien trop indisciplinée pour être qualifiée de gazon – qui s'étendait en se densifiant jusqu'à l'orée du bois. Ce dernier s'épaississait lui aussi au fur et à mesure qu'il descendait vers la rivière. Au printemps, l'autre versant de la colline se parait de jacinthes des bois, la fleur qui donnait son nom à la maison.

Noah s'arrêta en dérapage contrôlé dans un grand crissement de pneus. Crâneur, il se pencha par la fenêtre ouverte, au milieu d'un flot de musique tonitruante.

— Tu es prête ? C'est parti ! Où est Em ?

Kate se leva en s'étirant paresseusement et bâilla.

— Toujours au potager avec Lena. Tu veux que j'aille la chercher ?

— Pas besoin.

Noah appuya sur l'accélérateur et le moteur rugit.

— Allez, viens, insista-t-il, pressé de commencer ce qui devait être une aventure pour lui.

D'humeur tout aussi aventureuse ce matin, Kate avait hâte d'entreprendre cette expédition. Elle se dirigeait vers la portière côté passager au moment où Emily tourna au coin de la maison, refermant le portail derrière elle. Celle-ci traversa l'allée et grimpa à bord de la camionnette sans un mot. Noah fit marche arrière et exécuta un demi-tour plutôt sec qui expédia du gravier à la ronde.

Kate s'était installée au milieu. D'un côté, Noah, concentré sur la route, de l'autre, Emily, inclinée vers la vitre, le regard perdu dans le paysage, retranchée derrière une expression peu engageante. Ils roulèrent pendant plusieurs minutes sans piper mot, les basses de la musique vibrant jusqu'au creux des os de Kate déjà bien secouée par les cahots de la camionnette.

— Alors, on commence par où ? finit par demander Noah, obligé de crier pour couvrir la musique.

Kate jeta un coup d'œil à Emily : après tout, c'était son projet. Comme celle-ci ne répondait pas, elle se pencha pour baisser le volume de la radio.

— Je pensais au magasin de bricolage le plus proche, mais je ne sais pas où il se trouve.

— Je connais un endroit. Ce n'est pas loin. Tu crois qu'on pourrait s'arrêter en ville pour un café avant de s'y mettre ?

Ils approchaient de Wigtown et il ralentit avec espoir.

— On n'a pas le temps pour ça, lança Emily sans tourner la tête.

Kate se pencha pour essayer de capter son regard, mais son amie ne bougea pas d'un cil.

— Moi je crois qu'on a le temps, risqua-t-elle avec douceur. On n'est pas pressés, si ? J'aurais bien besoin d'un café, moi aussi. Tu ne cracherais pas dessus non plus, Em, avoue.

Elle la taquinait pour tenter de l'amadouer. Elle n'apercevait qu'une partie de son visage, mais décela l'ombre d'un sourire. Soudain, Emily se tourna.

— Du thé, lui rappela-t-elle d'un ton faussement indigné. Je ne bois que du thé.

— Va pour le thé. On peut s'arrêter, alors ?

— En fait… Il faut de toute façon faire un crochet par la librairie. J'ai oublié de prendre les mesures, pour les étagères.

Ce brusque revirement d'humeur fut comme une éclaircie inopinée dans un ciel plombé : bienvenu et déroutant à la fois. Kate aurait du mal à s'adapter à cette nouvelle Emily, si lunatique.

Noah jeta un regard désapprobateur à sa sœur tandis qu'il ralentissait à un carrefour.

— Sérieux ? Tu comptais acheter des planches pour tes étagères sans avoir la moindre idée du métrage nécessaire ?

— Tu m'excuseras, la journée d'hier a été un peu mouvementée, se défendit Emily avec sarcasme, mais sans la moindre trace de malveillance cette fois. Tu sais ce que c'est : ta meilleure amie perdue de vue depuis des lustres débarque à l'improviste en t'annonçant qu'elle vient passer l'été chez toi et puis tu oublies de mesurer tes étagères. Ça arrive à tout le monde.

Kate éclata de rire et la tension s'envola aussitôt. « En t'annonçant qu'elle vient passer l'été » : une description délicieusement vague de son avenir. Une fois de plus, elle fut partagée entre joie et appréhension.

Noah continua à chambrer sa sœur, tout aussi ravi que Kate de son changement d'attitude.

— Tu as déniché le merveilleux tuto YouTube qui va t'apprendre à construire ces fameuses étagères sans mesures ? demanda-t-il en accélérant après un tournant.

— On n'est pas complètement débiles, rétorqua Emily avec une irritation feinte. Je dirais même qu'on est hautement qualifiées.

Noah lui jeta un regard en biais.

— Pas *complètement*, c'est vrai, concéda-t-il en souriant.

Kate se cala dans son siège et laissa la conversation déferler autour d'elle, ragaillardie par ces joyeuses chamailleries ô combien plus agréables que les réflexions sans humour d'Emily. Elle ferma les yeux et se laissa bercer par le son de leur voix, la musique, le vrombissement du moteur et les secousses de la route qui occultèrent peu à peu ses pensées.

Malgré tous les petits défauts, les accrocs et les doutes, elle était certaine d'une chose : elle se trouvait exactement là où elle devait être.

7

Emily se précipita à la librairie pour prendre les mesures tandis que Kate et Noah allaient chercher les boissons. Elle avait honte de l'altercation qu'elle avait eue avec son frère un peu plus tôt. Non pas que ça ne se produise jamais, bien au contraire, mais elle aurait préféré ménager Kate un peu plus longtemps ; de toute évidence, ça l'avait perturbée.

Le soleil pénétrait à flots dans la boutique qui paraissait déjà plus fraîche et plus lumineuse que la veille. Sans Kate, jamais elle n'aurait rassemblé l'énergie et le courage nécessaires pour s'attaquer à la construction de rayonnages et à l'achat de peinture. Et jamais elle n'aurait accepté ni même envisagé de réclamer l'aide de Noah.

Depuis quand la situation s'était-elle envenimée à ce point entre son petit frère et elle ? Elle ne pouvait pas tout mettre sur le compte de ce qu'il avait fait au lycée. Avant, elle était toujours la première à prendre sa défense lorsque Dan et leurs parents lui mettaient la pression pour son avenir, et à présent elle ne valait pas mieux qu'eux. Ça leur ferait du bien de passer un peu de temps ensemble.

Elle regarda Kate et Noah s'éloigner, remontant la rue côte à côte en riant. Depuis qu'il était en exil ici, Noah était morose, irritable, mais il semblait tout à coup avoir retrouvé son ancienne joie de vivre. Kate avait réussi cet exploit en quelques heures à peine. Quel bonheur qu'elle soit là !

Noah doit avoir peur, à cause de ce qu'il a fait et de l'incertitude qui entoure son avenir. Au fond, elle et lui n'étaient pas si différents. Si seulement elle pouvait être un peu plus sympa. Hélas, elle s'était habituée au silence ; à force de s'enfermer dans sa tête et dans ses livres, elle avait oublié comment interagir avec les gens. Elle n'était à l'aise qu'avec Lena. En effet, sa grand-mère n'affichait pas la pitié et l'air inquiet qu'avaient les autres dès qu'ils la regardaient – parce qu'elle ne se rappelait pas ce qui lui était arrivé, la plupart du temps.

Pendant des semaines, Emily était restée assise dans cette librairie vide, froide et humide, à se demander quand elle trouverait enfin le courage de recommencer à vivre. L'arrivée de Kate avait produit une étincelle.

Mais la peur était toujours là, tapie en elle, attendant son heure. Son ombre menaçante planait au-dessus de sa tête malgré la journée ensoleillée et bien chargée qui l'attendait ; les vagues écœurantes de panique n'hésiteraient pas à la submerger sans crier gare. Pourtant, elle voulait à tout prix éviter que Kate découvre l'ampleur des dégâts, comprenne à quel point ça n'allait pas chez elle. Depuis des mois, elle préservait un lourd secret : ses crises d'angoisse. Voilà pourquoi elle se tenait à l'écart des autres, elle ne pouvait pas prendre le risque de se trahir ces accès de terreur qui la paralysaient.

C'était ridicule et totalement infondé. Que craignait-elle au juste ? D'ailleurs, elle se sermonna une fois de plus : pauvre cruche, incapable d'oublier cet homme une bonne fois pour toutes. Depuis le départ de Kate pour les États-Unis, elle n'avait eu personne à qui se confier.

Était-elle en droit d'espérer que sa meilleure amie règle tous ses problèmes ?

Lorsqu'ils eurent récupéré leur commande, Kate tenta de pousser Noah à la confidence.

— Alors, parle-moi un peu de toi, déclara-t-elle avec un regard éloquent qui ne laissait aucun doute sur le sujet qu'elle voulait aborder.

Ils ressortirent en traversant la jungle de fleurs qui débordait des paniers et des jardinières fixés au mur, de chaque côté de la porte du café. Noah la dévisagea avec méfiance.

— Je suppose qu'Emily t'a déjà mise au parfum.

— Non. Elle y a juste fait allusion. Enfin, si, elle m'a dit que tu avais été…

Elle s'interrompit ; le mot « expulsé » était trop lourd. Noah se mordilla la lèvre inférieure.

— Ouais.

Il se détourna, mais elle eut le temps d'entrevoir une grande frustration derrière son masque d'insouciance et de mal-être adolescent. En tant que cadet des Cotton, il portait sur ses épaules tout le poids des attentes et des espoirs de ses parents, de ses frères et de sa sœur. Une situation délicate que Kate, en tant qu'enfant unique et fan absolue des Cotton, ne pouvait pas vraiment comprendre ; à une époque, elle aurait tout donné pour faire partie de cette famille. Pour elle, chaque famille avait son lot d'avantages et d'inconvénients, il fallait l'accepter. Toutefois, devoir se montrer à la hauteur des attentes des autres mettait une sacrée pression et elle reconnaissait que c'était parfois pénible.

— Si jamais tu as envie d'en parler..., proposa-t-elle maladroitement.

Elle gérait cette conversation avec beaucoup moins d'aplomb qu'envisagé, mais avait-elle vraiment cru qu'il lui servirait son histoire sur un plateau juste parce qu'elle lui offrait une oreille attentive ? Non. C'était pour Emily qu'elle faisait ça. Et sans doute pour Noah qui avait besoin de partager son fardeau, même s'il ne s'en rendait pas compte.

Ils se remirent en route vers la librairie.

— Écoute, dit Kate, je ne vais pas te forcer…

Le jeune homme esquissa un sourire en coin.

— Je suis venue ici pour aider Em, bien sûr, continua-t-elle, mais je suis là pour toi aussi. Je crois qu'Emily et toi avez besoin…

— D'un bon coup de pied aux fesses ? suggéra-t-il avec une pointe d'autodérision. C'est aussi l'impression que j'ai eue au petit déj', acheva-t-il en riant.

— Disons qu'on va passer pas mal de temps ensemble, tous les trois, pendant mon séjour. On pourrait bien s'amuser, mais pas si vous vous volez dans les plumes en permanence.

— C'est à elle qu'il faut dire ça, geignit-il, tel un enfant refusant de prendre sa part de responsabilité après une bêtise.

Elle le toisa sévèrement et il se fendit d'un petit sourire penaud.

— Bon, d'accord. On est coupables tous les deux. C'est juste que… J'aimerais bien retrouver ma sœur. Pas la prof, même si elle n'est pas douée pour ça non plus.

— Tu vois, tu recommences, le gronda Kate. Tu la dénigres. Dan fait pareil. Personne ne semble avoir confiance en elle. D'accord, l'enseignement c'était pas son truc, mais tu ne penses pas qu'elle pourrait faire tourner cette librairie ?

Noah s'arrêta au milieu de la rue et la dévisagea en fronçant les sourcils tandis qu'il digérait son reproche.

— En tout cas, elle n'en donne pas l'impression. Ça fait trois mois qu'elle reste assise dans son magasin, les bras ballants.

— Elle était peut-être incapable d'agir. Elle n'était peut-être pas prête. Elle avait peut-être besoin d'aide.

Kate prenait la défense de son amie par réflexe, pourtant elle aussi avait été interloquée par cette interminable procrastination.

— On ne demande pas mieux que de l'aider, riposta Noah, blessé.

— Vraiment ? Dan et toi êtes très occupés à la ferme, Abby est sur le point d'accoucher, et Lena…

Non, elle ne pouvait tout de même pas se servir de Lena comme argument à charge.

— Je ne dis pas que c'est ta faute, Noah. J'essaie juste de t'expliquer qu'Emily est dans une impasse et qu'elle a besoin de soutien pour en sortir… C'est là que j'interviens, mais si vous pouviez tous vous montrer un peu plus gentils avec elle, ça nous aiderait beaucoup…

— Gentils ? s'insurgea le jeune homme. Non, mais tu as entendu comment elle s'adresse à nous ? Elle n'arrête pas de me critiquer. Qu'elle commence par arrêter ça et je serai beaucoup plus coopératif.

— On croirait entendre un ado, soupira Kate.

Bravo, elle était en train de lui reprocher d'agir comme quelqu'un de son âge. Le pauvre, lui qui venait déjà de subir une épreuve l'ayant obligé à mûrir plus vite qu'il ne l'aurait dû.

Elle s'apprêtait à tourner dans la venelle qui menait à la boutique lorsque Noah posa une main sur son bras.

— O.K. J'ai compris. Je vais faire un effort.

— Tu n'es plus un enfant, c'est tout ce que je voulais dire.

Mais ça aussi ressemblait à une attaque, comme si elle prenait plaisir à lui rappeler ce qu'il avait perdu. Décidément, elle s'y prenait comme une cruche.

— Je suis désolée. Et si on essayait juste de profiter de cette journée ?

Vidée de son stock, à l'exception d'une pile de livres sur le comptoir, la librairie ressemblait à une toile blanche et l'inspiration frappa de nouveau Kate lorsqu'elle y pénétra. Noah sembla lui aussi interpellé par ce progrès considérable. Il regarda autour de lui avec enthousiasme, comme s'il découvrait le potentiel de l'endroit pour la première fois.

Quelques boucles collées sur le front par la sueur, Emily leva les yeux de la vieille structure métallique qu'elle était en train de détacher du mur. Elle considéra ses mains couvertes de poussière puis sa robe d'un air dépité.

— Cette tenue était parfaite pour faire les boutiques et déjeuner dans un bar à vin cosy, pas pour démonter des étagères.

Kate ne put s'empêcher de rire devant son expression dramatique ; Emily n'avait jamais été du genre à se préoccuper de ses vêtements.

— Qu'est-ce que tu dirais d'un compromis ? Si on trouve un pub avec une terrasse sympa, je vous offre le déjeuner à tous les deux après notre mission, ça marche ?

Emily acquiesça avec entrain, puis prit son thé des mains de Noah avec un petit sourire hésitant. Le ton de sa voix, en revanche, était résolu.

— Parfait. On se met au boulot ? Je pensais couvrir trois murs d'étagères, du sol au plafond. Bien sûr, le rêve serait d'y installer une de ces échelles coulissantes qui glisserait tout le long…

— Ça y est, tu te crois de nouveau dans un roman de Jane Austen, lança Noah en passant une main devant son visage. Reviens sur terre, Emily.

Elle repoussa son bras en souriant.

— Mais c'est qu'il connaît l'existence de Jane Austen, ma parole ! Et moi qui croyais que personne ne m'écoutait jamais.

— Impossible de faire partie de ta famille et de ne jamais en avoir entendu parler…

Emily extirpa un livre de la pile posée sur le comptoir.

— Si tu dis le mot magique, tu pourras me l'emprunter.

— Quand les poules auront des dents. Je préfère encore lire *Twilight*.

Emily grimaça.

— Blasphème ! Sors d'ici ! siffla-t-elle.

Kate, qui avait observé la scène, éclata de rire.

— Je sais que, dans ton monde, préférer *Twilight* à Austen est un crime passible de bannissement immédiat et définitif de toute librairie, mais on ne peut pas se permettre de renoncer à ses muscles.

Noah roula des mécaniques.

— Ouais, mes muscles.

Il prit la pose.

Emily leva les yeux au ciel.

— Pitié, ne l'encourage pas ! Déjà qu'il se prend pour un miracle de la nature depuis qu'il a une petite copine.

Noah s'empourpra.

— Eh ! Comment tu sais ça ?

— Tout ça est vraiment passionnant, intervint Kate, et je compte bien te cuisiner sur ta vie sentimentale plus tard, Noah, mais on devrait s'activer.

Elle prit un mètre ruban sur le comptoir et le lança à Emily qui le rattrapa en renversant un peu de son thé.

Emily et Noah s'attelèrent à mesurer le magasin et Kate hérita de la tâche beaucoup plus enviable de noter les données qu'ils lui criaient, en sirotant son café corsé, assise sur le comptoir. Entre deux mesures, elle se mit à feuilleter les livres posés à côté d'elle, en particulier un album photo sur la région de Galloway.

— Il y a tellement d'endroits que j'ai envie de revoir pendant mon séjour ici, songea-t-elle à voix haute.

Ce livre était une ode à la côte de Solway dans toute sa splendeur et ses nuances : couchers de soleil soyeux, mer agitée par la tempête sous un ciel tourmenté, estuaire scintillant comme une rivière de diamants… C'était le Solway de carte postale, celui de ses meilleurs souvenirs.

— Je veux aller à Kirroughtree, parcourir la Raiders Road, revoir la caverne de Saint-Ninian et le Dark Sky Observatory, faire de la randonnée dans la forêt de Galloway, retourner à Rigg Bay et longer la falaise jusqu'à Cruggleton. Je veux faire les boutiques à Kirkcudbright et à Gatehouse, bref, redécouvrir tous les endroits de notre jeunesse.

Accroupie sur le sol poussiéreux, Emily releva la tête et lâcha le mètre. Ce dernier se rembobina sur les doigts de Noah avec un claquement sec, lui arrachant un petit gémissement de douleur.

— On peut faire tout ça, dit-elle, l'air un peu surpris, comme si elle n'y avait jamais pensé alors qu'elle vivait à deux pas de tous ces trésors.

Si Kate avait près de cinq mille kilomètres et six années d'excuses pour ne jamais être allée en pèlerinage dans tous ces lieux, Emily n'avait aucune circonstance atténuante.

— Comme au bon vieux temps, ajouta-t-elle.

Elles savaient toutes les deux que c'était faux ; elles auraient beau tenter de revivre le passé, rien ne serait jamais plus « comme au bon vieux temps ». Qu'à cela ne tienne, elles se créeraient un « nouveau temps », de nouveaux souvenirs.

Kate referma le livre d'un coup sec et s'étira.

— Qu'y avait-il d'autre ? demanda-t-elle avec ardeur. Qu'avions-nous l'habitude de faire ? J'oublie sûrement quelque chose.

Emily se mit à rire.

— En ce qui me concerne, je passais le plus clair de mon temps cloîtrée dans les librairies ou le nez dans un bouquin ici ou là. Alors, ce que mes frères et toi fabriquiez, je ne m'en souviens pas. Souvent, j'étais présente physiquement, mais mon esprit était ailleurs, avec Anne dans la maison aux pignons verts, à Pemberley ou à Poudlard. Par contre, les nombreuses parties de cricket et les balades interminables se sont bien imprimées dans ma mémoire, parce que Lena m'interdisait de lire en marchant. Elle avait peur que je tombe.

— J'adorais les randonnées. J'aurais voulu qu'on ne s'arrête jamais de marcher, se rappela Kate.

À l'époque, elle avait l'impression que si elle marchait sans s'arrêter le plus loin possible dans la campagne de Galloway, elle finirait par semer tous ses problèmes. Chaque période de vacances scolaires était une escapade loin de la réalité ; elle pénétrait alors dans le conte de fées de Bluebell Bank où elle se retrouvait avec Emily et ses frères. Leurs parents faisaient de brèves apparitions certains week-ends, lorsque leur travail à Édimbourg le leur permettait. Le reste du temps, ils confiaient leur progéniture à la garde bienveillante et sans chichis de Lena.

— Tu te rappelles l'étang aux loutres ? demanda Emily. On avait bien rigolé.

Toujours accroupi, Noah écoutait ces évocations d'un temps qu'il n'avait pas connu. La jeunesse qu'avaient partagée Kate, Emily, Dan, Ally et Fergus était un mystère pour lui. En ce sens, il était presque enfant unique : la différence d'âge était telle qu'il avait vécu une enfance plutôt solitaire, le dernier de ses frères et sœur ayant quitté le nid familial alors qu'il avait huit ans.

— Je veux venir avec vous ! lança-t-il. Tous ces endroits ont l'air cool. C'est vrai, je devrais découvrir un peu la région, depuis que je suis arrivé je ne m'y suis pas intéressé du tout.

Kate lui adressa un sourire compréhensif ; si jeune, si vulnérable, il avait préféré occulter ses problèmes de lycée et faire payer à sa famille et à la région de Solway cet exil qu'il n'avait pas demandé. À présent, il les dévisageait, Emily et elle, avec le regard plein d'espoir de ce petit garçon qui autrefois s'accrochait au pan de leur manteau parce qu'il voulait lui aussi participer à leurs excursions.

— Bien sûr que tu peux nous accompagner, répondit Kate. Ce sera sympa de te montrer « notre » Solway, pas vrai, Em ?

— Oui, approuva Emily, l'air étonnée. Je n'en doute pas.

Kate sauta du comptoir.

— C'est bon, tout est prêt ?

Elle était pressée d'aller faire un tour, de se distraire. Car, c'était inévitable, l'allusion à tous ces endroits, à toutes ces escapades avec Emily et ses frères avait ravivé le souvenir de Luke.

Emily examina les mesures que Kate avait gribouillées, puis frotta sa robe.

— Euh… je crois.

Kate prit de l'avance tandis que les deux autres rangeaient le mètre ruban et le bloc-notes, jetaient les gobelets vides et verrouillaient la porte. Elle repoussa nerveusement les branches qui se prenaient dans ses cheveux.

Luke. Le jour de leur rencontre, elle allait avoir quinze ans, lui n'avait que quelques mois de plus.

Dan venait de fêter ses dix-sept ans ; il harcelait Lena pour qu'elle lui apprenne à conduire Jasper. Juste avant de faire la connaissance de Luke, la toquade de Kate pour Dan avait pris des proportions presque douloureuses. Elle ne voyait pas comment survivre à un été de plus si près de lui, d'autant qu'elle ne pouvait même pas se confier à Emily : ses sentiments insensés devaient rester secrets, elle avait bien trop peur de tout gâcher. Sans compter qu'Emily était devenue susceptible à ce sujet ; il lui arrivait de se montrer très possessive envers Kate par rapport à ses frères et cette forme de jalousie commençait à déteindre sur leur relation. Au-delà de ça, Emily vivait assez mal sa transition récente vers l'adolescence. Si Kate n'avait aucun problème pour se faire des amis et était plutôt populaire auprès de leurs pairs, Emily, en revanche, avait un caractère revêche et restait toujours un peu à la marge.

Kate croisa Luke pour la première fois dans le square de Wigtown, alors qu'elle revenait des toilettes publiques. Lena était venue les chercher, les enfants Cotton et elle, à Édimbourg pour l'été et ils avaient fait une halte avant d'arriver à Bluebell Bank pour acheter quelques vivres indispensables à leurs yeux ; Lena n'avait aucun scrupule à les laisser se gaver de cochonneries. Bien sûr, Emily en avait profité pour se précipiter dans sa librairie préférée. Kate, elle, avait un besoin pressant, mais était trop gênée pour l'admettre devant les garçons. Lena l'avait regardée descendre de la voiture d'un air interrogateur.

— Eh bien, qu'as-tu, toi, à te tortiller comme ça ? On dirait que tu étais assise sur du poil à gratter.

— Petit coin, avait marmonné Kate.

Avec un large sourire, la grand-mère Cotton lui avait indiqué les toilettes les plus proches.

C'est donc après s'être soulagée, au moment où elle s'apprêtait à retraverser la rue de façon bien moins urgente qu'à l'aller qu'elle aperçut le skateur pour la première fois. De longues jambes et de longs bras bronzés, un bermuda très large, les yeux sauvages, d'un bleu froid et intense, des sourcils expressifs. Kate s'arrêta net et enfonça les mains dans les poches de son short en jean. Le ventre tout à coup empli de papillons, elle recula d'un pas avec maladresse, puis se dépêcha de prendre la direction opposée.

Hormis son béguin pour Dan, elle avait très peu d'expérience avec les garçons. Et Dan était d'abord et avant tout son ami, même si depuis peu il la mettait parfois dans tous ses états – comme le matin où elle était entrée en collision avec lui alors qu'il sortait de la salle de bain, à peine couvert d'une serviette, et qu'elle avait eu une folle envie de caresser sa peau encore humide. C'était exactement le même émoi à présent, devant ce jeune skateur. Un mélange grisant et troublant de peur, d'anticipation et de plaisir.

Intimidée et décontenancée, elle pressa le pas.

— Eh !

Le jeune homme la rattrapa et se plaça juste devant elle, l'obligeant à s'arrêter. Il descendit de sa planche qu'il fit bondir dans sa main d'un habile mouvement du pied.

— Est-ce qu'on se connaît ? Tu habites ici ?

Kate secoua la tête, muette. Il était magnifique, avec ses cheveux noirs coupés court et ses yeux bleus brillants.

Emily n'aurait pas été d'accord, elle qui était obsédée par les hommes plus âgés façon M. Darcy, héros romantiques qui ne devaient exister que dans la fiction.

— Je passe tous mes étés ici.

— Oh, tu es une touriste.

Une fossette creusait l'une de ses joues lorsqu'il souriait.

— Pas tout à fait. Je suis en visite. Dans la famille.

Il la dévisagea de la tête aux pieds avec son regard brûlant. La timidité de Kate s'embrasa, mais, plutôt qu'exposée ou vulnérable, elle se sentit sensuelle, courageuse, entière.

— Moi, c'est Luke. Je vis à Wigtown et, franchement, c'est un peu mort ici. Tu es avec tes vieux, alors ?

Pour une entrée en matière, se lancer dans une explication détaillée de sa situation familiale n'était peut-être pas l'idéal. Elle se contenta donc de rester vague.

— Avec ma meilleure amie et ses frères. Tu habites en ville ?

On aurait dit que sa langue n'était plus connectée à sa bouche ; elle s'exprimait avec maladresse, bafouillait, mais le garçon ne sembla pas le remarquer. Il continuait à l'étudier, comme fasciné.

— Oui, dans ce coin-là, fit-il en indiquant vaguement une direction derrière lui. Alors on aura l'occasion de se recroiser pendant tes vacances ?

Elle tritura sa queue-de-cheval.

— Je suppose. La ville n'est pas très grande.

— Si tu n'as pas envie d'attendre que le hasard s'en occupe, tu peux toujours nous rejoindre ce soir, on est toute une bande à se donner rendez-vous.

Luke employait un ton décontracté, mais sous ses longs cils noirs, ses yeux luisaient avec intensité. Kate fut prise de vertiges : la suite de son été – peut-être même de toute sa vie – dépendait de ce qu'elle allait répondre.

Elle mourait d'envie d'accepter, mais qu'en penserait Lena ? Et puis, ce n'était pas une simple question logistique : les rassemblements de jeunes impliquaient souvent de l'alcool, et Kate ne buvait pas.

Soudain, un cri la fit sursauter : Dan avait beuglé son nom et traversait à présent la rue en courant pour la rejoindre. Elle eut beaucoup de mal à détacher le regard de Luke.

— Ah ! Te voilà, fit Dan.

Il toisa le skateur avec méfiance, comme les ados savent le faire. Luke soutint son regard avec calme.

— J'étais juste… Vous avez déjà terminé vos courses ?

— Je ne sais pas dans quelle librairie Em s'est encore fourrée, mais il va falloir aller la chercher. À part ça, tout le monde est prêt à repartir. Lena avait peur que tu te sois perdue en revenant des toilettes.

Elle baissa la tête, gênée.

— Allez, on y va, déclara Dan en la prenant par le bras.

Dans n'importe quelle autre circonstance, ce contact aurait expédié Kate au septième ciel.

— À plus tard, lança-t-elle à Luke.

Il lui fit un signe du menton et lâcha son skateboard sur le trottoir.

— Et pour ce soir ?

À côté d'elle, Dan releva brusquement la tête. Elle n'y prêta pas attention.

— Je viendrai peut-être. Où et quand ?

Luke désigna la fontaine, derrière eux.

— Disons dix-neuf heures ?

Elle hocha la tête. Son regard était aimanté par celui de Luke, c'était perturbant. Elle avait un nœud à l'estomac. Qu'aurait-elle ressenti en l'embrassant ? Elle n'avait jamais embrassé un garçon. Elle se mit à étudier sa bouche – sa lèvre inférieure bien pleine, ses dents blanches bien droites – puis reprit ses esprits et détourna rapidement les yeux. Elle céda à la pression de Dan sur son coude, mais ne put s'empêcher de se retourner une dernière fois au moment de s'en aller.

Dès qu'ils furent hors de portée de voix de Luke, Dan se mit à la taquiner sans ménagement.

— Alors… et si on parlait un peu de ce soir ?

Elle ne répondit pas. Elle avait envie d'être seule pour pouvoir revivre ces précieux instants avec Luke, ou dans le sanctuaire de sa chambre à Bluebell Bank où elle pourrait tout raconter à Emily et lui demander son avis. Celle-ci avait beau préférer les héros ringards de romans, s'il y avait bien une chose qu'elle comprenait, c'était le coup de foudre. Car c'était bel et bien ce qui venait de se produire.

Dans la voiture, elle couva avec tendresse sa rencontre avec Luke, cherchant à se rappeler le plus de détails possible : la forme de ses lèvres, le bleu intense de ses yeux, sa silhouette longue et mince, la façon dont il se déplaçait sur son skate… Em fit voler ses rêveries en éclats d'un violent coup de coude dans les côtes. Sur le siège avant, Dan n'arrêtait pas de se retourner et de lui décocher de grands sourires. Elle le fusilla du regard, mais il continua, loin de se laisser intimider.

— Kate a un rancard, lâcha-t-il. Je l'ai trouvée en train de se faire draguer par un gamin qui fait du skate dans le square. Il l'a invitée à sortir.

Il jubilait, l'occasion de la taquiner était trop belle, mais il y avait aussi autre chose. Était-il possible qu'il soit jaloux ?

Une poignée de regards insistants se braquèrent sur Kate. Pourquoi Dan lui infligeait-il ça ? Elle croisa le regard froid de Lena dans le rétroviseur.

— Ça suffit, Daniel.

Lena le sermonnait très rarement. En tout cas, jamais en présence de ses frères et de sa sœur. Dan jeta un coup d'œil à Kate avec une pointe de remords.

Lorsqu'ils furent arrivés, il claqua sa portière et se dirigea vers la maison sans aider les autres à sortir les valises. Kate s'attarda un peu pour savourer pleinement les premiers instants dans la magie de Bluebell Bank ; ici, l'air était si doux, si limpide, si particulier. Emily lui attrapa le bras et l'entraîna vers la maison.

— Je veux *tout* savoir.

Dan l'attendait à la porte en étudiant ses pieds, les sourcils froncés.

— Désolé, grommela-t-il.

Parfois, il oubliait que Kate n'était pas Emily et qu'elle prenait ses taquineries plus à cœur. Elle lui accorda son pardon d'un hochement de tête, mais Emily écarta son frère d'un coup d'épaule pour passer.

— Ça, tu vas le regretter, la prévint Dan avec un petit rire.

Kate se dépêcha de libérer le chemin tandis que Dan prenait Emily en chasse dans l'allée. Ils manquèrent de renverser Lena qui bougonna quelque chose sur les adolescents et leurs âneries.

À présent, Kate se tenait en face du fameux square, devant l'endroit exact où ils s'étaient retrouvés ce soir-là, elle, Emily, Luke et ses amis. Lena avait accepté de les emmener au rendez-vous et elles lui avaient demandé de les déposer un peu plus haut dans la rue, pour qu'elles puissent passer en vitesse aux toilettes et se maquiller. Il y avait de la bière – Luke tenait un pack de six canettes sous le bras – et les éclats de voix de la jeunesse bruyante résonnaient dans l'air doux de cette soirée d'été.

Tout avait été si facile. Avant même qu'elle ne s'en aperçoive, Luke avait passé un bras autour de ses épaules, d'un geste naturel et protecteur, et il l'avait présentée à tout le monde comme s'ils étaient de vieux amis. Ensuite, ils avaient pris la direction du lieu-dit « le Poteau des Martyrs ». Kate se fichait éperdument des autres ou de l'endroit où ils allaient, elle se fichait même qu'il y ait de la bière (de toute façon, elle n'en but pas une goutte, ni Luke non plus ; par contre Emily se prit une cuite mémorable, la première de sa vie). C'est plutôt ivre d'amour, totalement sous le charme et affaiblie par le désir qu'elle laissa Luke l'embrasser. Un moment à la fois incroyable et très troublant. L'un de ces courts instants qui prennent une ampleur démesurée, assez pour consumer l'univers, à l'image de ses sentiments… Une sensation fugace, mais qui resterait à jamais gravée dans sa mémoire.

Noah l'arracha à ses souvenirs.

— Alors, tu viens ?

Emily et lui l'avaient rejointe. Kate était en admiration devant la fontaine, se caressant les lèvres du bout des doigts, encore sous le coup de l'évocation de ce premier baiser maladroit et pourtant incroyable.

— J'arrive.

Si Kate avait été une fille quelconque avec une enfance banale, Luke et elle ne seraient peut-être pas tombés amoureux si vite. Lui avait été attiré par la toile de mystère qui l'entourait ; elle, de son côté, était mûre, prête pour lui, et avait succombé à son désir de reconnaissance et d'amour. La famille de Luke était loin d'être parfaite et elle avait trouvé chez lui une compréhension et des affinités qu'elle n'avait jamais rencontrées ailleurs, même chez les Cotton.

Toutes les conditions étaient réunies et le moment on ne peut plus parfait. Pourtant, la relation de Kate et Luke était aussi on ne peut plus vouée à l'échec.

8

Dans la camionnette, Emily resta silencieuse tandis que Noah et Kate se chamaillaient pour la musique. Noah finit par capituler et laissa Kate brancher son iPhone sur l'autoradio. Le front appuyé contre la fenêtre, Emily se concentrait sur le contact froid de la vitre et les vibrations de la route qui se répercutaient dans son corps. Le soleil filtrait à travers le feuillage des arbres.

Soudain, la panique qu'elle avait réussi à réprimer toute la matinée en restant occupée afflua et Joe prit les commandes de ses pensées. Il n'avait pas sa place dans cette journée si prometteuse ; elle tenta de le bannir, mais la vague était trop puissante. Son cœur se serra ; voilà que ça recommençait, elle en avait tellement marre.

Son téléphone était une grenade prête à exploser. Elle aurait dû changer de numéro et effacer le sien depuis longtemps. Elle aurait dû arrêter de le pister sur les réseaux sociaux, cesser de lire tout ce que l'on racontait de lui sur Internet, mais elle était faible. Et puis, on ne se débarrassait pas si facilement d'un ex ayant réussi à percer dans la musique au moment de la séparation et qui était désormais une star. Après des années d'acharnement et de vaches maigres, le groupe de Joe avait enfin trouvé sa place au sommet et le public était fou de lui ; difficile, par conséquent, de faire semblant qu'il n'existait pas.

Noah s'engagea sur le parking du magasin de bricolage. Sa conversation avec Kate parvenait étouffée, lointaine à Emily. Il faisait trop chaud, elle se sentait prisonnière de cette camionnette. Elle se pressa contre la portière : cette douleur brûlante à l'arrière des yeux, son souffle trop rapide, des sensations bien trop familières. *Oh non, pas encore. Pas maintenant.* Pourtant, l'angoisse força le passage ; le sang bourdonnait dans ses tempes, sa vision se troubla. Il fallait qu'elle s'échappe ; même s'il était aberrant, il n'existait qu'un seul remède. Elle ouvrit la portière, bondit de son siège et s'éloigna des autres aussi vite que possible en chancelant. Les avait-elle prévenus qu'elle revenait dans une minute ? À en juger par leur air préoccupé, pas sûr qu'elle soit parvenue à formuler une phrase cohérente. Elle se rua de l'autre côté du parking.

Arrivée au bout, elle dévala frénétiquement un petit escalier. Ses sandales claquaient sur le sol. Elle slaloma entre les gens qui flânaient sur le trottoir et continua jusqu'à la berge. Là, elle se réfugia dans un endroit un peu à l'écart, sous un if, et se focalisa sur la rivière gonflée par les pluies qui s'écoulait paisiblement. Elle baissa les yeux sur son téléphone serré dans sa main. Une envie soudaine de le jeter à l'eau la démangea, mais elle n'en fit rien.

Avec un soupir de soulagement et d'anticipation, elle composa un numéro bien trop familier. Les tonalités résonnèrent dans son oreille, puis sa voix, profonde, résignée.

— Joe ? souffla-t-elle.

* * *

Dès le début, Kate avait développé une certaine aversion pour Joe. Ses multiples visages ne lui inspiraient pas confiance : il pouvait prendre des airs graves et profonds pour déballer de grands discours philosophiques, et la seconde suivante lâcher des blagues salaces avec un gros rire gras de macho. Et cette façon qu'il avait de toujours monopoliser l'attention ; il ignorait complètement Emily, puis se l'appropriait dès que l'envie lui venait, la couvrait de petites attentions, la détournait de ses amis.

Il manipulait Emily comme une marionnette et elle était bien trop heureuse de danser au bout des ficelles. Kate avait essayé de lui ouvrir les yeux plus d'une fois, sans succès : elle n'avait jamais eu de petit ami avant lui et ne voulait rien entendre. Emily et Joe s'étaient rencontrés dans un bar, quelques semaines après la rentrée ; ils avaient flirté autour d'une bière et d'une partie de billard. Dan avait appris à sa sœur à bien cacher son jeu pour duper l'adversaire. Impressionné, Joe s'était approché en roulant des mécaniques pour la défier. Emily était comme un poisson dans l'eau à l'université ; elle y côtoyait des gens qui partageaient ses idées, elle ne se sentait plus marginalisée à cause de son obsession pour la littérature et de ses opinions tranchées. L'univers estudiantin lui avait aussi permis de découvrir l'art de la séduction ; elle portait désormais des T-shirts moulants et beaucoup d'eye-liner.

— J'ai l'impression qu'il ne s'intéresse pas à toi pour tes capacités intellectuelles, c'est tout, avait grommelé Kate.

Assises sur les marches de l'école des beaux-arts, emmitouflées dans leur écharpe et sous leur bonnet à pompon, elles se réchauffaient les mains avec un gobelet en polystyrène de chocolat chaud.

C'était quelques semaines avant les congés de Noël et Emily fréquentait Joe depuis presque deux mois. Rien de très officiel, ni l'un ni l'autre ne semblait se considérer en couple, mais à chaque soirée ils finissaient scotchés l'un à l'autre, tels des papillons de nuit attirés par une flamme ; ils s'embrassaient à n'en plus finir dans les recoins sombres du bar de l'amicale des étudiants. Une fois, ils avaient passé un week-end « en amoureux », terrés dans la piaule fétide et bordélique de Joe. Mais était-il son petit copain pour autant ? Non. Pendant longtemps, Emily avait eu peur de lui coller cette étiquette.

— Tu veux la vérité : je crois que je m'en fiche, répondit Emily avec insouciance.

Elle observa Kate d'un air songeur.

— Tu ne pourrais pas juste te réjouir pour moi ?

Kate posa son gobelet sur la marche et pressa le genou d'Emily.

— Bien sûr que si. Si tu es heureuse, alors moi aussi.

C'était faux et elles le savaient toutes les deux. D'ailleurs, Emily lui en voulait un peu : pour une raison qui lui échappait, sa relation avec Joe n'avait pas le même poids que celle de Kate avec Luke. Kate avait beau être plus célibataire que jamais à cette époque, pour elle, personne n'arrivait à la cheville de Luke.

Emily manquait de confiance en elle ; par conséquent, Kate doutait que ses sentiments soient valables. En fait, elle était même persuadée qu'elle ne savait pas où elle allait.

— Tu n'es pas obligée de te jeter dans les bras du premier venu qui s'intéresse à toi. Tu es très belle, Em, mais le physique ne fait pas tout. S'il n'aime que ça chez toi, alors ce n'est pas vraiment de l'amour.

Facile à dire pour elle qui était devenue magnifique sans le moindre effort ; il lui avait suffi de fuir la triste vie qu'elle menait dans l'appartement insalubre de sa mère et de se débarrasser de son style garçon manqué.

— Tu n'as pas la moindre idée de ce que ça fait de se sentir adulée comme ça, expliqua Emily avec calme.

Une sorte d'emphase dans le ton de sa voix alerta Kate.

— C'est démentiel, continua-t-elle. Je suis… Je ne sais pas à quoi doit ressembler l'amour, mais je n'ai jamais rien connu qui s'en approche autant. Tu ne connais pas Joe comme je le connais. Il est merveilleux, drôle, doux, passionné. Parfois, je suis malade rien que de l'attendre, ou de me demander s'il sera là quand j'entrerai dans le pub. Je ne savais pas que l'amour pouvait te mettre dans un tel état : à moitié nauséeuse, à moitié délirante, à moitié angoissée, tout ça à la fois.

Elle rayonnait, convaincue de tout son être par ce qu'elle racontait. Pendant trop longtemps, elle avait croupi dans l'ombre de Kate, été cette fille quelconque que personne ne remarque. Joe lui appartenait et c'était à son tour de briller.

— Euh… ça fait un peu trop de moitiés, lui fit remarquer Kate.

— Pourtant c'est comme ça, rit Emily. Enfin, quand je dis nauséeuse et angoissée, c'est positif, tu vois ?

Kate esquissa un petit sourire las.

— Oui, bien sûr.

Joe faisait partie du destin d'Emily et elles ne pourraient rien y changer.

Depuis, l'eau avait coulé sous les ponts. Elle s'était enfuie avec Joe, l'avait épousé, suivi partout dans le pays, soutenu dans son rêve. Ensuite, il l'avait trompée, humiliée ; elle avait perdu son boulot et toute estime de soi. Pourtant, elle était incapable de dissiper ses crises d'angoisse autrement qu'en entendant le son de sa voix.

Le problème, c'était que personne n'avait connu Joe comme elle. Elle n'avait jamais pris la peine de l'intégrer dans sa famille ; ses amis ne l'appréciaient pas et elle n'avait même pas essayé de leur faire changer d'avis. Au lieu de ça, elle avait laissé ses relations se déliter, elle s'était coupée de tout le monde jusqu'à ce qu'il ne lui reste plus que Joe.

Au fond, il n'était pas si mauvais que ça. Lui aussi manquait de confiance en lui. Tout ce qu'il voulait, c'était faire de la musique, devenir quelqu'un. Entre eux, ça avait été intense, mais ce qu'ils avaient vécu lui avait paru si juste, si réel. Elle avait passé des soirées entières debout dans des bars, dans des caves humides, vibrant avec la basse tandis que la voix de Joe s'élevait dans ce décor minable, repoussant le plafond, entraînant les personnes de son public avec lui, une par une, loin, très loin.

Il envoûtait les gens avec chaque mesure, chaque accord de guitare, chaque note. Emily se laissait engloutir par la noirceur de ses chansons. Les paroles se répercutaient dans son âme. Un mélange de calme et d'euphorie l'envahissait, son corps se couvrait de chair de poule et un frisson remontait tout le long de sa colonne. Joe chantait comme si chaque syllabe le définissait, accroché au micro, le visage ruisselant de sueur. Lorsqu'il chantait les textes qu'il avait écrits pour elle seule, il ne la quittait jamais des yeux.

— Je ne suis pas très doué pour exprimer ce que je ressens, disait-il parfois. Surtout devant d'autres personnes.

Alors il attrapait sa guitare et s'épanchait dans la pénombre de sa chambre. Là où Kate ne voyait qu'un jeune homme arrogant et paresseux aux cheveux gras, avec une barbe de trois jours, Emily devinait l'homme qu'il deviendrait. Ou plutôt qu'il aurait pu devenir, mais qu'il n'est pas devenu.

Elle l'avait tant aimé. Elle aurait préféré ne pas le laisser tomber, mais elle n'avait pas eu le choix.

— Eh bien ! fit Kate en regardant Emily s'enfuir à l'autre bout du parking. Quelle mouche l'a piquée, à ton avis ?

Noah claqua sa portière et fit le tour de la camionnette.

— Crise d'angoisse, répondit-il, laconique.

Kate le dévisagea, bouche bée.

— Quoi ?

— Ça fait un moment qu'elle en a. Elle ne se doute pas qu'on est au courant. À chaque fois que ça lui arrive, elle s'enfuit. C'est parce qu'elle est triste ou dépressive, appelle ça comme tu veux. Tu comprends pourquoi tout le monde est si content que tu sois là ?

— Je ne peux pas faire de miracle.

La prenaient-ils tous pour leur bonne fée ? *C'est moi qui l'ai voulu,* se rappela-t-elle. En venant ici, elle ne se doutait pas de ce qui l'attendait, de la rapidité avec laquelle elle se retrouverait impliquée jusqu'au cou dans la vie des Cotton.

— Tout ce que je sais, c'est qu'avant c'était horrible et maintenant ça va déjà mieux, affirma Noah, l'air confiant.

Kate soupira.

— D'accord, mais Emily refuse de me parler de ce qui s'est passé avec Joe.

— Un jour elle a atterri sur le pas de la porte. Elle débarquait de nulle part, on aurait dit qu'elle n'avait plus dormi ni mangé depuis des semaines. Elle n'a pas voulu retourner chez lui pour récupérer ses affaires, même Dan s'est proposé de l'accompagner. Elle n'a rien raconté à personne et personne n'a osé mentionner le nom de Joe. Au début, elle restait tout le temps allongée sur son lit. Si elle est revenue ici, c'est uniquement parce que Lena avait besoin d'elle. Et puis, un jour, on a appris qu'elle avait acheté cette librairie. Depuis, elle y va tous les jours, mais elle n'y fait rien. Elle s'assied et elle lit. En fait, c'est comme si elle s'était offert sa librairie privée, pas un commerce à reprendre.

— Ça va changer. Je ne pourrai peut-être rien pour Emily, mais je peux rénover son magasin.

— J'espère de tout cœur que tu pourras la retaper, elle aussi, dit Noah avec un regard suppliant.

— Je ferai tout ce que je peux, mais tu dois bien comprendre qu'Emily et moi ne nous étions plus adressé la parole depuis six ans. Il s'en est passé des choses entre-temps.

Noah croisa les bras.

— Mais tu vas remédier à ça, pas vrai ? Sinon, tu ne serais pas ici.

— Je vais essayer.

— C'est mieux que rien, commenta-t-il en haussant les épaules, philosophe.

Il s'appuya contre la camionnette et se mit à racler le sol avec le bout de sa chaussure. Il poussa un gros soupir. Pour Kate, c'était le moment où jamais.

Elle jeta un coup d'œil à la carrosserie douteuse du véhicule. Et puis tant pis : elle s'y adossa à côté de lui.

— Et toi, comment vas-tu ?

— Bof… Comme quelqu'un qui a dix-sept ans : tout est nul, tu vois ?

— Mais c'est génial d'avoir dix-sept ans ! Seulement, quand on s'en rend compte, souvent c'est trop tard.

Elle claqua des doigts.

— Hop, terminé. On s'aperçoit que les meilleurs moments se sont envolés.

Son but était de prendre un air détaché et sage, mais une sorte de nostalgie sous-jacente venait gâcher le message.

Noah la dévisagea d'un air suspicieux.

— Tu comptes aussi me sortir que je devrais vivre dans le présent, embrasser les arbres et d'autres âneries de ce genre ? Parce que je te préviens, c'est pas ma came.

Kate fronça le nez, puis éclata de rire.

— Comment pourrait-on vivre ailleurs que dans le présent ? Je me suis toujours posé la question. Je voulais surtout que tu comprennes que c'est important d'apprécier ce qu'on a. Embrasser les arbres, c'est optionnel.

Elle lui donna un petit coup de coude avec un sourire complice. Il se plongea dans l'étude de ses chaussures pendant un long moment. Il devait réfléchir à ce qui venait de se passer, alors elle se tut et la magie opéra.

Tout à coup, Noah releva la tête et se mit à raconter.

— Plus personne ne me fait confiance. Bon, ça peut se comprendre : j'ai été renvoyé du bahut à un mois des examens. C'est Emily, la pire. Elle et Dan sont tout le temps sur mon dos. Tout le monde l'est, en fait. Sauf Ferg, mais c'est parce qu'il vit à l'autre bout du monde.

— Ils estiment sûrement que c'est justifié, mais, au fond, tu sais qu'ils s'inquiètent beaucoup pour toi, non ? Tu devrais peut-être prendre ton mal en patience, les laisser dire ce qu'ils ont à dire. Comme n'importe quelle tempête, celle-ci finira par s'essouffler aussi.

Elle voyait très bien ce que ça pouvait donner, tous les Cotton ligués pour remédier à leur désarroi, cherchant désespérément un moyen d'aider Noah à aller de l'avant. Le problème, c'était qu'en faisant ça, ils ne parvenaient qu'à l'éloigner encore plus d'eux. Discussions sans fin, disputes, indiscrétions et intrusions dans la vie des uns et des autres : elle avait toujours adoré ça chez eux, mais ça pouvait avoir un côté étouffant.

D'ailleurs, il fit écho à ses pensées.

— Tu connais les Cotton : tout le monde se mêle des affaires de tout le monde.

— Justement, puisque je suis presque une Cotton, je vais me mêler de tes oignons aussi. Allez, il est temps de cracher le morceau, Noah : qu'as-tu fait ? Je préfère l'entendre de ta bouche. On était bons copains avant.

Une drôle d'amitié entre un gosse maladroit et sa presque sœur. Ce matin, dans la cuisine, Kate avait retrouvé ce lien qui les unissait. Malgré le joyeux tourbillon qui caractérisait la vie des Cotton, elle percevait très bien la solitude de Noah, cette même solitude qui l'avait accompagnée autrefois.

— Tu *es* une Cotton, rectifia Noah en donnant un coup de pied dans un caillou.

Il se tourna vers elle, épaule appuyée contre la camionnette, croisa les bras et coinça ses mains sous ses aisselles. Si doux, si vulnérable, pourtant Kate lisait dans ses yeux qu'il en avait marre d'être considéré comme tel, comme un enfant.

— Je suis allé au lycée avec un couteau, déclara-t-il sans détour, d'un ton dépourvu de toute émotion.

— Un couteau ?!

C'était sorti tout seul.

Il la dévisagea.

— Oui.

De nouveau ce ton monocorde, inapproprié.

— Continue, l'encouragea Kate avec douceur. Ta phrase n'est pas terminée.

Elle réprimait une folle envie de le secouer, de lui demander ce qui lui était passé par la tête.

— Je ne l'ai pas utilisé. Je l'avais dans mon sac, c'est tout.

— Pourquoi ?

Un long silence suivit.

— J'en avais marre de me faire emmerder par une bande de types. Ils ne me lâchaient jamais les baskets.

Où que j'aille, ils étaient là, avec leurs petites réflexions, ils me bousculaient… ils faisaient tout pour me pousser à bout. Ça durait depuis des mois – depuis que je sortais avec l'ex de l'un d'entre eux, en fait – et j'ai fini par péter un plomb. Un matin, j'ai pris un couteau et je l'ai planqué dans mon sac. Je ne sais pas ce qui m'a pris. Cela dit, je te rassure : j'étais bien trop couillon pour oser le sortir…

— Encore heureux ! ne put-elle s'empêcher de s'exclamer.

Il se contenta de hausser les sourcils avec ironie.

— Les choses ont dégénéré, une fois de plus. J'ai frappé un de ces mecs, dans la cafétéria, puis la bagarre a éclaté. Des profs nous ont séparés et j'ai été envoyé chez le dirlo. Là, ils ont fouillé mon sac, trouvé le couteau, appelé la police, convoqué mes parents. La sentence est tombée : expulsion. Et voilà.

Sous son voile d'insouciance, la tension de ce jour-là était toujours palpable ; la fissure s'était agrandie et élargie, créant peu à peu un fossé, puis un gouffre entre le Noah qu'il était avant l'épisode du couteau et celui qu'il était devenu ensuite.

Kate posa une main sur son bras ; il tremblait.

— Je suis désolée. Ça a dû être horrible.

Noah pinça les lèvres ; il devait être plus difficile de conserver son sang-froid face à de la gentillesse et de la compréhension. Il s'attendait sûrement à ce qu'elle condamne son geste : il aurait eu moins de mal à gérer des réprimandes auxquelles il était habitué.

— Ils te harcelaient depuis longtemps ? l'interrogea-t-elle.

Il fronça les sourcils. De toute évidence, ce mot l'ébranlait. Le harcèlement, c'était pour les victimes. Pas pour lui. Puis, ses épaules s'affaissèrent.

— Ils m'ont détesté dès le jour où j'ai commencé à sortir avec Charley. Je ne savais pas qu'elle avait plaqué un des leurs pour moi, je le jure. Juste après, j'ai été sélectionné dans l'équipe de rugby et… Ils ont démarré une sorte de campagne pour monter tout le monde contre moi sans que personne s'en aperçoive. C'était machiavélique. Et horrible.

— Tu as gardé tout ça pour toi et, au bout d'un certain temps, tu as fini par exploser, ça se comprend. Ce qui m'étonne, c'est que le lycée t'ait expulsé. Je veux dire : s'il y a clairement eu provocation et que c'était la première fois que tu t'emportais…

— J'avais un couteau, Kate, lui rappela-t-il, la mine sombre. Ils n'allaient pas me laisser revenir après ça. S'il n'y avait eu que la bagarre, je m'en serais tiré avec une suspension, mais…

Il secoua la tête.

— Quel con, quel con, mais quel con ! fit-il en martelant la portière du poing à chaque « con ».

Il s'éloigna de quelques pas, puis se tourna vers elle, le regard dur, les épaules basses.

— Maintenant, tout le monde me traite comme si j'étais un détraqué, regretta-t-il avec un petit rire amer. On me surveille en permanence, on a peur que je sorte les crocs. Le pire, c'est que mon coup de poing était raté. Je ne dois pas être fait pour la boxe. Ça a l'air si facile à la télé… Tu as déjà essayé de mettre un crochet du droit à quelqu'un ?

Kate secoua la tête. Noah esquissa un pâle sourire.

— J'ai été renvoyé à cause du coup de poing le plus nul au monde. Et d'un moment de folie pure. Je ne comptais rien faire du tout avec ce couteau, affirma-t-il, très sérieux cette fois. Ils sont tous persuadés que c'est faux, que j'ai envisagé de m'en servir, même si ça n'a duré qu'une seconde. La police a appelé ça « préméditation ». Et si je l'avais sorti, ils m'auraient inculpé pour tentative de meurtre… Ils m'ont obligé à consulter un psy… Maman a dû penser que je devenais fou, mais je n'ai jamais eu l'intention de me servir du couteau. JAMAIS.

— Je te crois, lui assura Kate avec douceur.

Elle le serra dans ses bras. Il resta raide.

— Personne d'autre ne veut me croire. C'était une erreur. Une bêtise. Ils ne comprennent pas.

— Tu sais, Noah, on peut regagner la confiance des autres. Ce n'est pas facile, mais c'est possible. Tu devras être patient. Et calme : plus de moment de folie, plus de couteau, plus de coup de poing, aussi nul soit-il.

Alors seulement il se détendit et lui rendit son étreinte.

La confession de Noah les avait épuisés tous les deux. Ils s'appuyèrent de nouveau contre la camionnette en attendant Emily.

— Je me demande bien où est ta sœur. Tu as une hypothèse ?

Noah haussa les épaules.

— J'en ai une, mais ça ne va pas te plaire du tout.

— Dis toujours.

— Je crois qu'elle passe un coup de fil à Joe.

— Joe ? Quelle idée ! Qu'est-ce qui te fait croire ça ? C'est quand même bien terminé entre eux, non ?

Noah hocha la tête.

— J'ai vérifié son téléphone, avoua-t-il. Son attitude était vraiment trop bizarre : dès qu'il sonnait, elle sursautait comme si elle voyait un fantôme. Un jour où j'étais remonté contre elle, j'ai pris son téléphone pendant qu'elle était sous la douche. Son numéro apparaissait partout dans sa liste d'appels. Appels sortants uniquement. Jamais longs, parfois à peine quelques secondes.

— Et il ne la rappelle jamais ?

Noah secoua la tête.

— C'est inquiétant, tu crois ?

— Je ne sais pas. Peut-être. Par contre, tu as conscience que ce n'est pas correct d'avoir espionné son téléphone ?

— Elle ne s'est pas gênée pour pirater ma messagerie, se justifia Noah.

Kate lui décocha son regard le plus dubitatif.

— Emily a piraté tes e-mails ? On parle bien de l'Emily qui sait à peine se servir d'un traitement de texte ?

— Oui, enfin, « pirater » est peut-être un peu fort, concéda-t-il avec un petit sourire. Il est possible que j'aie oublié de fermer la messagerie de mon ordinateur portable. Mais le résultat est le même : elle a lu mes e-mails, c'est sûr. C'est privé, tu comprends ? Elle n'avait pas à faire ça. Je m'en suis aperçu parce qu'elle m'a taquiné alors que j'écrivais un texto à quelqu'un. Elle la ramène beaucoup moins quand elle s'enfuit pour aller harceler son ex au téléphone, c'est sûr. Depuis le temps, ça m'étonne qu'il n'ait toujours pas changé de numéro.

— Noah, le sermonna-t-elle gentiment. Un peu d'indulgence, s'il te plaît. Elle souffre.

— Ouais, ça, on commence à le savoir.

Après avoir attendu sous le soleil, le dos collé à la carrosserie de plus en plus chaude, ils capitulèrent et se réfugièrent dans l'air conditionné du magasin de bricolage. Noah en avait peut-être marre des confessions, mais Kate n'en avait pas encore terminé avec lui. Elle le rattrapa dans les rayons avec le chariot.

— Et maintenant ? demanda-t-elle en lui saisissant le coude pour le forcer à s'arrêter. Tu as dit que Dan et

Emily te rendaient dingue. Je suppose que tes parents ne sont pas ravis de la situation…

Noah la dévisagea, le front plissé par l'anxiété.

— Ils ne sont pas les seuls, grommela-t-il. Toi aussi tu vas me demander ce que je compte faire de mon avenir ? En gros, je devrais déjà avoir planifié les vingt prochaines années de ma vie et me retrousser tout de suite les manches, sinon je suis un raté complet, c'est ça ?

Il avait élevé la voix ; la colère affleurait à la surface de son calme précaire. Il en avait marre que tout soit toujours ramené à ça.

— Tout doux, Noah, murmura-t-elle. Tu n'y es pas du tout. Je parle de te réconcilier avec ta famille et de ce qui va se passer ces prochaines semaines, pas des vingt années à venir. J'aimerais t'aider à retrouver une relation sereine avec eux. C'est dans mes cordes. Je sais qu'Emily m'écoutera… et Dan aussi.

Elle avait dû froncer les sourcils en prononçant le nom de son frère ou son regard avait dû trahir de vieux secrets, parce que Noah, avec une perspicacité inattendue, lui demanda :

— Est-ce qu'il y a quelque chose entre Dan et toi ?

— Quoi ? Non ! s'écria-t-elle en secouant la tête, un peu trop vivement d'ailleurs. Pourquoi cette question ?

— Juste comme ça. Dès qu'on prononce ton nom, il a cette drôle d'expression...

Dès qu'on prononce mon nom ?

Elle haussa les épaules. Alors elle n'avait pas tout à fait disparu de la mémoire collective, en fin de compte.

— On était amis.

Puis elle se dépêcha de changer de sujet.

— Au fait, il paraît que tu as une petite copine ?

Il fallait à tout prix qu'elle détourne cette conversation de Dan et de ce que son retour pouvait signifier pour lui.

Au fond, leur relation se résumait à une succession de non-événements, de moments mal choisis, d'occasions manquées…

— Moui, ça se peut, gloussa Noah avec un petit sourire.

Kate tenta de l'observer avec le regard d'une ado de son âge : cheveux rebelles, yeux bleu intense, cœur tendre.

— Allez, raconte.

— C'est compliqué.

— Pourquoi ? Ne me dis pas qu'elle est enceinte ?

— Non ! Rien à voir !

Passé le choc, Noah lui jeta un regard noir à moitié gêné.

— On est vraiment obligés d'avoir cette conversation ? Je ne suis même pas sûr qu'elle m'apprécie tant que ça, alors...

Il incarnait la maladresse à l'état pur, dansant d'un pied sur l'autre, les yeux rivés au sol. Il était si jeune. À son âge, Luke et elle étaient amoureux, ils l'étaient même déjà depuis un certain temps. Elle lui ébouriffa les cheveux.

— Qu'est-ce qu'on pourrait bien ne pas aimer chez toi ? Tu es un beau parti, je t'assure. Allez, parle-moi d'elle.

Petit sourire timide.

— D'accord, mais pas un mot à Emily. Sinon, elle va de nouveau me tomber dessus. Elle s'appelle Becca. Elle est très intelligente, mais dans le genre flippant.

Il hésita un instant avant de poursuivre :

— Elle n'est pas au courant de… ce qui s'est passé. J'ai trop peur qu'elle ne veuille plus entendre parler de moi si je le lui révèle. Charley ne s'est pas privée de me jeter dans la seconde qui a suivi mon expulsion. Et on dit que les filles préfèrent les *bad boys* : tu parles ! C'est un mythe, crois-moi.

— C'est l'*image* du *bad boy* qu'elles aiment. Toi, c'est différent. Le problème, c'est que l'honnêteté est la base de toute relation. Tu ferais mieux de le lui dire.

Noah acquiesça.

— Je sais. Je vais le faire. C'est bon, là, on a fini la séance de psy ?

Il lui décocha un sourire insolent, certain d'être pardonné.

Elle rit.

— Oui, mon travail avec toi est terminé. Pour le moment.

Noah lui donna un petit coup de coude taquin et un peu embarrassé.

— Tu m'as manqué, Kate.

— Toi aussi, tu m'as manqué.

Elle le serra de nouveau dans ses bras. Un geste naturel ; il restait ce petit garçon auquel elle lisait des histoires le soir et dont elle soignait parfois les genoux écorchés. Sauf qu'il n'était plus un enfant ; il était à la lisière de l'âge adulte, même s'il avait encore beaucoup à apprendre sur lui-même.

Il s'appuya sur le chariot.

— Maman et papa veulent que je continue à aller voir le psy, mais je n'ai pas besoin qu'on m'explique ce qui se passe dans mon crâne.

Comme Kate ne répondait pas, il ajouta :

— C'est vrai, quoi, je ne suis pas violent, ni rien.

Cependant, elle sentait qu'il se posait la question, effrayé par sa propre personnalité. Il détourna la tête et se rembrunit.

— Tout a basculé si vite. Je ne comprends pas ce qui s'est passé. La vie était normale, et d'un coup…

— Elle redeviendra normale, le rassura Kate. Et tu n'es pas obligé de savoir ce que tu veux faire du reste de ta vie. Moi-même, je n'ai aucune idée de ce que je ferai après cet été.

Dit comme ça, ça flanquait la trouille.

— Je ne connais le programme que des prochaines semaines. Emily et moi aurons sûrement besoin de ton aide, mais ton travail à la ferme doit rester ta priorité…

— Non. Je ne veux pas abuser de l'hospitalité de Dan. Si on continue comme ça, on va finir par se détester, lui et moi. Et le bébé va bientôt arriver.

— Justement, Dan aura encore plus besoin de toi à ce moment-là.

— Possible.

— Tu as de l'argent ?

— Dan me paie un peu.

— Alors, laisse passer l'été, peut-être Noël aussi. Ensuite, tu pourras voyager si tu veux. D'ici quelques années, tout ça ne sera plus qu'un mauvais souvenir, une erreur de jeunesse. Et des erreurs, tu en commettras encore beaucoup, tu peux me croire.

— Si seulement tu pouvais convaincre le reste de la famille.

Kate rit.

— Tu es un Cotton, tout le monde a son mot à dire sur ta vie, tu devrais le savoir depuis le temps. Allez, viens, allons chercher ces planches avant qu'Em ne rapplique. J'ai envie de commencer les travaux dès cet après-midi.

Le compte à rebours avait démarré pour la librairie et pour l'été de Kate aussi : un court interlude pour se retrouver, rénover, prendre des décisions… Elle courait, mais sans trop savoir vers quoi.

Elle regarda autour d'elle en espérant voir Emily arriver en courant dans sa propre robe et avec ses sandales aux pieds, ravivée par le soulagement que lui aurait procuré son coup de fil malsain.

— Je devrais peut-être aller voir où elle est, marmonna-t-elle.

Noah abandonna leur chariot contre un rayon et s'engagea dans une allée dont les présentoirs proposaient, du sol au plafond, toutes sortes de planches. Il s'arrêta pour étudier les différentes essences de bois et lui jeta un coup d'œil.

— Elle reviendra quand elle sera prête. Et toi, Kate, qu'est-ce qui t'a poussée à tout plaquer pour l'été ? Tu n'as pas de petit ami là-bas ?

L'odeur de sciure, très prégnante, était enivrante, le pin et la résine se mêlant à d'autres essences naturelles. Kate ferma les yeux et prit une profonde inspiration. Elle n'aimait pas inverser les rôles. Noah passa le pouce sur l'arête d'une planche, puis leva la tête vers elle, l'air interrogateur.

— C'est compliqué, répondit Kate, employant les mêmes mots que lui d'un ton censé le dissuader d'insister. Sans succès.

— Tu es partie là-bas toute seule. Ça a dû être chouette. En tout cas, tu as eu du courage. J'adorerais voyager. Pourquoi New York, au fait ?

Le courage n'avait rien à voir là-dedans, ni le fait de partir seule, et aucun désir soudain de vivre dans cette ville ne l'avait submergée. Elle avait surtout voulu s'éloigner le plus possible de sa mère une bonne fois pour toutes, devenir quelqu'un d'autre – même si, en ce moment, elle était en train de découvrir que c'était impossible, du moins pas tout à fait.

— Ça m'a pris comme ça, c'est tout, répliqua-t-elle d'un ton sec.

Puis elle le toisa jusqu'à ce qu'il tourne la tête, confus. Il désigna un homme d'âge mûr vêtu d'un tablier chiffonné, en train de contrôler le stock et de le noter sur une planchette à pince.

— Tiens, je vais aller demander à ce monsieur s'il peut me conseiller une essence de bois. Il faudrait qu'Em se magne un peu, on ne peut pas choisir sans elle.

— Ça m'étonnerait qu'elle soit capable de distinguer un bois d'un autre et qu'elle s'en soucie. Cela dit, on a besoin de sa carte de crédit.

Lui restait-il assez d'argent pour rendre son projet viable ? Kate croisa les doigts.

— Bon, d'accord, décréta-t-elle. Tu t'occupes de ça et de mon côté, je vais aller jeter un coup d'œil au rayon peinture, ça te va ?

Noah acquiesça et Kate s'éloigna. Les yeux fermés, elle projeta une image de la librairie terminée dans son esprit, puis commença à définir des noms de couleur : vert pâle presque menthe, vert sauge, bordeaux, crème. La peinture, c'était son domaine. Elle optait pour des teintes riches, précises, qui s'alliaient et contrastaient pour raconter une histoire. Une fois terminée, la librairie serait magnifique et tout le monde y trouverait son compte.

9

Joe était occupé, distrait, il ne raconta pas grand-chose. Bien sûr, lorsqu'elle raccrocha, Emily était furieuse contre elle-même. C'était contre *lui* qu'elle devait être furieuse ; comment pouvait-elle avoir encore envie de lui parler ? Elle était pathétique. La honte l'aida à reprendre ses esprits.

Et lui, pourquoi continuait-il à répondre à ses appels comme ça ? À chaque fois, elle espérait presque qu'il ait changé de numéro, s'attendant à tomber sur une voix électronique insipide qui lui annoncerait que ce numéro n'était plus attribué. Un signe qu'il l'abandonnait, qu'il se débarrassait d'elle puisqu'elle n'avait pas le courage ni la dignité de le faire d'elle-même.

Elle se hâta de rebrousser chemin vers le magasin de bricolage.

Il fallait qu'elle pense à Kate, à Noah, à elle et à la librairie. Les choses bougeaient enfin. Elle avait un objectif, un projet ; sur le parking, une camionnette attendait d'être remplie de matériaux, et son magasin vide offrait une toile blanche prête à être animée avec de la couleur, de l'énergie. La librairie dont elle avait tant rêvé était en train de devenir réalité. Lorsqu'elle avait signé l'acte d'achat, tremblant encore d'excitation devant sa propre audace, l'espoir papillonnait dans son ventre : c'était une deuxième chance qui se présentait. Toutefois, ça n'avait pas été facile. Longtemps elle était restée assise derrière le comptoir, indécise, assommée par cette tâche qui lui paraissait insurmontable.

Sa mère avait qualifié son état de dépressif. Comme si poser une étiquette dessus allait arranger la situation ; ce n'était pas simple d'avoir une mère médecin, alors les deux parents n'en parlons pas. Dan et Abby parlaient aussi dans son dos, s'étonnaient de la voir devenue si instable. Seule Lena n'avait pas changé ; même du temps où elle avait toute sa tête, elle avait toujours préféré laisser les gens se débrouiller seuls pour gérer leurs affaires. Cela dit, l'ancienne Lena ne se serait pas gênée pour lui passer un sacré savon, et peut-être était-ce ce dont elle avait besoin.

Elle tentait de s'en charger elle-même, d'imaginer la voix de sa grand-mère, mais elle était si lasse. Certains jours, elle avait beaucoup de mal à se tirer du lit. C'était difficile de voir Dan et Abby tellement amoureux, construire leur famille ; difficile d'affronter la déception de ses parents – qu'ils soient déçus d'elle ou pour elle n'avait guère d'importance. Difficile aussi d'entendre parler de la réussite d'Ally. Son seul but à elle était de veiller sur Lena, alors elle s'était jetée à corps perdu dans cette mission.

Ses parents espéraient que la sagesse de Lena, la magie de Bluebell Bank et les bienfaits de l'air de Solway guériraient leur fille.

Aujourd'hui, la voix de Joe l'avait bousculée. D'ordinaire, elle éprouvait un frisson d'excitation à l'idée de braver l'interdit, puis un plaisir coupable se répandait dans ses veines. Cette fois, c'était la honte qui dominait. La communication n'avait fait qu'amplifier sa nervosité, accentuer la douleur de l'insatisfaction.

Emily se rua vers l'entrée du magasin ; pas question de perdre une minute de plus. Elle aperçut son reflet dans la vitre juste avant que les portes ne s'écartent et ne la scinde en deux : l'éclat de sa robe lui donnait de l'assurance, elle paraissait plus grande, plus élégante, avec ses lunettes de soleil perchées sur ses boucles noires et les sandales dorées de Kate. Jamais on n'aurait cru qu'elle se remettait à peine d'une crise d'angoisse, qu'elle était incapable de passer une journée sans entendre la voix de son ex qui n'éprouvait plus rien d'autre que de la pitié pour elle.

Curieux comme notre vie intérieure et l'image que l'on renvoie de soi peuvent être si différentes.

Elle se précipita sur le tourniquet en passant en revue les excuses qu'elle allait servir, puis elle prit une profonde inspiration et partit à leur recherche dans les allées. Elle ne montrait pas assez sa gratitude envers Kate. Il fallait qu'elle contacte Ally et qu'elle organise cette réunion familiale en l'honneur de sa meilleure amie, qu'elle lui montre à quel point elle était la bienvenue, qu'elle n'avait jamais perdu sa place au sein de la famille. Pendant toutes ces années, Kate avait laissé un trou béant dans leur vie, une chaise vide à leur table.

Elle tourna dans une allée dont les rayons présentaient les rayures apaisantes d'une infinité de couleurs et de textures de bois. Noah était là, en pleine conversation avec un homme en tablier qui portait un badge avec son nom. Ils discutaient des qualités de telle ou telle planche par rapport aux autres. Aucune trace de Kate. Elle laissa courir ses doigts sur les différents bois et les huma.

Elle allait rejoindre son frère lorsque quelqu'un prononça son nom avec l'incrédulité de ceux qui aperçoivent une connaissance perdue de vue depuis un bail.

— Emily Cotton ?

Elle faillit trébucher sur le bas de sa robe en se tournant. Ses membres se liquéfièrent. Le souffle coupé, elle découvrit l'homme qui se tenait devant elle : Luke Ross.

Son pire cauchemar se réalisait : elle, Luke et Kate, de nouveau réunis au même endroit.

Luke Ross avait le pouvoir de tout foutre en l'air.

Kate s'attardait au rayon peinture. Elle scannait l'étalage avec son œil d'artiste, s'abreuvait des nuances, des teintes et des noms farfelus que leur donnaient les marques. Certes, ce n'était pas les pans de mur entiers couverts de tubes brillants de peinture à l'huile qu'elle adorait contempler dans son magasin d'art préféré à Manhattan, mais pas loin.

C'était sa première pensée pour New York de la journée et celle-ci ne concernait ni Ben ni son regretté boulot, pas du tout. Le casse-tête « Ben » avait déjà perdu de sa gravité.

Elle ajouta encore l'une ou l'autre couleur qui lui plaisait à sa sélection et plia le coin de la page du catalogue pour pouvoir montrer le résultat de ses recherches à Emily, puis elle partit retrouver Noah.

Le cri strident d'une scie circulaire couvrit la petite musique du magasin au moment où elle tourna dans le rayon bois. Penchés sur le chariot chargé de planches, Noah et Emily bavardaient avec quelqu'un. Un homme, qui lui tournait le dos pour l'instant. Un responsable du magasin venu les conseiller, sans doute. Cependant, tandis qu'elle s'approchait, la silhouette de l'inconnu lui parut de plus en plus familière.

Le regard d'Emily dériva au-delà de son interlocuteur et elle écarquilla les yeux, bouche bée, lorsqu'elle remarqua la présence de Kate. Elle lui fit de grands signes.

— Kate ! lança-t-elle bien trop fort et d'un ton beaucoup trop enjoué. Regarde qui est là !

Elle savait très bien de qui il s'agissait. Même au bout de dix ans, elle aurait reconnu sa carrure entre mille avant même qu'il ne se retourne. Oui, elle connaissait trop bien ces longues jambes bronzées qui dépassaient d'un short de travail kaki, ces cheveux noirs épais, ces sourcils expressifs et ces yeux bleus perçants : un mélange parfait de gènes celtes et italiens.

Luke.

Son short était maculé de plâtre. Il portait un T-shirt noir et une paire de chaussures de randonnée usées. Il braqua sur elle son regard brûlant, sauvage, aussi bleu que l'estuaire de Solway par une chaude journée ensoleillée. Les poumons de Kate se vidèrent d'un coup et elle resta paralysée, incapable de respirer, les jambes tremblantes. Son cœur martelait ses côtes de toutes ses forces. Chacune de ses terminaisons nerveuses, chaque millimètre de peau qu'il avait un jour caressé, embrassé ou convoité frissonna. Il l'étudia de haut en bas, puis la dévisagea longuement avec ses yeux incandescents, d'un bleu bien trop intense.

— Kate.

S'il restait l'ombre d'un doute, sa voix acheva de le dissiper. L'adolescent avait disparu. Luke était désormais un homme, comme en témoignaient ses muscles, sa silhouette, sa voix et la forme de sa mâchoire. Un homme avec une barbe de trois jours et quelques ridules autour des yeux. Kate avait reçu un électrochoc.

— Beuh, coassa-t-elle.

Ce fut tout ce qu'elle put produire.

— C'est Luke, roucoula Emily, l'air toujours sous le choc.

Elles n'étaient pas prêtes pour ça, ni l'une ni l'autre.

Toujours incapable d'aligner deux mots, Kate hocha la tête. Si seulement elle avait pu disparaître, se retrouver ailleurs, dans un autre espace-temps où elle n'aurait pas été debout devant Luke – devant la version adulte, encore plus belle, de ce jeune garçon renversant qui avait conquis son petit cœur de néophyte alors âgé de quinze ans. N'importe où, en fait, pourvu qu'on lui épargne cette conversation anodine avec lui.

Le sourire de Luke vacilla et son regard amusé s'éteignit. Tout à coup, il semblait beaucoup moins sûr de lui. Kate se rappela à quel point force et vulnérabilité rivalisaient en lui, et le voile d'assurance et d'humour derrière lequel il se retranchait pour se préserver du mépris de son père.

Elle analysa son visage, le contour de sa mâchoire, ses joues, se remémora le contact de sa peau sous ses doigts alors qu'ils étaient allongés dans les hautes herbes, à la plage, sous le firmament, perdus dans l'obscurité veloutée et l'un dans l'autre.

— Salut, parvint-elle enfin à articuler, bien trop tard.

— Luke est en train de rénover la vieille maison de son père, lui expliqua Emily d'un ton surenjoué de guide touristique qu'elle semblait avoir du mal à assumer.

Un peu perdu, Noah les regardait tour à tour, cherchant à comprendre la scène à laquelle il assistait.

— Ah bon ?

— Il est mort il y a six mois, lui apprit Luke sans la quitter des yeux. Cancer. Il m'a fallu un peu de temps pour me décider, mais finalement je suis revenu. Je viens d'avoir mon diplôme d'architecte, j'ai pensé que ce serait l'occasion idéale pour mettre la théorie en pratique. Je tiens à effectuer une bonne partie des travaux moi-même, c'est plus sympa. Et cathartique, tu vois ?

Était-il nerveux, lui aussi ? Il parlait vite. Peut-être avait-il appréhendé ce moment autant qu'elle.

— Je suis désolée pour ton père, répondit-elle.

Trouverait-elle du chagrin si elle l'épluchait, le mettait à vif ? Et découvrirait-elle un reste de sentiments pour elle, quelque part au fond de lui ?

— Et toi, comment vas-tu ?

Il avait une voix douce, mais ses yeux la sondaient au plus profond. Ça aussi, c'était typique chez lui : cette façon de la déshabiller du regard, de s'intéresser à elle. Comme s'il pénétrait jusqu'à son âme et appréciait tout ce qu'il y trouvait. Elle avait déjà eu l'impression qu'il lisait dans ses pensées par le passé. Était-ce possible ? Pouvait-il découvrir ses secrets les mieux gardés, deviner qu'elle ne s'était jamais remise de leur séparation, qu'elle n'avait plus jamais ressenti ça pour personne, plus jamais aimé avec une telle force, une telle innocence et de façon aussi inconditionnelle, si bien qu'elle commençait à douter que ça lui arrive encore un jour ?

— C'est une longue histoire, répondit-elle.

Un simple résumé ne suffirait pas : elle avait envie de partager chaque instant de sa vie sans lui.

— Mais pour faire court, disons que je suis venue aider Emily à ouvrir sa librairie en ville.

— Nous allons construire des étagères, précisa Emily d'une voix hésitante, l'air gêné. Et lui, c'est mon frère, Noah. Il est venu en renfort.

Noah et Luke échangèrent une poignée de main.

— Le renfort, enchanté, se présenta Noah avec humour. Je me contente de conduire la camionnette et de porter les trucs lourds, mais on m'a promis un déjeuner en récompense.

Il n'avait pas la moindre idée de ce qui se passait ni du lourd passé qu'ils partageaient ; son innocence et sa simplicité détendirent un peu l'atmosphère.

— Je ne voudrais surtout pas vous mettre en retard pour le déjeuner ou la construction de vos étagères, dit Luke avant de se tourner de nouveau vers Kate. Tu comptes rester un moment dans la région ?

Elle acquiesça.

— Alors on aura sûrement l'occasion de se recroiser.

Kate se mordilla les lèvres. Elle avait de nouveau quinze ans. Qui aurait cru que revoir Luke lui ferait cet effet : comme si l'on déchiquetait un peu plus son cœur pourtant déjà en lambeaux ? L'une des raisons principales qui l'avaient poussée à choisir New York lui revenait à présent : cette ville se trouvait à plusieurs milliers de kilomètres de sa mère, mais aussi de Luke Ross.

On aura l'occasion de se recroiser. C'était mot pour mot ce qu'il lui avait dit des années plus tôt, dans le square de Wigtown, son skateboard à la main, tandis qu'il la regardait comme si elle était l'événement le plus incroyable de la ville.

— Je ferais mieux d'y aller, maintenant.

Était-ce une pointe de regret qu'elle décelait dans la voix de Luke ou le fruit de son imagination ? Elle ne pouvait pas se fier à son jugement lorsqu'il s'agissait de lui : ses pensées voletaient dans son cerveau comme des colibris, légères et complètement hors de contrôle.

Luke mit une éternité à s'éloigner, se retournant deux fois pour lui jeter un coup d'œil avant de disparaître au coin de l'allée.

Les pieds de Kate étaient cimentés dans le sol. Elle mourait d'envie de courir après lui, de le rattraper, d'effacer tout le mal qu'ils s'étaient fait l'un et l'autre, mais elle était incapable de bouger.

— C'est qui, ce type ?

Noah était en train de mieux répartir le poids des planches afin d'équilibrer le chariot. Ensuite, il poussa celui-ci de toutes ses forces pour mettre le convoi en branle. Emily se joignit à lui et ensemble ils parvinrent à rejoindre les caisses avec leur chargement.

— C'est juste une connaissance de notre jeunesse, répondit Emily.

Le pire euphémisme que Kate ait jamais entendu.

Elle les suivit de loin. *Une complication :* voilà ce qu'était Luke Ross. Et, d'après les regards pas si furtifs que lui lança Emily tandis qu'ils faisaient la queue, payaient puis chargeaient la camionnette, elle était du même avis.

— Je suis désolée, déclara Emily tandis qu'ils quittaient le parking. Désolée de m'être enfuie comme ça. J'avais besoin d'être un peu seule.

Elle n'avait pas réussi à leur sortir l'excuse qu'elle avait préparée un peu plus tôt, d'abord trop chamboulée par l'apparition de Luke, puis trop occupée à roucouler et à pépier comme une idiote pour compenser son malaise et faciliter ces délicates retrouvailles. En vain, puisque, depuis qu'elle avait revu Luke et Kate ensemble, le malaise ne la quittait plus.

D'un geste de la main, Kate balaya le petit moment d'égarement de son amie.

— Ce n'est pas grave.

Bien sûr, ça l'était, mais elles régleraient leurs comptes plus tard. Emily lui devait des explications.

Aux prises avec sa conscience, cette dernière éprouva pourtant le besoin de se confier. Elle se mordilla les lèvres.

— C'est juste que…

Kate se pencha vers elle avec un petit regard complice et lui donna un coup de coude pour faire passer le message : « Je sais. Je ne cautionne pas, mais je comprends. » Elles en viendraient à bout ensemble.

— Plus tard, Em, murmura-t-elle.

Puis elle se tourna vers la route, un sourire rêveur aux lèvres.

Ça ne sent pas bon, pas bon du tout, pensa Emily.

10

Tous trois s'activèrent ensuite dans la librairie et les jours s'écoulèrent à un rythme prometteur. Le premier après-midi, Noah leur avait d'emblée annoncé son intention de poursuivre toutes les rénovations avec elles.

— Je ne serai pas dans le chemin pendant que vous peignez, déclara-t-il. Je m'installerai dans l'une des dépendances. Je vais commencer par couper les planches aux bonnes dimensions et les traiter.

De retour à la librairie, ils avaient tous enfilé de vieux vêtements et recouvert toute la pièce de bâches de protection.

— Et ton boulot à la ferme ? s'inquiéta Kate en voyant qu'Emily brûlait de poser la question.

Celle-ci était en train d'ouvrir le premier pot de couleur vert sauge.

L'aide de Noah serait précieuse, mais pas au point de risquer d'envenimer sa relation avec Dan.

— Et si tu commençais par consulter ton frère ? suggéra-t-elle.

— D'accord, soupira Noah.

Il sortit son téléphone et déverrouilla l'écran. Alarmée, Emily releva la tête du pot de peinture.

— Je ne viendrai pas, déclara posément Noah, sans

nul doute en réponse à un « mais où es-tu passé ? » furieux.

Il y eut une longue pause tandis que Dan intervenait à l'autre bout du fil. Kate se surprit à retenir son souffle.

— Pas juste aujourd'hui, précisa Noah d'un ton dur. Je ne viendrai plus du tout. Je ne veux plus travailler pour toi. Je vais bosser avec Kate et Emily ici, à la librairie.

Emily fit volte-face.

— Quoi ?

Elle tenta de lui confisquer son téléphone, mais son frère la dépassait d'une tête et n'eut aucun mal à la maintenir hors de portée.

— Mais qu'est-ce que tu fiches ? Je ne peux pas te payer, moi ! Ce n'est pas un boulot.

— Qu'est-ce que *toi* tu fiches, Emily ? Lâche-moi !

On entendait bien la voix furieuse de Dan résonner dans le combiné à présent, même si l'on ne discernait pas ses paroles. Emily tirait sur le bras de Noah, cherchant par tous les moyens à lui arracher le téléphone, sans succès. Il se détourna, se débarrassa d'elle en levant l'épaule et s'éloigna avec le sourire.

— Oh là là, dur, fit Noah. Pourtant, comme je te l'ai dit : je démissionne, cria-t-il. Oui. Eh bien, tu n'as qu'à méditer là-dessus et plancher pour devenir un meilleur patron.

Il interrompit la communication et rangea le téléphone dans la poche de son jean.

— Voilà, maintenant je suis tout à vous.

Il avait écarté les bras avec un air triomphant, comme un chiot s'attendant à recevoir des félicitations après avoir fait pipi sur la moquette.

— Mais, bon sang, qu'est-ce que tu as dans le crâne ? explosa Emily. Comment vas-tu gagner ta vie ?

Le sourire du jeune homme s'éteignit.

— Je trouverai bien, ne t'inquiète pas, affirma-t-il en serrant les mâchoires avec entêtement.

— Si, je m'inquiète, figure-toi. Mais quel boulet, c'est pas possible ! Quand vas-tu grandir ?

— J'ai l'impression d'entendre Dan, rétorqua sèchement Noah, une note menaçante dans la voix. Et maintenant, fous-moi la paix, Em, j'ai du boulot pour *ta* librairie.

Il attrapa une planche et prit la direction des dépendances en sifflotant avec insouciance.

Emily était sur le point de revenir à la charge.

— Laisse-le, conseilla Kate. Il va finir par redescendre sur terre et je crois que Dan le reprendra. Écoute, tu peux commencer à peindre, moi je vais aller nous chercher des bouteilles d'eau. Celle du robinet est immonde.

Un peu d'air lui ferait du bien, le temps que tout le monde retrouve son sang-froid. En tout cas, elle ne risquait pas de s'ennuyer ici.

Elle se balada tranquillement dans la ville et traversa le square. Elle était en train d'admirer la vitrine d'une boutique lorsque Dan faillit la renverser. Son vieux pick-up venait de freiner sec à sa hauteur en mordant sur le trottoir. Il claqua sa portière et fonça droit sur elle.

— Holà ! fit-elle en reculant d'un pas.

Dan rougit.

— Désolé, Kate. Je ne t'avais pas vue.

— Trop occupé à chercher un moyen d'assassiner ton petit frère et de t'en sortir impunément ?

— Plus ou moins. Non mais, tu l'as entendu ?

— Oui. Et donc tu débarques ici pour lui dire ta façon de penser ?

— C'est ça.

Il était sur la défensive.

Kate lui prit le bras en soupirant et l'entraîna dans la direction opposée à la librairie.

— Tu ne crois pas qu'il vaut mieux attendre que tout le monde se calme un peu ?

Dan avait toujours eu tendance à s'emporter facilement, il aimait débattre et se confronter à ses frères, mais là, c'était différent. Cette fois, il était obligé d'assumer un rôle de père pour lequel il n'était pas encore prêt.

Il se dégonfla un peu.

— Abby m'a dit la même chose.

— Alors tu devrais peut-être suivre son conseil, insista Kate en souriant.

Il avait toujours les joues très rouges. Tout à coup, le fait de lui tenir le bras la mit mal à l'aise : elle ne voulait pas qu'il y ait la moindre ambiguïté entre eux. L'autre soir, à la ferme, elle avait déjà été troublée – le poids de l'histoire qui les liait, de ce qui aurait pu se passer entre eux.

— Écoute, que dirais-tu de prendre un café avec moi ? Après ça, si tu en éprouves toujours le besoin, tu pourras aller voir Noah à la librairie. Au moins, la tension sera déjà un peu retombée.

À sa grande surprise, les joues de Dan s'empourprèrent davantage, comme si elle venait de lui proposer de faire des galipettes à l'arrière de son pick-up.

— Je… euh…, bredouilla-t-il.

Ça ne lui ressemblait pas d'être à court de mots. Elle décida d'y aller au culot.

— Ce n'est qu'un café. Je n'ai pas l'intention de te séduire entre deux gâteaux à la crème devant les petits vieux du coin.

Sa tentative d'humour tomba à plat. À son tour de sentir ses joues s'enflammer ; au moins, comme ça, ils étaient assortis. Elle lâcha aussitôt son bras.

— D'accord. Juste un café, répondit-il en enfonçant les mains dans les poches.

Puis il les ressortit et étudia ses pieds.

— Pas dans un endroit trop chic, par contre. Regarde dans quel état je suis.

— Tu ressembles à un agriculteur, quel scoop ! Allez, viens. On peut aller au Reading Lasses.

Cet établissement était toujours plein : il serait plus facile de passer pour deux vieux copains qui se retrouvent en tout bien tout honneur. Pourquoi « passer pour » deux vieux copains ? C'était ce qu'ils étaient, alors d'où sortait ce besoin d'en renforcer l'idée ?

— Là-bas, personne ne sera choqué par ta tenue. Cela dit, tu devrais peut-être frotter un peu tes chaussures.

Au moment de traverser la rue, Dan salua des connaissances en affichant un air coupable, comme s'ils commettaient une bêtise, ce qui eut le don d'agacer Kate. Il lui tint la porte et elle passa sous son bras, humant son odeur au passage. Un mélange de terre, de bétail, de mâle et de sueur. Ils suivirent l'étroit corridor, presque serrés l'un contre l'autre, puis pénétrèrent dans le salon de thé. Des étagères remplies de livres couvraient les murs. Kate dénicha un canapé libre et s'assit d'un côté. Dan prit place à l'autre extrémité, les mains posées sur les genoux, visiblement mal à l'aise. Kate avisa ses doigts noirs de crasse.

— Il y a des toilettes là-bas, si tu veux te laver les mains.

— C'est vrai, ce ne serait pas du luxe.

Il se leva tandis qu'elle se plongeait dans l'étude du menu. Elle tenait à grappiller ces quelques instants seule avec Dan, pas uniquement pour l'empêcher de tuer Noah, mais aussi pour se prouver qu'il n'y avait aucune équivoque entre eux, qu'elle n'avait jamais rien éprouvé de plus qu'une toquade adolescente pour lui, et que lui, de son côté, n'avait pas réellement souffert de la façon dont elle l'avait traité quelques années plus tôt.

À la réflexion, son idée ne lui paraissait plus aussi brillante. Il y avait toujours quelque chose entre eux, c'était indéniable ; un frémissement de désir, une tension, et cette question qui restait en suspens : « Et si ? »

Elle se sermonna : c'était un homme marié et il allait avoir un bébé. Les sentiments qu'ils avaient pu avoir l'un pour l'autre n'avaient plus aucune importance, pas plus que la nostalgie qui l'envahissait lorsqu'elle considérait la question à travers le voile poudré du passé.

Elle commanda un café corsé pour elle et un thé pour Dan. Lorsqu'il réapparut, un peu plus propre, elle se redressa et tâcha d'adopter une attitude aussi désinvolte et aussi détachée que possible. *Juste deux vieux amis qui se retrouvent autour d'un café.*

— Alors, tu as retrouvé ton calme ? demanda-t-elle avec le sourire.

— Je crois, répondit-il, confus. Tu dois me prendre pour un abruti de rappliquer comme ça juste pour faire la morale à mon frère. Mais tu n'imagines pas la galère que c'est…

— Tout le monde n'arrête pas de me dire ça, répliqua Kate. J'ai pris la liberté de commander pour nous deux. Je t'ai pris un thé, j'espère que ça ira ?

Dan hocha la tête, puis les désigna tous les deux.

— Toi et moi, ici… c'est bizarre.

Kate secoua la tête.

— Je ne vois rien de bizarre. C'est tout à fait normal, au contraire. Deux vieux amis qui rattrapent le temps perdu.

Sa véhémence fit sursauter Dan.

— Je voulais simplement dire que ça faisait un bail…

— C'est vrai. Un fameux bail. Regarde-toi : marié, un bébé sur le feu. Tu dois être impatient.

— O-oui.

Elle grimaça. Était-ce une pointe de doute qu'elle décelait dans sa voix ? *Sois donc un peu plus sûr de toi et heureux, bon sang !*

— Abby a l'air adorable, insista-t-elle.

Dan fronça les sourcils.

— Elle est épatante. Mais parlons un peu de Noah. Que vais-je bien pouvoir faire de lui ?

Ils durent s'interrompre car la serveuse leur apporta leurs boissons. S'ensuivit le traditionnel ballet des « merci », « un peu de sucre ? », etc. Ils mélangèrent leur breuvage puis en burent une gorgée.

— Pourquoi êtes-vous tous persuadés que je détiens la solution, pour Noah ? Et pourquoi ne pas lui poser la question directement ?

— Parce qu'il n'a que dix-sept ans et qu'il n'a pas l'esprit très clair.

— Si je ne m'abuse, tu étais assez borné à dix-sept ans. Ce n'est pas toi qui as refusé en bloc d'entrer à l'université malgré l'insistance de tes parents ?

— Oui, tu as raison, mais Noah est intelligent, lui.

— Tu l'es tout autant. Là n'est pas la question.

Dan releva la tête.

— Alors, quel est le problème ?

— Tout le monde lui dicte ce qu'il devrait penser, ressentir, faire. Donnez-lui juste un peu d'air. Ce qui lui est arrivé est terrible…

— Et entièrement de sa faute.

Elle fit mine de ne pas avoir entendu.

— Il lui faudra du temps pour s'en remettre. Tu veux mon avis ? Très bien. Alors, rentre chez toi, ne lui dis même pas que tu comptais avoir une bonne discussion avec lui. Laisse-le tranquille jusqu'à ce qu'il soit prêt à te parler et garde son poste vacant jusque-là.

Dan la dévisagea, bouche bée.

— Et en attendant, je fais quoi ? Abby n'est pas capable de m'aider à la ferme pour l'instant.

— Tu ne peux pas embaucher un intérimaire ? Allez, Noah comprendra vite qu'il a besoin de ce boulot chez toi ou alors il trouvera autre chose. Quelque chose qui viendra de lui. Mieux vaut en tout cas qu'il revienne vers toi de son propre chef.

Dan resta silencieux pendant un moment. Kate en profita pour savourer son café bien noir et amer, fermant les yeux de plaisir.

— Tu es très futée, tu sais, déclara-t-il au bout d'un certain temps.

Elle rouvrit brusquement les yeux. Il était en train de la dévisager avec une expression d'une douceur alarmante.

— Tu as toujours été clairvoyante avec les gens, Kate. Je vais suivre ton conseil. Je vais rentrer chez moi et le laisser revenir quand il sera prêt. Que penses-tu de ça ?

Elle approuva d'un hochement de tête. Ses compliments la gênaient.

— Très bien.

— J'espère qu'Emily a pris contact avec Ally. Il faut qu'on organise ce repas de famille en ton honneur. Ça nous fera du bien d'être tous réunis.

Après avoir salué Dan, Kate reprit le chemin de la librairie.

Emily avait déjà peint tout un pan de mur. Elle avait couvert ses cheveux d'un foulard et sa joue était maculée de couleur. Un tintamarre d'industrie leur parvenait depuis l'arrière du bâtiment.

— Ah, te voilà ! Où étais-tu ?

Kate s'empara d'un rouleau.

— Juste sortie faire un petit tour, répondit-elle d'un ton désinvolte.

Et un peu de diplomatie Cotton. Elle attaqua un autre mur en pensant à son petit aparté clandestin avec Dan. De quoi auraient-ils l'air si ça venait à se savoir ? Ne valait-il pas mieux être honnête et tout raconter à Emily ? Mais cette dernière avait recommencé à peindre en se remémorant tout haut la fois où Fergus s'était retrouvé coincé dans une clôture en fil barbelé, le long de la côte de Carrick, alors Kate remit ça à plus tard.

Aucun moment propice ne se présenta ensuite dans la journée, ni le lendemain ni le surlendemain. Pour finir, elle laissa tomber.

11

Le soir tombait. C'était le moment de la journée préféré d'Emily à la librairie. La radio était allumée, Noah s'apprêtait à rejoindre des amis et elle achèverait quelques finitions, seule avec Kate. Elles avaient laissé un mur en pierres apparentes, les trois autres alternaient crème et vert sauge. Un vent de fraîcheur flottait dans la boutique.

— Alors, fit Emily au moment où la porte se referma derrière son frère, tu as déjà eu l'occasion de toucher un mot à Noah ?

— Oui.

Kate restait prudente.

— Et ?

La question la démangeait depuis plusieurs jours, mais son frère était toujours là et lorsqu'elles rentraient à Bluebell Bank, elles étaient épuisées. Elle tenait à honorer sa partie de Scrabble du soir avec Lena, mais elle était si fatiguée que sa grand-mère la battait sans difficulté.

En outre, aborder le cas de Noah la rendait un peu nerveuse : elle craignait de relancer dans la foulée la conversation sur sa fuite, le premier jour, devant le magasin de bricolage. Elle comptait parler de ses crises d'angoisse à Kate, et de Joe aussi, mais elle préférait retarder encore un peu ses confessions.

— Emily, tu ne peux pas me demander de devenir la confidente de Noah, puis attendre de moi que je le trahisse.

— C'est un gosse. Et je suis sa sœur. Il faut que je sache s'il va bien.

Kate semblait mal à l'aise.

— Il mérite quand même un peu d'intimité. Il en a *besoin*. Mais oui, je crois qu'il va bien.

Emily repoussa ses cheveux avec le dos de sa main, puis laissa tomber son pinceau dans un bac à peinture. Couchée sur le ventre, Kate peignait les plinthes avec soin.

— Bien, parce que ça fait un moment qu'on se fait beaucoup de soucis pour lui, ici. Il t'a raconté ce qu'il a fait ?

Kate acquiesça.

— Alors ? Qu'en penses-tu ?

— Qu'il devait se sentir vraiment désespéré. Et je suis convaincue qu'il ne se passe pas un jour sans qu'il le regrette.

Emily s'allongea à côté d'elle et observa sa progression prudente le long du mur.

Kate releva la tête.

— Je n'ai pas envie de parler de Noah, Em. Tu voulais que je sois une oreille attentive pour lui et c'est ce que je fais, mais je refuse de commérer.

— Bien sûr, grommela-t-elle en se renfrognant. Je suis sa sœur, Kate, pas une inconnue. Je voulais juste… enfin, tu vois. Se faire expulser, ce n'est pas rien, et ce qu'il a fait est plutôt flippant, tu ne trouves pas ? Maman et papa ne savent pas quoi faire de lui.

Elle se redressa, ramena ses genoux contre elle et les serra dans ses bras.

Arrivée au bout de la plinthe, Kate posa son pinceau et se rapprocha d'elle. Elle se laissa tomber à terre en soupirant et s'étira le dos.

— Il ne fera pas de bêtises, si c'est ce qui t'inquiète. Il veut juste qu'on le laisse un peu tranquille.

Emily observa les murs.

— Cette couleur est incroyable. On dirait un jardin d'herbes aromatiques, ou la mer pendant une tempête. Tu as eu raison de la choisir. Et tu as sans doute raison pour Noah aussi. Ne m'écoute pas, je râle parce qu'il préfère se confier à toi plutôt qu'à sa propre sœur.

— C'est toi qui m'as demandé de…

Emily leva sa main maculée de peinture.

— Je sais. Je sais. Je n'ai pas dit que ma réaction était sensée, c'est ce que je ressens, c'est tout.

— À propos de réactions insensées…, commença Kate.

Le cœur d'Emily fit un bond.

— Et si tu m'expliquais ce qui t'a pris l'autre jour, quand tu t'es enfuie ?

Tout à coup, Emily se passionna pour la peinture séchée autour de ses ongles et s'appliqua à l'effacer.

— À t'entendre, on dirait que tu as une petite idée de ce que je faisais.

Pour que ça marche entre elles, elles allaient devoir être honnêtes l'une envers l'autre.

— Tu appelais Joe ?

Elle se tourna vivement vers Kate et se leva.

— Quel faux jeton, ce Noah ! Une tasse de thé ? demanda-t-elle en s'essuyant les mains sur son jean.

— Non, répondit Kate avec sévérité. Assieds-toi, Em. Ne prends pas le thé comme échappatoire. Ce n'était qu'une supposition de sa part, mais visiblement il a vu juste, n'est-ce pas ?

Emily poussa un grognement évasif, mais cela suffit à confirmer l'hypothèse de Kate.

— C'est pour le moins étrange comme réaction.

— Je ne sais pas pourquoi, ça m'apaise, avoua Emily. Écoute, je ne cherche pas à échapper à quoi que ce soit, mais j'aurai moins de mal à parler avec les mains occupées. Je vais entamer la deuxième couche de couleur crème.

Elle attrapa un rouleau, le plongea dans un bac puis se mit au travail, prenant plaisir à voir la matière fluide et luisante s'étaler sur le mur.

— Je ne suis pas là pour te juger, déclara Kate.

Elle saisit un pinceau à son tour et se dépêcha d'enduire le bord plus délicat le long de la plinthe, pour éviter qu'Emily ruine son travail impeccable.

— Mais tu reconnaîtras que ça paraît illogique de vouloir oublier quelqu'un comme ça, ajouta-t-elle. Tu t'inquiètes pour Noah, mais nous, on s'inquiète pour toi.

Emily s'interrompit et lui jeta un coup d'œil.

— Je sais. Tu as raison sur toute la ligne. Cela dit, j'ai vu ta tête dans le magasin, l'autre jour, quand on a croisé Luke. Je sais que tu comprends la valeur particulière du premier grand amour. Il est presque impossible d'oublier quelqu'un qui a tellement compté pour toi, ne prétends pas le contraire. C'est… difficile.

À quoi jouait-elle ? Elle n'avait pas du tout prévu d'amener Luke sur le tapis, elle avait même été soulagée que Kate ne le fasse pas d'elle-même. Elle préférait de loin continuer à faire semblant qu'il n'existait pas, ou du moins qu'il n'était pas là. Sa présence planait comme une menace sur l'amitié qu'elles tentaient de reconstruire. Elle jeta rageusement son rouleau dans le pot de peinture, éclaboussant le mur.

Kate ouvrit la bouche pour nier, pour lui faire remarquer qu'être un peu déstabilisée lorsqu'on tombe par hasard sur son amour de jeunesse n'avait rien de comparable avec le fait de s'accrocher aux lambeaux d'un mariage brisé alors que l'on aurait dû avoir tourné la page depuis longtemps.

Toutefois, elle était obligée d'admettre que, en dépit de tous ses efforts, elle n'avait jamais réussi à bannir totalement Luke de ses pensées et encore plus de mal à présent qu'ils s'étaient revus. Ils avaient comblé les pages manquantes de leur histoire, toutes ces années perdues, par des résumés insuffisants. Elle désirait en savoir plus, il avait piqué sa curiosité. Cependant, par le passé, Luke ne s'était pas contenté de lui briser le cœur, il l'avait réduit en miettes ; il avait fait d'elle la reine de glace qu'elle était devenue au cours de ses études universitaires, lorsqu'elle ne se laissait approcher par personne.

Entre eux, ça avait été le coup de foudre. Il y avait d'abord eu ce premier baiser dans les bois, près du Poteau des Martyrs, puis le dîner d'anniversaire de Kate, lorsqu'elle avait présenté Luke à Lena et aux frères d'Emily. Leur idylle avait continué comme ça pendant tout cet été chaud, paradisiaque, et bien après.

Tomber amoureuse, ne plus se soucier de rien d'autre, avoir l'impression que le temps est élastique, certains moments durant une éternité et d'autres passant en un clin d'œil. Les baisers, les caresses, les regards lourds de désir, tous ces moments chargés de sens, inoubliables, rendaient la rupture inconcevable et inacceptable lorsqu'elle survenait.

Quand elle les avait récupérées en ville, le premier soir, Lena n'avait pas desserré les dents ; Emily s'était affalée sur la banquette arrière, telle une héroïne préraphaélite, les cheveux plaqués sur le visage, incapable de contenir son euphorie alcoolisée. Kate avait eu peur que Lena accuse Luke de l'avoir mise dans cet état, mais lorsqu'elle l'avait rencontré – et compris qu'il n'avait pas poussé sa petite-fille à boire, elle l'avait tout de suite apprécié. Lena était très forte pour décrypter les gens ; son approbation, plus que celle de quiconque, comptait beaucoup pour elle.

Luke avait été l'invité d'honneur du repas de famille organisé pour le quinzième anniversaire de Kate ; elle était restée en adoration devant lui au point de ne presque rien pouvoir avaler. Ensuite, ils s'étaient tous retrouvés dans le bois autour d'un feu de camp. Dan, qui était assez perspicace pour faire le lien entre l'alcool et l'enfance désastreuse de Kate, s'était pris la tête avec Fergus parce qu'il avait subtilisé une bouteille de cidre dans la cave de Lena pour trinquer à cette occasion spéciale.

Elle aurait sûrement été touchée par cette délicate attention si elle n'avait pas été aussi fascinée par Luke. La chaleur du feu leur léchait le visage, la lueur orangée des flammes se reflétait dans leurs yeux. Elle n'avait compris que bien plus tard – trop tard – que Dan était jaloux, mais elle était déjà trop impliquée dans sa relation avec Luke et, de toute façon, Dan avait commencé à sortir avec une fille de son lycée à la fin de l'été.

Ce soir-là, lorsque Luke était reparti à vélo dans l'obscurité, ses phares clignotant entre les arbres, Kate avait trouvé Dan sur le perron de la maison. Il l'attendait.

— Méfie-toi, l'avait-il mise en garde.

Elle s'était contentée de lui adresser un sourire béat et l'avait serré dans ses bras sans ressentir l'émoi qui n'aurait pas manqué de l'assaillir peu de temps auparavant. Ensuite, elle s'était précipitée dans l'escalier pour aller raconter les baisers de Luke à Emily avec des étoiles plein les yeux.

Soudain, elle sortit de la rêverie à laquelle elle s'était laissé aller, le pinceau figé à mi-chemin entre le pot de peinture et le mur. Emily la dévisageait avec un regard triomphant, comme si elle venait d'apporter la preuve de ce qu'elle avançait.

Kate se pencha pour tremper son pinceau.

— Non, c'est différent, décréta-t-elle d'un ton réprobateur. Si tu n'as toujours pas envie de parler de Joe, d'accord, mais c'est différent, crois-moi. Et ce que tu fais n'est pas cool du tout.

Emily adopta cette expression bornée qu'elle avait toujours lorsqu'elle se sentait accusée.

— Tu ne…

— Je ne peux pas comprendre, je sais, grommela Kate. J'en ai marre que tu me sortes ça à tout bout de champ. Écoute, Emily, j'ai l'intention de t'aider. Pour tout. La librairie, Lena, Joe… Nous avons encore beaucoup de choses à nous dire, mais le plus important, c'est d'être honnête l'une envers l'autre. Tu ne m'as jamais raconté ce qui s'était passé entre toi et…

Soudain, la porte de la librairie s'ouvrit et Noah entra en coup de vent, coupant court à leur conversation : intervention divine pour Emily, beaucoup moins pour Kate. Dès le début, elle s'était méfiée de Joe et elle s'en méfierait tant que son ombre continuerait à planer dans les parages et sur leurs projets. Elle le détestait pour ce qu'il avait fait à sa meilleure amie et elle avait bien l'intention d'avoir le fin mot de cette histoire pour la guérir de cet homme une bonne fois pour toutes.

Les jours suivants s'écoulèrent dans la bonne humeur, entre éclats de rire, souvenirs et dur labeur. Le soir, Kate s'immergeait dans les échantillons de tissus et les idées déco de Pinterest tandis qu'Emily divertissait Lena en lui racontant leurs progrès ; impossible de déterminer si elle comprenait tout, mais Emily ne renonçait jamais.

Lena passait ses journées au potager parmi les laitues, les choux kale et les légumes divers, ou au milieu des massifs de fleurs et des tipis couverts de plantes grimpantes. Les connaissances liées à la nature, comme retourner la terre ou communier avec les plantes, étaient enracinées en elle et seraient peut-être les dernières à la quitter. Dans son monde en constante mutation, le jardin restait un point d'ancrage.

Un soir, Lena repéra Kate qui errait dans le verger et interrompit son activité. Quelques mèches folles de cheveux blancs s'échappaient de son chapeau de paille ; elle ôta ses gants de jardinage, les jeta sur le côté et s'approcha de Kate.

— Merci, fit-elle en lui prenant la tasse de thé qu'elle avait dans les mains.

Kate l'étudia avec prudence, cherchant un signe, une trace de la femme forte qu'elle avait connue.

Elle pouvait très bien l'avoir de nouveau oubliée, la confondre avec cette femme de ménage qu'elles avaient engagée pendant quelque temps – un désastre d'après Emily : Lena n'arrêtait pas de lui crier dessus et de la faire pleurer. Mais non. Ce fut l'un de ces moments rares et précieux où elle était lucide, où elle savait qui elle était et reconnaissait Kate. Elle savoura le thé en contemplant son jardin.

— Qu'en penses-tu ?

— C'est superbe. Et ton potager est une petite entreprise florissante.

Lena sourit avec ironie.

— J'ai toujours adoré ça. Avec les plantes, on sait où on va.

Les gens avaient parfois embrouillé Lena avec leurs faux-fuyants et leurs petites incertitudes. Elle avait appris aux filles à se moquer de ce que les autres pensaient d'elles et à ne se fier qu'à leur propre jugement. Elle leur avait inculqué la franchise. « Ce qui compte, c'est que vous puissiez vous regarder dans le miroir sans baisser les yeux. »

Le soir où Emily avait trop bu, au Poteau des Martyrs, ce n'était pas l'abus d'alcool en lui-même qui avait agacé Lena.

« Du moment que tu l'as fait parce que tu en avais envie et pas pour impressionner quelqu'un », avait-elle déclaré d'un ton sévère. « Et du moment que tu ne racontes pas à ta mère que tu étais sous ma responsabilité quand ça s'est produit. »

Fergus avait été furieux devant tant d'indulgence, clamant que si ça avait été lui ou un autre de ses frères, ça ne se serait jamais passé comme ça. Il n'avait peut-être pas tort.

Emily ne savait pas trop ce qui l'avait poussée à faire ça – à part les encouragements de Cam, un copain plutôt mignon de Luke –, mais elle jura que plus jamais une goutte d'alcool ne franchirait ses lèvres et, bien sûr, elle n'avait aucune intention d'en informer sa mère.

Lena ne condamnait pas l'amour, bien sûr, mais elle désapprouvait la distorsion de personnalité qu'il entraînait parfois. Si elle avait apprécié Luke, c'était sans doute en grande partie parce qu'il aimait Kate telle qu'elle était, sans lui imposer le moindre changement pour se conformer à lui. C'était rare dans une relation, Kate l'avait appris plus tard, après Luke. Lena aurait été horrifiée si elle avait vu dans quel état elles se mettaient – enfin, surtout Emily – à l'époque de l'université… tous ces doutes existentiels et les attentes fébriles à côté du téléphone.

Se remettre en question pour les beaux yeux d'un homme ? Impensable pour Lena, mais peut-être n'avait-ce pas toujours été le cas. Peut-être avait-elle aussi été cette jouvencelle amoureuse cherchant désespérément à impressionner l'élu de son cœur.

Qu'aurait-elle pensé de Joe ? Emily avait choisi la facilité : s'enfuir plutôt qu'affronter le regard rusé de sa grand-mère et lui expliquer. Expliquer Joe, cet homme dissolu, sans limites, irresponsable ; expliquer son présent tumultueux avec lui et leur avenir incertain. « Mais il est trop craquant, mamie ! Et dès qu'il chante, j'ai envie de lui sauter dessus sur scène et de lui arracher ses vêtements. »

Étonnamment, Kate avait l'intuition que Lena ne lui aurait pas reproché de coucher avec Joe. En revanche, elle n'aurait pas toléré qu'elle se morfonde pour lui ou qu'elle souffre de l'opinion qu'il avait d'elle et qu'elle subisse un mariage malheureux.

Assises toutes deux dans le jardin, Kate posa la tête sur l'épaule de Lena, comme avant. Aussitôt, l'instinct et la mémoire du corps prirent le dessus : Lena passa un bras autour d'elle et lui caressa les cheveux de sa paume calleuse. Il y avait un trou dans le cœur de Kate, de la taille et de la forme du mal qui rongeait Lena. Elle détestait l'incertitude et l'hésitation qui l'envahissaient à chaque fois qu'elle regardait la grand-mère Cotton ; tout ça à cause des caprices d'une maladie qui se jouait d'elle, chaque jour et à n'importe quel moment : imprévisible, cruelle, dotée d'un appétit vorace pour les souvenirs et la personnalité.

Que dire ? Risquait-elle de se vexer si elle abordait son Alzheimer ? Ou si au contraire elle ne le faisait pas ? Difficile à déterminer. Si elle avait pu, Lena aurait affronté son état avec beaucoup d'autodérision et un dédain stoïque. Hélas, la dégénérescence touchait précisément le siège de sa personnalité.

Lena braqua ses yeux perçants et clairs sur elle au moment où elle releva la tête. Alors, Kate prit son courage à deux mains et se redressa.

— Qu'est-ce que ça fait ?

Lena étira ses pieds chaussés de bottes devant elle.

— On ne me pose pas souvent cette question, répondit-elle. Les gens ont trop peur de me vexer. Tu es devenue très directe là-bas, une vraie Américaine.

Kate rougit.

— Désolée. Tu n'es pas obligée de répondre.

— C'est…

Lena s'interrompit et contempla le jardin, comme si elle passait en revue les pans d'histoire qu'elle avait créés ; la vie et l'amour qu'elle avait connus dans cette maison ainsi que la foule d'enfants, de petits-enfants et de chiens qu'elle y avait élevés.

Kate crut l'avoir perdue. Elle devait avoir oublié sa question et toute notion de temps ou d'espace. Pourtant, elle se tourna à nouveau vers elle en haussant les sourcils.

— Quand les gens m'en parlent, c'est pour m'abreuver de conseils bien intentionnés. Tel ou tel traitement ou des histoires de bonnes femmes...

Elle sourit, la mine sombre.

— Personne ne me demande jamais ce que je ressens. En général, ils parlent de moi en ma présence comme si… je me dissipais peu à peu, comme si je partais en fumée.

Elle agita la main et soupira longuement. Lena n'avait jamais été du genre à exprimer ses émotions, mais la brèche dans son armure était à présent perceptible, donnait un aperçu de la solitude et de l'angoisse qu'elle renfermait.

— Et puis j'ai toujours peur qu'on me pose une question à laquelle je serai incapable de répondre, ajouta-t-elle avant d'achever sa tasse. Cette saloperie de maladie rend débile.

Sa frustration était vive, incisive. Elle poussa un grognement fataliste, puis se mura dans le silence.

Elles restèrent assises sans rien dire pendant un moment, laissant ses paroles retomber comme un nuage de sédiments au fond d'un lac.

— Tiens, as-tu réglé tes problèmes avec ta mère ? demanda-t-elle au bout d'un certain temps, si bas que Kate dut tendre l'oreille.

Kate se figea et resta muette. La question avait peut-être été lancée pour la forme, mais elle avait fait mouche. Elle resta longtemps à contempler la réponse sans la formuler.

Tout à coup, elle sentit le moment basculer, entre deux battements de cœur ; l'attention de Lena vacilla, elle se mit à remuer et la conversation se noya dans une soupe de souvenirs égarés.

Kate se dépêcha de changer de sujet.

— Emily a appelé Ally tout à l'heure. Il vient passer le week-end. Et Jonathon aussi.

Lena hocha vaguement la tête, telle une fleur dansant dans le vent, mais Kate l'entendait presque fouiller les recoins de sa mémoire avec une frénésie paniquée : qui étaient ces gens ? Des membres de sa famille ? Impossible.

Elle se leva, le cœur serré.

— Merci, Lena.

Elle récupéra sa tasse et s'éloigna. Lorsqu'elle jeta un coup d'œil en arrière, l'aïeule avait repris son sarcloir et s'était replongée dans le travail.

Elle remonta le sentier vers la maison, la conscience en ébullition. Le soleil était bas et une douce lueur dorée infusait l'air, peignant des ombres mauves et diffusant encore un peu de chaleur. Elle avait une furieuse envie de solliciter Emily pour une balade, pendre un verre de vin, parler.

Le vin n'était pas une bonne idée, elle était déjà assez enivrée comme ça.

Une balade, pourquoi pas, mais pas à la ferme : elle n'avait aucune envie de voir Dan, pas tant qu'elle n'aurait pas mis au clair les sentiments ambigus qu'il lui inspirait.

Alors une de leurs bonnes vieilles conversations à bâtons rompus, qui finissaient le plus souvent en fou rire parce qu'avec elles tout devenait drôle. Emily, virulente, vive d'esprit, n'arrêtait que lorsque Kate se pliait en deux en se tenant les côtes et la suppliait d'arrêter.

Mais là encore, bavarder avec elle n'était plus aussi léger et aussi facile qu'autrefois ; depuis son retour, il y avait beaucoup trop de non-dits, de sujets à moitié abordés. L'autre jour, Emily avait esquivé la conversation sur Joe avec beaucoup d'habileté, se servant de Luke pour la distraire.

Elle mourait d'envie d'ouvrir son cœur à Emily comme avant, de lui raconter qu'elle n'avait jamais réussi à oublier Luke et que l'ancienne blessure était toujours aussi vive qu'au lendemain de leur rupture. Elle avait également besoin de son avis sur Ben. Pourtant, quelque chose l'empêchait de lui en parler.

Son téléphone vibra dans sa poche. Évidemment… ça ne pouvait pas mieux tomber : un message de sa mère.

Kate fit défiler leurs derniers échanges – enfin, il n'y avait pas d'échange à proprement parler, dans la mesure où les messages étaient à sens unique ; de temps à autre, elle se fendait d'une courte réponse. Malgré tout, Lily n'avait jamais renoncé. Ici elle avait rejoint une paroisse et était très occupée par un gala de bienfaisance ; là elle avait décroché un nouveau boulot chez un fleuriste ; autant de petits témoignages enjoués de sa vie saine, ponctués d'émoticônes souriantes et de points d'exclamation. Elle lut le texto qu'elle venait de recevoir.

Je voulais juste t'annoncer que je viens d'être nommée manager !!! Un vrai pas en avant. Suis toute excitée !! J'espère que tout va bien à la Grosse Pomme ?

Sa mère avait commencé à se reprendre en main lorsque Kate était entrée à l'université et avait achevé son virage à 180 degrés au moment où elle quittait le pays. À présent, elle s'était stabilisée et faisait du vol stationnaire, comme un papillon, en attendant que sa fille daigne remarquer ses nouvelles ailes. Kate les avait bien vues, mais n'avait pas la moindre idée de la marche à suivre pour recoller les morceaux. En avait-elle envie, d'ailleurs ? En réalité, elle avait peur de souffrir et sa colère était encore bien trop forte.

Elle remisa le texto pour y répondre plus tard, comme les autres, mais plus tard semblait ne jamais vouloir arriver. Elle n'avait même pas prévenu sa mère qu'elle était rentrée en Écosse.

12

Les quinze premiers jours filèrent en un éclair. Où donc était passé le temps ? Le séjour de Kate se déroulait à merveille. Elle avait repris le rythme paisible de la vie à Bluebell Bank comme on se glisse dans un vieux pull douillet. Bien sûr, il y avait eu quelques accrocs en cours de route : Noah refusait toujours de retourner à la ferme ou d'adresser la parole à son frère, et puis elle était en proie à une grande confusion sentimentale, entre Ben, Luke et Dan. Elle n'avait d'ailleurs toujours pas trouvé le courage d'en toucher un mot à Emily. De toute façon, qu'aurait-elle bien pu lui raconter, puisqu'elle n'y comprenait rien elle-même ? Un après-midi, Lena leur fit aussi une belle frayeur en partant se promener toute seule alors qu'ils étaient tous à la librairie. Une voiture de police l'escorta à la maison après l'avoir retrouvée du côté de Garlieston ; un habitant avait reconnu la dame qui tenait un étal sur le marché du dimanche matin, mais lorsqu'il avait compris à quel point elle était désorientée et perturbée, il avait tout de suite alerté les secours.

Kate n'avait plus reçu le moindre message de Ben depuis le texto décevant du premier soir. Cela dit, elle ne lui avait rien envoyé non plus. Pas de mots de réconfort, pas de raisons d'espérer. Elle savait que son silence était une forme de réponse. Une réponse par omission. Pareil de son côté à lui. Ils étaient coincés dans leur simulacre de relation et dans les non-dits.

L'ombre de Ben continuait à errer tout au fond de son esprit. Elle aurait dû lui rendre sa liberté, les libérer tous les deux. Pourtant, égoïstement, elle ne parvenait pas à se résoudre à tout détruire ; elle se raccrochait toujours à l'idée qu'une autre vie l'attendait à New York si elle le désirait.

Emily et Noah avaient conclu une trêve tacite : ils n'abordaient jamais l'avenir de Noah, son boulot à la ferme ou le fait qu'il ait emménagé dans l'une des chambres de Bluebell Bank sans y être convié et ne comptait apparemment pas la libérer de sitôt. Emily était beaucoup plus heureuse : d'une part Kate était à ses côtés et elles recollaient petit à petit les morceaux de leur amitié, d'autre part Noah avait de l'occupation et se tenait à carreau, il ne se traînait plus en broyant du noir, il ne cherchait plus la bagarre, il semblait délesté d'un gros poids, enfin, et pour couronner le tout, sa librairie prenait forme, même s'ils avaient encore du pain sur la planche. La construction des rayonnages avançait bien, un pan de mur était déjà couvert d'étagères du sol au plafond.

Noah, un crayon coincé nonchalamment derrière l'oreille, avait l'air très content de lui aujourd'hui ; il était en train de vérifier la pose des planches avec son niveau en sifflotant. Le travail lui était bénéfique, lui donnait un but et une chance d'explorer ses talents. Et puis, il apportait une joyeuse présence dans la boutique.

Emily passa derrière lui et tira sur son pantalon qu'il portait très bas sur les hanches.

— Pitié ! maugréa-t-elle.

Accroupi, il offrait une vue imprenable sur son boxer à motif écossais qui dépassait de plusieurs centimètres.

Il lui adressa un doigt d'honneur en souriant et Emily l'imita. Aucune malveillance dans cet échange.

— Allez, on fait une pause, déclara Kate en ouvrant une chaise pliante.

Elle posa les pieds sur un pot de peinture et se mit à feuilleter son nouveau livre préféré – l'album photo à la gloire de Solway. Emily se saisit de l'autre chaise de camping et prit son ordinateur portable sur ses genoux ; elle commençait à avoir la main pour les feuilles de calcul et la comptabilité. Noah, lui, s'affala sur le sol.

Kate étudia les clichés désormais familiers avec le sourire. Ils avaient été très occupés et n'avaient guère eu le temps de partir à l'aventure. Pourtant elle avait toujours très envie de revoir les précieux endroits de sa jeunesse. Noah se redressa pour regarder avec elle, appuyé sur son épaule.

— On n'a encore rien fait de ce qui figurait sur ta liste, fit-il remarquer. Je suppose que ça va devoir attendre la fin des rénovations.

Parfois, Emily le trouvait très agité, comme si rester cloîtré entre quatre murs ne lui convenait pas. À l'adolescence, Kate avait été pareille : elle se sentait toujours à l'étroit partout. Emily, au contraire, avait toujours eu une prédilection pour les espaces confinés.

Elle releva la tête de son ordinateur en fronçant les sourcils.

— Pourquoi attendre ? lança-t-elle en refermant son portable. Nous devrions sortir un peu, sous peine de devenir fous. On ne fait jamais de pause, si ce n'est pour manger et dormir. Ça vous dirait de commencer ce soir ? On pourrait aller à Rigg Bay en voiture. Lena nous accompagnerait. Qui est partant pour une partie de cricket sur la plage, comme au bon vieux temps ?

Kate hocha la tête et le visage de Noah s'anima, mais avant que l'un ou l'autre n'ait pu répondre, la porte s'ouvrit.

— C'est fermé, annonça Emily sans tourner la tête.

— Je ne suis pas un client. Je passais juste dire bonjour et vous proposer mes services de menuisier.

Luke Ross.

Il se tenait dans l'embrasure de la porte, vêtu d'un T-shirt jaune vif, les cheveux humides. Sans doute sortait-il de la douche. L'album photo tomba des genoux de Kate ; Luke et elle se penchèrent aussitôt pour le ramasser et se figèrent, le visage à quelques centimètres l'un de l'autre. Luke darda ses yeux bleus, ardents, sur elle. Puis il se redressa et balaya la pièce du regard.

Emily était incapable de bouger.

— On dirait que vous n'avez pas besoin de moi, finalement, constata Luke. Beau travail avec les étagères, ajouta-t-il à l'intention de Noah.

Ce dernier bomba le torse.

— Merci. Ça commence à ressembler à quelque chose, mais ça n'a pas été simple parce que le sol est irrégulier.

— Je vois, j'ai eu le même problème chez mon père.

— Une petite minute, intervint Emily, sortant de sa torpeur. Avant que vous partiez dans vos délires de mecs, je tiens à préciser que Kate et moi avons aussi participé à la réalisation de ces étagères.

Luke avait le sourire contagieux, pourtant il pinçait les lèvres pour le contenir. Emily plissa les yeux. Il se fichait d'elle ?

Kate camoufla son propre sourire derrière sa main. Quand Emily employait son ton de maîtresse d'école, mieux valait ne pas se moquer d'elle, mais là, difficile de résister.

— Alors, comme ça, vos compétences en bricolage s'étendent jusqu'à la confection de meubles ? s'extasia Luke qui n'avait d'yeux que pour Kate. Intéressant. Je ne dirais pas non à un coup de main pour mes plaques de plâtre. Je viens d'achever de vider la salle de bain chez mon père.

Sa voix, bien que légèrement malicieuse, était profonde, mélodieuse. Kate dut lutter pour ne pas fermer les yeux et se laisser transporter dans le passé. Cette voix lui donnait des frissons : chaude, ronde, avec ce soupçon d'accent écossais contrebalancé par le rythme méditerranéen hérité de sa mère.

— Je n'ai jamais essayé, répondit-elle, mais je suis imbattable pour jointoyer le carrelage. C'est le genre de trucs que j'ai été obligée d'apprendre.

Luke se rembrunit. Pourtant, Kate ne cherchait pas à susciter la compassion.

— Comment va ta mère ? demanda-t-il.

La question n'avait rien d'intime, mais lui rappela tout de même à quel point ils avaient été proches. Il la dévisageait avec intensité et se tenait trop près d'elle pour une simple connaissance. Elle avait conscience qu'Emily et Noah les observaient.

— Bien, répondit-elle d'un ton léger – c'était la pure vérité. C'est gentil de proposer ton aide, mais tu m'as déjà l'air débordé avec les rénovations de ton cottage.

Elle n'avait plus l'habitude d'être aussi troublée. Elle rassembla ses cheveux dans une queue-de-cheval approximative. Le timbre, le visage, le corps de Luke étaient en train d'entamer son sang-froid, évoquant douloureusement le jeune homme qu'elle avait tant aimé… et perdu. Son empressement envers elle était déroutant, pourtant elle se surprit à apprécier ce petit jeu.

Luke haussa les épaules avec autodérision.

— Il paraît qu'il faut soutenir le commerce local et les jeunes qui se lancent.

Emily posa son ordinateur et se leva.

— Dans ce cas, il faudra plutôt fréquenter la librairie et m'acheter plein de livres quand ce sera ouvert, répliqua-t-elle d'un ton acerbe.

— Entre le boulot et le cottage, je n'ai pas beaucoup le temps de lire, s'excusa-t-il sans se formaliser.

— Tu veux un café ? intervint Kate. J'allais justement nous en faire.

Tout à coup, il était essentiel qu'il ne parte pas tout de suite ; elle voulait plus de lui, de son sourire, de sa voix, de cet intérêt qu'elle lisait dans ses yeux cobalt. Elle était toute chose, se sentait de nouveau désirée.

— Avec plaisir, merci.

Il la suivit dans la cuisine sans se douter à quel point l'espace était étriqué. Une fois là, Kate ne put se tourner sans le frôler ; il lui bloquait le passage et sa présence était oppressante. Il se raidit et se cogna la tête au linteau de la porte en voulant reculer.

— Ouille.

Kate pouffa. Elle s'appuya au plan de travail et croisa les bras. Quel dommage que sa tenue ne soit pas un peu plus glamour : elle portait un pauvre short en flanelle maculé de peinture et un débardeur bien trop décolleté. Petit à petit, son cœur retrouva un rythme normal, même si la situation, elle, n'avait rien de normal : parler de la pluie et du beau temps avec son ex au milieu d'une librairie en chantier dans une petite ville paumée de la côte de Solway.

Comment avait-elle bien pu se retrouver dans cette situation ? L'e-mail, le billet d'avion, Emily, Bluebell Bank, la librairie : une suite de concours de circonstances qui l'avaient menée à ce moment déconcertant, à Luke.

Une fois le café prêt, elle servit les tasses et lui en tendit une. Elle voulait préserver ce moment d'intimité dans cette minuscule cuisine avec lui, savourer sa proximité, son parfum – un mélange de menthe, de pin et de grand air. Il n'avait pas l'air pressé de la quitter non plus.

Il posa sa tasse.

— Tu te doutes bien que je ne suis pas venu ici uniquement dans le but de proposer mon aide, n'est-ce pas ? Ni pour le café.

Les joues de Kate s'enflammèrent tandis qu'un sourire lui étirait les lèvres.

— Ah bon ? Tu as donc bel et bien besoin de moi pour poser tes plaques de plâtre ?

— J'étais curieux. Quand je t'ai vue, l'autre jour, j'ai eu envie d'en savoir plus.

Il avait encore baissé d'un ton, comme pour s'assurer qu'Emily et Noah ne l'entendent pas, donnant une allure encore plus confidentielle à leur conversation.

— C'est vrai, moi aussi, reconnut-elle. Ça fait un bail.

Leur rupture avait été si brutale qu'elle n'avait jamais cherché à le revoir. C'était rare, à l'époque actuelle et à leur âge, de perdre tout contact avec quelqu'un. Il fallait vraiment le vouloir, et elle l'avait vraiment voulu.

Il fut un temps où elle souffrait à tel point que le simple fait de penser à Luke était une véritable torture. Alors, le revoir, c'était hors de question. Et être témoin de son bonheur avec quelqu'un d'autre aurait été encore pire. Elle risqua un coup d'œil furtif à sa main gauche. Pas d'alliance, mais ça ne voulait rien dire. Apprendre que Dan était marié lui avait déjà fait l'effet d'une bombe, alors Luke, l'idée seule était insupportable.

Autant rester sur ses gardes même si, au fond d'elle, la petite Kate de dix-sept ans trépignait d'excitation.

— Alors, reprit-il, accélérant le débit, maintenant que nous sommes ici tous les deux, je crois que nous devrions aller prendre un verre ensemble. On se doit bien ça.

— C'est vrai.

Au cours de la décennie qui venait de s'écouler, elle s'était efforcée d'effacer Luke Ross de sa vie, de son esprit. Et voilà que tout était en train de lui revenir : l'amour fou, la déchirure et, entre les deux, une expérience vertigineuse.

Il hocha la tête en souriant et son arrogance de gamin refit surface. Il essayait d'adopter une attitude désinvolte, sans conséquence, mais c'était raté. Ses paroles étaient lourdes de sens et ravivaient le spectre d'anciens sentiments.

— C'est fou, la vie, non ? On ne met plus les pieds à Solway ni l'un ni l'autre pendant des années et puis on y revient tous les deux à quelques mois d'intervalle. Plus fort encore : on décide d'aller dans le même magasin, le même jour, par hasard. Et nous voilà ici.

Il haussa les épaules et s'empressa d'ajouter, devant son air alarmé :

— C'est juste un verre, Kate. Histoire de prendre des nouvelles, de se mettre à jour.

Un euphémisme qui revenait beaucoup trop souvent ces derniers temps. Pourquoi, au juste ? Un inévitable ping-pong verbal au cours duquel ils abreuveraient l'autre avec les menus détails de dix longues années – une vie – passées ailleurs ? Donnant-donnant ou plutôt à qui mieux mieux, dans une course à la surenchère ? Non, pas avec Luke. Avec lui, l'histoire reprendrait là où ils l'avaient laissée, à ce détail près que lorsqu'ils s'étaient quittés, Kate s'était retrouvée seule, le cœur en miettes, après une confrontation avec un Luke froid et distant.

Pense à Ben ! s'écria une voix paniquée dans son esprit. Elle l'ignora.

— Pourquoi pas ? répondit-elle. Je suis partante.

Luke parut soulagé. Il reprit sa tasse avec le sourire.

— Super ! Quand ?

— Pas ce week-end. Nous avons un gros repas de famille à Bluebell Bank. Que dirais-tu de mardi ?

— Ça marche. Je passe te prendre à dix-neuf heures ?

Kate acquiesça. Elle prit sa tasse et une autre pour Noah. Quant à Emily, jamais elle ne toucherait à cette mixture, bien sûr.

Ils rejoignirent les autres et bavardèrent poliment de la librairie, de rénovations et du boulot de Luke. Il était employé dans un bureau d'architectes à Édimbourg, mais avait pris un congé sabbatique pour s'occuper du cottage de son père. En parallèle, il planchait sur les plans d'une autre rénovation à Newton Stewart qui lui permettrait de financer la suite de ses propres travaux.

Lorsqu'il eut terminé son café, Kate le raccompagna. Il lui adressa un petit signe de la main maladroit avec un sourire en coin, puis remonta l'allée vers la rue principale. Elle s'appuya contre le chambranle de la porte en poussant un soupir.

Ce qui la séduisait, après tout ce temps, c'était l'humilité de Luke ; il était prêt à se sacrifier pour les autres sans rien attendre en retour. Il s'était toujours intéressé aux autres, il possédait une sympathie naturelle. À l'époque où ils étaient ensemble, il adressait déjà la parole aux inconnus partout où ils allaient – n'importe qui, et quel que soit leur âge. Parfois, elle le perdait sur le marché et le retrouvait en train de répondre à un sondage sur le tourisme dans la région, ou en pleine conversation avec une vieille dame, une bourgeoise de Glasgow venue passer la journée à Wigtown, ou encore en train de débattre des vertus de la bière fruitée avec un vieux hippie. Comme n'importe quelle ado, Kate se fichait pas mal de ce que les adultes avaient à raconter. Tout ce qui l'intéressait, c'était Luke, mais Luke, lui, avait toujours du temps à consacrer aux autres.

Elle se tourna vers Emily et Noah, prête à essuyer une pluie de sarcasmes.

— Alors ? fit Emily avec un regard appuyé.

Kate reprit l'album photo de Solway et feignit de s'y replonger comme si rien ne s'était passé.

— Alors… rien.

— Mais tu as un rancard avec lui ? insista Emily, les mains sur les hanches.

— Juste pour prendre un verre, en toute amitié.

— Oh, je vois. « En toute amitié. » Allez, avoue : tu es de nouveau amoureuse de lui.

Kate écarta les mèches qui lui tombaient devant les yeux, à court de patience.

— Si tu veux tout savoir, je ne suis même pas certaine d'avoir cessé de l'être un jour, rétorqua-t-elle sèchement.

Quel soulagement de l'admettre ! Aussitôt l'empreinte de Ben s'évanouit de son cœur.

Les lèvres d'Emily s'arrondirent pour former un « o » de surprise parfait, elle ne s'attendait pas à une telle franchise. Noah releva la tête, tout à coup intrigué.

— Et ton petit ami ? protesta Emily d'une voix tremblante. Et Ben ?

Pourquoi prenait-elle ça tellement à cœur ? Kate avait besoin de sortir, de faire du tri dans ses pensées. Elle battit en retraite vers la porte.

— On se retrouve à Bluebell Bank. Je rentre à pied, l'air frais me fera le plus grand bien.

— N'oublie pas qu'on va à Rigg Bay tout à l'heure, lui rappela Emily, comme si Kate avait prévu de filer à l'anglaise.

Peut-être avait-elle raison de s'inquiéter. Pour être honnête, l'idée lui avait déjà traversé l'esprit depuis son arrivée. Plus d'une fois, elle s'était demandé ce qu'elle fichait là, même si elle était de nouveau complètement tombée amoureuse de cet endroit, sentant peu à peu le lien qui l'attachait à Solway se resserrer autour d'elle.

Emily la regarda partir ; sa bonne humeur était retombée comme un soufflé. De quel droit Luke Ross débarquait-il comme ça pour remuer le passé ? Elle maudit l'univers de l'avoir ramené à Wigtown.

Mieux valait raconter la vérité à Kate ; non, elle *devait* lui raconter, avant qu'il ne soit trop tard.

Tandis que la silhouette de son amie s'éloignait, elle tâcha de ne pas céder à la panique. Kate ne se sauverait pas, pas cette fois. Elle avait déjà fui le plus loin possible, elle avait sauté dans un vol pour New York au moment le plus propice pour tout recommencer à zéro. Il fallait reconnaître qu'elles étaient toutes les deux très douées pour mettre les voiles dès que la situation se compliquait. Emily avait bien sûr sa part de responsabilités : elle avait tourné le dos à sa meilleure amie, et donné la priorité à une histoire d'amour instable plutôt qu'à l'amitié de toute une vie. À présent, elle avait une chance de tout réparer.

L'amitié était un amour d'un autre genre. Le genre qui se construit au fil de dizaines de petits moments, qui est plus fort que la famille, qui peut devenir la famille.

Comment avait-elle pu renoncer à ça ? Aujourd'hui c'était incompréhensible, mais à l'époque Joe brouillait tous ses sens et son esprit, il n'y en avait plus que pour lui.

— Emily ! s'impatienta Noah.

Il essayait d'attirer son attention depuis un certain temps sans succès. Elle se tourna brusquement.

— Tu comptes me donner un coup de main pour monter cette étagère ou bien ?

Il secoua la tête devant sa distraction, puis lui décocha un sourire indulgent. Leurs rapports s'étaient considérablement améliorés ces derniers temps ; ils travaillaient ensemble et cimentaient la relation qu'ils auraient pu avoir bien plus tôt si Emily n'avait pas été obsédée par Joe.

Plus tard, Emily s'allongea dans son lit avec une agréable sensation de plénitude, repue d'air frais et détendue après sa confession, qui avait opéré sur elle une véritable catharsis.

Leur soirée à la mer avait été parfaite : la chaleur de l'après-midi s'était attardée longtemps et le paysage immuable de la côte avait eu un effet apaisant incomparable. Le littoral sculpté par les rochers et les arbres, la douceur du sable, le murmure allègre de la mer, le ciel paresseux teinté de lilas et parsemé de moutons vaporeux.

L'arrivée de Kate avait engendré une vague de chaleur à Solway, comme celles de leur enfance. Elles avaient flâné sur la plage, bras dessus bras dessous, beaucoup parlé, ri, resserré leurs liens. Noah avait jeté des bâtons dans la mer pour Bracken qui, malgré son grand âge, se jetait à l'eau vaillamment. Lena était longuement restée debout, dans la contemplation, le visage offert aux derniers rayons de soleil.

Ils avaient frappé quelques balles dans la lumière magique du crépuscule. Le cricket avait marqué l'enfance de Lena et, par conséquent, celle de tous les Cotton. Kate n'avait plus tenu une batte depuis dix ans, mais elle n'avait rien perdu de son talent inné. De son côté, Emily avait réussi à être aussi gauche et aussi disgracieuse qu'autrefois, plongeant au sol avec de petits cris lorsqu'une balle courbe et vicieuse fusait dans sa direction. Quant à Noah, c'était un joueur de rugby, mais il avait cette faculté de passer d'un sport à l'autre sans la moindre difficulté. Bracken dansait autour d'eux en aboyant comme un chiot foufou. Pendant une bonne heure, plus rien d'autre n'avait compté, et rien n'aurait pu les déranger.

Tandis qu'ils jouaient, des bribes de souvenirs étaient remontées à la surface. La voix de Lena, consternée, qui déclarait : « Mais enfin ! Je ne peux pas croire que l'un de mes petits-enfants soit incapable de frapper dans une balle » ; Fergus, le compétiteur, qui criait à Ally de courir plus vite ; son propre rire d'autodérision face à sa maladresse flagrante avant de se réfugier derrière un livre de Judy Blume ; Dan qui jubilait en essayant d'éliminer Kate, même s'il y parvenait rarement.

Ensuite, Noah et Lena avaient pris le sentier en caillebotis pour rejoindre Garlieston. Kate et Emily, elles, avaient fait un petit détour par les rochers, vers les falaises de Cruggleton. C'est là qu'Emily avait enfin ouvert son cœur et s'était confiée sur son divorce.

— Je suppose que tu as envie de savoir ce qui s'est passé, déclara-t-elle au pied levé.

Elle faisait allusion à Joe, bien entendu.

— À condition que toi tu aies envie de m'en parler, répondit Kate en souriant devant cette attitude tellement « Emilyesque ».

Elles slalomaient entre les rochers et les algues ; le visage d'Emily était fermé, maussade.

— Je devrais commencer par la dernière fois qu'on s'est vues, dans ce bar à Morningside.

— Nous étions sur le point de signer le bail d'un appartement.

Diplôme universitaire en poche, Kate avait dégoté un petit boulot dans un bar et envoyait son CV dans toutes les boîtes de design et les maisons de haute couture tandis qu'Emily s'apprêtait à entamer sa première année en tant qu'enseignante.

— Je perdais un peu les pédales. Le groupe de Joe venait d'avoir un premier aperçu de ce qu'était le succès et j'avais peur de ce que l'avenir me réservait, *nous* réservait. Et surtout, j'étais terrifiée à l'idée de commencer à enseigner.

— Tu es partie en me laissant sur les bras un bail non signé et une bouteille de vin à moitié vide. Après ça, je ne t'ai plus jamais revue, compléta Kate sans la moindre trace de rancœur.

Emily acquiesça.

— Je n'aurais pas dû. Je ne sais pas comment t'expliquer. Tu sais comment ça allait entre lui et moi…

— C'était intense.

Elle hocha la tête.

— Il m'a demandé de partir avec lui. De l'épouser. Sans Joe, j'avais l'impression que je n'étais rien et…

— C'est faux ! s'insurgea Kate, incapable de contenir sa colère. Tu n'avais pas conscience de ta valeur, Em.

— Je sais. Et je l'ai laissé me définir, je me suis fiée à son jugement, reconnut-elle avec de la désolation dans la voix.

Six années d'introspection et d'analyses pour parvenir à cette conclusion que Kate avait toujours clamée : en dépit de tous les enseignements de Lena, Emily, dès son plus jeune âge, s'était construite à travers le regard des autres.

— Mais pourquoi le mariage, Emily ? Pour que ça aille mieux ? C'est idiot, comme raisonnement.

— Je sais, mais j'avais trop peur qu'en cas de refus il parte en tournée et…

— … trouve quelqu'un d'autre.

— Oui. En cas de rupture avec lui, j'étais persuadée que plus jamais je ne retrouverais quelqu'un et que je finirais seule pour le restant de mes jours.

— Tu t'es dit ça à vingt et un ans, alors que tu avais toute la vie devant toi ? Maintenant tu n'y crois plus, quand même, si ?

— À ton avis ? Je l'ai quitté, non ?

Kate haussa les sourcils. Elle capitula.

— Bon, d'accord. C'est encore un peu ce que je pense. Cela dit, je suis toujours seule. Tu ne peux pas comprendre. Pour toi, ça a toujours été facile. Tu attires les hommes comme des mouches, mais tu t'en fiches. Tu restes froide et indifférente, et ça les rend encore plus fous de toi. Pour moi, ce n'est pas pareil.

— L'assurance est un état d'esprit, Em. En plus, je n'ai pas du tout la même vision des choses que toi. Il n'y a eu personne dans ma vie pendant longtemps, à part Ben. Les garçons avec lesquels je suis sortie à l'université se comptent sur les doigts de la main, et aucun d'entre eux n'a jamais été à la hauteur de Luke…

Sa voix mourut dans le doux bruissement des vagues.

— C'est vrai, je suis désolée. J'ai toujours été jalouse de toi et ça ne m'a pas aidée.

— Vous vous êtes enfuis ensemble, et ensuite, que s'est-il passé ? demanda Kate, radoucie.

— Rien de très glamour, répondit-elle avec un sourire amer. Nous avons emménagé chez le cousin de Joe, à East Kilbride. Son appartement était un vrai trou à rats, mais on s'en fichait, à cette époque nous étions encore fous amoureux. Nous nous sommes mariés à l'hôtel de ville dans la foulée. Ça me paraissait si romantique, si irresponsable et… j'étais heureuse, je l'étais vraiment.

— Et ta famille ? Pourquoi as-tu refusé de nous inviter à ton mariage ?

— Aucun d'entre vous n'approuvait cette union et je ne supportais pas l'idée qu'on puisse gâcher…

Elle s'interrompit et fronça les sourcils. Il fallait qu'elle pèse ses mots : jusqu'où pouvait-elle aller dans la confession ?

Certaines parties de la vérité faisaient mal, des parties qu'elle avait enfouies profondément. Le simple fait d'y penser ravivait la douleur. Elle avait l'impression d'être un monstre chaque fois qu'elle voyait Abby. D'ailleurs, un nouvel éclair de rancœur la transperça.

— Pour moi, vous aviez tort et j'avais raison. Ma famille a été choquée en l'apprenant, bien sûr. Dan était furieux. Il m'a remonté les bretelles, m'a bien fait comprendre à quel point j'étais égoïste, et à quel point papa et maman étaient bouleversés.

Elle haussa les épaules.

— À ce moment-là, il était déjà trop tard, continua-t-elle. Je m'en fichais. Pendant longtemps, Ally a été le seul que je croisais de temps en temps. Lui n'était pas en colère contre moi, c'était comme s'il me comprenait mieux que les autres, peut-être parce que nous sommes jumeaux.

— Et tu étais heureuse ?

— Je l'étais. Bien sûr, Joe se consacrait déjà exclusivement à la musique, mais pendant un certain temps ça s'est bien passé. Je le suivais dans ses tournées. Des bars et des petits festivals, rien d'énorme, mais leur album allait sortir et on sentait que c'était bien parti. Ensuite… les petits désaccords ont commencé à voir le jour, des

« divergences artistiques », disait Joe. Je crois surtout qu'il voulait avoir le contrôle sur tout et que ça ne plaisait pas aux autres musiciens. L'album a fait un bide et leurs prestations s'en sont ressenties. Puis leur label les a lâchés. Joe était dévasté. Pendant un mois il a noyé son chagrin dans l'alcool, il ne dessoûlait pas. Je ne savais pas quoi faire pour le réconforter. Son rêve était en train de s'effondrer. On est retournés vivre chez son cousin pendant quelque temps. Il a fini par surmonter sa dépression et s'est repris en main, plus que jamais décidé à continuer. Malheureusement, il n'arrêtait pas de se disputer avec le reste du groupe. Ils ont essayé de continuer, de se lancer dans un nouvel album, meilleur que le précédent, mais leur relation a continué à se dégrader et, à Noël, ils se sont séparés. Nous sommes revenus à Édimbourg, mais j'étais toujours en brouille avec la famille. C'était mon choix, je n'aurais pas supporté leur petit air satisfait.

— Ils n'auraient pas…

— Peut-être, mais c'était l'impression que j'avais. Alors on a continué comme ça pendant quelques années. J'ai enchaîné les petits boulots, puis j'en ai eu marre. Nous avions besoin de stabilité. C'est là que je suis devenue prof, et j'ai vite découvert que je détestais ça. Les lycées sont remplis d'ados, vois-tu.

— On ne t'avait pas prévenue pendant tes cours ? demanda Kate en riant.

— Ma relation avec Joe s'est dégradée. Certains jours, c'est à peine s'il m'adressait la parole. Il n'avait aucun égard pour moi, il jouait de la musique et sortait toute la nuit sans se soucier de rien. Bien sûr, il m'a trompée. Plus d'une fois. Un jour, il a monté un nouveau groupe. Ils ont trouvé un label et la situation a commencé à s'améliorer. Et puis… et puis, il a rencontré Bronwyn.

— Bronwyn ?

Kate se tut aussitôt. Elle avait sûrement compris que l'on touchait au nœud du problème. Cela devait se voir dans son regard, s'entendre au trémolo dans sa voix.

— Juste une fille. En fait, non, elle a été bien plus que ça. C'est aussi à cause d'elle que j'ai dû arrêter d'enseigner.

Kate ne broncha pas. Alors elle continua, avec cette voix monocorde qui renfermait toute l'horreur et la haine de soi de cette époque.

— Bronwyn était l'une de mes élèves. Elle avait dix-sept ans et était fan du groupe de Joe. Quand elle a découvert que j'étais sa femme, elle est devenue complètement hystérique : elle trouvait ça trop cool. J'étais loin de me douter à quel point elle était folle de lui… et qu'il serait assez idiot pour…

Elle prit une profonde inspiration pour se préparer à la suite.

— C'est moi qui les ai présentés l'un à l'autre, après un concert. J'ignorais que Bronwyn serait là, tout comme j'ignorais qu'elle m'avait trouvée sur les réseaux sociaux et qu'elle avait commencé à me pister. Je n'avais pas la moindre idée de ce qui se tramait ; la célébrité de Joe était toute neuve. Il a commencé à sortir avec elle, Kate. Pire encore : il s'est mis à coucher avec elle ! De son côté, elle me pourrissait sur Internet. J'ai été obligée de quitter mon boulot. J'étais responsable d'un détournement de mineure…

— C'est Joe le coupable, pas toi ! protesta Kate, en proie à une colère noire.

Elle devait être en train de se dire qu'elle avait eu raison de le détester.

— Je sais, mais j'ai quand même dû démissionner. Je ne pouvais pas rester. Les gosses se moquaient de moi, les autres profs déblatéraient dans mon dos. Et puis, entre Joe et Bronwyn, c'était du sérieux. Pour lui, c'était plus qu'une groupie, il en était vraiment dingue.

— Il n'avait pas le droit. Il avait quoi… vingt-cinq ans ?

— Oui, mais tu connais Joe : il peut faire ce qu'il veut, il s'en sort toujours avec un sourire. Heureusement, elle avait atteint l'âge légal entre-temps, mais malgré ça… Pour moi, ça a été la fin de tout.

— Tu l'as quitté sur-le-champ, j'espère ? C'était ce qu'il fallait faire.

— N-non… J'aurais bien voulu. J'ai arrêté d'enseigner, mais quand Joe m'a juré que c'était terminé entre Bronwyn et lui, je l'ai cru. Je suis encore restée six mois, pourtant ils ont continué à se voir dans mon dos. Qu'est-ce qu'ils ont dû se foutre de moi !

— Oh, Emily.

Elle leva la main.

— Garde ta compassion pour plus tard, Kate. Il faut que j'aille au bout de mon histoire et si tu es trop gentille avec moi, je n'y arriverai jamais. Reprends ton air sévère et les « mais enfin, qu'est-ce qui t'a pris ? ».

— Mais enfin, qu'est-ce qui t'a pris ? répéta Kate, mais d'une voix chaleureuse et pleine d'empathie.

— J'ai dû me persuader que nos destins étaient liés, quoi qu'il arrive… C'est la seule explication que j'ai trouvée. J'étais condamnée à partager ma vie avec lui.

Kate sourit.

— Les amants maudits ? Emily, tu lis beaucoup trop de romans.

— Techniquement, ce serait plutôt une pièce de théâtre qu'un roman. Bref, ça paraît ridicule, mais je me sentais coincée.

— Si seulement tu m'avais appelée. J'aurais pu t'aider.

— Impossible. Je ne pouvais appeler personne. J'aurais dû admettre que j'avais fait une énorme erreur, et ça, jamais. En plus, tu étais en train de vivre le rêve américain.

— Mais personne ne voulait que tu souffres.

— Je sais, reconnut-elle à contrecœur.

— Alors, qu'est-ce qui t'a fait changer d'avis ?

— C'est arrivé à Noël, soupira-t-elle. Ma famille me manquait, mais je ne pouvais pas rentrer à la maison. Joe n'était sûrement pas le bienvenu chez mes parents et je n'avais pas envie d'y aller seule. Et puis, je ne voulais pas qu'ils me voient malheureuse. J'étais à bout. Je venais de trouver du boulot dans une bibliothèque, ce qui en soi aurait pu être génial si je n'avais pas été épuisée. Joe répétait tout le temps avec son groupe. Même pendant les fêtes, je le croisais à peine. J'étais si seule ! Je n'arrêtais pas de penser à tout ce que j'étais en train de rater à la maison. Tu te souviens : papa préparait la dinde dans la cuisine, on buvait du porto, on chantait en chœur sur une compile de chants de Noël ; maman suspendait toutes ses cartes de vœux à un fil, il y en avait des centaines ; Lena regardait la chorale de Noël du King's College à la télé ; mes frères me soudoyaient pour que j'emballe leurs cadeaux. Ils me manquaient tous.

— Tu as passé le jour de Noël toute seule ? demanda Kate, l'air horrifié, hantée sans doute par le souvenir de Noëls froids et passés en solitaire, à l'époque où toute cette atmosphère festive ne faisait que souligner ce qu'elle ratait.

Tout ça était loin désormais, flou, et des Noëls bien plus heureux avec les Cotton avaient effacé les autres.

— J'ai bien tenté de nous préparer un repas de fête, mais j'ai tout laissé brûler. Et j'étais certaine qu'il envoyait des textos à l'autre. Dans la soirée, ses musiciens ont débarqué, ils se sont tous installés pour boire des bières et fumer de l'herbe. C'est la goutte qui a fait déborder le vase. J'ai pris un taxi et je suis rentrée chez papa et maman. Ce qu'ils risquaient de penser n'avait plus aucune importance ; tout ce que je voulais, c'était rentrer chez moi. En arrivant, j'ai fondu en larmes et je me suis jetée dans les bras de Lena. Je n'ai pas pu garder tout ça pour moi, j'ai tout déballé d'une traite, tout : à quel point j'étais malheureuse, l'histoire de Joe et Bronwyn, mon expérience catastrophique dans l'enseignement, l'horrible appartement où nous vivions et mon besoin vital de rentrer à la maison.

D'une main pleine de compassion, Kate combla enfin le fossé qu'il y avait entre elles.

— Emily.

Elle grimaça.

— Je sais. Pathétique, hein ?

— Non, je regrette juste de ne pas avoir été là.

— C'est ma faute si tu n'étais pas là. C'est moi qui t'ai poussée à partir.

— Ça s'est terminé comme ça ? Tu n'es plus jamais retournée chez lui ?

— Non. Au début, retrouver ma liberté a été une telle résurrection que j'ai entamé tout de suite la procédure de divorce. Ironie du sort, cette année-là a marqué un tournant décisif dans la carrière de Joe. Le cirque médiatique s'est déchaîné autour du groupe. Ils étaient partout. Dès que je prenais un magazine ou que j'allumais la radio, il était là. Je suis contente pour lui, c'est sincère, mais je suis surtout soulagée de ne pas avoir été entraînée là-dedans.

Kate lui prit la main et elles escaladèrent les rochers en se soutenant l'une l'autre. La nuit tombait, douce et veloutée. Sa confession avait ravivé la complicité d'antan.

— On ferait mieux de rentrer. Entre vous, c'est vraiment terminé, n'est-ce pas ?

Emily releva la tête, inquiète.

— Tu veux la vérité ? Je n'en ai aucune idée.

— Au moins, vous n'avez pas eu d'enfants. Le divorce est une chose, mais avec des enfants, ça aurait été bien pire. Il serait resté dans ta vie, tu n'aurais pas eu le choix. Alors qu'ici, tu peux l'effacer à jamais et ne plus jamais le revoir.

* * *

Kate bâilla dans son lit. Ce bon bol d'air frais avec un peu d'exercice lui avait fait un bien fou. Elle contempla le ciel constellé d'étoiles ; elle avait laissé les rideaux ouverts. Toutes ces têtes d'épingle scintillantes disposées au hasard et formant pourtant un tableau d'une perfection sans égale. Son esprit dériva vers Luke. Luke, le jeune garçon. Luke, l'homme. D'un côté, elle comprenait l'amour obsessionnel d'Emily pour Joe. Elle aussi avait craqué pour Luke, à ceci près que lui était gentil et qu'il ne la maltraitait pas.

Enfin, jusqu'au jour où il l'avait jetée sans autre forme de procès ni la moindre explication.

Elle avait muselé ses sentiments pour lui pendant si longtemps qu'elle avait presque réussi à les occulter. À présent, ils revenaient sur le devant de la scène et revendiquaient leur droit d'exister. C'était comme fouiller un coffre au trésor enfoui depuis longtemps et en ressortir de merveilleux souvenirs et des rêves oubliés.

Ces vacances idylliques, tous ces moments parfaits lui rappelaient qu'elle n'avait jamais compris ce qui s'était passé, ce qu'elle avait fait de mal.

Le garçon qu'elle avait tant aimé avait cédé la place à un homme : un homme qui, à l'heure actuelle, aurait pu se trouver n'importe où sur cette terre et qui pourtant était ici.

Un homme qui avait une carrière devant lui et d'anciennes relations derrière lui ; peut-être était-il toujours en couple, d'ailleurs. Un homme dont le père était mort, qui avait son propre lot de souvenirs et de douleurs. Un homme que, au fond, elle ne connaissait pas.

Toutefois, elle ne pouvait nier l'état dans lequel la mettait sa simple présence, le plaisir qu'elle éprouvait en pensant à lui, là, à cet instant, allongée dans le lit de sa jeunesse. Le fait qu'ils aient atterri ici tous les deux par hasard ne lui paraissait plus aussi improbable, voire impossible. En fait, c'était même extraordinaire.

13

Le repas de famille s'annonçait fastueux. Kate était sur des charbons ardents. Emily et elle géraient tous les préparatifs sous l'œil attentif de Lena. Melanie n'avait pas pu prendre de congés ce week-end, mais Jonathon serait des leurs et Ally sauterait dans un avion dès sa sortie du tribunal, le vendredi soir. Jonathon ferait un crochet par l'aéroport pour récupérer son fils et ils arriveraient ensemble à Bluebell Bank ; c'était la première fois qu'Ally et Jonathon remettaient les pieds à Solway depuis plusieurs mois.

— Tiens, vous ne parlez pas souvent d'Ally, releva Kate tandis qu'elles préparaient le lit des invités avec les draps parfumés à la lavande de Lena.

Emily haussa les épaules.

— Ally reste Ally. Tu le connais, il n'est pas très bavard. Il est très occupé, mais il va bien.

— Oui, mais…

Cette réponse la laissait sur sa faim. Ally et Emily étaient jumeaux, Emily aurait dû montrer un peu plus d'intérêt pour lui. Des frères Cotton, Alistair avait toujours été le plus discret, celui qui restait toujours un peu à l'écart, ne participait jamais tout à fait à leurs escapades. Dan et Fergus étaient beaucoup plus turbulents et s'entendaient comme larrons en foire malgré leurs fréquentes et violentes disputes. Emily avait Kate et ne courait pas après la compagnie de son jumeau.

— Écoute, on a tous eu notre lot d'emmerdes et on était très occupés. Si ça se trouve, il mène une vie de dingue à Londres, mais je crois surtout qu'il travaille beaucoup. Tu connais sa détermination.

— Il faudra que je vérifie demain par moi-même, dans ce cas.

Fergus serait absent de leur réunion de famille, mais elles l'avaient vu plus d'une fois sur Skype depuis son arrivée. Il était resté fidèle à lui-même : un peu plus bronzé, un peu plus détendu, il avait attrapé un drôle d'accent australien, mais c'était toujours Ferg.

Lena s'était émerveillée des miracles de la technologie moderne qui lui permettaient de voir son petit-fils en vadrouille à l'autre bout du monde depuis son fauteuil à Bluebell Bank, avec l'ordinateur d'Emily sur les genoux. Hélas, la fois suivante, elle n'avait plus reconnu ce jeune homme à l'écran et ça l'avait perturbée pendant plusieurs heures.

Le vendredi soir, Kate mit la belle nappe en dentelle sur la table et sortit la belle vaisselle de Lena : verres à pied en céramique et vieux service en porcelaine de son mariage qu'elle préservait depuis soixante ans. Elle plia les serviettes qu'elle fixa avec un ruban et disposa les carafes ainsi que les sets de table représentant des paysages marins de Solway. Elle épousseta aussi le manteau de cheminée négligé depuis un bon bout de temps.

— Ça va être ta fête, déclara Emily en l'observant.

— Et celle de Lena aussi.

Du moins si elle avait été capable de retenir pendant plus de quelques minutes la raison de toute cette effervescence et le nom des invités qui allaient arriver. Emily craignait que ces retrouvailles soient trop pour Lena, qu'elle se sente dépassée.

Comme convenu, Jonathon avait cueilli Ally à l'aéroport de Glasgow et leur arrivée à Bluebell Bank était estimée peu avant vingt-deux heures. Les occupantes les attendaient dans le salon. Lena sirotait un whisky en regardant le soleil disparaître derrière les arbres, les dernières flammes orangées et or léchant l'horizon. Pelotonnée dans le fauteuil à bascule, Emily était concentrée sur son écran d'ordinateur, les sourcils froncés. Quant à Kate, elle avait disposé toutes sortes d'échantillons de tissus sur le sol et feuilletait son carnet à croquis. De temps à autre, elle soumettait une idée à Emily, mais à part ces sollicitations, elles travaillaient en silence, absorbées par leur partie du projet.

Lena alla ouvrir à Jonathon et à Ally et regagna le salon avec eux en s'essuyant les yeux avec un morceau de papier absorbant. C'était la première fois que Kate la voyait pleurer et sa gorge se serra. Ils avaient tous été si inquiets qu'elles ne les reconnaissent pas, que ces retrouvailles soient trop perturbantes pour elle ou décevantes. Emily avait demandé à tout le monde de se préparer au pire.

Depuis des jours, elle parlait d'eux à Lena ; elle détachait des photos du mur et introduisait Ally et leur père dans les conversations du dîner. Cette stratégie avait payé, et Kate en était ravie. Jonathon n'avait pas rendu visite à sa mère depuis longtemps et ça aurait été un choc pour lui si son état s'était trop aggravé.

Jusque-là, Kate avait été persuadée que le membre de la famille qui avait le plus changé était Noah, mais elle comprit qu'elle s'était trompée en découvrant Ally. Celui-ci incarnait désormais l'avocat des grandes métropoles et sa réussite s'affichait jusqu'au bout des ongles :

costume-cravate, chaussures cirées avec soin et cheveux blonds dont la coupe stylée avait dû coûter plus cher que celle de Kate. Il lui décocha son bon vieux sourire et la serra chaleureusement dans ses bras.

— Salut, inconnue, fit-il.

Kate savoura leurs retrouvailles. Ce fut comme s'ils s'étaient quittés la veille. Avec Ally, c'était toujours facile ; il était si sûr de lui.

— Quand Emily m'a prévenu par e-mail que tu étais rentrée au pays, j'ai sauté de joie. Que penses-tu de son idée d'ouvrir une librairie ?

Kate jeta un coup d'œil à Emily avec un sourire confiant.

— Ça va être génial ! La prochaine fois que tu viendras, ce sera pour notre grand gala d'ouverture. Si tu réussis à te libérer, bien sûr. On pense faire ça début août.

— Et tu comptes rester après ?

Kate hésita.

— Pour l'ouverture, bien sûr. Ensuite, je ne sais pas ce qui se passera.

Lena dégaina sa bouteille de whisky et remplit quatre verres. Jonathon porta un toast.

— À la famille !

Ils reprirent ces mots tous en chœur et trinquèrent bruyamment avant de boire.

Depuis son panier près de la cheminée, Bracken remuait la queue. Kate et Emily reniflèrent le breuvage en fronçant le nez et échangèrent un sourire par-dessus leur verre, comme des gamines volant une gorgée d'alcool dans le verre des adultes – chose que Kate n'avait jamais faite. Elle avait attendu ses dix-huit ans avant de se laisser persuader de goûter du vin, et elle n'avait jamais été à l'aise avec la culture alcoolisée qui dominait la vie estudiantine. Elle connaissait trop bien le côté sombre de la boisson et ses conséquences destructrices.

Jonathon ôta ses lunettes et les frotta avec un pan de sa chemise.

— Comment vas-tu, Kate ? Et comment va ta mère ? demanda-t-il en sirotant son whisky, confortablement installé sur le canapé.

Il avait accumulé quelques pattes-d'oie et ses cheveux étaient à présent tout à fait gris, mais il affichait toujours cet air éternellement surpris, même s'il était un peu plus fripé que dans le souvenir de Kate. Il était ce qu'elle avait connu de plus proche d'une figure paternelle – Lily avait toujours refusé de lui donner le moindre détail sur son père et n'avait jamais dérogé à cette règle. Il était une présence calme et bienveillante, l'exact opposé de sa pile électrique d'épouse.

— Très bien, merci, répondit-elle poliment.

Elle avait insufflé le plus d'aplomb possible à sa réponse pour le décourager de poursuivre sur ce terrain-là.

Sa mère faisait partie des sujets tabous. La veille, elle avait encore reçu l'un de ses messages joyeux. Lily ne semblait jamais se formaliser de l'absence de réaction de sa fille ; peut-être attendait-elle son heure, persuadée qu'elle finirait par céder. Cela arriverait-il un jour ? Rien n'était moins sûr. Laisser sa mère entrer à nouveau dans sa vie était trop effrayant. Que se passerait-il une fois les vannes ouvertes ? Où placer la limite et, lorsqu'elle aurait recommencé à lui parler, serait-elle capable d'arrêter si nécessaire ? Elle réprimait sa colère depuis longtemps, mais celle-ci était toujours bien présente.

Elle avait si peur de s'ouvrir et d'être déçue, une fois de plus.

Elle ne le tolérerait plus.

Pour détourner l'attention de sa réponse un peu abrupte, elle se lança dans la description détaillée de New York, décrivit son travail, son appartement, ses amis, mais sans gratter plus loin que la surface de sa vie et mentionnant à peine Ben.

Soudain, Lena se leva.

— Je vais préparer un petit en-cas. Vous devez mourir de faim.

— Ne te dérange pas pour moi, maman, répondit Jonathon.

— Allons, ne dis pas de bêtises. Ça ne me dérange pas du tout. Je reviens tout de suite.

Il regarda sa mère s'éloigner en fronçant les sourcils, puis se tourna vers sa fille.

— Comment va-t-elle ?

— Je ne parle jamais d'elle dans son dos, ce n'est ni une enfant ni une handicapée, rétorqua Emily d'un ton sec. Mais elle va bien, papa. Ce sont encore les premiers stades de la maladie. Parfois on remarque à peine la différence. Elle a du mal avec le nom des gens, il lui arrive de ne plus les reconnaître. Elle rédige des listes interminables par peur d'oublier et je lui note tout sur des aide-mémoire.

Lena griffonnait ses listes sur des bouts de papier déchirés, au dos des tickets de caisse, sur de vieilles enveloppes, sans suivre aucun ordre particulier. La cuisine croulait sous les petits mots et les pense-bêtes, collés à la gomme sur les portes de placard ou épinglés sur le tableau en liège. Jonathon et Ally n'avaient pas encore vu de leurs propres yeux les changements qui avaient dû être opérés à Bluebell Bank ces derniers temps. Emily comprenait le fonctionnement de Lena mieux que quiconque.

Jonathon hocha la tête. Quel effet cela faisait-il de confier sa mère aux soins de sa propre fille ? Lena et

Emily avaient besoin l'une de l'autre, elles possédaient chacune quelque chose de nécessaire pour l'autre.

— Et Noah ? Comment va-t-il ?

Emily implora Kate du regard. Lorsqu'il avait appris que l'arrivée de son père était imminente, Noah avait pris la poudre d'escampette en dépit des supplications de sa sœur.

— Il va bien, monsieur Cotton. Il nous aide beaucoup dans la librairie, répondit Kate.

Jonathon sourit.

— Allons, il y a longtemps que nous avons dépassé le stade du « monsieur », Kate. Appelle-moi Jonathon, s'il te plaît. Je suppose que je dois te remercier de veiller ainsi sur deux de mes enfants.

— Papaaaaa, protesta Emily en levant les yeux au ciel comme Noah savait si bien le faire. Je suis une grande fille et Noah aussi… enfin, un grand garçon dans son cas, bien sûr.

— Grands ou pas, ta mère et moi avons toujours le droit de nous faire du souci pour vous. C'est même non négociable.

Emily se tut et réfléchit à tout le tracas qu'elle avait déjà causé à ses parents : elle s'était enfuie pour se marier en secret et avait disparu pendant des années avant d'atterrir sur le pas de leur porte dans un état lamentable. Et voilà à présent qu'elle était embourbée dans une dépression qui refusait de la lâcher.

— J'espère que Noah profite de son séjour ici pour se remettre en question, et qu'il assume ses responsabilités, poursuivit Jonathon. Ce n'est plus un enfant.

— Papa, s'il te plaît, fais-moi plaisir : ne lui fais pas la morale quand tu le verras demain.

Bizarre, Emily se sentait tout à coup investie d'un élan protecteur pour son frère. Elle s'était rangée à l'avis de

Kate : Noah avait besoin qu'on le laisse un peu tranquille pour guérir.

Jonathon soupira avec impatience.

— Pour qui me prends-tu, Emily ? lança-t-il d'un ton donneur de leçon – pourtant, les sermons, c'était plutôt le genre de leur mère. Noah est mon fils de dix-sept ans et je me réserve le droit de me renseigner sur ses projets.

— En tout cas, je ne sais pas vous, mais moi, je ne suis là que pour une visite éclair, intervint Ally avant que ça ne dégénère. Et je n'avais plus vu Kate ici depuis… quoi, six ans ? Alors *je* me réserve le droit de vous demander de la boucler si vous commencez à vous disputer. C'est un repas de famille, le premier depuis des lustres, alors, par pitié, soyez sympas.

Lena suscita quelques rires gênés lorsqu'elle réapparut dans le salon armée de sa boîte de couture et d'un pantalon dont elle devait recoudre le bouton depuis des semaines. Personne ne fit allusion à l'en-cas qu'elle avait promis et oublié, mais la lueur d'inquiétude dans le regard de Jonathon ne trompa personne.

Dans le fauteuil à bascule, Emily ramena ses jambes sous elle et laissa la conversation se poursuivre autour d'elle, se délectant du bourdonnement réconfortant des voix. Elle se sentait réchauffée de l'intérieur, et le whisky n'avait rien à voir là-dedans. Pour la première fois depuis longtemps, elle était détendue, heureuse, libérée du carcan de la peur et du désespoir, libérée aussi de ses crises d'angoisse.

Les ténèbres étaient en train de reculer, et elle prenait seulement conscience de l'horreur qu'elle avait vécue.

Bien sûr, elle avait éprouvé de grandes tristesses auparavant – l'été où Kate avait rencontré Luke, par exemple, lorsque malgré tous ses efforts elle n'avait pu s'empêcher d'être jalouse de la place qu'il avait prise dans le cœur de sa meilleure amie.

Oui, le désespoir avait jalonné l'adolescence d'Emily.

À l'époque, elle avait eu l'impression de perdre Kate. Son insatisfaction semblait proportionnelle au bonheur de son amie. Mal dans sa peau, elle n'avait de toute façon jamais été douée pour les relations humaines. Son flirt avec Cam s'était vite essoufflé, et passé leur premier baiser baveux dans les vapeurs d'alcool, ça n'avait débouché sur rien de concret.

Cet été-là, elle avait dû se résoudre à trouver l'amour dans les livres tandis que Kate le vivait. Elle n'avait croisé de passion aussi dévorante que celle de Kate pour Luke que dans les romans. Leur relation allait bien au-delà des banales amourettes adolescentes qui peuplaient la rubrique courrier du cœur des magazines.

À en croire Kate, Luke s'apparentait aux héros romantiques de ses précieux livres.

Prendre conscience de sa jalousie ne l'avait pas aidée à la gérer. Elle se trouvait répugnante et s'était même haïe pour ça. Cam était loin d'être le prince charmant de ses rêves – il était même ennuyeux à mourir – mais lorsque leur relation s'était terminée, elle n'avait pu s'empêcher de se demander ce qui n'allait pas chez elle.

Cet été-là, une transformation inquiétante s'était opérée chez elle : une tendance au repli sur soi qui ne l'avait jamais tout à fait quittée depuis. Pour la première fois, elle s'était regardée dans le miroir et n'avait pas aimé son reflet. Elle était déçue de ce corps de femme en train d'éclore. Et puis, elle n'était jamais dans son assiette. Kate, en revanche, rayonnait : elle devenait magnifique, sublime, séduisante.

Cet été-là, Emily, de plus en plus distante, s'était murée dans son univers de fictions, elle avait dressé une barrière de mots entre la vraie vie et elle. Conséquence inévitable, Luke et Kate s'étaient rapprochés encore davantage et elle avait continué à s'isoler. Il y avait également eu d'autres conséquences, auxquelles elle préférait ne pas penser, mais qu'elle allait pourtant devoir assumer, maintenant que Luke était revenu sous les projecteurs. Quel malaise, lorsqu'il avait débarqué à la librairie !

Elle croisa le regard de Kate de l'autre côté de la pièce. Celle-ci leva son verre de whisky pour porter un toast silencieux avec un sourire fantomatique. *Tout va bien*, disait ce sourire. *On progresse.*

C'était bien le cas. Hormis l'épine Luke qu'elle avait dans le pied, elle n'avait plus eu de crise d'angoisse depuis l'épisode du magasin de bricolage. Elle n'avait plus appelé Joe non plus : un fameux pas en avant. Oui, décidément, elle faisait de gros progrès.

14

Son verre de vin au creux des mains, Kate observait la réunion bruyante des Cotton attablés dans la salle à manger. Un véritable cocon de chaleur et de bien-être. *Voilà pourquoi je suis revenue.* C'était ça, la famille. Et c'était tout ce qui lui avait manqué. Le sang qui coulait dans ses veines n'était pas le même que celui de ces gens, mais pour elle, ça ne faisait pas de différence.

Quelques rayons de soleil tardifs dansaient sur la table, mordorant leur visage et faisant flamboyer les reflets cuivrés des cheveux d'Abby. Ils réchauffaient aussi le sourire de Lena, incendiaient le contenu vermeil des carafes de vin et zébraient le mur. Le repas était terminé, mais ils s'attardaient, profitant d'une compagnie bienfaitrice.

En bout de table, Lena présidait l'assistance et partait régulièrement dans des fous rires débridés, rejetant la tête en arrière en frappant la nappe du plat de la main. Jonathon évoquait le bon vieux temps et provoquait l'hilarité générale.

Lena avait réservé le meilleur d'elle-même pour les moments qui comptaient. Si c'était tout ce qui leur restait, s'ils vivaient ce soir le dernier dîner où elle était réellement *là*, alors ça valait la peine. Grisée et nostalgique,

Kate se montrait très démonstrative, même si elle s'efforçait de ne pas regarder Dan.

Assise à la droite de sa grand-mère, Emily aussi étudiait sa famille : Dan et Ally, éméchés, joyeux, qui régalaient la tablée de leurs blagues ; Lena qui tenait salon ; Abby, rayonnante et énorme ; son père qui était d'accord avec tout le monde, même avec Noah ; et Kate, dont la présence se suffisait à elle-même.

Il fut un temps où Lena était la seule personne au monde à la comprendre, mais elle était en train de renforcer ses liens avec les autres. Tout à coup, elle fut envahie d'une bouffée d'affection pour son aïeule, et du besoin urgent d'ajouter une anecdote dans ses Mémoires. Ce désir d'écrire, de préserver le passé la démangeait. La fuite du temps était un véritable supplice, la sensation d'avoir le sable qui se dérobe sous ses pieds… Chaque instant qui lui restait à passer avec Lena était précieux. Ce temps-là n'avait pas de prix.

Elle attrapa son verre de vin et sourit en croisant le regard de Kate. Pas ce soir. Ce n'était pas le moment de se soucier de l'avenir ou de regretter le passé. Non, ce soir, elle devait se détendre, se laisser envelopper par la quiétude et l'amour des siens, s'amuser et remettre tout le reste à plus tard.

Lorsqu'il était ivre, Dan avait un penchant pour les mauvaises blagues et tendance à exploser d'un rire gras à chacune de ses propres interventions. Ce soir, Ally et lui étaient particulièrement bavards et plus le niveau des carafes de vin baissait, plus ils jacassaient fort et avec insouciance. Abby regardait son mari faire l'idiot avec son frère en lui tapotant le genou avec indulgence. Fergus manquait beaucoup à Dan et le voir développer de telles affinités avec Alistair était réjouissant.

Kate ne put s'empêcher de remarquer que Noah restait en retrait. Assis à côté d'elle, il avait gardé le silence pendant la majeure partie du repas et jetait de temps en temps un coup d'œil à son père et à ses frères. Une fois les assiettes débarrassées et les carafes presque vides, Abby et Lena allèrent préparer le thé dans la cuisine. Ally attrapa la dernière carafe et la présenta devant le verre de Kate avec un regard interrogateur. Elle secoua la tête et il passa à Emily qui partagea les dernières gouttes avec lui.

— Alors, Kate, Em nous a raconté que tu vendais des petites culottes, c'est ça ?

Dan et lui ricanèrent comme des collégiens tandis que Kate levait les yeux au ciel.

— Je préfère parler de « lingerie », répliqua-t-elle, faussement indignée. Et c'est pour un créateur, des trucs plutôt chics, mais oui, j'imagine qu'on peut dire que je vends des sous-vêtements.

— Je croyais que tu avais fait des études de stylisme, renchérit Ally.

Kate soupira. Elle avait compris où il voulait en venir.

— C'est vrai.

— Alors comment t'es-tu retrouvée… ?

— C'est difficile de percer dans la mode, expliqua-t-elle, sur la défensive. J'ai atterri dans la publicité presque par accident et j'aime ça. Vraiment. Après, tu as raison, on ne peut pas dire que j'exploite beaucoup ma créativité. Je suis peut-être prête pour un changement, conclut-elle en haussant les épaules.

— D'où la librairie ? demanda Dan, dubitatif.

— J'ai prévu de réaliser de très jolies housses de coussin pour la librairie et je compte bien promouvoir cet endroit jusqu'à mon dernier souffle, répondit-elle d'un ton digne. Et puis, à l'avenir, je monterai peut-être ma propre boîte, qui sait. Je n'ai pas fait une croix sur le stylisme. Et j'en ai marre de vendre les petites culottes des autres.

Toute la tablée éclata de rire. Pourtant, Kate ne trouvait pas ça si drôle : elle avait tant de décisions à prendre. Elle ne pourrait pas les reporter indéfiniment. Un vent d'anxiété souffla dans son esprit : si elle ne faisait pas ces choix maintenant, quand les ferait-elle ?

Jonathon se pencha sur la table, l'air très sérieux derrière les verres épais de ses lunettes.

— C'est pareil pour Emily, déclara-t-il, la langue déliée par quelques verres. Elle a toujours été très douée pour l'écriture. Je m'attendais à ce qu'elle écrive des romans, au lieu d'enseigner ceux des autres.

Emily eut l'élégance de sourire.

— Devenir prof a été une grossière erreur, reconnut-elle avec une pointe d'autodérision. Qu'est-ce qui m'a fait croire que j'aurais la patience de gérer des ados récalcitrants pas du tout concernés par la littérature à longueur de journée ?

Tout le monde rit, sauf Kate, qui connaissait toute l'histoire.

— Et maintenant, tu vas vendre les bouquins des autres, releva Ally. Tu crois qu'on verra un jour du Emily Cotton sur nos étagères ?

Elle haussa les épaules.

— Mais tu écris pour l'instant ? l'interrogea Kate.

Depuis son retour, elle n'avait pas entendu Emily y faire allusion une seule fois. Pourtant, elle s'était essayée à l'écriture par le passé.

Il y avait bien les Mémoires qu'elle rédigeait à partir des mots de Lena. Emily haussa de nouveau les épaules.

— Un peu. Parfois. Pour l'instant, je me concentre surtout sur la librairie, répondit-elle avec un air de bravade, comme si elle défiait quiconque de la contredire.

Personne n'osa.

— Au fait, j'ai une idée pour le nom. La Grange aux mots. Qu'en pensez-vous ?

Un murmure d'approbation accueillit sa proposition qui fut adoptée à l'unanimité. Bien sûr, l'avis des juges imbibés de merlot n'était pas le plus éclairé.

Dan but la dernière gorgée de son verre.

— Qui est partant pour aller se jeter un demi après le dîner ? Noah pourra nous servir de chauffeur.

Il voulut donner une grande claque dans le dos de son frère, mais ce dernier l'esquiva. Ils n'avaient pas encore résolu leur différend sur l'emploi de Noah à la ferme. D'ailleurs, Noah avait peut-être gardé le silence pendant tout le repas parce qu'il craignait que Dan en touche un mot à leur père avant lui.

— Oh oui, ce serait chouette ! se réjouit Emily. Même si c'est juste le pub du coin, je ne suis plus sortie depuis une éternité. Par contre, Kate doit être habituée à une vie nocturne beaucoup plus glamour.

— Peut-être, mais comme je ne suis pas venue ici pour jouer les noctambules, c'est parfait. Le pub est une super idée. Tu es sûr que ça ne te dérange pas de conduire, Noah ?

— Pas de problème. Je ne peux de toute façon pas boire, je dois me lever tôt demain. On a du pain sur la planche à la librairie.

Il prenait son nouveau boulot – non rémunéré – très à cœur. Là, Jonathon aurait pu intervenir et demander à son fils pourquoi diable il s'occupait de la librairie au lieu de traire les vaches de Dan. Sans l'effet du vin, il l'aurait peut-être fait, mais il était d'humeur festive et ne saisit pas la perche.

Pas assez festive, toutefois, pour laisser passer l'allusion à la consommation d'alcool de son plus jeune fils qui semblait n'émouvoir personne.

— Hem, dois-je te rappeler que si tu ne bois pas, ce n'est pas parce que tu te lèves tôt demain, mais bien parce que tu n'as que dix-sept ans ?

Il se tourna vers son aîné.

— Daniel, j'ose espérer que tu ne l'incites pas à consommer de l'alcool ?

— Parce que tu crois que j'ai voix au chapitre, rétorqua Dan en se laissant aller contre le dossier de sa chaise.

Noah le fusilla du regard et ils se toisèrent tous les deux en silence pendant quelques instants.

Kate s'apprêtait à prendre la défense du cadet des Cotton lorsque, à sa grande surprise, Emily la devança.

— On se détend, intervint-elle en posant une main sur le bras de Noah. Il a dix-sept ans, pas sept, quelques bières ne vont pas le tuer.

Noah la dévisagea bouche bée, mais avant que quelqu'un d'autre n'ait pu se prononcer sur la question, Lena et Abby entrèrent avec le thé.

Kate recula sur le banc pour faire de la place à Dan qui revenait avec deux bières. De leur joyeuse bande de fêtards, il ne restait plus qu'eux dans cette partie de la salle ; Noah avait retrouvé des amis au bar, Ally était sorti fumer et Emily mettait la pâtée à un pauvre adversaire innocent au billard. De plus en plus de curieux se pressaient autour d'eux, impressionnés, tandis qu'Emily envoyait les boules au fond des poches les unes après les autres, preuve qu'elle avait gâché sa jeunesse – elle s'était braquée sur l'aspect « nulle en sport » alors qu'elle avait toujours eu un don pour le billard. Discipline qui avait d'ailleurs fait d'elle une légende au bar du comité des étudiants, plus tard, à l'université.

Dan se cogna la jambe en s'asseyant et renversa de la bière sur l'un des sous-verre en carton.

— Désolé.

Il fit glisser un verre vers Kate, aspira la mousse de l'autre et s'essuya les lèvres. Il était ivre, mais pas complètement saoul. Il avait le regard un peu vitreux, une élocution plus lente, et était maladroit, mais il dégageait aussi une tension nerveuse mettant Kate mal à l'aise, qui conférait trop d'importance à ce moment.

— Merci. Dis donc, il y en a une qui s'éclate, dit-elle en désignant la table de billard.

Emily expédia un boulet de canon dans une poche et frappa dans la main de plusieurs admirateurs récents, avec un large sourire et les yeux pétillants de malice. La porte s'ouvrit et Ally rentra ; il avait retroussé les manches de sa chemise et s'était débarrassé de sa veste de costume, mais il avait toujours l'air d'un Londonien tiré à quatre épingles.

Dan suivit le regard de Kate.

— Ally ne vient pas assez souvent nous voir. Pourtant il a un effet bénéfique sur Emily. Et toi aussi. C'est pour ça que je suis si content que tu sois rentrée à la maison.

Kate sourit.

— Il y a longtemps que je n'avais plus considéré Bluebell Bank comme ma maison ; je ne m'étais pas rendu compte à quel point ça me manquait. Ça fait un bien fou d'être si bien accueillie.

— C'était si nul que ça New York ?

Kate secoua la tête, cherchant les mots justes.

— Oh non ! Ce n'était pas nul du tout, mais très différent.

— Et tu as plié bagage comme ça, juste parce qu'Emily te le demandait ? J'ai du mal à comprendre.

Ils étaient coincés l'un contre l'autre d'un côté du banc. Le pub était très animé, empli d'un brouhaha accentué par l'alcool et ponctué d'éclats de rire sonores qui obligeaient Dan à se pencher très près d'elle. Le poids de sa jambe contre la sienne, leurs bras qui se frôlaient, son souffle dans son cou… Kate remua, essaya de s'écarter un peu, mais il n'y avait pas de place. Nous étions samedi et l'endroit était pris d'assaut – à l'échelle de Wigtown, du moins.

C'était l'un de ces moments exaltants où chaque chose, chaque protagoniste, était à sa place, indispensable, et où le futur semblait dépendre de chacun des mots prononcés ; Dan envahissait tous ses sens, et tout, chez lui, paraissait si familier. Soudain, elle eut de nouveau quinze ans. Elle vivait son tout premier émoi amoureux et ce garçon était tout son monde. Il fut une époque où Dan avait occupé toutes ses pensées, du saut du lit au coucher. Avant Luke, il avait été le premier grand amour de sa vie. Et il ne l'avait jamais su.

Plus tard, elle avait été cette petite écervelée de dix-sept ans ; celle qui avait cru sa toquade pour Dan terminée, jusqu'à ce fameux soir. Elle s'était toujours interdit d'y repenser, mais ici, avec Dan qui obstruait sa vue et son esprit, difficile d'y échapper.

Un soir d'avril, ils s'étaient retrouvés seuls dans la maison des Cotton, à la lueur des bougies, alors qu'une tempête faisait rage dehors. La flamme s'était soudain ravivée ; ils avaient débouché l'une des meilleures bouteilles de pinot noir de Jonathon, celles qu'il mettait de côté pour les jours pluvieux ou les occasions spéciales – les deux conditions étaient réunies.

Kate venait d'avoir le cœur brisé, elle recherchait quelque chose. Dan l'avait attendue pendant trop longtemps. Il y avait un plaid sur le canapé. Au début, ils étaient restés assis côte à côte, timides, feignant de croire encore à leur simulacre de soirée amicale. Le vin aidant, ils s'étaient peu à peu détendus.

Kate rentrait à peine de ses vacances de Pâques ; elle était allée rendre visite à des amis, à Oxford. Le reste des Cotton se trouvait à Bluebell Bank, comme d'habitude.

Dans la pénombre, leur conversation était devenue de plus en plus décousue, puis leurs membres et leurs mots s'étaient mêlés et ils s'étaient retrouvés enlacés, les lèvres soudées. Cette première étreinte était montée crescendo au fil de la soirée et ils avaient basculé dans l'inconnu, dans un pays imaginaire duquel ils avaient été incapables de sortir.

Les souvenirs affluaient : la peau chaude de Dan contre la sienne, sa bouche murmurant son nom, la couvrant de frissons, son poids sur elle, les coussins du canapé jetés à terre tandis qu'ils se débarrassaient de leurs vêtements, mais aussi de leurs dernières inhibitions et de leur bon sens. Faire l'amour avec Dan avait eu un goût d'interdit. Un moment intense, à couper le souffle. Ça avait aussi été sa première fois. Avec Luke, ils avaient attendu – mais quoi ? Elle ne s'en souvenait plus.

Encore sous le choc de sa récente rupture avec Luke, elle avait presque aussitôt été assaillie d'un malaise. Cette histoire entre Dan et elle arrivait trop tard. Hélas, Dan était déjà complètement épris d'elle.

Elle l'avait repoussé. Elle souffrait et était bien trop perdue pour comprendre ce qu'elle faisait. Juste après cet épisode, Dan avait déménagé à Solway pour reprendre la ferme avec Fergus. Ensuite, elle était partie à l'université. Ils avaient essayé d'oublier, mais leur aventure avait continué de façon épisodique. Ils avaient eu très peu d'occasions de se revoir, uniquement pendant les congés, mais à chaque fois ils étaient retombés dans le même schéma, poussé l'un vers l'autre par une attraction inexorable, sexuelle, par un leurre. Plus rien de comparable à la première fois, mais ce soir-là était trop enraciné en eux et ils n'avaient jamais pu se résoudre à une relation platonique.

Alors, oui, il était difficile de faire abstraction de ce que ça avait représenté – et représentait peut-être encore – pour lui. Elle aussi avait eu des sentiments à son égard. Seulement, elle n'avait pas réussi à en faire quoi que ce soit, trop anéantie par le chagrin d'amour causé par Luke.

Elle leva la tête vers Dan et il lui rendit son regard avec cette intensité et cet air entêté qui l'avaient toujours séduite. Son ventre se noua, elle fut prise de vertiges. Pourtant, elle était loin d'avoir ingurgité la même quantité d'alcool que lui.

— J'avais une dette envers elle, répondit-elle enfin. C'était l'occasion de l'honorer.

À vrai dire, elle avait une dette envers toute la famille Cotton.

— Plutôt extrême, comme remboursement. Qu'as-tu bien pu lui faire ? Tuer son chat ?

Kate ne sourit pas.

— Tu ne pouvais pas te contenter de lui envoyer une carte ou un bouquet de fleurs ? insista-t-il.

— C'est le genre de dette dont on doit s'acquitter en personne. Et j'avais déjà bien trop traîné. Emily déteste les chats, tu le sais très bien.

Le sourire de Dan s'évanouit.

— Tu as l'air si sérieuse.

— Mais je le suis.

Elle m'a sauvée. Vous m'avez tous sauvée. Vous m'avez montré un autre chemin.

Elle frissonna. Elle appréhendait toujours d'évoquer ces tournants décisifs, ces coups de chance. Tous ces petits instants où le destin était intervenu pour l'emmener dans une autre direction. Que serait-elle devenue sans l'appui solide des Cotton, sans leur sollicitude ? Elle préférait ne pas y penser.

Dan semblait gêné par le discours qu'elle tenait.

— Em est loin d'être parfaite, je suis sûr que vous êtes quittes, argua-t-il.

Il ne comprenait pas.

Il se tenait si près d'elle, avec son sourire désinvolte, ses yeux sombres dans lesquels elle aurait pu se perdre, ses épaules larges et ses bras puissants. Des bras qui autrefois l'avaient enveloppée par amitié, pour la protéger, mais aussi par passion.

C'était dangereux.

— Je suis bien contente que tout se passe bien pour toi.

Elle tentait de leur rappeler à tous les deux qu'il ne lui appartenait pas et qu'entre eux c'était impossible.

Elle posa la main sur son bras. Grave erreur. Il tressaillit et prit une profonde inspiration.

— Tout ce que j'espérais, c'est que tu sois heureux, ajouta-t-elle en s'empressant d'ôter sa main.

Dan haussa un sourcil.

— Alors, c'est fini, tu n'en pinces plus pour moi ? la taquina-t-il avec son sourire de gamin.

Kate rougit.

— Je ne vois pas de quoi tu parles.

— C'est ça.

Sa voix était douce et intimiste. Cette fois, ce fut sa main qui vint chercher la sienne, et elle se laissa faire.

— Que veux-tu dire par « j'espérais que tu sois heureux » ?

Des sentiments qu'elle n'avait pas le droit de ressentir l'assaillaient.

— Que j'espérais que tu sois heureux, c'est tout. Ou : que tu ne sois pas malheureux, si tu préfères. Bref, que ta vie soit belle. Et je suis contente d'avoir découvert que c'est bien le cas.

Pour elle, on était soit « heureux », soit « malheureux ». C'était clair : l'un ou l'autre, noir ou blanc, jamais gris. Il n'y avait qu'un puits sans fond de désespoir ou le grand bonheur. Dan ne partageait pas cette vision ; pour lui, il existait une infinité de nuances entre les deux et il estimait vivre dans une grande zone grise, très floue.

— Alors que fais-tu des moments où l'on n'est ni heureux ni malheureux, où l'on n'est… rien ? Tu crois que tout est idyllique dans ma vie, Kate ? Tu ne peux pas mettre les gens dans des cases comme ça. Tu ne peux pas prétendre savoir ce que vivent les autres. Tu n'es pas à leur place, dans leur quotidien, tu n'assistes pas aux moments où leur existence leur paraît limpide ni à ceux où, au contraire, tout se brouille.

Il marqua une courte pause, le temps de reprendre son souffle, puis reprit :

— Qui est persuadé d'être sur le bon chemin en permanence ? Personne.

Le fond de vérité, la réalité profonde, les doutes que renfermaient ses paroles les troublaient tous les deux.

— On n'est pas dans un putain de conte de fées, Kate.

Elle tressaillit face à cette affirmation et à la colère qu'elle sentait monter en lui. Il n'avait pas lâché sa main. Elle resta silencieuse, le temps d'assimiler cette réflexion fâcheuse qui tourbillonnait en elle et ramenait à la surface des raisonnements indésirables qu'elle avait elle-même déjà eus, des projections sur ce qu'aurait pu être l'avenir.

— Mais tu aimes la ferme, non ? demanda-t-elle, affligée.

Elle avait besoin que Dan reste dans sa case pour que son propre monde ait un sens, pour que ce moment ne dérape pas.

— Évidemment. J'adore l'agriculture, j'ai ça dans le sang. Mon grand-père avait une exploitation laitière, il a été fermier ici avant moi et son grand-père avant lui. Mais ce n'est pas facile pour autant et ça ne veut pas dire que je ne me remets jamais en question, qu'il ne m'arrive pas de me demander si…

Il s'interrompit. Pour Kate, cette conversation allait trop loin, ce mélange de sous-entendus et d'anciennes attirances… Soudain, il n'était plus question de la ferme, d'être heureux ou malheureux, mais tout se résumait à quelques « et si… ? ». *Et si nous avions mis un peu d'ordre dans nos pensées et assumé nos actes ? Et si nous nous étions parlé avec franchise ? Et si je ne t'avais pas repoussé ?*

L'heure était grave, ce qui allait être dit le serait une bonne fois pour toutes. Ils le regretteraient peut-être le lendemain, à la lueur du jour, et le surlendemain ; ils ne seraient plus jamais pareils après ça et tout leur entourage risquait d'en être affecté.

Ils n'étaient pas insensibles, ne se fichaient pas des émotions des autres. Non, ils n'étaient pas irresponsables à ce point, ils devaient tenir compte de ceux qui seraient irrémédiablement détruits s'ils fonçaient tête baissée, égoïstement. L'espace d'une fraction de seconde, Kate fut tentée d'être égoïste, de laisser son cœur prendre les rênes…

— Abby…, commença-t-elle.

Encore une phrase en suspens. Ils étaient au bord du précipice, mais n'osaient pas regarder en bas.

Pourtant, ce nom changea tout. Dan lâcha aussitôt sa main.

— J'aime Abby, gronda-t-il. Mais il y a toujours une part d'incertitude avec les autres, non ? Je veux dire, qui peut prédire ce qu'ils ressentiront ou ce que nous-mêmes nous ressentirons dans cinq ans ?

Il baissa les yeux et se mit à tordre un sous-verre en carton, comme s'il était déjà rongé par la honte pour un acte qu'il n'avait pas commis.

— Tu…

Il s'arrêta.

Kate était assommée. Elle avait besoin qu'il lui confirme que leur attirance était de l'histoire ancienne, qu'il était un homme marié, un futur papa heureux, un vieil amour de jeunesse qu'elle pouvait évoquer sans le moindre regret. Pas un homme complexe pourvu de sentiments complexes.

Elle coinça ses mains sous ses cuisses et inspira. Cette conversation, elle l'avait imaginée à douze ans, avant de comprendre la nature de son admiration pour Dan, quand il ne se doutait encore de rien. Si seulement tout était resté comme ça. C'était aussi la conversation qu'il avait essayé d'avoir avec elle lorsqu'elle était tombée dans ses bras, alors âgée de dix-sept ans. Hélas, elle était trop perturbée par sa rupture avec Luke pour l'écouter ou même s'en préoccuper.

Elle le regarda droit dans les yeux et son cœur chavira. Pendant quelques secondes, elle s'autorisa à rêver. Des souvenirs de lui, bien trop intimes, surgirent dans son esprit sans entraves : sa peau, ses soupirs, sa passion.

Et si...

Dan détourna la tête en soupirant, puis se frotta le visage. Il avait réussi à reculer un peu sur le banc, car ils ne se touchaient plus.

— Écoute, je ne sais pas ce que j'ai l'air de dire, mais je ne suis pas vraiment en train de le dire, d'accord ? J'ai un peu trop bu et… J'ai juste… Parfois on ne peut pas s'empêcher de se demander… si les choses s'étaient passées autrement… Enfin, merde, tu as brisé mon cœur, tu le sais, ça ?

Kate déglutit et baissa les yeux.

— J'ai si souvent cru qu'on y était presque, confia-t-il à voix basse. Mais nous n'avons jamais été prêts au même moment, pas vrai ?

— Et maintenant, c'est fichu, fit-elle en risquant un coup d'œil dans sa direction.

— Ouais.

Ils rirent tous les deux et la tension s'envola.

Il aurait été si facile de tirer parti de leur passé et de tous ces rendez-vous presque manqués, de profiter de cet instant pour modifier le cours de leur vie à jamais.

Mais le moment était trop mal choisi. Ils avaient eu leur chance et ne l'avaient pas saisie. Elle ne serait pas cette femme-là ; elle ne prendrait pas quelque chose d'aussi précieux sur un coup de tête. Anéantir l'univers d'Abby pour une seconde d'égoïsme ? Jamais. Elle se détesterait trop, et Dan la détesterait aussi. Elle avait encore des choses à faire ici, et lui aussi.

Elle acheva sa bière et se leva.

— Parfois, il faut lâcher prise et accepter qu'on n'aura jamais la réponse, qu'on ne saura jamais ce qui se serait passé, conclut-elle. Je vais voir Ally. Et si tu volais au secours de ce pauvre gars qui est en train de se faire ramasser par ta sœur avant qu'il ne tombe en dépression ?

Tu n'as qu'à la faire boire, histoire qu'elle vise un peu moins bien.

Au prix d'un énorme effort, elle s'arracha à leur banc, à lui. Elle sentit son regard sur elle tandis qu'elle s'éloignait.

Accoudé au bar, Ally était en train d'observer Emily. Kate l'attrapa par le bras et l'entraîna à l'extérieur.

— J'ai besoin d'en griller une, déclara-t-elle en joignant le geste à la parole avec impatience.

Perplexe, il fit glisser une cigarette hors de son paquet et la lui présenta.

— Mais, tu ne fumes pas.

— Si, parfois. C'est très rare. En général, ça m'arrive quand je suis bourrée et contrariée.

— Quelle rebelle !

Ally lui tendit son briquet allumé. Le tabac brûla en se tortillant et prit une lueur orangée lorsqu'elle aspira. Un filet de fumée s'éleva dans le ciel nocturne.

— Qu'est-ce qui te contrarie ?

— Rien.

Ally sourit.

— D'accord. Tu sais quoi, Kate Vincent ? Tu as toujours été un mystère pour moi. J'ai été dingue de toi, mais je ne t'ai jamais comprise.

— Dingue de moi ? Voyez-vous ça ! Une passion délicieusement platonique, railla-t-elle avec une bourrade amicale. Tu es un ange, Allistair Cotton. Je suis si contente que tu sois normal. Ici tout le monde est paumé, mais toi, tu restes Ally. Hyper-cool, charmant, élégant, les pieds sur terre, avec ta grande carrière et ton beau costard. Tu parviens à être heureux sans te compliquer la vie.

Elle le scruta, le défiant d'oser prétendre le contraire.

— Tu ne serais pas un petit peu bourrée ?

— Un petit peu beaucoup, même.

— Bon, c'est quoi, ce numéro de fan-club ? Non pas que je sois contre. Qui oserait se plaindre d'être vénéré sur les bords ? Mais…

Elle haussa les épaules avec l'air boudeur d'une gamine malheureuse.

— Rien… je crois qu'en revenant ici, j'avais besoin de vous retrouver tous tels que vous étiez. Inchangés, tu vois ? Raté : tout le monde fait n'importe quoi.

Elle n'avait pas envie de parler de Dan avec lui, et s'ils abordaient le cas de Lena, elle fondrait en larmes à coup sûr. Elle secoua la tête.

— Ce n'est pas grave. Parlons plutôt de toi qui es bien dans tes baskets. Je parie que tu as un petit copain génial.

L'effroi se peignit sur les traits d'Ally et il jeta un coup d'œil par-dessus son épaule, par réflexe.

— Chut ! Plus bas. Il ne faut pas que Dan ou Noah t'entendent.

La voix de Kate monta crescendo.

— Quoi ? Déconne pas avec moi, Ally, je ne suis pas d'humeur.

Il ferma les yeux.

— Je ne déconne pas. Je… Je n'ai jamais trouvé le temps de leur avouer que j'étais gay.

Kate laissa tomber les bras et sa cigarette avec.

— Mais bordel, Ally !

Il tira sur la cigarette qu'il venait de s'allumer et recracha la fumée loin d'elle.

— Je sais, je sais.

— Il y a au moins dix ans que tu me l'as dit. Alors, pourquoi, merde ?

— Le bon moment ne s'est jamais présenté, voilà tout.

— En dix ans ?

— Kate, pourrais-tu parler moins fort, s'il te plaît ? Tu hurles comme une poissonnière.

Elle le poussa en riant.

— Eh ! Ne me traite pas de poissonnière.

Toutefois, elle baissa la voix.

— Sérieusement, Al ? Tu ne leur as rien dit du tout ? Tu crois vraiment qu'ils n'ont pas deviné ?

Il racla le sol avec le bout de ses chaussures cirées, tête baissée.

— J'en suis sûr. Je me suis inventé des petites amies imaginaires très crédibles.

Kate écrasa sa cigarette.

— Wow. Je ne te remercie pas. Tu viens de pulvériser ma théorie selon laquelle tu étais le seul à avoir gardé la tête sur les épaules. Cette fois, c'est officiel : les Cotton sont tous cinglés.

Il essaya de l'amadouer avec un sourire.

— Peut-être, mais tu nous aimes quand même. Non mais, sérieusement, tu gardes ça pour toi, hein ? Je vais leur dire. J'attends juste le bon moment.

Kate se mordit les lèvres.

— Le hic, c'est que… Emily est déjà au courant. Ça m'a échappé pendant notre voyage à Rome. On se disputait pour des bêtises. Je suis désolée, c'était un accident. Je n'avais pas du tout l'intention de le faire.

— Quand ? grogna-t-il.

Elle fit la moue.

— Il y a six ans. Juste avant qu'elle se fasse la malle avec Joe. Elle ne t'a jamais rien dit ?

— Non ! Oh merde, elle ne doit pas très bien le vivre. C'est comme si je ne lui faisais pas confiance. Elle attend que je me jette à l'eau depuis si longtemps.

— Oui, j'ai l'honneur de t'annoncer que tu es le plus foireux des frangins. Maintenant, file lui parler.

Elle l'attrapa de nouveau par la main et l'entraîna vers le pub.

Elles avaient visité Rome à la fin de leurs études, juste avant qu'Emily ne démarre son année de rodage dans l'enseignement et que Kate ne se mette à chercher du boulot. Elles étaient déjà tombées d'accord pour partager le même appartement une année de plus à Édimbourg. Avant cela, donc, elles avaient passé une semaine sous le merveilleux soleil et le ciel bleu cobalt de la capitale italienne. Elles s'étaient prélassées dans les jardins de la Villa Borghèse, pile ce qu'il leur fallait, et avaient exploré tous les endroits phares recommandés par le guide touristique d'Emily : le Colisée, le forum romain, le Vatican ainsi que d'innombrables fontaines, places, parcs et palaces. L'auberge de jeunesse n'était pas chère – et le confort à la hauteur du prix. Chaque soir, elles s'étaient régalées sans se ruiner dans de petites *trattorias* où un vin acidulé leur était servi dans des pichets rustiques en faïence.

Dans l'espoir de convaincre Emily de s'éloigner de Joe, elle avait tenté de l'amadouer à coup de merlot et de lui ouvrir les yeux : elle n'avait pas besoin de se lancer dans un métier qu'elle n'aimait pas juste pour se prouver qu'elle en était capable ; elle méritait bien mieux que Joe ; elle avait le droit de reconnaître qu'elle s'était plantée sur toute la ligne, tout le monde la soutiendrait à cent pour cent.

Cependant, tout ne s'était pas déroulé comme prévu. Emily n'avait pas arrêté de rabâcher que Joe lui manquait, qu'ils avaient commencé à évoquer leur avenir ensemble, et même qu'il avait fait allusion au mariage. Un soir, autour d'une assiette de pâtes arrosée d'un pichet de vin, Kate avait fini par perdre patience.

— Pitié, Em, tu t'entends ? Il y a quelques mois à peine, tu pleurais parce qu'il t'avait brisé le cœur avec cette Anya et te voilà en train de rêver de mariage…

— Ne parle pas d'elle, rétorqua Emily d'un ton sec. Je ne veux même pas qu'on prononce son nom. C'est vrai, il a commis une grosse bêtise, mais il avait peur et elle s'est juste retrouvée là au bon moment pour le distraire. Elle l'a séduit, lui a tourné la tête. Depuis, il a compris que c'était moi qu'il voulait et il est revenu.

— Tant mieux pour lui.

Emily l'implora du regard.

— On ne va pas recommencer à se disputer à cause de ça, si ? Pas ici.

La frustration était trop forte, impossible pour Kate de laisser tomber.

— Alors où ? Tu fais une grave erreur, Emily.

— Tous les couples traversent des mauvaises passes.

— Non, pas quand elles prennent la forme d'un mannequin suédois. Anya n'était qu'un présage de ce qui t'attend.

Fini le discours pacifique. C'était cruel, mais peut-être Emily avait-elle besoin de ça.

— En fait, tu es juste jalouse, avait rétorqué cette dernière d'un ton cassant. Tu as perdu Luke et…

— Luke est un sujet tabou, lui rappela Kate avec sévérité.

— Mes frères sont tous dingues de toi. Quand admettras-tu que Luke ne reviendra pas et qu'il est temps de passer à autre chose ? Ally, le premier, en serait enchanté.

Fallait-il donc qu'elle soit complètement passée à côté de la tension sexuelle persistante entre Dan et elle pour s'imaginer qu'il y avait anguille sous roche avec Ally ? Ridicule ! Cela dit, Emily n'avait jamais été très clairvoyante à ce sujet : elle avait toujours eu peur que ses frères lui préfèrent Kate.

La colère l'emporta.

— Emily, ton frère jumeau est gay, au cas où tu serais trop obsédée par ton nombril pour l'avoir deviné.

Le silence s'abattit sur elles. Sa pique avait fait mouche. Blessée, Emily vida son verre d'un trait et partit en courant dans la nuit romaine. En guise de punition, elle ne réapparut que très tard.

Le lendemain, elle fit comme si rien ne s'était passé.

Kate s'excusa au petit déjeuner, entre les viennoiseries et le café.

— Je suis désolée. Que comptes-tu faire pour Ally ?

— Rien. Je vais attendre que ça vienne de lui. Quand il sera prêt.

Elles en étaient restées là.

Quelques mois plus tard, Emily et Joe prenaient la fuite et elle s'était retrouvée seule, hantée par ses propres prophéties sur le mariage. Apparemment, Ally ne s'était jamais senti prêt.

15

Très tôt, Kate avait découvert que la vie de Luke était morne et dépourvue d'amour depuis que sa mère avait abandonné sa famille pour retrouver son Italie natale. Un jour, elle avait décrété que son existence de femme de pêcheur dans une petite ville paumée d'Écosse n'était pas aussi romantique qu'espéré et elle avait plié bagage en confiant Luke, alors âgé de dix ans, et son frère Nick, à leur père. Ce propriétaire de chalutier aguerri, originaire de Galloway, était rapidement devenu distant et grincheux après le départ de sa pétulante épouse. Il passait le plus clair de son temps à bord de son bateau, laissant Luke sous la responsabilité de son aîné qui n'était pas des plus tendres avec lui. La situation présentait un avantage : Luke était libre d'aller et venir comme bon lui semblait. Cependant, sa mère lui manquait atrocement, elle qui avait toujours été généreuse en tendresse et en sourires. Parler lui manquait aussi ; malgré la présence de trois habitants dans la demeure des Ross, solitude et silence y régnaient en maître. Ceci expliquait l'enthousiasme débordant du jeune homme pour les nouvelles rencontres. Où qu'il aille, il adressait la parole à tout le monde. Son père avait pris la fâcheuse habitude de noyer son chagrin dans l'alcool lorsqu'il était chez lui – ce qui n'était guère fréquent, donc. Son cas n'était pas aussi désespéré que celui de la mère de Kate, mais cela permettait à Luke de comprendre l'enfer qu'elle vivait.

Il était vite tombé amoureux d'elle et n'avait pas tardé non plus à devenir un adepte de Bluebell Bank. Lena et les frères Cotton l'avaient adopté sans problème. Avec le temps, même Dan avait fini par l'accepter, bien qu'il ait conservé son rôle de protecteur. Si Luke avait fait du mal à Kate, il se serait fait un plaisir de lui coller son poing dans la figure.

C'était arrivé, Luke avait fait souffrir Kate, mais à cette époque, la passion de Dan avait évolué ; il s'était tourné vers un autre type de vengeance et l'avait mise dans son lit. Il avait même tenté de la conquérir, de faire d'elle son grand amour, mais il n'avait pas réussi à s'approprier son cœur. Après Luke, elle n'avait plus jamais appartenu à personne.

Bien avant cela, les vacances avaient été un tourbillon de pique-niques et de promenades ensoleillés. Ils s'entassaient tous à bord de Jasper avec leur attirail et filaient à la plage ou partaient en randonnée jusqu'à la grotte de Saint-Ninian et au château de Cruggleton. Souvent, Luke et elle s'éclipsaient en douce pour profiter d'un moment d'intimité et se voler quelques baisers. Personne n'était dupe, mais Lena fermait les yeux. Kate la soupçonnait d'avoir elle aussi connu une passion dévorante dans sa jeunesse.

Lorsque l'été se terminait, car tous les étés avaient une fin, Kate et Luke se séparaient à grand renfort de serments pleins de ferveur ; des adieux intenses et difficiles. La première fois, Kate avait pleuré tout le long du trajet qui la ramenait à Édimbourg avec dans une main le bout de papier sur lequel Luke avait écrit son numéro de téléphone. Elle l'avait serré si fort que la chaleur de sa paume avait commencé à effacer les chiffres.

Au cours des deux années qui suivirent, toutes les vacances se déroulèrent selon le même schéma : octobre, Pâques, été. Les périodes intermédiaires n'étaient que des zones grises, attentes interminables peuplées de cours et d'évaluations. Elle s'immergeait dans l'art pendant que sa mère se remettait de sa dernière gueule de bois ; le week-end et le soir, elle filait chez Emily. Lorsqu'elle avait économisé assez d'argent, elle s'autorisait un coup de fil à Luke depuis la cabine téléphonique du bout de la rue, ou bien elle l'appelait depuis la maison des Cotton lorsqu'elle était trop désespérée. Elle n'avait eu son premier portable qu'une fois en âge de travailler pour gagner de quoi se l'offrir.

Aujourd'hui, le souvenir des longues périodes d'attente était flou, comme si elle n'avait réellement vécu que pendant ses vacances à Solway.

Le dimanche, une gueule de bois lancinante attendait Kate au réveil. Dan et Luke hantèrent ses pensées tandis qu'elle était dans un demi-sommeil confus. Elle se tourna et se retourna dans son lit pendant quelques minutes avant de se résigner. Impossible de se rendormir. Elle se redressa et s'empara du verre d'eau posé sur sa table de chevet ; elle avait trop bu, bien plus qu'elle ne se l'autorisait en général. Elle descendit à la cuisine et se prépara une tasse de café qu'elle emporta dans le jardin. Elle s'installa sur le banc, à l'ombre du sorbier. Les premiers rayons de soleil perçaient à travers la végétation, les oiseaux s'égosillaient et la rosée scintillait sur l'herbe, soulignant le contour de chaque brin. Une plaque en métal dédiée au grand-père d'Emily, James, était fixée sur le banc ; il était mort avant la naissance de celle-ci. Les orteils recourbés dans la pelouse mouillée, elle sirota son café.

Elle avait été à deux doigts de commettre l'irréparable – heureusement la catastrophe avait été évitée de justesse. Le chemin de la vie était comme ça : jalonné de croisements subtils, pas toujours bien indiqués, parsemé de petits moments discrets qui pouvaient tout faire basculer. Il suffisait parfois d'une conversation, d'un regard, d'un contact, d'un souvenir... ce sentiment étrange de réciprocité.

Elle pensa au bébé de Dan et Abby : si la situation avait été différente, qu'aurait-elle fait ?

Le petit matin lui appartenait. Elle sortit son carnet de croquis et se concentra plutôt sur son rendez-vous qui n'en était pas un avec Luke, mardi. Ce dernier suscitait de drôles de réactions chez Emily, parfois il suffisait que son nom soit mentionné pour qu'elle se braque. Était-ce une simple conséquence de ses propres désillusions amoureuses ? Ou bien avait-elle peur pour elle ?

Et elle, devait-elle avoir peur ? Fallait-il qu'elle réclame des réponses avant même de s'autoriser à aller plus loin ? Cela risquait de tuer dans l'œuf tout espoir de raviver leur histoire d'amour actuellement au point mort, non pas qu'elle nourrisse de tels espoirs...

Emily arriva dans le jardin avec une tasse de thé, interrompant le fil de ses pensées. Pieds nus, les cheveux rassemblés dans une tresse lâche, elle portait un jean trop grand pour elle dont elle avait roulé les bords. Elle s'affala sur le banc à côté de Kate, tendit les jambes et remua les orteils.

— Salut, lança-t-elle avec un soupir affligé. C'était sympa hier soir, hein ? Tu as la gueule de bois, toi ?

— Un peu, et toi ?

— Je suis épuisée, mais plus moyen de dormir. Et si on allait à la librairie plus tôt que prévu ?

— C'est vrai qu'on a pas mal de boulot, aujourd'hui. Surtout si ton père et Allistair nous rendent une petite visite d'inspection avant de repartir. Tu crois qu'on pourra encore compter sur Noah longtemps ?

— Tant qu'il restera en froid avec Dan, j'imagine. Donc jusqu'à ce qu'il retrouve un peu de bon sens.

Emily souffla sur son thé et en but une gorgée.

— As-tu trouvé ça bizarre ? demanda-t-elle. De le revoir ?

Pendant un horrible instant, Kate crut qu'elle parlait de Dan et ses joues s'enflammèrent. Emily se laissa aller contre le dossier du banc, tête penchée en arrière, et contempla les feuilles d'arbre vernies par le soleil. Ensuite elle s'étira en gémissant et continua à boire son thé.

— Je parle de Luke, finit-elle par préciser d'un air songeur. Qui aurait cru qu'il referait surface ?

— Mmmh.

— Alors, quel effet ça t'a fait ? insista-t-elle, en se tournant vers elle cette fois.

Elle la sonda de ses yeux gris, l'air grave.

Kate garda le silence pendant si longtemps qu'elle s'impatienta.

— Tu ne comptes pas me répondre ?

— Si je peux y échapper, non, avoua-t-elle en souriant. Tout ça s'est passé il y a si longtemps, Emily.

— C'est vrai. Nous n'étions que des enfants, acquiesça-t-elle, soulagée. Mais ce n'est pas une réponse. Je veux dire, vous étiez raides dingues l'un de l'autre.

Où voulait-elle en venir, à remuer le couteau dans la plaie comme ça ? Prendre la température des sentiments de Kate, vérifier si Luke Ross représentait une réelle menace.

— C'était assez bizarre, oui, reconnut enfin Kate, haussant les épaules.

— Ah ! Tu vois, ce n'était pas si difficile. On n'en a jamais vraiment discuté, si ? demanda-t-elle en faisant rouler sa tasse dans ses mains. Tu as été dévastée…

Elle ramena ses jambes sous elle, évitant soigneusement de la regarder dans les yeux, puis se mit à dessiner des cercles du bout du doigt sur le banc. Un mouvement lent, rythmique, compulsif. Le temps tressauta, retint son souffle.

Kate retenait le sien aussi. Perdre Luke avait été le pire moment de sa vie, bien pire que toute la misère qu'elle avait endurée dans l'appartement insalubre de sa mère, pire encore que le manque d'amour maternel. Les cicatrices qu'avait laissées leur rupture ne guériraient jamais.

Emily attendait. Après cette séparation inattendue, c'était elle qui avait recollé les morceaux de sa meilleure amie.

Cette année-là, au lieu de venir à Bluebell Bank comme d'habitude, Kate avait décidé de passer les vacances de Pâques à Oxford avec une autre copine d'école. Elle voulait élargir son cercle d'amis. Cette décision avait désarçonné Emily qui avait l'impression d'avoir perdu sa place. Bouleversée, elle s'était beaucoup morfondue, et Luke aussi.

Les coups de fil entre Kate et Luke avaient été tendus, très courts ; c'était inhabituel. Pour finir, au bout de deux semaines de silence, il l'avait appelée pour lui annoncer que c'était sans issue. L'univers de Kate s'était effondré, Emily s'en souvenait. C'était la fin du monde.

— Je… Je ne comprends toujours pas ce que j'ai fait. J'ai envie de savoir.

— Il vaut peut-être mieux ne pas savoir. Parfois, ça n'apporte rien de bon de remuer le passé.

Elle essayait d'adopter un air rassurant sans vraiment y parvenir ; Kate la dévisagea avec un regard étrange.

— J'ai toujours cru qu'il n'avait pas supporté mon absence à Bluebell Bank pendant ces vacances-là, qu'il était peut-être jaloux de mes nouveaux amis ou qu'il s'était imaginé qu'il y avait un autre garçon dans ma vie. Souvent, je me suis aussi demandé si c'était parce que j'avais décidé d'aller à l'université alors qu'il avait choisi d'aller travailler directement sur le bateau de son père – décision qui me paraissait idiote dans la mesure où il avait toujours détesté la pêche. D'ailleurs, je suis bien contente qu'il ait ouvert les yeux et fini par étudier l'architecture, pas toi ?

— Euh... oui, c'est sûr.

Emily toussota. Si Kate avait réussi à se relever à temps pour démarrer ses études, c'était grâce à elle. Elle l'avait réparée à l'aide d'un savant mélange de réconfort et de critiques.

Oui, Kate avait donné l'impression d'avoir tourné la page. Et voilà qu'elle découvrait que ce n'était pas tout à fait le cas.

Kate haussa les épaules et plissa les yeux vers elle, éblouie par le soleil.

— Nous étions jeunes. Ça s'est passé il y a une éternité.

— Tu es sûre ?

— Oui.

Pourtant, elle ne paraissait pas sûre du tout.

— Je le revois mardi, mais je n'ai aucune attente.

Kate avait cru ses sentiments morts pour de bon, enterrés ici, à Solway, alors qu'en réalité ils étaient toujours bien vivants. Ils l'avaient attendue pendant tout ce temps.

— Alors s'il te proposait de reprendre votre relation maintenant, tu refuserais ? demanda Emily, dubitative.

— Il est sûrement marié et père de quatre enfants.

Sottises. Elles avaient vu toutes les deux de quelle façon il la dévisageait, le regard chargé de souvenirs et de regrets.

— Il n'a pas d'alliance. J'ai vérifié.

Kate sourit.

— Moi aussi, mais ça ne veut pas dire qu'il est célibataire.

— Mais en imaginant qu'il le soit, s'il te faisait des avances, tu dirais non ? insista Emily.

Il fallait qu'elle sache.

— Aucune importance. Je ne suis pas célibataire, moi. On va juste prendre un verre et bavarder. Ce n'est pas un rancard.

— Ah oui, j'oubliais : Ben.

— C'est ça. Ben.

En réalité, elle n'aurait pas hésité une seconde à choisir Luke plutôt que Ben, mais ce n'était pas envisageable. D'ailleurs, pourquoi pensait-elle à ça ?

Emily fit la moue et attrapa sa tresse pour en examiner la pointe.

— Moi, je crois que tu accepterais. Et que c'est bel et bien un rancard, ou du moins que tu l'espères. Tu as toujours des sentiments pour lui et tu devrais arrêter de te mentir.

— Ah vraiment ? fit Kate avec une politesse dangereuse.

— Oui. Tu m'as toi-même avoué l'autre jour que tu n'avais jamais cessé de l'aimer.

En effet. À présent, Kate regrettait cet excès de confidences.

— D'accord.

— D'accord ?

— Oui, d'accord. Tu peux croire ce que tu veux, je m'en moque. Je ne suis pas venue à Wigtown pour trouver l'amour, mais pour t'aider à monter ton affaire. Je n'ai pas l'intention de m'éterniser ensuite, je ne vais sûrement pas entamer une relation qui risque de me bloquer ici. Maintenant, si tu permets, on a d'autres chats à fouetter.

Kate avait touché une corde sensible : la librairie et son potentiel succès futur. Il n'en fallut pas plus pour distraire Emily.

— Emily Cotton, chef d'entreprise. On n'y croit pas une seconde, gloussa-t-elle. Je suis tellement impatiente, maintenant. Avant, ça me terrifiait.

Kate se leva et s'étira ; son carnet de croquis tomba sur le sol.

— Alors au lieu de rester plantées là à philosopher, retroussons-nous les manches. Je réfléchissais un peu, hier soir : si on veut que le Coin Lecture se démarque dans cette ville, il va falloir le rendre unique. Comme tu ne comptes pas te spécialiser dans un genre de littérature particulier, tout va dépendre de l'image que nous allons lui donner. Cet endroit doit être magnifique, somptueux ; une parenthèse unique dans un cadre enchanteur en compagnie d'un bon bouquin. On doit miser sur l'expérience que vivra le client sur place autant que sur la qualité du catalogue. Demain, nous partons en expédition dans les boutiques de seconde main et chez les antiquaires. Notre mission : dénicher quelques bonnes affaires. Je vais dresser une liste d'endroits susceptibles de nous intéresser. Que dirais-tu de te diversifier un peu ? Je pense à la vente de cartes postales ou de cartes de vœux, peut-être quelques objets décoratifs ? Tu t'es déjà renseignée sur le prix d'un poêle à bois ?

Les questions fusaient, exigeantes, destinées à détourner la conversation. Un peu submergée, Emily choisit de répondre à la dernière. Devant l'insistance de Kate, elle avait dressé l'inventaire détaillé de ses finances et savait exactement combien il lui restait à dépenser : pas autant que l'aurait espéré Kate, mais plus qu'elle ne l'avait craint.

— Oui, ce n'est pas donné, mais ça devrait rentrer dans le budget. Tu es certaine que c'est nécessaire ?

— Complètement. En hiver, il fera glacial dans ta grange, alors un poêle, un fauteuil confortable et une bonne tasse de café attireront les clients.

— Ou de thé.

— Pardon ?

— Ou une tasse de thé. Tu sais, beaucoup de gens ne boivent pas de café.

Kate leva les yeux au ciel et força Emily à se lever en l'attrapant par la main.

— Toi et ton thé ! Peu importe, si tu veux. Au fait, je t'ai vue en pleine discussion avec Ally au pub, hier soir. Tout va bien ?

— Comme si tu ne le savais pas.

Kate haussa les épaules.

— Je n'ai rien fait, je lui ai juste donné un coup de pouce. Tu dois l'aider à l'annoncer aux autres, Em. Comment peut-il croire que ça risque de poser problème qu'il soit gay, hein ?

— Il pense que ce n'est pas le bon moment, avec Lena…

Kate émit un reniflement moqueur.

— Si on l'écoute, ce ne sera jamais le bon moment. Cela dit, je suis contente qu'il t'en ait enfin parlé. Ce n'était pas juste qu'il te laisse dans l'ignorance.

C'est vrai, ça fait partie de sa véritable nature. Il me l'avait confié uniquement parce que je m'étais trouvée là au bon moment.

— Je sais. Ne t'inquiète pas. Je ne suis pas vexée. J'étais trop… occupée, je suppose. Je l'ai été pendant trop longtemps. Moi aussi j'aurais dû lui parler il y a des années. Dans cette famille, on est incapables de communiquer.

Après leur soirée animée, tous les autres dormaient encore. Elles épinglèrent un mot dans la cuisine. De toute façon, Emily laissait toujours des petits messages pour Lena, en cas d'oubli. Elle prenait soin de recopier son numéro de téléphone à la fin et parfois Lena l'appelait pour râler, désorientée.

Elles grimpèrent à bord de Jasper. Le fond de l'air avait toujours cette fraîcheur et cette pureté propres au petit matin. Elles croisèrent peu de monde sur la route entre Bluebell Bank et Wigtown. Kate alluma le chauffage pour désembuer le pare-brise.

— Alors, quand comptes-tu te mettre à table et me parler de ce type avec lequel tu flirtais au pub, hier soir ? lança-t-elle avec un petit air sournois.

— Qui, Mike ? C'est le vétérinaire du coin ! s'écria Emily, estomaquée. Il vient de s'installer. Il est trop vieux pour moi. Et je ne flirtais pas du tout !

— À d'autres ! Tu oublies un peu vite que je connais tes techniques de drague par cœur : le billard en fait toujours partie. Et il n'est pas trop vieux. Il a quoi ? Trente-trois ans, maximum ?

— Dans ces eaux-là. Je ne sais pas, c'était la première fois qu'on discutait.

Emily fit mine de se concentrer sur la route, mais Kate vit passer l'ombre d'un sourire sur ses traits.

À la librairie, elles firent un peu de nettoyage, évacuèrent les déchets occasionnés par la peinture et s'attelèrent à rendre l'endroit accueillant pour les visiteurs du jour : Ally et Jonathon. Ensuite, elles entreprirent de poncer certains meubles qu'elles comptaient restaurer. Kate était concentrée sur sa tâche lorsque la cloche toute neuve tinta.

— C'est pas trop tôt, Noah, le réprimanda-t-elle sans prendre la peine de lever la tête.

— Désolé de te décevoir.

Elle se redressa brusquement. C'était Dan. L'air penaud, les mains dans les poches, il avait la pâleur caractéristique des lendemains de veille, mais la fraîcheur de celui qui sortait de la douche.

— Je peux te parler ?

Elle fouilla la pièce du regard, affolée. Emily était allée chercher un fauteuil à bascule qu'elles avaient déniché dans l'une des dépendances et envisageaient de retaper.

— Dan…

— S'il te plaît, Kate.

— Je… bon, d'accord.

Emily arriva en traînant le fauteuil.

— Qu'est-ce que tu en penses ? Ça vaut la peine de le garder, tu crois ? Oh ! Salut, Dan. Alors, comment trouves-tu ma librairie ?

Dan balaya la pièce d'un regard circulaire.

— C'est super, Em, répondit-il d'une voix morose.

Kate l'aurait bien giflé ; que venait-il faire ici avec son air de chien battu, suintant la culpabilité par tous les pores, comme s'ils avaient fait une bêtise la veille ? Voire pire.

Elle attrapa son sweat-shirt.

— Dan et moi allons juste…, commença-t-elle.

— … chercher un sandwich, acheva Dan. J'ai une de ces gueules de bois, moi.

— C'est la vieillesse, ça ne pardonne pas, le taquina Emily.

Puis elle regarda Kate embarquer son frère, intriguée. Ils descendirent la rue en direction de l'église.

— Que viens-tu faire ici ?

C'était une toute petite ville et beaucoup trop de paires d'yeux étaient braquées sur eux.

— Je ne sais pas trop, avoua Daniel.

Il ouvrit la grille et ils pénétrèrent dans le petit cimetière.

— Je voulais m'excuser, pour hier soir.

— Il ne s'est rien passé hier soir.

Dan la dévisagea avec un regard pénétrant.

— Je sais.

— Alors…

Il passa une main sur son visage blême et tira sur sa barbe.

— J'ai peur, Kate. Je voudrais ne pas ressentir ça.

— Ressentir quoi ?

— Je ne sais pas. J'ai l'impression d'avoir de nouveau vingt et un ans.

Il fit un pas vers elle, à peine perceptible. Elle s'écarta.

— Mais non.

Il recula en serrant les poings, les sourcils froncés.

— Je sais.

— Tu es nerveux à cause du bébé, c'est tout… Tu dois penser à Abby et au bébé. J'ignore ce que tu t'imagines, mais ce n'est pas ça. Ça ne l'a jamais été.

— Si, ça l'a été autrefois, affirma Dan, le regard dur.

Oh, bon sang, ce serait si facile ! Si facile de réduire l'espace entre eux, d'attraper son T-shirt, de l'attirer contre elle, de sentir ses mains s'enfoncer dans ses cheveux. Cependant, ce n'était plus le jeune homme pour lequel elle avait eu le béguin qui se tenait devant elle. Il était temps de voir la réalité en face : ils auraient beau aborder la question sous tous les angles, c'était trop malsain.

— Rentre chez toi, Dan, ordonna-t-elle sévèrement. N'en parle à personne et n'y pense plus, plus jamais.

Dan hocha la tête, l'air affligé. Il avait compris. Kate le laissa appuyé contre une stèle et se dépêcha de sortir du cimetière et de remonter la rue, le cœur battant. Elle se sentit obligée d'acheter des sandwiches pour Emily et pour elle. Le mensonge devait rester crédible.

Emily releva la tête de son téléphone lorsqu'elle rentra.

— Ça a été vite. T'as vu dans quel état était Dan ? Il ne tient plus du tout l'alcool.

— C'est clair, grommela Kate.

Elle posa son sandwich sur la table, en proie à une grande confusion. Il fallait qu'elle se reprenne, qu'elle mette ses idées au clair : Ben, Luke et maintenant Dan ! C'était de la folie, et ça ne lui ressemblait pas.

— Kate.

Emily agitait son téléphone. L'espace d'un instant, elle craignit qu'elle ait replongé et de nouveau appelé Joe, mais non.

— Mike a de vieux fauteuils à bascule dans son garage, lui annonça-t-elle, le sourire jusqu'aux oreilles. Il en a hérité après le décès de sa grand-mère. Il a pensé que ça nous intéresserait peut-être, pour la librairie.

16

Luke leva sa bouteille de bière et but lentement. Le menton posé sur une main, Kate l'observa, absorbée par les perles d'humidité qui se formèrent sur ses lèvres, les zones d'ombre sur ses mâchoires, là où le rasoir n'était pas bien passé, et ses yeux bleus, si vifs, qui soutenaient son regard.

Ils étaient assis à la terrasse du Bladnoch Inn. L'air s'était rafraîchi ; de temps à autre, une voiture passait dans la rue, et la rivière s'écoulait joyeusement sous le pont.

Il reposa sa bouteille sur la table de pique-nique en bois et s'éclaircit la voix.

— Donc, Emily et toi êtes parties à l'université ensemble, comme vous l'aviez prévu.

Il essayait de se faire une idée des années perdues.

Kate suivit du doigt une goutte de condensation qui s'écoulait sur sa propre bouteille. Le ciel était limpide, avec cette teinte lilas chatoyante qui précédait le coucher de soleil. Malgré la nervosité qui papillonnait dans son ventre, elle était détendue et à l'aise en compagnie de Luke.

— Oui, répondit-elle. Nous habitions dans la même résidence universitaire. Nous sommes restées très proches jusqu'à la fin de nos études.

Son amitié avec Emily était déjà solide dans leur prime jeunesse, mais celle-ci s'était encore renforcée pendant leurs années d'université, cimentée par leur histoire commune et la rupture de Kate. Jusqu'à Joe.

— Parce qu'ensuite vous vous êtes perdues de vue ? Comment cela a-t-il bien pu se produire ?

— Je suis partie aux États-Unis juste après avoir obtenu mon diplôme et après qu'Emily…

Elle hésita. Son mariage n'était pas vraiment un secret, pourtant elle hésitait à en parler. Ce n'était peut-être pas une bonne idée.

— Emily s'est mis en tête de devenir prof. Elle a eu cette idée folle en troisième année et elle a bifurqué vers une formation pédagogique. Personne n'a compris son choix. Et puis elle a rencontré ce type… Joe. Je ne l'ai jamais apprécié et les Cotton non plus. Emily a fini par s'enfuir avec lui et ils se sont mariés. Après ça, on a tous perdu sa trace pendant longtemps.

— Wow. C'est la première fois que j'entends quelqu'un le faire réellement. S'enfuir pour se marier, je veux dire.

— Elle était obsédée par ce mec. À la limite de la folie.

— J'en déduis que ça ne s'est pas bien terminé.

— Ils ont divorcé.

Elle ne mentionna pas le nom complet de Joe, ni celui de son groupe ; Emily essayait de rester discrète là-dessus.

Lorsque Luke était passé la prendre avec son pick-up à Bluebell Bank pour leur rendez-vous qui n'en était pas un, Kate l'attendait avec impatience. Elle jetait régulièrement un coup d'œil à travers les rideaux de la salle à manger, et peu importait qu'ils soient juste amis, qu'ils se soient échangé des textos pendant deux heures la veille et qu'elle ait passé le reste de la nuit à se tracasser pour

Ben. Pourquoi Emily était-elle si réticente par rapport à Luke ? Avait-elle peur qu'elle ait de nouveau le cœur brisé ? Ou la désapprouvait-elle à cause de Ben ?

À vrai dire, elle se désapprouvait aussi. Ça ressemblait bel et bien à un rancard. Tous les signes étaient présents : papillons d'anticipation, indécision lorsqu'elle avait dû choisir sa tenue.

Pour finir, elle avait opté pour un jean et un débardeur jaune, et avait relevé ses cheveux dans une queue-de-cheval, sa marque de fabrique. Aussi légère que l'air, elle avait traversé l'allée et grimpé dans le pick-up de Luke. Elle avait humé son parfum, mélange de savon et de menthe, et répondu à son sourire nerveux par un sourire.

Luke plaqua les mains sur la surface en bois abîmée de la table et la dévisagea – les papillons s'emballèrent.

— C'est triste que vous ayez perdu contact ; vous étiez comme les deux doigts de la main.

Kate hocha la tête.

— Je n'avais plus eu aucune nouvelle, et puis, il y a quelques semaines, Emily m'a envoyé un e-mail dans lequel elle me demandait de l'aide pour sa librairie. Alors je suis revenue.

— Ça me fait très plaisir, au passage.

Il tendit le bras et lui caressa la main. Elle releva la tête, hésita une fraction de seconde, inspira, puis desserra les doigts et enlaça les siens.

— De toute façon, je n'étais pas tout à fait installée à New York, reconnut-elle pour la première fois. J'étais prête pour un changement. Peut-être que son appel à l'aide est tombé au bon moment.

Elle haussa les épaules et un frisson parcourut ses bras nus.

Luke acquiesça doucement et lui serra la main, le regard rivé au sien.

— Qui sait.

Kate se pencha en avant.

— Maintenant, à toi. Je veux tout savoir.

Il secoua la tête.

— Il n'y a pas grand-chose à raconter.

— C'est ce qu'on dit toujours, mais c'est faux. Ce ne doit pas nécessairement être grandiose, un aperçu de ton quotidien pendant toutes ces années m'ira très bien. Je suis curieuse. Nous avions dix-huit ans la dernière fois que nous nous sommes vus. Tu comptes vraiment me faire avaler qu'il ne t'est rien arrivé d'intéressant depuis ?

Luke esquissa un sourire énigmatique. Elle étudia la courbe de ses cils, la grâce avec laquelle ils se déployaient avant de rejoindre le coin de l'œil ; ses sourcils noirs, droits ; ses cheveux si noirs qu'ils paraissaient parfois bleus selon la lumière. Elle brûlait de tendre la main pour suivre du doigt l'arête de son nez, le relief de l'arc de cupidon qui surplombait sa lèvre supérieure bien pleine, le contour de sa mâchoire carrée, puis rejoindre la fossette sur sa joue gauche. Ensuite elle glisserait la bouche jusqu'à son oreille, sentirait les veines de son cou palpiter contre ses lèvres. Elle se blottirait contre lui, le plus fort possible, et il refermerait ses bras autour d'elle.

La chaleur lui monta aux joues et elle s'empressa de tempérer son désir avec une gorgée de bière.

Était-il aussi réservé parce qu'il ne voulait pas avouer une relation passionnelle ? Avait-elle mal interprété ses signaux ? Pour lui, ce n'était peut-être réellement rien de plus que les retrouvailles de deux vieux amis autour d'un verre.

— D'accord, capitula Luke. Je vais te résumer ça. Alors, hum… D'abord je suis allé étudier l'architecture à l'université à Dundee. Pendant ma dernière année, on m'a proposé du boulot du côté de Perth, mais une fois mon diplôme en poche, j'ai pas mal voyagé. J'avais besoin de m'évader avant de démarrer une carrière qui risquait de durer toute une vie, tu comprends ? À partir de mes dix-huit ans, j'ai aussi travaillé à temps partiel dans la construction ; mon oncle Davy était dans le secteur et ça m'a paru logique de compléter la théorie apprise à la fac par de la pratique. Comme ça, je suis capable de concevoir une maison et de la construire. Pas besoin d'intermédiaire.

— Impressionnant.

Leurs mains étaient toujours enlacées, mais de façon plus lâche, et Luke lui caressait distraitement les ongles.

— Bon, j'exagère un peu, rectifia-t-il avec un petit sourire penaud. Je ne peux pas construire une maison de A à Z. Mais, par exemple, je gère la plupart des rénovations du cottage de mon père tout seul. Et c'est moi qui ai dessiné les plans. Je suis en train d'y ajouter une chambre et une suite avec salle de bain privative, tout en essayant de faire en sorte que l'ensemble reste harmonieux dans le paysage. Je fais aussi un maximum de travaux moi-même pour économiser.

Autrefois, il était passionné de *skateboard*, à présent c'était la construction. Kate acquiesça.

— Comme dans *Grand Designs* !

Depuis son retour, Emily lui avait communiqué sa passion pour cette émission, retransmise assez tard le soir, sur la rénovation ou la construction de maisons souvent spectaculaires.

— Plus ou moins, dit Luke en riant. Mais mon projet est beaucoup, beaucoup moins ruineux.

— Tu n'étais donc pas fait pour la vie de pêcheur, en fin de compte ?

Il secoua la tête.

— Pas du tout. Je ne comprends toujours pas ce qui m'a pris. Je suppose que je voulais trouver un terrain d'entente avec mon vieux, gagner son respect.

Il haussa les épaules.

— J'ai passé ma première sortie en mer penché au-dessus du bastingage de ce rafiot jeté dans les vagues, alors je ne prends pas de risque en affirmant que ce fut un échec. Je n'ai pas fait long feu. Très vite, j'ai rédigé une demande pour entrer à l'université, je me suis inscrit à un cours de remise à niveau en maths et j'ai commencé à travailler avec mon oncle Davy à côté pour pouvoir payer mes études.

— Où as-tu voyagé, après tout ça ?

— Asie du Sud-Est, Nouvelle-Zélande, Australie, Amérique. C'était super. J'ai aussi passé quelques mois en Italie, chez ma mère. Quand je suis rentré en Écosse, papa était déjà malade. Cancer du poumon.

Il lâcha sa main et se mit à gratter l'étiquette mouillée de sa bouteille avec l'ongle du pouce.

— J'étais resté longtemps sans le voir. Quand je suis rentré, il était déjà en soins palliatifs. Le cancer a été foudroyant, il est mort au début de cette année. J'ai hérité du cottage alors j'ai décidé de le rénover. Il y a beaucoup de boulot, mon père n'y avait presque jamais touché. En fait, j'ai pratiquement tout défait pour recommencer à zéro.

— Mais si la maison est inhabitable, où vis-tu pour l'instant ?

Luke sourit.

— Dans une caravane, dans le jardin. Ce n'est pas si mal. De toute façon, je travaille d'arrache-pied. C'est mon premier soir de relâche depuis longtemps.

Elle sourit à son tour.

— Tu m'en vois très honorée. Je suis désolée pour ton père.

— C'est gentil. Je vais bien, ne t'en fais pas.

Durant son récit, pas une seule fois il n'avait mentionné une personne ayant compté pour lui. Il lui avait certes dépeint une existence solitaire, mais n'était tout de même pas resté seul pendant toutes ces années.

— Tu voyageais seul ? s'enquit-elle discrètement.

Luke parut d'abord surpris, puis soucieux ; il avait toujours eu un visage franc, expressif. Il avait compris où elle voulait en venir, peut-être même avait-il envie de lui retourner la question.

— Oui. J'étais avec quelqu'un avant de partir ; une fille que j'avais rencontrée en troisième année à la fac. On a partagé le même appartement. C'est devenu plus ou moins sérieux pendant quelque temps, puis on a rompu. C'est là que je me suis dit que c'était le moment ou jamais de bourlinguer. Maintenant, je suis célibataire, conclut-il en la dévisageant, comme si ces mots avaient besoin d'être posés sur la table entre eux, comme s'il étalait toutes ses cartes devant elle.

Ensuite il attendit, des points d'interrogation dans les yeux.

Kate grimaça.

— Moi je ne le suis pas… tout à fait.

Elle mourait d'envie d'ajouter qu'elle pouvait l'être, qu'il suffisait d'un mot de sa part, mais sa vieille blessure ne tarda pas à se manifester, faisant se réveiller cette douleur si vive lorsqu'il l'avait abandonnée, après tous les projets qu'ils avaient échafaudés et les promesses qu'ils s'étaient faites ; sans parler de tout le temps qu'elle avait passé à analyser chaque parcelle de son être et de ses actes pour tenter de comprendre ce qui clochait chez elle. Il ne lui avait jamais donné la moindre explication…

— Rien de sérieux, ne put-elle s'empêcher de préciser malgré tout, écartant Ben de la course avec une facilité déconcertante.

De toute façon, elle n'était pas indispensable pour Ben. On pouvait sans difficulté la supprimer de tous les instants de sa vie et y coller n'importe qui à la place, pourvu que la remplaçante soit jolie : la demande en mariage dans un restaurant chic, le verre de champagne offert pour fêter ça, les fiançailles dans le *country club* des parents, les photos des noces mondaines.

En réalité, les parents de Ben ne seraient même pas déçus. Ils s'étaient montrés polis avec elle, mais il était clair qu'elle ne correspondait pas à leurs attentes. La prochaine fois, Ben tâcherait de trouver une prétendante correspondant à son rang, une demoiselle de bonne famille, dotée d'une certaine fortune. Elle n'avait jamais parlé de Lily à Ben et encore moins à ses parents. Au lieu de ça, elle s'était inventé une famille fantaisiste – ni trop riche ni trop pauvre – dont elle avait tué tous les membres dans un tragique accident de voiture survenu alors qu'elle avait dix-neuf ans. Au fond, ce rôle de petite orpheline correspondait à ce qu'elle ressentait parfois. Bien sûr, on ne fondait pas une relation durable sur un mensonge, mais, à sa décharge, jamais elle n'avait imaginé que sa petite aventure avec Ben irait plus loin.

Elle but une gorgée de bière. N'était-elle pas un peu trop présomptueuse ? « Rien de sérieux. » Se débarrasser ainsi de son petit ami pour s'offrir Luke sur un plateau, alors que jamais elle ne se remettrait d'un deuxième rejet de sa part. Le rouge lui monta de nouveau aux joues.

— Ton père. As-tu pu te réconcilier avec lui avant qu'il ne meure ?

Luke baissa les yeux.

— Pas vraiment. Il était resté coincé dans un autre âge qui n'avait aucun sens pour moi. Après le départ de ma mère, il avait beaucoup changé. Il avait perdu toute joie de vivre, il était devenu ce vieil homme ronchon. Pourtant il était encore jeune, à l'époque. Nous n'avons jamais eu grand-chose en commun, lui et moi. Je crois que je lui rappelais un peu trop ma mère.

Il regarda vers le ciel, mais sa tristesse était évidente.

Kate eut envie de le prendre dans ses bras, d'enfouir son visage contre sa peau et de s'imprégner de son odeur. Son cœur battait la chamade ; le sang afflua une fois de plus dans ses joues et ses lèvres. À ce stade, elle devait être écarlate. Elle tâcha de détourner son attention de ce désir croissant en lui posant des questions.

— Et ta mère ? Tu as dit que tu avais séjourné chez elle, en Italie ?

— Oui, au terme de mon long voyage, j'ai posé mes bagages chez elle pendant un certain temps. On s'entend plutôt bien. Enfin, elle a totalement refait sa vie, elle a fondé une nouvelle famille, rien à voir avec ce qu'elle a connu avec mon père. J'ai plein de petits demi-frères et demi-sœurs qui courent partout. Son nouveau mari est super, très sympa, toujours de bonne humeur : l'exact opposé de mon père. J'imagine que c'est ce qui l'a attirée chez lui. Ils ne sont pas riches, mais mènent une existence confortable. Ils ont beaucoup d'amis et un cercle familial très étendu qui gravitent autour d'eux. Ils passent leur vie dehors, les enfants s'épanouissent au soleil. Et ce ciel… C'est merveilleux, mais ce n'est pas pour moi. Pas en permanence, en tout cas. Je n'appartiens pas vraiment à ces terres.

Les épaules de Luke s'affaissèrent, comme sous le poids de l'isolement. Au fond, il n'appartenait à aucun endroit, ou du moins n'avait-il pas encore découvert le sien.

Quand pouvait-on affirmer que l'on était chez soi ? Peut-être n'était-ce pas une question de lieu, peut-être cela dépendait-il plutôt des gens qui partagent notre vie.

— Tu comptes emménager dans le cottage de ton père quand il sera rénové ou tu espères le vendre ?

— Je n'ai pas encore poussé la réflexion aussi loin, je ne sais pas.

— Et ton frère ?

— Mon père a laissé son entreprise de pêche à Nick et m'a donné la maison. Il savait que nous ferions tous les deux bon usage de notre héritage respectif. Nick a l'intention de vendre pour aller s'installer en Italie. Il aimerait travailler là-bas. Je crois qu'il rêve surtout d'une belle Italienne qui lui cuise des pâtes et d'une ribambelle de bambins à la peau olive.

Kate posa le menton dans sa main en souriant.

— Il y a pire, comme rêve.

— C'est vrai. Et toi ? Tu t'es réconciliée avec ta mère ?

Il la connaissait si bien. C'était troublant. Personne dans sa nouvelle vie ne la connaissait à ce point ; elle avait pris soin de se forger une solide carapace. Les anciennes blessures s'étaient refermées, la petite fille négligée et en colère du vieil appartement insalubre avait depuis longtemps disparu. En réalité, pas tout à fait.

— Oui et non, répondit-elle. Disons que nous avons une relation distante et polie. Aimable parfois. Elle est sobre et en bonne santé depuis un bon moment et j'en suis heureuse, mais on ne va pas voir de films ni prendre de cafés ensemble. Et on ne le fera jamais.

Les quelques réponses dont elle gratifiait sa mère étaient toujours dépourvues d'émotion, elle allait toujours à l'essentiel.

— Jamais, c'est long, fit remarquer Luke avec calme.

Il s'attaqua de nouveau à l'étiquette de sa bouteille. Il pensait sans doute à son père et à tout ce qu'il n'avait pas eu le temps de lui dire.

Kate baissa les yeux sur ses mains dont les ongles turquoise, à l'ovale impeccable, ne présentaient pas la moindre imperfection. Elle serra le poing jusqu'à ce que ses ongles s'enfoncent profondément dans sa paume. Luke s'en aperçut, car il lui attrapa la main et la déplia. Elle se laissa faire et ses doigts s'ouvrirent tels des pétales au soleil. Il lui caressa la paume, les phalanges, la pulpe du pouce, et, cette fois, il ne la lâcha plus.

— Tu es contente d'être revenue ?

Les petits croissants qui s'étaient imprimés dans sa chair commençaient à disparaître.

— J'ai toujours rêvé de revivre un été à Solway, répondit-elle.

— Et te voilà, réincarnée en bonne fée des librairies. Tu comptes disparaître dans un nuage de fumée une fois ta mission accomplie ?

La question était lourde de sous-entendus et sa réponse aurait une portée capitale. Toute la suite en dépendrait : la prochaine phrase, celles qui suivraient, les minutes, les heures, la nuit à venir, puis la suivante et celle d'après, la semaine prochaine et peut-être même son avenir tout entier.

La soirée avait une aura magique et semblait renfermer plein de possibilités. Soudain, la raison mystère de leur rupture lui parut dérisoire : tout ce qui comptait, c'était qu'il soit là maintenant.

— Je ne sais pas. Je n'ai pas encore poussé la réflexion aussi loin, finit-elle par répondre en reprenant ses mots.

— Tu te rappelles les couchers de soleil devant la grotte de Saint-Ninian ?

Elle acquiesça. Ils y étaient allés si souvent avec Lena, Emily et ses frères. Kate et Luke s'asseyaient sur un rocher et contemplaient le soleil depuis leur point de vue privilégié, devant l'entrée noire de la grotte. Elle s'appuyait contre son torse et savourait la morsure fraîche du soir, la chaleur de son souffle, de ses bras enroulés autour d'elle, leurs chuchotements, le silence, le bruissement des vagues, le bonheur. Devant eux, le soleil s'enfonçait dans la mer, dans leur dos, la falaise les dominait.

— Ça te dirait de faire un saut jusque-là ? proposa-t-il.

Le film continua à défiler dans l'esprit de Kate, clair, précis : la fraîcheur humide du petit vallon de Physgill Glen, les cailloux qui roulaient et ricochaient sous leurs pas, l'odeur de plus en plus forte de la mer.

— Oui.

Tout à coup, l'idée d'un pèlerinage avec Luke dans l'un des endroits les plus romantiques qu'elle ait jamais connus lui parut excellente, indispensable.

Toutefois, la soirée risquait de prendre une tout autre tournure. Cette promenade les entraînerait bien au-delà de la sphère des vieux amis.

Le sentier qui sillonnait à travers un petit bois de feuillus entre le parking et la plage lui sembla plus long que dans ses souvenirs. Ils faisaient la course contre le soleil pour arriver avant que ses derniers rayons ne se noient. Le ciel s'était embrasé, déversant des torrents de lave sur les nuages.

En réalité, ils avaient le temps, il restait une bonne heure avant la tombée de la nuit. Ils devraient rebrousser chemin dans le noir complet, mais Luke avait pris soin d'emporter une lampe de poche et une couverture. Si la lampe de poche était rassurante, la couverture – et sa promesse de moments intimes – noua l'estomac de Kate avec une délicieuse anticipation.

Ils avaient libéré les deux border collies de Luke, Morse et Caber, du pick-up et ceux-ci s'en donnaient à cœur joie dans les bois en remuant joyeusement la queue, langue pendante.

— Si j'avais su qu'on viendrait ici, j'aurais apporté une Thermos de café, déclara Luke en souriant dans la pénombre de la végétation luxuriante.

— C'est vrai que pour une paire d'accros tels que nous, rester si longtemps sans caféine est un crime, renchérit Kate.

Elle longeait le sentier boueux sans se soucier du sort de ses ballerines roses.

Elle entendait d'ici Emily se moquer : « Des ballerines pour explorer les profondeurs de Galloway, bravo ! » À la base, ils étaient juste censés prendre un verre au Bladnoch.

Lorsqu'ils arrivèrent enfin sur la plage de galets, elle eut le souffle coupé par le paysage majestueux. Décidément, ses souvenirs ne rendaient pas justice à l'endroit.

Elle sentait chaque caillou à travers ses semelles. Elle n'était pas du genre à posséder des chaussures de randonnée, mais si elle avait su, elle en aurait emprunté une paire à Emily. Mais n'était-ce pas justement le caractère improvisé de cette petite escapade qui la rendait si spéciale ? La romance s'inscrivait dans la spontanéité. Il ne s'agissait pas d'une tentative maladroite pour recréer le passé, mais de deux personnes qui se trouvaient au bon endroit, au bon moment. Enfin.

Et Ben ? Son nom se répétait inlassablement dans son esprit, au même rythme que les battements de son cœur.

Elle ne voulait pas de Ben. Qu'aurait-il fait ici, tel un poisson hors de son bocal ? Un extraterrestre largué sur une planète inconnue, étrange, qui aurait froncé le nez de dégoût devant tout ce qui rendait Kate si vivante. Elle aurait ri de son incapacité à s'adapter et de son arrogance, l'aurait encouragé à vite, vite regagner sa grande ville.

Elle appartenait à cet endroit. Voilà pourquoi elle ne pouvait pas être avec Ben.

Le bras de Luke heurta le sien tandis qu'ils évoluaient non sans difficulté sur la plage de galets. Devant eux s'ouvraient le ciel et la mer. Le cœur de Kate battait à tout rompre, ses veines palpitaient d'énergie ; tout était exactement comme ça devait l'être.

Bizarrement, l'histoire avait retenu peu de choses sur saint Ninian, l'homme à qui la grotte était dédiée. D'après certains écrits remontant au VIIIe siècle, il s'agirait de l'évangélisateur qui aurait amené la chrétienté en Écosse. Kate l'avait appris de la bouche de Lena au cours de sa première visite.

Chaque année, le diocèse catholique de Galloway organisait un pèlerinage à cet endroit. Celui qu'ils avaient entrepris lui paraissait tout aussi important que n'importe quel pèlerinage religieux. Leurs mains se frôlèrent. Ils échangeaient des sourires, mystérieux, intimes, parfois coupables. *Est-ce que ça ira ? Absolument.*

Une fois devant la grotte, Kate y pénétra et retrouva les inscriptions sur les parois, des papiers portant vœux et prières enfoncés dans les crevasses, les croix gravées à même la roche ou fabriquées à partir de bâtonnets de bois flottant et déposées un peu partout en guise d'offrandes. Luke resta à l'extérieur. Lorsqu'elle ressortit dans la lueur du soleil couchant, il contemplait le ciel, assis sur un rocher, en appui sur ses bras, souriant. Morse était couché à ses pieds tandis que Caber se jetait dans les vagues avec des jappements suraigus.

— Que se passe-t-il ? Tu n'aimes plus la grotte ? demanda-t-elle.

— J'ai développé une phobie pour les espaces confinés. Un jour, Nick m'a convaincu d'aller faire de la spéléologie en Italie et depuis, je ne suis plus le même.

Elle le rejoignit sur le rocher en riant et s'installa à côté de lui. C'était sur ce même rocher qu'ils s'asseyaient lorsqu'ils étaient adolescents, et jeunes amoureux.

Elle embrassa toute la baie du regard.

— C'est magnifique.

La nature se déployait devant eux dans toute sa splendeur, comme si elle s'était préparée à leur visite.

— C'est vrai, répondit Luke.

Sans qu'ils s'en aperçoivent, leurs doigts s'étaient de nouveau enlacés, leur main retrouvant d'instinct leur partenaire d'antan.

— Est-ce que tu trouves ça bizarre ? demanda-t-il.

Pendant un instant, ils restèrent muets face au spectacle grandiose auquel ils assistaient.

Le ciel s'était paré de rose, de bleu, de quelques nuages lilas et d'une légère touche d'or.

Elle lui jeta un coup d'œil.

— Peut-être. Un peu. Contentons-nous d'en profiter et, pour le reste, nous aviserons plus tard, d'accord ?

Un dernier rayon doré filtra sous les nuages tandis que le soleil amorçait la fin de sa descente dans les flots ; la surface de l'eau ondulait, frémissait, scintillante, ambrée par endroits. Luke la prit au mot et se tut. Enveloppés dans la couverture, ils savourèrent l'instant et leur intimité retrouvée.

17

Assise dans sa librairie, Emily était incapable de se concentrer. Kate était sortie avec Luke. Pour leur « non-rancard ». Elle n'aurait pas dû se mettre dans un tel état pour ça, et pourtant si. La journée avait été rude. Lena était très agitée, Noah boudait et Abby avait débarqué un peu plus tôt, en quête d'une oreille charitable. Elle lui avait raconté tous ses petits maux de femme enceinte en long et en large, si bien qu'Emily avait eu envie de se boucher les oreilles. Ensuite, elle lui avait avoué la véritable raison de sa visite : elle s'inquiétait pour Dan. Ces derniers temps, elle le trouvait bizarre, trop silencieux, pas dans son assiette. Qu'aurait-elle pu lui répondre ? Tout le monde se demandait ce qui se passait chez Dan. Pourtant, cette conversation l'avait un peu perturbée. Dan était le plus facile à vivre des Cotton, celui qui menait bien sa barque. Il n'était pas du genre à se compliquer la vie.

Épuisée, elle-même au comble de l'agitation, elle décida de rentrer. À Bluebell Bank, elle se pelotonna dans un fauteuil au salon. Elle se sentait plus seule que jamais. Ses frères avaient leurs propres tracas, et la présence de Kate ces dernières semaines ne faisait que renforcer son absence ce soir ; Lena était à l'étage, si lointaine, si inaccessible.

Elle renonça à lire et laissa la pièce s'assombrir autour d'elle. Pour la première fois depuis longtemps, elle s'autorisa à penser à Luke, à se remémorer le moment qu'elle regretterait toute sa vie. Un moment qui aurait pu lui coûter son amitié avec Kate et qui risquait toujours de la compromettre. Si seulement elle avait pu l'effacer !

À cet instant, Kate et Luke étaient ensemble, ils évoquaient leurs souvenirs, le bon vieux temps. C'était dangereux. Ils avaient amorcé la pente qui les entraînerait vers la fameuse confession, celle qui l'impliquerait, elle, Emily Cotton. C'était inéluctable. À elle de prendre le taureau par les cornes et de tout avouer à Kate. Oui, mais comment ? Elle avait gardé le silence pendant toutes ces années. Kate y verrait une véritable trahison. Ce serait une catastrophe.

Pourtant, elle n'avait pas voulu ce qui était arrivé. Rien n'avait été prémédité, elle n'avait pas agi par méchanceté. Combien de fois se l'était-elle répété, comme si ça changeait quoi que ce soit ? Luke était sorti si vite de sa vie, une rupture nette, brutale, mais Kate ne l'avait pas du tout vécu de la même manière et Emily détenait la clé des nombreuses questions qui continuaient de la hanter.

Emily posa son livre ouvert sur le tapis. Elle n'avait jamais osé lui avouer la vérité. L'eau avait coulé sous les ponts et petit à petit sa peur que Kate découvre le pot aux roses et sa panique à l'idée de la perdre s'étaient amenuisées.

Kate avait fini par tourner la page, du moins était-ce l'impression qu'elle avait eue. À l'époque, elle se rassurait comme elle le pouvait. Pourtant, Kate n'avait pas eu de relation importante pendant ses études ; de brèves liaisons, quelques flirts sans conséquences, mais rien de significatif. Raison pour laquelle Emily avait été si soulagée en découvrant les photos de Ben sur Facebook ;

tous ces clichés de vacances idylliques et autres tranches de vie glamour respiraient le bonheur, ils avaient l'air si amoureux. À partir de là, elle avait commencé à envisager de la convaincre de rentrer : Luke n'était plus qu'un lointain souvenir, il ne représentait plus le moindre risque. Faux. Elle s'était fourré le doigt dans l'œil. Il suffisait d'observer le regard pétillant de Kate, la façon dont ses traits s'adoucissaient lorsqu'on mentionnait Luke, pour comprendre qu'il comptait toujours pour elle. Et pas qu'un peu. Par conséquent, la honte avait elle aussi refait surface. Continuait-elle à trahir Kate à chaque fois qu'elle ouvrait la bouche ?

Elle n'avait plus jamais parlé à Luke, jusqu'à cette fameuse rencontre fortuite au magasin de bricolage. Si seulement il avait pu se trouver à des millions de kilomètres ce jour-là, et pas debout devant Kate, dans toute sa splendeur ! Oh oui, la situation était très dangereuse ; les erreurs du passé avaient le pouvoir de tout détruire. Y compris sa librairie. Les gentils textos qu'elle reçut de Mike et les petits frissons qui les accompagnaient ne suffirent pas à la réconforter.

Lorsque Kate rentra, Emily l'attendait dans le salon, assise dans le noir, perdue dans ses ruminations, son livre abandonné sur le sol. Lena était au lit depuis longtemps ; ce soir, elle avait été particulièrement désorientée et aucune de ses tentatives pour lui rendre un peu de lucidité, que ce soit avec les Mémoires ou autre, n'avait été fructueuse. Dommage, parce qu'elle aurait vraiment eu besoin de distraction.

Kate posa son sac et alluma toutes les lampes de la pièce en distillant les détails de sa soirée.

— Il t'a emmenée voir le coucher de soleil à Saint-Ninian ?

Elle ne paraissait pas très surprise.

Kate s'affala dans un fauteuil.

— Oui.

— Mais il ne t'a pas embrassée ?

— Non, mais de toute façon, je n'en avais pas envie. Ça aurait tout gâché. Il le savait.

— Tu n'avais *pas envie* qu'il t'embrasse ?

Kate était fatiguée et avait besoin d'être un peu seule pour mettre de l'ordre dans ses pensées.

— Arrête de répéter tout ce que je dis, Emily. Non, je n'en avais pas envie. Sinon ça aurait été nul, comme s'il m'avait emmenée là-bas juste pour ça, ou pour me mettre dans son lit.

Emily se tourna vers elle, les yeux écarquillés.

— Tu as envie de coucher avec lui ?

— Mais enfin, je n'ai pas dit ça !

— Tu viens de prononcer les mots « Luke » et « lit » dans la même phrase, je te signale. Je dis ça, je dis rien.

Kate parvint à esquisser un sourire.

— Rappelle-moi quel âge on a ? Tu ne crois pas que nous sommes trop vieilles pour décortiquer un rendez-vous et en sur-interpréter chaque seconde ?

Emily se redressa dans son fauteuil.

— Ah ! Donc c'était bien un rancard, je le savais.

Kate soupira et lui concéda ce point.

— D'accord, peut-être. En tout cas, il vient nous aider demain à la librairie. Il fera un état des lieux pour vérifier si d'autres gros travaux sont nécessaires. Il m'a aussi invitée à faire un tour en bateau.

Songeuse, Emily ne broncha pas. Pourtant, Kate avait besoin de son approbation.

— Je sais que c'est bizarre, mais, s'il te plaît, réjouis-toi pour moi.

— Je… Je ne crois pas que ce soit une très bonne idée. Je n'ai pas envie de te voir souffrir encore. Et Ben, alors ?

Kate hocha la tête.

— Je l'appellerai demain. Ça a assez duré. De toute façon, nous savions très bien tous les deux que c'était terminé. Je ne lui briserai pas le cœur, ce n'était pas ce genre de relation. Ne t'inquiète pas pour moi, Em. Je ne souffrirai pas. En fait, je ne sais pas encore s'il y a quelque chose entre Luke et moi, mais si c'est le cas, nous sommes des adultes maintenant. Ce sera différent. Bon, je suis crevée. Au lit !

Le regard perdu dans le carré bleu nuit du Velux de la salle de bain, Emily laissait l'eau s'écouler le long de son corps, l'apaiser. Puis elle plaça sa tête sous le jet et, les mains en coupe, s'aspergea plusieurs fois le visage, avant de reprendre son souffle.

Les étoiles scintillaient, têtes d'épingle en argent piquées dans du velours noir. Elle sortit de la cabine de douche et s'enroula dans une sortie de bain, essayant de se débarrasser de la chape de mélancolie qui l'enveloppait. Cette heure de la nuit lui appartenait. Seuls les craquements typiques des vieilles maisons et le bruit des pattes de Bracken dans la cuisine troublaient le silence. Sous la douche, elle avait écarté ses ruminations à propos de Luke et Kate pour se concentrer sur le Coin Lecture et tout le travail accompli. La grange avait pris beaucoup d'allure et elle se sentait désormais apte à y faire prospérer un commerce.

Même si sa guérison était encore fragile, elle n'avait plus éprouvé le besoin viscéral d'entendre le grain de voix particulier de Joe. Malgré les progrès, elle ne pouvait pas se permettre de perdre Kate de nouveau, pas maintenant.

Rongée par la tension nerveuse, elle avait l'impression de ne plus rien maîtriser. Elle enfila un pantalon de pyjama et un T-shirt gris, épongea puis peigna ses boucles humides qui retombaient dans son dos. En sortant de la salle de bain, elle décida de redescendre pour se préparer une dernière tasse de thé avant d'aller au lit. Soudain, elle sursauta. Dans le couloir plongé dans le noir, Lena se dressait devant elle, fantôme maigre et noueux aux cheveux blancs. Elle avait revêtu une vieille chemise de son défunt mari qui découvrait ses jambes nues, deux bâtons décharnés.

— Que fais-tu là ? demanda Emily, plus vivement qu'elle ne l'aurait voulu.

Lena tenait un bol de croquettes pour chien. Elle releva la tête avec impatience, l'air agacée.

— À ton avis ? Je nourris le chien, que crois-tu que je fais ?

Un débat intérieur s'engagea chez Emily. Laisser tomber ou pas ? Si ça restait exceptionnel, un deuxième dîner au beau milieu de la nuit ne ferait pas grand mal à Bracken, mais ça n'augurait rien de bon pour la suite. La dégringolade s'amorçait : bientôt, elle serait obligée de cacher les médicaments et les objets contondants, de faire la toilette de Lena et de la nourrir comme un bébé. Tout à coup très accablée, Emily pensa aux listes interminables, aux photomontages avec tous leurs noms inscrits dessus, aux colères d'enfant de Lena lorsqu'elle ne parvenait pas à ses fins, aux cigarettes qu'elle avait dû planquer parce que Lena – qui avait arrêté de fumer depuis de nombreuses années – décidait tout à coup de s'en griller une petite avant de l'abandonner, allumée, n'importe où dans la maison.

L'abattement se mua en panique : ensuite viendraient l'incontinence, les insultes, les attitudes irrationnelles et l'oubli des actes les plus basiques du quotidien. Tel était le futur abject que le destin réservait à sa grand-mère.

Quelle fin plus indigne aurait-on pu imaginer pour une personne d'une telle prestance, d'une telle vitalité ?

Sa gorge se noua. Elle tendit la main vers le bol.

— Tu l'as déjà nourri, lui rappela-t-elle avec douceur.

Le front de Lena se plissa de confusion.

— Mais non. Je suis certaine de…

— Tu l'as fait. Je t'ai vue. Après le dîner.

Un profond désarroi se peignit sur les traits de Lena.

— Oh. C'est vrai.

Mais il était clair qu'elle ne s'en souvenait pas.

— Ce n'est pas grave. Nous allons installer un petit tableau dans la cuisine, avec une case pour chaque jour. Chaque fois que Bracken aura eu sa gamelle, il faudra cocher la case, ça nous évitera de nous tromper.

Lena hocha la tête, mais elle n'était pas dupe. Elle considéra le bol qu'Emily lui avait confisqué.

— Oui, répondit-elle d'une voix creuse. Bonne idée.

Puis elle baissa les yeux sur son drôle d'accoutrement et adopta le même ton faussement enjoué qu'Emily.

— Tiens, c'est l'heure d'aller au lit ? On dirait, bien ! Allez, je vais me coucher. Bonne nuit et gare au grand méchant loup.

— Bonne nuit, murmura Emily en la regardant s'éloigner.

À ses pieds, Bracken jappa, inconsolable. Elle lui gratta l'oreille.

— Désolée, mon beau.

Elle se pencha pour cacher ses larmes dans la fourrure du chien. Cette maladie n'était qu'une succession de petites morts, un deuil interminable. Elle rejoignit sa chambre et resta assise dans le noir. Puis elle sortit son portable et le soupesa. Non, elle ne l'appellerait pas. En tout cas, elle ne *pensait pas* l'appeler – elle n'en avait *pas envie*.

Un texto de Mike l'attendait.

1984 ou Le Meilleur des mondes ?

Il avait entamé ce petit jeu quelques jours plus tôt : il lui envoyait des titres de livres en lui demandant de choisir. « C'est pour ma gouverne », avait-il plaisanté. « On apprend beaucoup de choses sur les gens à partir de leurs goûts littéraires. »

Elle répondit :

J'aime les deux. 1984 est mieux écrit, mais l'autre fait plus peur.

Ne te défile pas. Choisis.

Je réfléchis et je te dis ça plus tard.

Je peux passer à la librairie demain après le boulot pour écouter ta réponse autour d'une bière ?

Elle n'hésita pas une seconde, mais s'obligea à attendre une minute avant de réagir.

D'accord.

18

Le lendemain matin, Emily se leva aux aurores. Elle ouvrit la porte qui donnait sur le jardin et prit son petit déjeuner en écoutant le chant des oiseaux. Elle avait mal dormi. Ses rêves s'étaient embourbés dans les pertes de mémoire de Lena et l'injure faite à Kate, Mike émergeant de temps à autre de la purée de pois, tel un phare. Elle bâilla et soutint son menton avec sa main. Si Kate venait à apprendre…

Non, l'apprendre, elle devait l'apprendre, mais quand, comment ? Il fallait qu'elle prenne son courage à deux mains et se lance. Le plus tôt serait le mieux… Aujourd'hui ?

Lena entra dans la cuisine vêtue d'une ample robe de chambre grise et élimée. Elle s'arrêta à côté d'elle.

— Bonjour, ma fille. Eh bien, que t'arrive-t-il ?

Emily releva la tête et croisa le regard déterminé et pénétrant de sa grand-mère. Elle sourit.

— Rien. Je suis juste un peu fatiguée.

Lena se laissa tomber sur une chaise.

— Il n'en vaut pas la peine, tu sais. Ce type, ton mari, le musicien.

L'atmosphère se régénéra ; si elle avait pu, Emily se serait accrochée à cet instant pour ne plus jamais le lâcher.

— Je sais, répondit-elle. Maintenant je le sais.

— Alors, pourquoi cette mine abattue ?

Se confier était étrange, mais elle ne put résister. La femme qui se tenait devant elle avait écouté toutes ses misères d'adolescente, les avait balayées d'un revers de la main ou au contraire s'était emportée en prenant parti pour sa petite-fille. Bon sang, qu'est-ce que cette femme-là lui manquait !

— J'ai fait une grosse bêtise, confessa-t-elle. Ça s'est passé il y a très longtemps, mais ça pourrait encore avoir de lourdes conséquences… La culpabilité me rend folle, et j'ai peur que la vérité éclate.

— Un jour, j'ai moi aussi fait quelque chose dont je ne suis pas fière, déclara Lena posément. Je n'en ai jamais parlé à personne, à part James.

Tout à coup, elle sembla submergée par le besoin de se laisser aller à la confidence. Emily avait une furieuse envie de s'emparer d'un stylo, mais ce récit ne s'annonçait pas comme les autres anecdotes qui figuraient dans les Mémoires. Cette fois, il n'y avait que deux femmes qui parlaient à cœur ouvert. Elle croisa les bras sur la table.

— J'ai eu une sœur.

— Attends, quoi ? Je croyais qu'il n'y avait eu que toi et oncle Austin.

— Ne commence pas à m'interrompre à tout bout de champ, ma fille, la réprimanda sévèrement Lena.

Emily se tut.

— Elle s'appelait Annabelle.

Un prénom adorable, aussi doux que du miel sur la langue.

Tandis que Lena parlait, le film défilait sur l'écran de son esprit ; elle n'était plus dans la cuisine avec Emily, mais transportée dans une autre maison, il y a bien longtemps, pour revivre chaque seconde de la tragédie qui s'y était déroulée.

— Elle avait sept ans de moins que moi et était en adoration devant moi, elle voulait tout faire comme moi. Seulement, je n'avais pas la patience de la traîner partout. Je voulais courir dans les champs et dans les bois, jouer avec James et les autres garçons, sans contraintes.

Emily connaissait déjà pas mal de choses sur Lena, entre autres que son copain d'enfance deviendrait plus tard son mari.

— J'essayais toujours de la chasser, continua-t-elle.

Elle baissa la voix, jusqu'à ce que celle-ci se réduise à un vrombissement sourd résonnant dans la pièce et à travers Emily.

— Tout ce que je voulais, c'était qu'elle rentre à la maison, qu'elle aille jouer avec ses poupées, qu'elle nous laisse tranquilles, James et moi. Rien à faire, il fallait à tout prix qu'elle imite sa grande sœur. Je lui disais qu'elle était trop petite pour s'amuser, pour participer à nos jeux de grands.

Elle marqua une pause, mais Emily se garda bien de l'interrompre.

— Un jour, elle nous a suivis dans les bois, sans se montrer pour que nous ne puissions pas la renvoyer à la maison. Elle a dû être très discrète. James et moi grimpions à notre arbre préféré en nous défiant l'un l'autre de monter toujours plus haut pour démontrer notre courage. Je voulais prouver à James que j'étais aussi téméraire que lui ; il le savait, bien sûr, mais il aimait me taquiner, il me traitait de fillette pour me rendre folle.

Nouvelle pause.

— Au bout d'un certain temps, lorsque nous nous sommes lassés de ce jeu, nous avons continué notre promenade vers la rivière. C'est là qu'un cri a retenti.

Nous avons rebroussé chemin jusqu'à notre arbre à toute vitesse et avons découvert Annabelle qui gisait sur le sol, comme une poupée désarticulée, blême. Elle avait essayé de grimper, pour faire comme sa sœur. Nous avons eu la présence d'esprit de ne pas la déplacer – sa colonne vertébrale était brisée, c'était évident. James est parti chercher de l'aide et je suis restée avec Annabelle. Elle était inconsciente, j'ai cru qu'elle était morte. Je me suis assise à côté d'elle dans l'herbe et les feuilles, et je lui ai promis que si elle survivait, jamais plus je ne la renverrais à la maison. Je devais être en état de choc parce qu'à l'arrivée des hommes du village, j'étais tout engourdie. Je n'ai plus pu bouger, pas même lorsqu'ils l'ont placée sur une planche et l'ont emmenée. James est resté avec moi. Je me rappelle qu'il pleurait, ce qui m'a paru très bizarre : je ne l'avais jamais vu pleurer. Pour finir, il a réussi à me persuader de me lever et de rentrer. En approchant de la maison, nous avons entendu ma mère qui hurlait.

Cette fois, le silence se prolongea si longtemps qu'Emily ne put s'empêcher de l'encourager.

— Est-ce qu'elle… ?

— Elle a survécu, mais elle n'a plus jamais retrouvé l'usage de ses jambes. Elle ne pouvait plus courir derrière moi ni grimper aux arbres. Mon vœu avait été exaucé.

Les larmes montèrent aux yeux d'Emily tant sa voix était affligée, mais elle les réprima.

— Ma mère ne me l'a jamais tout à fait pardonné, je crois. En tout cas, moi, je ne me le suis jamais pardonné.

— Mais…

— Inutile, ma fille. Je sais. Ce n'était pas ma faute, et pourtant si, un peu. Six mois après son accident, Annabelle a attrapé la scarlatine ; elle a été très malade, puis elle est morte.

Morte. Le mot avait un poids, une forme et une texture particuliers. Cette fois, la pause s'imposa d'elle-même, par déférence.

— Annabelle m'a appris qu'il ne fallait jamais rabrouer les gens, mais au contraire écouter leurs souhaits sans les qualifier de bêtises ou de caprices d'enfants sous prétexte qu'on croit tout savoir mieux que tout le monde. J'aurais dû la laisser jouer avec nous, lui faire découvrir nos coins préférés, lui apprendre à grimper dans les arbres en toute sécurité, comme James me l'avait appris. Peut-être qu'alors elle ne m'aurait pas suivie en cachette. Je n'ai jamais raconté cette histoire à personne et tous ceux qui se souvenaient de ma sœur sont morts.

Elle dévisagea sa petite-fille avec une expression lourde de sens et de souvenirs.

— J'avais choisi de l'effacer de ma vie, mais je ne veux plus.

Malgré la morsure du chagrin très vive chez Lena, Emily était contente d'avoir découvert ce passage de sa vie. Elle porterait désormais une petite part du fardeau de sa grand-mère. Chaque révélation sur la petite fille qu'elle avait été était précieuse et lui permettait de comprendre la femme qu'elle était devenue : la mamie qui ne l'avait jamais empêchée de faire ce qu'elle voulait, mais qui avait été là à chacun de ses pas, pour veiller à sa sécurité tout au long du chemin ; la mamie qui lui avait appris que tout était possible.

Enfant, Lena n'avait pas trouvé sa place, à une époque où ne pas répondre aux attentes de la société était bien plus difficile. Elle avait été cette petite fille qui jouait avec les garçons et rentrait chez elle couverte de boue, puis cette jeune femme farouchement indépendante, bien décidée à casser les codes. Le petit garçon épris d'elle avait fini par devenir son mari, mais pas avant qu'elle n'ait déployé ses ailes et ne soit partie à l'aventure. Il avait patiemment attendu qu'elle revienne vers lui. La petite église de village où ils avaient célébré leur union était celle-là même où, enfants, ils chuchotaient et se transmettaient de petits messages pendant la messe.

La Lena qu'Emily découvrait grâce à ses « Mémoires » avait été un mystère aux yeux de sa mère et source de beaucoup de fierté amusée pour son père ; une petite fille qui aimait démonter des moteurs pour en comprendre le fonctionnement, qui s'était battue pour tracer sa propre route en ce bas monde. Un oiseau libre comme l'air.

Soudain, toute envie de raconter déserta Lena, en même temps que sa conscience du présent. La parenthèse magique se referma bien trop tôt au goût d'Emily. Toutefois, même si c'était douloureux, elle avait conscience de l'importance capitale de ce récit, du moment qu'elle venait de passer et du message que Lena avait une fois de plus tenté de lui transmettre : la vie était trop courte pour la gâcher en culpabilisant ou en s'efforçant de devenir quelqu'un d'autre.

Cette fois, Emily le comprit. Il était temps qu'elle cesse de vouloir être une autre, qu'elle laisse la place à sa véritable personnalité.

Lena se retira dans son monde de brume impénétrable pour le reste de la journée et Luke n'arrêta pas de passer à la boutique. Heureusement, elle put compter sur Mike et sur le travail à la librairie pour la distraire. Les visites de Luke étaient inoffensives, il ne faisait que passer pour donner un coup de main ici ou là, mais le premier imbécile venu aurait repéré l'histoire d'amour naissante entre Kate et lui. Un rappel constant de la résolution qu'elle avait prise à la lueur de l'histoire d'Annabelle : tout révéler à Kate. Cependant, les jours continuèrent à défiler sans qu'elle parvienne à trouver le bon moment pour sa grande mise au point.

Le vendredi suivant, Kate s'inquiéta de voir Luke négliger les travaux du cottage de son père, mais elle n'osa pas le lui faire remarquer ; elle était déjà bien trop attachée à sa présence. Ils ne parlaient jamais de ce qu'il y avait entre eux, mais lorsqu'elle lui avait maladroitement appris qu'elle avait rompu avec Ben, il lui avait semblé déceler de la satisfaction chez lui.

— Je ne suis pas celle que tu crois, avait-elle annoncé à Ben. Et ce n'est pas juste envers toi de continuer comme ça, ni envers moi.

Un long silence avait suivi, si long qu'elle s'était demandé si la communication avait été coupée.

— Alors tu ne reviendras pas ?

Là, ça avait été au tour de Kate de ne pas savoir quoi répondre.

— Je n'en ai aucune idée.

L'absurdité de la situation l'avait alors frappée. Il ne s'agissait pas uniquement de Luke, mais aussi d'Emily, de tous les Cotton, et peut-être même de sa mère.

Elle était à deux doigts de répondre à Lily, de lui apprendre qu'elle était rentrée en Écosse ; un premier pas terrifiant qui l'éloignerait encore un peu plus de New York.

— Il y a quelqu'un d'autre, déclara Ben, très prosaïquement.

— Oui. Il y a quelqu'un, reconnut-elle, avec un pincement de culpabilité.

— Non. Je veux dire, dans ma vie, Kate. Puisqu'on se la joue franc-jeu, autant que tu le saches. J'ai été content de te connaître. Bonne chance.

— À toi aussi. Prends soin de toi, Ben.

Quelle drôle d'impression ! C'était comme sortir d'un rendez-vous d'affaires.

Ce vendredi-là, tard dans l'après-midi, elle regagna la librairie après avoir fait un saut à l'épicerie pour acheter du chocolat. Elle trouva Emily avec un livre ouvert sur les genoux. Un imposant volume tacheté par l'âge et l'humidité.

— C'est une anthologie sur le thé, lui apprit-elle en lui montrant quelques pages.

Elles étaient en train de restaurer les fauteuils de la grand-mère de Mike à l'aide de longs morceaux de tweed et de grosses agrafeuses. Emily avait pris une pause non autorisée pendant que Kate partait à la recherche de victuailles.

— Ah ?

— Oui, j'envisage d'organiser des dégustations de thé.

— Ça existe ?

— Bien sûr. C'est comme une dégustation de vin, sauf…

— … que c'est beaucoup moins drôle, intervint Noah en entrant dans la pièce.

Il souleva et manipula une planche en soufflant.

Armés de scies et de marteaux, Luke et lui étaient en train de construire une étagère supplémentaire avec du bois que Luke avait récupéré quelque part. Ce dernier se redressa en riant.

— C'est la pause-café ? Tu as trouvé du chocolat, Kate ?

Emily sortit de sa léthargie en bâillant tandis que Kate exhumait les tablettes de chocolat des profondeurs de ses poches.

— Tu veux bien allumer la bouilloire, Luke, s'il te plaît ? Pour moi ce sera un…

— … thé, acheva-t-il en acquiesçant. Assez fort pour qu'une cuillère tienne debout dedans, avec un nuage de lait, mais sans sucre. J'ai bien noté.

Kate le suivit pour lui donner un coup de main et en profita pour lui caresser le bras et le dos, juste pour le plaisir de sentir ses muscles se tendre, et la zone humide où son T-shirt collait à ses omoplates. Comme d'habitude, il était arrivé avec son sac d'outils pour les aider.

— Tu es sûr que tu peux te permettre de perdre du temps avec nous ? s'était-elle inquiétée, comme tous les jours.

— J'en avais marre de travailler tout seul dans la maison, avait-il répondu. On va bien s'amuser.

En effet, ils s'amusaient bien, s'activant tous les quatre dans une harmonie qui s'était installée avec une étonnante facilité. Restaurer les fauteuils, en revanche, s'avérait bien plus compliqué que prévu, et elle était bien contente de prolonger un peu la pause. Ils s'assirent à terre et firent le point : le magasin était à présent lumineux et propre ; la décoration alliait rustique et moderne avec une parfaite homogénéité. Les tables et le comptoir avaient été poncés, nettoyés et peints, les étagères vernies et les planches en bois lisse et brillant n'attendaient plus que les précieux livres.

Luke tendit les jambes et s'adossa au mur.

— Vous avez fait du beau boulot. Et le bâtiment est tout à fait sain, pas de trace d'humidité, rien.

Kate et lui s'efforçaient de ne pas se dévorer du regard en permanence, mais leurs yeux n'arrêtaient pas de dévier, de se croiser, de refléter des souvenirs : la plage, la caverne, main dans la main, et le bruissement des vagues à la nuit tombante.

— Ça vous dirait d'aller manger un bout quelque part après ça ? demanda Luke.

Par galanterie, il adressait son invitation à tout le monde, mais il était évident que celle-ci concernait surtout Kate.

Emily secoua la tête.

— Non, je ne peux pas. Lena m'attend, elle risque d'être déstabilisée si je dîne à l'extérieur.

Ce n'était pas tout à fait vrai – Lena ne remarquerait même pas son absence et elle avait pris soin de prévoir des restes dans le frigo, comme d'habitude – mais elle avait déjà tenu la chandelle assez souvent comme ça. Et puis, elle n'avait pas envie d'avouer aux autres que Mike risquait de passer la voir. Il l'avait déjà fait : une première fois pour l'inviter à prendre une bière et une seconde où il était arrivé avec une pizza. Pourquoi tenait-elle à garder ça secret ? Bonne question.

— Noah ?

Noah était rouge pivoine, les yeux rivés sur la vitrine. De l'autre côté de la fenêtre, une silhouette s'approchait dans l'allée d'un pas chaloupé.

Tournant le dos à la vitrine, Emily ne vit pas l'évidence comme Kate. Noah était subjugué par une jeune fille qui s'apprêtait à pousser la porte. Elle entra. Avec son sourire timide, sa peau caramel et ses gigantesques yeux marron, elle était magnifique. Elle avait rassemblé ses cheveux bruns dans une queue-de-cheval très souple.

— Salut, Noah, balbutia-t-elle, le visage à moitié mangé par son épaisse frange. J'espère que ça ne te dérange pas que je débarque à l'improviste comme ça. Tu m'avais dit que tu travaillais dans la nouvelle librairie de ta sœur, alors j'ai pensé…

Elle haussa les épaules et se frotta les bras.

Noah était incapable de camoufler son sourire.

— Non, c'est super. Génial. Bon, les gars, je vous présente Becca.

La jeune fille était un peu nerveuse. Avec ses jambes de moineau enfoncées dans ses Ugg, elle paraissait minuscule à côté de Noah. Elle se mordit les lèvres, écarta sa frange et serra la main à tout le monde.

Kate et Emily échangèrent un sourire en coin. Noah était si doux, si prévenant avec elle, si fier aussi lorsqu'il la regardait, qu'elles avaient beaucoup de mal à contenir leurs remarques taquines.

— Ravie de te rencontrer, Emily, dit Becca. J'adore ce que tu as fait de cet endroit. C'est superbe.

— Merci.

Emily n'en revenait pas. Cette fille n'avait rien à voir avec la dernière que Noah avait ramenée à la maison ; Charley était une créature peu amène, insolente, qui toisait tout le monde, et elle était impliquée dans toute cette histoire au lycée.

— Ce doit être un peu stressant d'ouvrir une librairie dans cette ville, continua Becca. Enfin, personnellement, je trouve qu'il n'y a jamais assez de librairies.

— Je suis plus que d'accord, répondit Emily en haussant un sourcil.

Elle adressa un regard approbateur à son frère.

— Désolée si ma question est un peu déplacée, mais je me demandais si vous comptiez embaucher ? s'enquit Becca avec un petit sourire gêné.

— Je n'y ai pas encore réfléchi, mais c'est probable.

— Génial. Ce serait super si vous pouviez penser à moi. Je peux vous déposer un CV. J'aimerais commencer à économiser pour l'université et je préfère travailler dans une librairie que n'importe où ailleurs.

— Bien sûr. Apporte-moi un CV, je te tiendrai au courant.

Le sourire de Becca s'élargit et Emily comprit ce qui fascinait tant Noah : ses fossettes, sa peau fraîche et ses yeux incroyables, aussi brillants qu'une pluie d'étoiles. Becca se tourna de nouveau vers lui, intimidée.

— Je voulais aussi t'inviter à dîner chez moi, ce soir. Ma mère est d'accord.

Noah resta bouche bée.

— Chez toi ? Avec tes parents ?

Becca hocha la tête.

— Si ça te tente.

— Bien sûr ! s'empressa de répondre Noah.

Il n'avait pas trop de soucis à se faire, songea Kate. Il était clair que Becca était complètement amoureuse. Assister ainsi aux premières étincelles d'un amour de jeunesse lui rappela des sensations.

Les tentatives de Noah pour paraître nonchalant étaient trop comiques.

— Vous avez encore besoin de moi ici ?

Emily le libéra de ses obligations.

— Non, vas-y. Amuse-toi.

Noah ne se fit pas prier. Il prit Becca par la main et l'entraîna vers la porte. Une seconde plus tard, ils riaient tous les deux dans l'allée, encadrés par la végétation.

— Eh bien ! Qu'est-ce que vous dites de ça ? lança Emily.

— C'est fantastique ! Becca a l'air adorable et Noah a bien besoin qu'on lui mette un peu de baume au cœur.

— Elle est… étonnante. Je crois que je l'aime bien, acquiesça Emily.

— Et dire que nous avons été aussi jeunes ! Difficile à croire, hein ? fit Luke avec un petit coup d'œil à Kate.

Elle lui sourit.

— Bon, et si on allait dîner ? Emily, tu es sûre que tu ne veux pas nous accompagner ?

Elle secoua la tête. Elle avait besoin d'être un peu seule au magasin. La librairie émettait des ondes tellement plus positives ces derniers temps qu'elle prenait plaisir à s'y attarder, à la contempler et à oser rêver à ce que l'endroit pourrait devenir. Peut-être même commencerait-elle à ranger les livres sur les étagères. Et bien sûr, il restait la possibilité que Mike passe à l'improviste…

De son côté, Kate passa mentalement en revue les restaurants de Wigtown.

— Alors, où va-t-on ? demanda-t-elle.

Luke plongea les mains dans les poches. Il arborait cet air juvénile ; il ne lui manquait plus que son skateboard et elle le suivrait jusqu'au Poteau des Martyrs où ils s'embrasseraient au milieu des orties.

— Je pourrais te concocter un petit plat, suggéra-t-il.

— Dans ta caravane ?

— Oui. La cuisine est correcte.

Kate rougit en pensant à la promiscuité qu'offrait une caravane. Se retrouver seule avec lui, dans un espace si réduit. Il lui tendit la main et elle la prit, frissonnant au moment où leur peau entra en contact.

Kate jeta un coup d'œil par-dessus son épaule avant de partir.

— À plus tard.

Une fois seule dans la librairie, Emily mit la musique à fond et continua à travailler sur les fauteuils. De toute façon, qu'aurait-elle bien pu faire de mieux, un vendredi soir ? Noah était parti avec Becca et Kate dînait chez Luke. Couper, placer et agrafer du tissu lui suffisait amplement, du moment qu'elle évitait de penser à Kate et Luke, et à la conversation qu'ils risquaient d'avoir. Elle avait attendu le moment propice toute la journée, mais il ne s'était jamais présenté.

Peu avant vingt et une heures, de petits coups retentirent à la porte. Enfin ! Elle se leva d'un bond, passa une main dans ses cheveux et alla ouvrir la porte sans se presser. Mike était là, avec une bouteille de whisky et une boîte à pizza.

— Tu as faim ? demanda-t-il avec un sourire.

Ils s'envoyaient désormais pas mal de messages, et l'autre jour, après le départ de Kate et Noah, il était déjà passé au magasin ; ils avaient partagé une pizza et un petit verre. Cependant, il ne s'était encore rien passé – rien de déterminant en tout cas. Peut-être Mike avait-il compris qu'elle avait besoin de temps pour se préparer à la perspective d'une nouvelle relation ; elle était encore terrifiée à la simple idée de l'embrasser, mais elle devait reconnaître qu'elle s'y habituait de plus en plus.

Elle attrapa une serviette et plongea sur la pizza.

— Tu as une mauvaise influence sur moi. Je ne peux pas résister à la malbouffe.

Mike sourit.

— Dans ce cas, il va falloir que tu acceptes que je t'invite au restaurant ou que je te mitonne quelque chose.

— Encore faut-il m'en faire la demande. Tu cuisines ?

— Non, je suis un piètre cuistot, mais c'est l'intention qui compte.

Emily riait encore lorsque son téléphone se mit à sonner. Elle mit une éternité à le retrouver et au moment où elle le dénicha, sous une chute de tweed, l'appel était terminé. Il provenait de Lena. Elle se dépêcha de rappeler.

— C'est Bracken, annonça Lena sans préambule. Il lui est arrivé quelque chose.

— Quoi ?

— Rentre.

Et elle raccrocha.

Emily soupira. Elle attrapa son sac, servit une rapide explication à Mike, abandonna ses outils où ils étaient et verrouilla la librairie. Le chien ne devait rien avoir de grave, mais quand Lena s'affolait pour une raison ou une autre, elle se laissait vite submerger par la panique et perdait toute lucidité. Il fallait qu'elle rentre et éclaircisse cette histoire. Elle réprima un soupir de déception en regardant Mike redescendre la rue en direction de son appartement, situé au-dessus du cabinet vétérinaire. Une soirée qui s'annonçait si bien.

Avant de partir, il lui avait caressé le bras.

— S'il y a vraiment un problème avec le chien, appelle-moi.

— Je suis sûre qu'il va très bien.

— Appelle-moi quand même. Comme ça, nous pourrons trouver un jour qui te convient pour que je te prépare un horrible repas.

Elle trouva Lena dans la cuisine, debout devant le panier de Bracken, les mains sur les hanches. Le chien leva la tête avec un air dépité, puis laissa retomber son museau sur ses pattes en poussant un profond soupir.

— Il m'a l'air dans son état normal, jugea Emily. Une tasse de thé ?

— Non. Il n'a plus d'appétit. Hier soir, il n'a pas touché à son dîner et ce matin il a à peine reniflé son petit déjeuner. Et quand j'ai voulu le sortir tout à l'heure, il a refusé de quitter son panier. Il a été comme ça toute la journée.

— Mais pourquoi ne m'as-tu rien dit ?

Elle jeta un coup d'œil au panneau d'affichage où le nouveau tableau des repas de Bracken était épinglé ; les cases de la veille au soir et de ce matin étaient toutes les deux cochées.

— Je suis sûre que ce n'est pas grave, lui assura-t-elle.

Quel âge avait Bracken, déjà ? Au moins onze ans. Il n'était plus tout jeune. Elle s'agenouilla à côté du panier et caressa sa tête soyeuse. Bracken la regarda avec des yeux de chiot.

— On devrait peut-être l'emmener chez le vétérinaire, suggéra Lena.

— Il est tard.

Elle jeta un coup d'œil à l'horloge de la cuisine – vingt et une heures largement passées. Bien sûr, Mike ne verrait aucun problème à être dérangé…

— Ça ne peut pas attendre.

Lena était anxieuse et un peu revêche ; elle se tordait les mains.

— D'accord, soupira Emily.

— Je ne me rappelle pas du nom du vétérinaire, mais je dois avoir sa carte quelque part.

Elle ouvrit le tiroir sous la table de la cuisine et fouilla le contenu en faisant tomber quelques objets. Tickets de caisse, cartes postales, élastiques, carnets, un jeu de cartes, quelques recettes tachées, pièces de monnaie, piles…

— C'est bon, intervint Emily. Je connais son numéro. Il s'appelle Mike McKendrick.

Elle chercha le numéro de Mike dans son répertoire.

— Non, rétorqua Lena. Ce n'est pas du tout McKendrick, sinon je m'en souviendrais.

Ça, c'est discutable, songea Emily.

— Quand as-tu emmené Bracken chez le vétérinaire pour la dernière fois ?

— Il y a cinq ans. Environ. Enfin, je crois.

— Et les contrôles annuels, le traitement antipuces, le vermifuge, les vaccins ?

— Bracken est fort comme un bœuf, s'offusqua Lena. Nous n'avons jamais eu à nous encombrer de vétérinaires.

Voilà qui en disait long sur ce qu'elle pensait des médecins.

— Eh bien, je ne crois pas me tromper en affirmant qu'il y a eu pas mal de changements du côté des vétérinaires en cinq ans, alors fais-moi confiance. Mike est très gentil.

Lena pesta quelques instants : pourquoi fallait-il que tout change ?

— Henderson ! s'écria-t-elle soudain. Je crois qu'il s'appelle Henderson. Le vieux Jim Henderson. Ou Herriot ?

— Non, ça, c'est le nom de l'auteur de *Toutes les créatures du Bon Dieu*, Lena.

— Ne sois pas ridicule, rétorqua-t-elle sèchement.

Elle s'accroupit près de Bracken et essaya de le convaincre de manger quelques biscuits en lui caressant les flancs.

— Oui, c'est Emily.

— Re-bonjour, dit Mike. Alors, soit le chien ne va vraiment pas bien, soit tu as très envie de goûter à ma cuisine.

Emily sortit de la pièce pour éviter que Lena l'entende.

— Bien vu. Pour le chien. Par contre, je crois que je devrais me charger du repas.

Elle lui expliqua l'état de Lena.

— Elle ne peut pas attendre, tu comprends ? Elle s'est mis dans le crâne qu'il fallait voir un vétérinaire tout de suite, impossible de la raisonner. Si je ne fais rien, elle va continuer à s'agiter. Du coup je me demandais si ça te dérangerait de l'examiner. Ce chien est très important pour elle.

— Bien sûr. Aucun problème. Tu peux me l'amener tout de suite au cabinet, je te rejoins là-bas.

Emily soupira de soulagement.

— Parfait, merci.

Elle regagna la cuisine. Lena était assise à terre, à côté du panier de Bracken, lointaine, absorbée dans ses pensées, presque en recueillement. Elle hésita à la déranger.

— Tout va bien, dit-elle avec douceur. Si nous l'emmenons jusqu'au cabinet maintenant, le vétérinaire nous y rejoindra. Au fait, tu as dîné ? Je t'ai appelée pour te prévenir que je resterais tard à la librairie, tu te souviens ?

Elle alla jusqu'au frigo et l'ouvrit. Le Tupperware de restes n'avait pas bougé. Elle le sortit.

— Je t'avais pourtant bien dit qu'il y avait de quoi dîner dans le frigo.

— Pas faim.

— Il faut que tu manges. Tu dois prendre soin de toi.

— Pourquoi ? Tu le fais si bien pour moi, répliqua Lena avec amertume. Toujours là, à me casser les pieds. Et si tu me fichais un peu la paix ? Je ne suis pas une enfant.

Elle sortit de la pièce d'un pas rageur.

Emily trancha du pain et se prépara un sandwich. Elle n'avait guère eu le temps de grignoter plus que quelques bouchées de pizza. Elle retrouva Lena dans le salon, en robe de nuit.

— Lena, il est temps d'y aller.

Elle fronça les sourcils.

— Où ça ?

— Chez le vétérinaire, avec Bracken.

La panique traversa ses traits.

— Ah bon ! Il est malade ?

— Quoi ? Il… euh… non. Rien de grave. Juste un contrôle de routine. J'ai sûrement oublié de le noter au calendrier. Alors, tu t'habilles et tu m'accompagnes ?

— Je ne crois pas, chérie. Je n'ai pas très envie de sortir. Tu n'as qu'à y aller.

Emily réprima un soupir et serra les dents.

— D'accord.

Puisque Lena refusait de bouger et que Kate et Noah étaient de sortie, elle hérita de la tâche délicate de faire grimper un chien mal disposé dans la voiture.

Elle conduisit avec précaution jusqu'en ville. Les premiers picotements d'anxiété la gagnèrent tandis qu'elle se garait. Elle parqua la voiture aussi près du cabinet vétérinaire que possible. Malgré tous ses efforts, lorsqu'elle tenta de persuader Bracken de sauter du coffre, il la regarda d'un air abattu et se pelotonna dans sa couverture. Elle referma la portière et entra dans la salle d'attente.

— Il y a quelqu'un ?

Il régnait un silence sinistre à l'intérieur. Puis le bruit d'une porte se fit entendre et la voix de Mike résonna.

— Par ici, à l'arrière. Juste une minute.

Emily hésita près de l'entrée. Elle jeta un coup d'œil dans le couloir non éclairé d'où provenait la voix de Mike. Soudain une porte s'ouvrit au bout du couloir et il apparut. Il s'essuyait les mains avec une serviette.

— Salut.

— Emily Cotton, enchantée, répliqua-t-elle avec un sourire. Je vous ai appelé, c'est pour mon chien.

Il sourit à son tour.

— Ah oui, le petit chenapan.

— Désolée pour le dérangement, je m'en veux de t'obliger à travailler à cette heure.

— Ne t'en fais pas. J'ai l'habitude. Que je dorme ou que je mange, j'ai toujours une oreille aux aguets. Un coup de fil et je me retrouve avec la main au fond d'une vache ou ailleurs pour d'autres missions tout aussi charmantes. En plus, ça me donne l'occasion de te voir quand même.

Avec la proximité, le parfum de son savon aux herbes parvenait jusqu'à elle. Elle rougit.

— J'achète mes légumes à Lena au marché fermier le samedi. Elle est souvent accompagnée d'un adorable setter irlandais : c'est notre patient ?

— Oui, il est dans la voiture, répondit-elle en désignant la rue d'un geste. J'ai bien peur de ne pas réussir à le porter. J'ai aussi honte de t'avouer ça, mais il n'a plus vu de vétérinaire depuis cinq ans.

— Ne te tracasse pas. Je vais te donner un coup de main.

— Merci.

Elle posa son sac sur une chaise en plastique de la salle d'attente et lui montra le chemin.

Mike caressa Bracken, étudia ses yeux, sa gueule et ses pattes, lui palpa la cage thoracique et l'abdomen.

— Quel est le problème ?

— Peut-être qu'il n'a rien. Lena est convaincue qu'il ne s'alimente plus, mais elle exagère peut-être. Sa maladie altère parfois son jugement et la rend irrationnelle. Cela dit, il refuse de se lever pour sortir, et ça, c'est vraiment inhabituel.

— S'inquiéter pour son chien n'a rien d'irrationnel, la rassura Mike. La plupart des gens sont très attachés à leur animal. En tout cas, c'est mon cas. Nous allons l'emmener à l'intérieur, ce sera plus facile pour l'examiner.

Lorsque Bracken se retrouva étendu sur la table d'examen de Mike, l'anxiété d'Emily grimpa d'un cran : s'il arrivait malheur à Bracken, comment Lena surmonterait-elle cette épreuve ?

Elle se rongea les ongles tandis que Mike travaillait avec minutie.

— Ça risque de prendre un peu de temps, la prévint-il. Je ne trouve rien à première vue, je vais devoir procéder à quelques tests. Si tu veux, je te passe un coup de fil dès que j'en saurai plus ?

— D'accord.

Elle était un peu réticente à l'idée de partir.

— Euh… au risque de paraître insensible, tu as une idée du coût que ça représentera ?

— Je ne vais rien faire de ruineux pour l'instant, ce ne sont que des vérifications préliminaires. Je t'appellerai pour discuter des options plus tard.

— Des options ?

D'horribles images d'adieux interminables et de funestes aiguilles flottèrent dans son esprit. Les larmes lui montèrent aux yeux.

— Les options de traitements, de paiement, s'empressa d'ajouter Mike. Il est trop tôt pour paniquer.

— C'est vrai, mais il est déjà vieux, non ?

— Ce n'est plus un chiot, c'est sûr, mais il peut lui rester quelques belles années.

Emily erra dans la rue, abattue. Tout était fermé. Que pouvait-elle bien faire ? Rentrer à Bluebell Bank pour attendre le coup de fil de Mike, mais alors elle devrait gérer Lena, une perspective peu réjouissante dans la situation actuelle.

Pour finir, elle regagna sa librairie.

Elle adorait descendre la petite allée qui menait de la rue principale à son magasin, baisser la tête pour passer sous l'arche feuillue et voir le Coin Lecture apparaître comme par enchantement devant elle, niché au milieu des arbres et des aubépines. L'enseigne en bois était toujours vierge ; elle avait été poncée et nettoyée et attendait que l'on se penche sur son cas. Kate était en train de concevoir un logo et un lettrage particulier.

Elle entra, réconfortée par la solitude qui l'accueillit ; elle huma les odeurs de peinture, de vernis et de bois fraîchement coupé, au milieu desquelles flottait un léger fumet de pizza : elle s'imprégna de l'atmosphère de son magasin, son endroit à elle. En posant son sac sur le comptoir, elle imagina le rituel qui s'installerait au fil des mois et des années à venir : poser son sac, allumer la bouilloire, les lampes, l'ordinateur.

Elle consulta son téléphone : elle ne voulait pas rater l'appel de Mike.

Elle faillit le lâcher en découvrant un texto à l'écran. Le nom qu'elle avait rêvé de voir affiché pendant si longtemps…

Joe.

Elle ouvrit le message, les doigts tremblants, le souffle court.

Et si on se voyait ? Tu décides du lieu et de l'heure. Tu me manques. Je suis prêt à envisager le futur, Em.

Elle posa le téléphone sur le comptoir, assaillie de vagues de nausées. Si elle le voulait, il pouvait encore lui appartenir. Il avait envie d'elle, c'était clair, il voulait parler… Oui, mais, et elle ?

Pendant des mois, elle n'avait rêvé que de ça, un contact, un espoir, une seconde chance – à moins que ce ne soit la troisième, la quatrième, la cinquième ? Leur relation était si orageuse. Quand allait-elle enfin comprendre que ça ne pourrait jamais marcher ? Le divorce aurait dû lui ouvrir les yeux une bonne fois pour toutes, mais non. Voilà que Joe lui proposait un nouveau tour de manège, alors qu'elle avait enfin sorti la tête de l'eau et allait de l'avant.

Si seulement elle avait pu parler à Kate, mais elle était avec Luke. Elle avait besoin de Lena, mais elle n'était plus disponible. Avec qui d'autre pouvait-elle aborder le cas de Joe ? Personne.

De toute façon, c'était trop tard : le divorce avait été conclu, signé, entériné sans être contesté. Le quitter avait été la bonne décision et elle le savait, mais depuis lors elle avait été si malheureuse, si insipide, si pathétique sans lui. Tous ces mois où la vie n'avait rimé à rien.

Elle arpentait le magasin. *Qu'ai-je donc dans le crâne ? Comment puis-je envisager de le revoir, ne serait-ce qu'une seule seconde ? Ce serait de l'inconscience.*

C'était inenvisageable, bien sûr. Entre eux, ça ne collait pas. Elle en avait largement eu la preuve. Pourtant, il exerçait toujours une certaine attirance sur elle, un désir ; et savoir qu'il avait de nouveau envie d'elle lui procurait un plaisir indéniable…

Elle s'assit devant son ordinateur portable, en proie à une véritable tempête intérieure. Elle s'accrocha au comptoir, à *son* endroit. L'écran de veille était une photo de ses livres d'enfance préférés empilés.

Voilà tout ce qui comptait : le Coin Lecture.

Cette librairie lui appartenait, c'était son avenir et Joe n'y avait pas sa place. Enfin, sauf pour l'aspect financier, mais jusque-là elle avait toujours pris soin de ne pas y penser. Elle regarda autour d'elle avec fierté, les beaux murs verts, lisses, le bois clair des étagères, les dalles propres, habillées de nouveaux tapis par endroits, les poutres de bois sombre au-dessus de sa tête.

Chaque coup de pinceau, chaque clou l'avait éloignée un peu plus de Joe.

Avait-elle envie de faire marche arrière ? De replonger dans les bras de cet homme et dans un passé qui l'avait rendue si malheureuse ?

Au milieu du tourbillon d'interrogations, Mike se matérialisa dans son esprit, son visage honnête, ses beaux yeux. Avec lui, tout serait simple ; il serait tendre, elle le savait.

Pour se changer les idées, elle se remit au travail et déchargea toute sa frustration sur l'un des fauteuils. Au bout d'une heure, son téléphone sonna et son cœur s'emballa de nouveau.

Ce n'était pas Joe.

Mike.

Son rythme cardiaque accéléra encore. Le simple fait d'entendre sa voix la rendit heureuse.

— Pourrais-tu venir au cabinet ?

— Je suis déjà en route, répondit-elle en se dépêchant de fermer la libraire.

Elle courut jusqu'à la clinique vétérinaire ; ses tennis en toile claquaient sur le trottoir, sa queue-de-cheval rebondissait. La nuit était tombée et le calme régnait à Wigtown, à l'exception du bourdonnement des conversations provenant du pub.

Elle fit irruption dans la salle de consultations de Mike, à bout de souffle.

— Mauvaise nouvelle ?

Mike releva la tête de son écran d'ordinateur.

— Pas vraiment. D'abord : pas de panique, on peut le soigner. Assieds-toi.

Elle secoua la tête et s'approcha de la table où Bracken était toujours allongé, endormi ou anesthésié. Elle caressa sa tête hirsute dans l'espoir qu'il ouvre les yeux et lui adresse son regard benêt habituel.

— Vas-y, raconte.

Ils restèrent debout, la table et le chien entre eux.

— Est-il déjà arrivé à Bracken de consommer de la nourriture d'humain ? Je pense à des restes ou des déchets de cuisine ?

— Non. Lena a toujours été catégorique là-dessus…

Puis elle hésita.

— Mais elle souffre d'Alzheimer, alors je ne peux pas t'affirmer avec certitude qu'elle ne l'a pas fait. Parfois, elle oublie de le nourrir.

— Je pensais à un empoisonnement aux oignons. C'est ce que les symptômes semblent indiquer, même si j'ai encore quelques tests à effectuer. Les oignons sont toxiques pour les chiens, même en petite quantité, mais c'est rarement fatal. Le chocolat, par contre, c'est mortel. Dans le doute, je lui ai administré du vomitif pour le rendre malade. Je ne veux pas prendre de risque.

— Il va guérir ?

— J'aimerais le garder ici quelques jours, juste pour être sûr.

Elle se frotta le front.

— D'accord. Mais comment empêcher Lena de lui donner n'importe quoi à manger ?

Tout à coup, l'épuisement la submergea. La responsabilité de sa grand-mère et de Bracken lui parut soudainement trop lourde à porter, et la situation ne ferait qu'empirer. Une fois de plus, les larmes affluèrent.

Mike se lava soigneusement les mains tout en regardant Emily par-dessus son épaule.

— Ma grand-mère a eu l'Alzheimer aussi…, commença-t-il.

Il n'acheva pas sa phrase. Ça ne s'était pas bien terminé, il n'y avait jamais de fin heureuse à cette maladie.

— Perdre la mémoire est déjà si grave pour elle, je ne veux pas qu'elle perde sa dignité en plus, déclara-t-elle sans savoir d'où sortaient ces mots.

Ses yeux s'embuèrent. Elle serra les dents, mais le barrage céda et elle se mit à pleurer en silence. Les larmes roulaient doucement sur ses joues. Mike contourna la table et l'attira dans ses bras avec tendresse. Pas vraiment l'étreinte romantique qu'elle avait imaginée, mais une étreinte quand même.

Il attrapa un mouchoir derrière lui et le lui tendit.

Elle se tamponna les yeux.

— Je suis désolée pour ta grand-mère.

— Je suis désolé pour la tienne aussi. Rassure-toi, Bracken pourra encore prendre soin d'elle quelque temps.

Mike s'écarta en souriant.

Elle roula le mouchoir en boule et fit une dernière caresse au chien.

— Merci pour ton aide. Je ne voulais pas…

— Mais de rien, Emily. Surtout, ne t'inquiète pas.

Elle se dirigea vers la porte, puis se ravisa et fit volte-face. Il l'observait toujours en souriant. Lorsqu'elle croisa son regard, elle se sentit de nouveau humaine, capable d'aimer, capable de retrouver sa légèreté et sa joie, de converser normalement avec un homme, de le désirer sans être entravée par ses sentiments pour Joe. Alors elle retraversa la salle de consultations et se jeta dans les bras de Mike. Sans laisser le temps à son esprit de formuler la moindre question ou hésitation, elle l'embrassa.

Elle n'était plus cet amas de gravats que Joe avait laissés derrière lui, ces éclats d'obus éparpillés après l'explosion de leur amour depuis longtemps ravagé par la guerre. Elle avait recollé les morceaux et était de nouveau entière.

Ils s'écartèrent avec de petits sourires maladroits. Morte de honte, elle s'aperçut qu'elle pleurait toujours. Mike essuya ses joues.

— La journée a été difficile. Tu devrais rentrer chez toi et me laisser prendre soin de Bracken. Par contre, je n'oublie pas ta promesse et je compte bien réclamer mon dîner très bientôt. Tu pourras même utiliser ma cuisine si tu veux ; elle est impeccable, elle n'a jamais servi à part pour faire griller du pain et réchauffer des haricots.

Emily essuya ses dernières larmes et s'éclipsa en souriant.

19

Kate s'éveilla en douceur, dans le silence et dans la délicieuse odeur de renfermé de Bluebell Bank mêlée au parfum suave du chèvrefeuille qui pénétrait par la fenêtre ouverte. Soudain, une prise de conscience fracassante s'opéra en elle : Ben faisait désormais partie de son passé et Luke représentait peut-être son avenir.

Elle avait passé un excellent moment au dîner de la veille. Luke ne se débrouillait pas trop mal dans une cuisine, le léger manque d'expertise culinaire ayant été compensé par son enthousiasme, sa générosité et une excellente bouteille de pinot noir.

Ils avaient fait un rapide tour du propriétaire bardé d'échafaudages, puis Luke l'avait installée dans un transat au jardin avec un grand verre de vin. Ils avaient mangé dehors. Steaks sauce au poivre, purée avec des grumeaux et petits pois du potager dont il avait fièrement revendiqué la paternité. Morse, le plus âgé des chiens, était resté tranquillement couché aux pieds de son maître tandis que Caber, qui n'avait pas encore tout à fait quitté l'adolescence, courait un peu partout dans le jardin après des bâtons et aboyait de temps en temps.

La conversation était passée à la vitesse supérieure et s'était encore rapprochée du sujet sensible. Luke avait parlé de Louisa, la petite amie avec laquelle il avait rompu avant d'entreprendre son long voyage. Kate avait parlé de Ben.

— À la seconde où j'ai pris la décision de venir ici, c'était terminé, affirma-t-elle.

Elle voulait éviter qu'il s'imagine que sa rupture avait nécessairement un rapport avec lui, ou au contraire qu'il n'y était pour rien.

Luke se contenta de boire une gorgée de vin en souriant et caressa la boule de poils à ses pieds.

Plus tard, ils se promenèrent jusqu'au Poteau des Martyrs et, main dans la main, sans rien dire, passèrent devant l'endroit où ils s'étaient embrassés pour la première fois. De retour à la caravane, ils achevèrent la bouteille de vin, assis dans des chaises longues au milieu des hautes herbes que Luke appelait affectueusement son pré fleuri. Ils évoquèrent leur avenir avec la maladresse typique de ceux qui démarrent une histoire d'amour, s'évertuant à ne pas trop inclure l'autre dans leurs projets tout en lui laissant une place, une porte ouverte, un peu comme une promesse. Ils comparèrent leurs idéaux et leurs valeurs, sans trop d'insinuations. De toute façon, ils ne pouvaient pas se projeter dans le long terme, puisque tout dépendait de la rénovation du cottage de son père pour Luke et de l'ouverture de la librairie pour Kate. Un gros point d'interrogation planait sur la suite.

Ils ne s'étaient pas embrassés, tout au plus leurs lèvres s'étaient-elles effleurées au moment de se séparer, lorsque, ne sachant s'il devait viser la bouche ou la joue, Luke avait réussi à atterrir quelque part entre les deux. Ce léger contact avec sa barbe de trois jours et la douceur chaude de ses lèvres avaient fait resurgir chez Kate des sentiments enfouis depuis longtemps.

Cependant, il aurait été trop facile de passer ses bras autour de son cou et de pousser le baiser plus loin. Il était encore trop tôt. Ce qui la retenait ? Le besoin toujours aussi impérieux de connaître enfin la vérité, de découvrir ce qui l'avait fait fuir il y avait de cela des années. Sans explication, elle ne pourrait jamais se laisser aller complètement.

Aujourd'hui, Luke l'emmenait sur son voilier.

En descendant l'escalier, elle aperçut Lena dans le jardin, par la fenêtre ; son vieux chapeau de paille dépassait entre les feuilles de rhubarbe géante.

Emily prenait le thé dans la cuisine avec Abby. Kate les entendit depuis le hall. Abby confiait à Emily que Dan n'était pas lui-même en ce moment, qu'il était toujours de mauvaise humeur avec elle. Elle craignait qu'il ait perdu tout intérêt pour elle à cause de la grossesse.

— Ce bébé n'était pas vraiment prévu, avoua Abby, mais lorsque nous avons appris la nouvelle, nous étions aux anges…

Emily tenta de la rassurer. Si sa sœur lui mettait la main dessus, songea Kate, Dan aurait droit à une bonne remontrance. Elle haussa les épaules. Et elle, quel rôle avait-elle joué là-dedans ? Si seulement elle pouvait effacer ce qu'elle avait fait à Dan, quoi que ce fût !

Ayant plutôt envie de se cacher, elle renonça au café. Elle se rattraperait en ville.

Lui avait-elle fait miroiter le moindre espoir ? Elle pensait pourtant avoir été claire sur ce point. L'alcool avait aveuglé Dan et ressuscité chez lui des vestiges de sentiments bien trop anciens, mais elle était persuadée qu'il avait compris le message, qu'il aimait Abby plus que tout et qu'il avait fait son choix. Ils avaient tous les deux fait un choix. Peut-être n'était-ce pas aussi simple pour lui. Comment régler cette histoire une bonne fois pour toutes ?

Rongée par la culpabilité, elle prit la direction de Wigtown d'un pas vif.

Elle n'avait pas eu le temps de raconter son dîner avec Luke à Emily, ni de lui faire part de ses sentiments confus. Lorsqu'elle était rentrée la veille au soir, sa meilleure amie montait justement se coucher. Un vent de panique flottait sur la maisonnée à cause du sort de Bracken. Elles avaient à peine échangé quelques mots dans le couloir en regagnant leur chambre respective.

— Je suis sûre qu'il va s'en tirer, avait-elle assuré à Emily.

— Oui, ce n'est pas trop grave. Mike m'a promis que nous pourrions lui rendre visite dès demain.

— Mike ?

— Le véto.

— Tu appelles le vétérinaire par son petit nom, toi ?

— Je l'ai déjà rencontré plusieurs fois. Tu sais, c'est le gars avec qui je jouais au billard l'autre soir…

— Oh ! Mais cette conversation est loin d'être terminée. Tu ne perds rien pour attendre ! lança Kate à la silhouette d'Emily qui courait se retrancher dans sa chambre après un rapide « bonne nuit ».

Demain, elles se mettraient à table toutes les deux autour d'une bonne bouteille de rouge et elles parleraient de Mike et de Luke. Quel bonheur qu'Emily ait trouvé quelqu'un pour lui occuper l'esprit ! Quelqu'un d'autre que Joe.

* * *

Luke passa chercher Kate à la librairie. Son frère possédait un petit dériveur à voile Wayfarer. Elle n'avait aucune idée de ce dont il s'agissait jusqu'à ce qu'elle le voie. Les hommes de la famille Ross avaient toujours adoré la mer ; ils avaient ça dans le sang. Luke était le moins calé d'entre eux en navigation, mais il lui certifia qu'il savait manœuvrer un voilier.

Lorsqu'elle eut enfilé un gilet de sauvetage jaune et fut bien installée sur la banquette en bois, ils se laissèrent glisser en direction de l'embouchure de l'estuaire.

— Mon père a acheté et restauré ce bateau il y a des années, lui expliqua Luke. Nick et lui sortaient tout le temps avec. Tu t'y connais un peu en navigation ?

— Non, c'est nécessaire ?

Elle commençait à s'habituer à la houle.

— Pas vraiment. Il te suffira de suivre, je vais te guider. En tout cas, j'aurai besoin de ton aide parce que c'est un dériveur pour deux personnes.

— Et si j'attrape le mal de mer ?

Luke rit.

— Ça n'arrivera pas, l'estuaire est calme et la météo clémente. Il y a un avis de tempête pour plus tard dans la journée, mais nous serons rentrés avant. Tu es sujette au mal de mer ?

— Je ne sais pas, je m'approche très rarement de l'eau.

Au début, elle se concentra tellement sur les bases de la navigation que la conversation se réduisit au strict minimum. Elle voulait à tout prix éviter d'être le boulet de service. Au bout de deux heures, elle se détendit enfin et commença à profiter. Il faisait un temps splendide, l'embarcation montait et descendait à un rythme régulier, le vent jouait dans ses cheveux, les vagues clapotaient contre la coque, et l'estuaire étincelait sous le soleil. Les variations de couleur de l'eau étaient époustouflantes, allant du bleu sarcelle au gris ardoise en passant par le bleu outremer. Quelques nuages duveteux ponctuaient le ciel azur.

Ses manœuvres un peu maladroites de débutante faisaient parfois rire Luke ; ses gestes à lui étaient fluides et expérimentés, même s'il avait affirmé ne plus avoir navigué depuis des années. Il semblait parfaitement à l'aise, les yeux plissés sous la luminosité, le sourire satisfait, son bras bronzé et musclé posé sur le gouvernail. Il était rasé de près, aujourd'hui, elle distinguait ses fossettes. Il avait l'air si jeune. Elle s'imagina qu'ils avaient de nouveau quinze ans et n'en étaient qu'aux balbutiements de leur histoire.

Luke dirigea la petite embarcation vers la baie d'Ardwall, la plus grande de l'île de Fleet. Là, ils s'arrêtèrent et il tira le bateau sur la plage. Kate descendit en mouillant ses tennis en toile. Ils empruntèrent un sentier au milieu des broussailles et grimpèrent jusqu'à la vieille chapelle en ruine. Là-haut, elle ôta chaussures et chaussettes et s'étira les jambes en remuant les orteils dans l'herbe. Luke sortit une Thermos de café de son sac à dos et lui proposa une tasse avec le sourire.

Il désigna leur île isolée de la main – des ruines, des cormorans, des rochers et le ciel.

— Alors, qu'en penses-tu ?

— C'est magnifique. Si paisible. Qu'y a-t-il là-bas ?

Elle pointa du doigt le rivage le plus proche sur lequel se dressait un bâtiment en pierre grise, entre les rochers et le sable jaune.

— C'est Knockbrex, je crois.

Il se pencha pour mieux voir l'endroit qu'elle indiquait et sa main frôla son épaule.

— Oui, le château de Knockbrex. Tout ça, c'est le littoral de Carrick. À marée basse, il est possible de rejoindre Ardwall à pied.

— Tu étais déjà venu ici ?

Luke secoua la tête.

— Je n'aurais jamais pu venir ici tout seul avec un

dériveur pour deux. Et Nick et moi n'avons pas l'habitude de faire des escapades romantiques en bateau.

Comprenant ce qu'il venait d'insinuer malgré lui, il écarquilla les yeux, mais Kate sourit : romantique, ça lui allait.

— Mon père nous a emmenés ici une fois, mais ça l'a rendu triste. Je crois qu'il avait l'habitude d'y venir avec ma mère.

— C'est bizarre qu'il n'ait jamais pensé à déménager après son départ. Surtout si tous ces souvenirs d'elle le rendaient si malheureux.

— C'était un pêcheur de Solway pur jus. Il a été élevé ici et il voulait mourir ici. D'ailleurs, ça devait faire partie du problème : ma mère rêvait d'aventure. Cela dit, il m'a tout appris… pour lui, il était inconcevable que l'un de ses fils quitte son toit sans savoir piloter un bateau. Je n'ai plus beaucoup le temps de naviguer. C'est Nick le vrai marin de la famille.

— Il a suivi les traces de ton père dans la pêche ? Ça a toujours été son but ?

Luke s'étendit, en appui sur les coudes, au milieu des touffes d'herbe rugueuse.

— La pêche ne m'a jamais intéressé, mais Nick a toujours aimé ça. Il s'en est bien sorti.

Si Luke éprouvait encore la moindre rancœur pour son père, il prenait soin de ne rien laisser filtrer. Kate se souvenait de M. Ross comme d'un homme distant, un peu inquiétant, dont les épaules ployaient sous le poids de la désillusion. Il était toujours dur avec ses fils, du moins quand il remarquait leur présence. Les rares occasions où elle avait croisé son chemin, elle avait eu peur de lui.

Elle ramena ses genoux contre elle et contempla le rivage de Carrick. Le vent rabattait ses cheveux devant ses yeux.

— Tu as bien dit que Nick voulait partir vivre en Italie pour se rapprocher de votre mère ?

— Oui, il y pense. Ce qui est marrant, avec Nick, c'est qu'il a toujours eu l'air beaucoup plus vieux que moi pendant notre enfance, comme s'il avait tout fait, tout connu. Tout le monde ressent ça envers son grand-frère, j'imagine. Il était souvent responsable de moi, tu te souviens ? Mais depuis ses dix-huit ans, on dirait qu'il a arrêté de mûrir. Je l'ai rattrapé et même dépassé. Il a toujours plein d'idées farfelues et de grands projets. Papa le savait. Là, pour l'instant, il se retrouve avec l'affaire familiale sur les bras – son héritage. Je crois qu'il va avoir du mal à s'en débarrasser pour partir.

En l'écoutant parler, Kate comprit à quel point son père lui manquait – malgré leurs différends non résolus, ou bien à cause de ceux-ci ?

— Lena est malade, lui annonça-t-elle calmement. Elle perd la mémoire. C'est horrible d'assister à la souffrance d'un être cher. Elle ne pourra jamais guérir. Je crois que c'est le pire, avec cette maladie : voir son état empirer, sans pouvoir rien faire.

— Je suis vraiment désolé. J'ai toujours apprécié Lena. Elle ne mâchait jamais ses mots, je m'en souviens. Quand j'étais gamin, elle me faisait même un peu peur.

Elle expira lentement, sentant la boule de tristesse familière se former dans sa poitrine, comme à chaque fois qu'elle évoquait Lena.

— C'était pareil pour nous tous. Elle reste Lena, tout en étant très différente. C'est dur.

— Les gens changent.

Elle rassembla ses cheveux dans ses mains, puis les laissa retomber sur une épaule.

— Oui. Pourtant je… J'aurais voulu que rien ne

change ici. Quand je suis revenue, je comptais beaucoup là-dessus.

— Et tout a changé ?

— Oui. Enfin, en apparence non, mais sous la surface, plus rien n'est comme avant.

Elle haussa les épaules pour évacuer sa déception.

— Moi je suis resté le même, dit Luke à voix basse. Et je suis juste là.

Leurs regards se croisèrent. Il se leva et lui tendit une main pour l'aider à se relever à son tour.

— Allez, viens.

Il lui fit traverser la petite île jusqu'à un promontoire qui surplombait la mer d'Irlande. Ils s'assirent côte à côte sur un rocher pour contempler l'île d'Émeraude, bande de terre floue dans le lointain, au-delà d'une série de petites îles rocheuses qui constituaient le territoire le plus occidental d'Écosse.

Le moment finit par arriver, exactement comme elle l'avait imaginé. La transition fut naturelle, douce et harmonieuse. Luke passa un bras autour d'elle et l'embrassa comme s'il s'y était préparé chaque jour de sa vie. Pas de maladresse, pas d'hésitation, juste une grande faim et du réconfort.

Il était bien là, ici et maintenant.

En effet, tout n'avait pas changé.

— Tu m'as tellement manqué, déclara Luke en s'écartant.

Il la dévisagea de ses yeux bleus, profonds, ténébreux, aux pupilles si vastes qu'elles semblaient déteindre sur ses iris bleu marine.

Le nouveau monde – celui qui se trouvait de l'autre côté de ce baiser – ne ressemblait à aucun autre. Il était trop tard pour faire marche arrière. Kate mesura tout le poids de cette prise de conscience.

Personne ne l'avait jamais regardée avec une telle ardeur.

— Tu m'as manqué aussi, répondit-elle posément, même si son cœur battait la chamade, que ses veines palpitaient comme jamais et qu'une myriade de réactions chimiques merveilleuses se répandaient dans son cerveau.

— Plus que je ne l'avais imaginé avant de te revoir, ajouta-t-elle.

— J'ai souvent pensé à te chercher, affirma-t-il d'un timbre doux et rauque à la fois, mais je me disais que tu ne voudrais plus jamais me voir.

Une petite voix à l'arrière du crâne de Kate la mit en garde : elle ne savait pas où elle en serait à la fin de l'été, ni lui non plus. Il devait terminer les travaux de sa maison et elle, la librairie. Il avait son frère et elle, une vie qui l'attendait à New York.

Si elle se retrouvait embourbée dans une histoire sentimentale bourrée d'incertitudes avec Luke, elle risquait de souffrir. Il lui avait déjà brisé le cœur une fois ; elle en portait toujours les cicatrices, des lignes de faille prêtes à se rouvrir.

Serait-ce un simple amour de vacances ? L'occasion de terminer ce qu'ils avaient commencé ? Si c'était pour ne passer que quelques semaines avec lui, à quoi bon ?

Puis elle le regarda de nouveau dans les yeux et tout devint limpide : la durée de cette relation n'avait aucune importance.

Quelles que soient les difficultés, et même s'ils vivaient sur des continents différents, elle voulait Luke Ross. Inutile de se perdre en conjectures, c'était comme ça, point. Chaque fibre de son corps le savait. C'était comme si cette certitude avait été ancrée en elle pendant tout ce temps, cousue à son âme dès l'âge de quinze ans.

Cet instant précis comptait plus que tous ceux qui viendraient ensuite et tous ceux qui étaient derrière eux ; c'était le seul qui importait.

Les bras autour de son cou, elle l'embrassa de nouveau et se délecta de lui, encore et encore, prolongeant ce moment sacré, magique, aussi longtemps que possible.

Plus tard, ils rebroussèrent chemin jusqu'à la plage à contrecœur et remirent le bateau à l'eau pour rentrer. Kate avait l'impression que quitter cet endroit comportait un risque, que le sort fragile de leur relation ne tenait qu'à un fil. De son côté, Luke ne perdait pas de vue l'heure et la marée ; des orages étaient annoncés en fin de journée et il préférait regagner la terre ferme en toute sécurité avant leur arrivée. À Solway, les tempêtes étaient imprévisibles, éclatant parfois sans crier gare.

Ils traversèrent la baie dans l'autre sens. De retour sur l'île de Whithorn, ils chargèrent le Wayfarer sur sa remorque et l'attelèrent au pick-up de Luke. Ils rentrèrent toutes vitres ouvertes ; l'air humide s'engouffrait dans l'habitacle. Derrière eux, le ciel s'assombrissait. Une masse de nuages noirs venue de l'estuaire roulait vers l'intérieur des terres en déployant ses tentacules.

— Tu vois, je t'avais bien dit que le temps allait changer.

Kate jeta un coup d'œil dans le rétroviseur de sa portière.

— Tu avais raison. Bien joué.

— C'est du sarcasme ? s'enquit Luke avec un sourire joyeux.

Le coude posé sur le rebord de la fenêtre, Kate sortit la tête, offrant son visage et ses cheveux à la gifle du vent.

Luke émit un petit rire.

— Caber fait la même chose quand il est assis à ta place.

— Je rêve ou tu es en train de me comparer à ton chien ?

— Il est très intelligent, je te signale.

Quel bonheur de pouvoir plaisanter avec Luke, de raconter des bêtises ! Tout sonnait juste dans cette journée. Elle rentra la tête en souriant. Elle ne laisserait aucun doute venir gâcher sa bonne humeur.

Ils roulèrent en silence – un silence positif – pendant quelque temps, puis arriva le carrefour et le moment où ils devaient prendre une décision. Il se tourna vers elle.

— Tu veux revenir avec moi à la caravane ?

— J'ai faim.

— On peut trouver de quoi dîner.

Elle hocha la tête.

— Parfait.

— Qu'as-tu envie de manger ?

Elle s'en fichait et répondit en ce sens.

— J'ai sûrement de quoi nous mitonner quelque chose chez moi, dit-il.

— Je suis partante, mais je te préviens : après le steak de l'autre jour, mes attentes sont très élevées.

Le temps qu'ils arrivent à la caravane, la pluie s'était mise à tomber à seaux. Des flaques se formaient dans la cour inégale et la pelouse s'était déjà transformée en mare de boue. Kate traversa le jardin détrempé à toute vitesse en gloussant, avec son pull au-dessus de la tête en guise de parapluie. Les épaules voûtées, Luke ouvrit la porte ; la pluie ruisselait dans ses yeux. Deux boules de poils impossibles à distinguer l'une de l'autre se ruèrent sur eux. Elle s'accroupit et tenta de les caresser, mais les chiens étaient bien trop excités. Après leur avoir fait la fête, ils foncèrent dans le jardin mouillé, la queue droite, à grand renfort de jappements énergiques et d'aboiements.

Luke laissa la porte entrouverte pour eux. La pluie tambourinait sans relâche sur le toit en métal de la caravane. Il attrapa une serviette dans sa minuscule salle de bain et s'essuya les cheveux, puis en prit une autre pour elle. Elle posa son pull mouillé sur le dos d'une chaise et essora sa queue-de-cheval.

Luke commença à sortir des ingrédients du frigo.

— Je peux t'aider ? demanda-t-elle.

Il fit glisser une bière bien fraîche dans sa direction sur le plan de travail.

— Non. Assieds-toi et fais-moi la conversation.

Elle réceptionna la bouteille glacée à deux mains.

— Tu as un décapsuleur ?

Il le lui tendit et la regarda ôter la capsule.

— Tiens, je n'ai pas pu m'empêcher de remarquer que tu buvais maintenant, chose que tu ne faisais jamais avant.

Elle but une gorgée et savoura les bulles et l'amertume sur sa langue.

— Toi non plus.

Il le reconnut.

— C'était un peu puéril, continua-t-elle, d'imputer les problèmes de ma mère à l'alcool en lui-même.

Les mots avaient du mal à sortir.

— Je n'aurais pas dû te poser la question…

Elle s'assit sur la banquette.

— Mais si, j'ai envie de t'en parler.

Il ne devait pas y avoir le moindre secret entre eux.

— Donc j'ai compris il y a longtemps, reprit-elle, que l'alcool n'était pas le coupable. C'était le remède qu'elle avait trouvé à ses maux, pas la cause. À la base, il doit s'être passé quelque chose… quelque chose qui l'a rendue très malheureuse, quelque chose qui lui a fait penser qu'elle ne pourrait jamais survivre sans engourdir la douleur avec une substance.

— Tu ne sais pas ce que c'est ?

Elle haussa les épaules.

— Un jour j'aurai peut-être assez de courage pour le découvrir.

Ce jour-là, elle poserait enfin la question, parce qu'elle serait prête à entendre la réponse.

— Chez nous, c'était très simple, dit Luke. Mon père buvait pour oublier ma mère. Il n'y avait rien de plus profond ou de plus complexe que ça derrière.

— Ma mère est complexe. J'ignore toujours quels étaient ses démons. Peut-être que ça avait un rapport avec mon… père.

Ce mot avait un drôle de goût ; cet homme n'avait jamais été rien de plus qu'une nécessité biologique. Elle ne connaissait même pas son nom. Peut-être poserait-elle aussi cette question-là, un jour. Bientôt.

— Si j'avais continué à ne pas boire de peur de finir comme elle, je n'aurais jamais pu découvrir qui j'étais, ou plutôt qui je n'étais pas. Ce serait resté une grande interrogation et je me serais tracassée à vie. Maintenant, au moins, je sais. Je peux boire une bière et tout va bien. Je vais bien.

Elle releva la tête. Luke l'étudiait. Elle fronça les sourcils.

— Désolée. Je ne voulais pas plomber l'ambiance.

— Tu ne plombes rien du tout, voyons. Et merci.

— Mais de quoi ?

— De t'être confiée à moi. À une époque, j'ai cru que tu ne le ferais jamais. Tu étais si indépendante. Je me suis toujours demandé pourquoi tu te sentais obligée de faire semblant d'être quelqu'un d'autre.

Elle cligna des yeux.

— J'ai fait ça, moi ? Sans doute que je ne savais pas comment me comporter. Je suis désolée si je t'ai donné l'impression d'être fausse, mais quand nous étions ensemble, je t'assure que j'étais bien la vraie moi.

— C'est moi qui suis désolé, dit Luke avec douceur.

Pendant un instant, le souvenir de son terrible coup de fil, le jour où il avait pulvérisé leur monde à tous les deux, flotta entre eux.

— Je devrais m'activer un peu pour le dîner.

Après le repas, ils s'assirent côte à côte sur la banquette et sirotèrent leur bière en écoutant de la musique, toujours accompagnés par le bruit de la pluie. Ils se racontèrent leurs années d'université et les bêtises qu'ils y avaient faites.

L'inexorable attraction vers la vérité et les décisions qui en découleraient était de plus en plus forte chez Kate. Elle mourait d'envie de lui demander des explications, mais l'urgence de lui faire enfin l'amour était plus forte encore.

— Luke…, commença-t-elle.

— Oui ?

Elle chercha le bracelet qu'elle avait toujours au poignet d'habitude, mais elle s'était débarrassée de tout souvenir de Ben.

— En fait, peut-être que *moi* j'ai changé. Peut-être que je suis devenue plus distante…

Luke s'éclaircit la voix. C'était le moment ou jamais de présenter ses excuses. Il fallait qu'il lui demande pardon, qu'il se débarrasse de cette vieille histoire avant que ça n'aille plus loin.

Ils étaient des adultes désormais, avec d'anciennes relations derrière eux ; ils avaient tous les deux tenté d'aimer d'autres personnes. Une vague de désir déferla en lui et les mots ne parvinrent pas à franchir ses lèvres.

De toute façon, qui avait envie de ressasser les vieilles ruptures et trahisons un soir consacré aux nouveaux départs et à la découverte ?

Alors, il réduisit l'écart entre eux et prit le visage de Kate dans ses mains. Lorsque leurs lèvres se rencontrèrent, elle l'entraîna dans un baiser fougueux qui le rendit muet. Elle prit encore de l'assurance et sa bouche se fit plus insistante. Il lui caressa le dos, suivit le relief de sa colonne vertébrale, puis lui agrippa les hanches. Soudain, elle se redressa, l'enjamba en heurtant la table au passage et se retrouva à califourchon sur lui. Il se cogna aussi la tête contre la fenêtre dans l'action, mais ni l'un ni l'autre ne remarquèrent ces petits coups.

Elle glissa les mains sous le T-shirt de Luke et les déploya sur la peau douce et chaude de son ventre. Il inspira vivement en serrant les dents et elle sourit contre ses lèvres avant d'insérer le pouce sous sa ceinture. Il sursauta et lui attrapa la lèvre inférieure avec les dents.

— Kate, s'il te plaît, reste, susurra-t-il lorsque leurs bouches se séparèrent.

Elle s'écarta pour l'observer ; il la dévorait du regard. Elle se remémora la passion de l'adolescence, marquée par la peur de l'inconnu. À présent, c'était différent ; ils étaient adultes, et ils savaient ce qu'ils faisaient.

— Ou alors arrête ça, implora Luke – elle continuait à lui caresser le ventre. L'un ou l'autre.

Elle hocha lentement la tête. Elle était encore si nerveuse, c'était ridicule. En guise de réponse, elle recommença à l'embrasser, puis saisit le bord de son débardeur à deux mains et le passa par-dessus sa tête dans un mouvement fluide, empreint de défi.

— Merde, Kate ! La fenêtre !

Elle avisa l'ouverture sans rideaux derrière lui. Les lampes intérieures faisaient scintiller les gouttes de pluie écrasées sur la vitre et se reflétaient sur le tableau noir de la nuit, comme sa peau nue de la blancheur d'une perle. Elle roula sur le côté, disparaissant du champ de vision de passants éventuels, et s'allongea sur la banquette en entraînant Luke avec elle à l'aide de ses jambes.

Il tendit le bras en arrière pour descendre le store, puis se redressa et invita Kate à se relever.

— Mon lit sera plus confortable. Pas le summum du confort non plus, mais toujours mieux que cette banquette.

Elle passa devant lui et l'emmena avec passion vers la couchette escamotable de la caravane. Un espace sombre, une sorte de cocon qui, en d'autres circonstances, aurait semblé un peu trop exigu. Les draps froissés, mais propres, portaient son odeur.

Peu importe la durée, se rappela-t-elle. Même si ce moment était le seul qu'ils devaient vivre.

Cependant, au moment où elle s'effondra sur le lit avec Luke, elle eut la certitude que ce ne serait pas le seul ; elle était déjà trop amoureuse. Elle imagina l'infinité de lendemains, toute une vie de lendemains, qui les attendaient. Exactement comme cela aurait dû l'être.

20

Tout son corps s'était liquéfié et une douce langueur se répandait dans ses veines ; ses muscles étaient lourds, engourdis. Elle était allongée dans les bras de Luke qui avait le menton sur son épaule. Elle étira le pied, en quête d'un peu de fraîcheur ; il régnait une chaleur d'étuve sous ces draps. Était-elle en train de dormir ? Et Luke ? Peut-être somnolaient-ils et rêvaient-ils tous les deux par intermittence.

Ils n'avaient pas coupé la musique et une chanson passait en sourdine. Une odeur vive et boisée imprégnait la caravane. Le matelas était trempé de sueur et elle avait les cheveux collés sur la nuque. Elle sentait encore Luke sur le moindre centimètre carré de sa peau.

Il respira dans son oreille. Elle avait soif ; elle remua et tenta de se glisser hors de son étreinte sans l'éveiller pour aller chercher un verre d'eau.

— Kate !

Il avait sursauté et sa voix résonnait dans toute l'épaule de Kate ; la vibration, agréable, se répercuta dans sa chair. Elle s'éclipsa.

— Rendors-toi, murmura-t-elle. Je vais juste chercher à boire.

Elle traversa le petit espace, se servit un verre d'eau qu'elle but d'une traite, puis elle coupa la musique, éteignit les lampes et retourna au lit. Luke s'était redressé sur un bras et la contemplait avec adoration. Elle sourit. Un rayon de lune filtrait à travers le rideau à moitié fermé et illuminait son visage ainsi que son torse gris dans la nuit ; le drap était toujours enroulé autour de sa taille. Le regard assombri de sommeil et de désir, il esquissa lentement un sourire et ses fossettes apparurent sur ses joues : un véritable jeu d'ombre et de lumière au clair de lune.

— Tu es si belle, dit-il d'une voix émerveillée.

Il lui tendit la main, elle revint se glisser avec délice à côté de lui. Elle resta allongée sur le dos tandis qu'il la caressait délicatement du bout des doigts ; les joues, le cou, le creux de la clavicule, la courbe de son sein… Elle lui sourit, puis l'agrippa et l'attira vers elle.

Luke se mordilla les lèvres, hésitant.

Elle l'interrogea du regard.

— Rompre avec toi a été la pire erreur de toute ma vie, déclara-t-il d'une voix douce, mais chargée de regrets.

Elle lui tourna le dos et il la serra contre lui pour apaiser la morsure de ses paroles. Elle s'immobilisa, tout à coup très consciente de son corps dans son dos, de ses genoux au creux des siens, du synchronisme de leur rythme cardiaque et de leur respiration lente.

Pourquoi mettre ce sujet sur le tapis maintenant ? Elle n'avait plus envie de savoir. Il ravivait les heures les plus sombres : son rejet et tout ce qu'il avait entraîné, comme le retour en force du terrifiant sentiment d'abandon que sa mère avait inoculé en elle, l'horrible année qui avait suivi, toutes ces heures passées à essayer de comprendre, quand aucun autre garçon ne trouvait grâce à ses yeux, quand Emily, sa fidèle Emily, l'aidait à se reconstruire.

Elle fit courir ses doigts le long de son bras et ferma les yeux pour chasser les souvenirs douloureux.

— Luke. Tu n'es pas obligé.

— Si.

Il exerça une pression sur son épaule pour qu'elle se tourne vers lui. Elle roula de nouveau sur le dos et leva les yeux, inquiète. Elle se décala sur l'oreiller en soupirant et ramena le drap sur elle, se sentant tout à coup trop exposée.

— Luke, l'eau a coulé sous les ponts. Nous n'étions que des gamins…

Vraiment, elle ne voulait plus savoir, elle avait bien trop peur de gratter la cicatrice et de découvrir que la blessure était encore à vif en dessous.

— Laisse-moi te l'expliquer, s'il te plaît, Kate. Je ne veux pas qu'il reste le moindre malaise entre nous, pas de secrets.

Elle soupira une fois de plus et croisa les bras. Il s'appuya sur un coude et la dévisagea.

— J'en ai besoin. Tu as dû te poser plein de questions.

— J'ai cru que tu t'étais lassé de moi, c'est tout, mentit Kate.

Elle cachait assez mal sa douleur.

— Ça jamais, c'est impossible ! s'écria-t-il avec éloquence.

Elle savait qu'il était sincère.

— Alors pourquoi ?

— Tu es partie à Oxford au lieu de venir me retrouver et ça m'a mis dans tous mes états. J'avais l'impression que tu me fuyais, que j'étais en train de te perdre tout doucement. J'étais furieux, jaloux et je manquais de confiance en moi. Cela dit, ça n'excuse rien…

— Mais de quoi parles-tu… ?

Elle s'écarta de lui. Pourquoi fallait-il qu'il gâche tout ? Certes, elle avait toujours voulu savoir, mais à présent un mauvais pressentiment lui disait que cette confession allait tout foutre en l'air.

— À la fin, continua Luke, je ne me supportais plus moi-même. J'avais honte de douter de toi. Alors j'ai choisi la lâcheté et je suis parti sans la moindre explication. Je savais que tu ne me le pardonnerais jamais…

— Mais te pardonner quoi ?

— Emily.

Elle était désorientée. Cette scène était-elle réellement en train de se produire ? Non. Non, c'était impossible.

— Quel est le rapport avec Emily ?

Elle avait articulé avec lenteur, chaque mot lui coûtant un effort surhumain.

Au cours des nombreux mois où elle avait étudié sous toutes ses coutures la décision de Luke et son refus pur et simple de lui parler, elle s'était bien doutée qu'il ne lui avait pas tout dit et qu'il devait y avoir autre chose. Il ne pouvait pas sortir de sa vie comme ça, sans la moindre explication.

— Un soir, à Wigtown, pendant que tu étais à Oxford, Emily et moi… Oh merde, Kate, je croyais que tu étais au courant !

— Raconte.

Elle s'appuyait à présent contre la paroi de la caravane, comme un animal acculé, emmaillotée dans les draps qui portaient leur odeur. Elle n'avait aucune envie d'entendre ça, mais il fallait qu'elle sache.

— On s'est embrassés. Je pensais qu'elle te l'avait dit. J'ai cru que tu lui avais pardonné. Jamais je n'aurais imaginé que tu n'étais pas au courant.

Prise d'un besoin viscéral de s'éloigner de lui, elle bondit hors du lit, se fichant complètement de sa nudité.

— Donc tu étais en colère contre moi et au lieu de m'en parler tu as embrassé ma meilleure amie ?

J'ai couché avec Dan, faillit-elle crier. *Et c'est toi qui m'y as poussée.* Son souffle s'accéléra. Et dire qu'elle s'était réservée pour lui si longtemps, tout ça pour finir par évacuer toute sa souffrance et sa frustration dans une partie de jambes en l'air impulsive.

Tout son corps palpitait de colère, une colère justifiée, un battement lancinant qui se répercutait jusque dans son crâne avec ce mot : *hypocrite, hypocrite, hypocrite.* Tomber dans les bras de Dan avait été si facile. Méprisée, blessée, elle avait choisi de blesser Dan en retour.

Et Emily… qui l'avait réconfortée. La fidèle Emily ? Une infâme traîtresse, oui, qui avait assisté à sa dépression sans jamais rien lui avouer.

Les pensées en chute libre, elle se rua sur ses vêtements.

Emily l'avait regardée pleurer Luke pendant des semaines. Le sentiment de trahison enfla encore.

— Elle était classée zone interdite. C'est la dernière personne que tu aurais dû aller voir si tu cherchais un coup facile.

Luke avait enfilé son jean et se débattait avec son T-shirt. Elle se précipita vers la porte. Il l'appela, tâchant de garder son sang-froid.

— Ce n'était qu'un baiser, Kate. J'étais seul, bourré, triste et elle était là. J'ai compris la gravité de mon erreur au moment même où je l'ai commise. J'ai rompu avec toi parce que j'étais furieux contre moi, j'ai cru que tout était fichu. Tu flirtais tout le temps avec Dan et je…

Dan. Elle fit volte-face au moment où elle s'apprêtait à sortir sous la pluie.

— Qu'est-ce que tu insinues ?

— J'ai toujours su que tu l'aimais…

— J'ai couché avec lui *après coup.*

L'espace d'un instant, elle savoura la lueur de jalousie qui enflamma ses yeux. Puis l'horreur de la situation s'écrasa sur elle comme un tsunami.

— Je n'ai couché avec lui qu'après que tu as tout détruit. Jamais je ne t'aurais trompé, jamais, tu m'entends ? Alors que toi… tu as embrassé ma meilleure amie !

Il déglutit avec peine.

— Kate, coassa-t-il en tendant la main vers elle. Ne pars pas. J'ai dû mal comprendre. J'ai toujours cru qu'il y avait quelque chose entre vous, alors quand Emily a dit…

Elle poussa violemment la porte, les joues en feu, les yeux brûlants, débordant de larmes.

— Eh bien, maintenant nous avons tous les deux la preuve qu'il ne faut pas croire un seul mot de ce que dit *Emily…*

Elle sortit en trombe. Les petits instants de bonheur qu'ils avaient volés, assis côte à côte face à la mer à Ardwall, puis dans les bras l'un de l'autre ce soir, s'étaient évaporés pour de bon.

Elle allongea le pas, essayant de mettre un maximum distance entre eux et le plus vite possible.

Emily. Ce nom doucereux et strident accroché aux lèvres de Luke. Elle avait l'impression d'avoir été rouée de coups. *Il a embrassé Emily. Emily l'a embrassé.*

Mais comment avait-il pu lui faire une chose pareille, bordel ? Et elle, comment avait-elle osé ? Et ensuite garder le silence pendant tout ce temps. Tout à coup, elle eut envie de revenir en arrière, de savoir ce qu'Emily avait bien pu lui raconter ; elle avait semé le doute en lui. Avait-elle réellement eu l'intention de s'approprier Luke ?

Pas étonnant qu'elle ait été si anxieuse en les voyant se rapprocher ces derniers temps ; elle avait la trouille que son secret soit dévoilé.

Une fois sur la route, elle continua à marcher. Il pleuvait toujours. Il faisait nuit. Où pouvait-elle aller ? Où était-ce, chez elle, maintenant ?

Pas à Bluebell Bank, pas sous le même toit qu'Emily, la traîtresse ; avec Dan rongé par les doutes, et Lena qui s'éloignait inexorablement, et Fergus parti depuis longtemps ; avec Ally qui vivait dans un mensonge et Noah qui se battait pour trouver sa place au milieu de ce chaos.

Ce n'était plus le Bluebell Bank qu'elle avait connu. Ce n'était pas chez elle. Et ces gens n'avaient plus rien à voir avec les Cotton qui avaient été si précieux pour elle autrefois. Bluebell Bank était condamné, la magie de sa jeunesse venait de voler en éclats.

21

La colère avait suffi à la faire avancer pendant longtemps, mais la pluie finit par la rattraper et pénétrer son T-shirt. Elle tremblait de froid et sous le contrecoup du choc. Ses joues étaient mouillées, non pas à cause de la pluie comme elle l'avait d'abord cru, mais des larmes.

Comment avait-elle pu tomber dans le panneau ? C'était bien trop beau pour être vrai : retrouver d'un seul coup Bluebell Bank, l'amitié chaleureuse d'Emily et l'amour de Luke. Pourtant, pendant un bref instant, là-bas, dans la caravane, dans les bras de Luke, elle y avait cru. Elle avait cru avoir réussi à recréer ce qu'elle avait perdu et à construire une nouvelle histoire.

Durant toutes ces années passées sans lui, elle ne s'était pas doutée de ce qu'elle ratait, elle avait oublié l'intensité de leur amour.

Maintenant tout était fichu.

Leur amour était si fort qu'aucun autre ne pouvait l'égaler. La perte était bien là : un fantôme, une douleur sourde, comme une pièce manquante d'elle-même.

La pluie continuait à s'abattre sur elle, se mêlant aux larmes, aplatissant ses cheveux. La nuit était obscure et solitaire. Quelque part derrière elle, des pneus crissèrent sur le sol mouillé ; elle pressa le pas. Bien sûr, Luke allait essayer de la rattraper.

Le trottoir avait cédé la place à un accotement étroit et les arbres qui bordaient cette petite route de campagne étaient sombres et menaçants. De temps à autre, la lune, jaune pâle, apparaissait, fantomatique, à travers les lambeaux de nuages gris qui pesaient au-dessus de Kate. Il se pencha par la fenêtre de son pick-up.

— Monte, Kate. Laisse-moi au moins te ramener chez toi.

— Chez moi ? Je n'ai pas de chez-moi.

Elle devait avoir l'air amère, mélodramatique, mais c'est ainsi qu'elle vivait la situation : abandonnée, trahie, n'appartenant à aucun endroit ni à personne. C'était comme ça qu'elle avait démarré dans la vie – seule, ne pouvant compter que sur elle-même – avant d'être gâtée et apaisée par les Cotton.

— Tu as bu, rappela-t-elle à Luke, durcissant le ton et les arguments. Rentre, je préfère marcher. De toute évidence, c'était une énorme erreur.

— Je n'ai pris que deux bières, protesta Luke avec douceur. Et vu d'ici, j'avais plutôt l'impression de réparer une erreur plutôt que d'en commettre une.

Elle considéra la longue route qui s'étirait devant elle avec un regard noir et croisa les bras. Il ne fallait surtout pas qu'elle se laisse amadouer, mais son commentaire menaçait de faire vaciller sa détermination.

— Je m'en vais, déclara-t-elle.

Qu'entendait-elle par là, au fond : Bluebell Bank ou New York ?

— Kate…

Elle s'arrêta et se tourna brusquement.

— Luke ! C'est très sérieux, je veux être seule. Va-t'en ! Il n'y a pas plus d'un kilomètre et demi. Tout ira bien.

Il réfléchit, l'air indécis, pas convaincu pour un sou.

— Non. Je te ramène. Tu n'es pas obligée de me

parler, mais je ne peux pas te laisser errer dans le noir toute seule au beau milieu de la nuit.

Il se pencha côté passager et ouvrit la portière. Kate était déchirée : il avait sans doute raison, mais d'autre part elle avait besoin de se sentir indépendante, pour laisser libre cours à la colère et à la douleur, et de faire une sortie théâtrale digne de ce nom… et elle n'avait pas envie de s'approcher de lui, elle ne supporterait pas ses excuses.

Un nouveau banc de nuages chargés de pluie s'empara de la lune et le bon sens finit par l'emporter. Le ciel s'assombrit et une pluie, plus torrentielle encore, se mit à l'arroser. Elle capitula et sauta dans le pick-up sans accorder un regard à Luke. Il remit les gaz et lui lança un pull à lui : un sweat à capuche zippé, gris. Elle avait été trahie par ses dents qui claquaient. Elle enfila le sweat et il envahit aussitôt tous ses sens. Elle ferma les yeux et s'efforça de ne pas respirer ni réfléchir. Le reste du trajet jusqu'à Bluebell Bank fut un véritable calvaire, entre la proximité de Luke, son odeur qu'elle portait toujours et les vagues silencieuses de douleur et de regrets qui émanaient de lui.

Cela dit, elle ne se sentit pas mieux lorsqu'ils s'arrêtèrent enfin devant Bluebell Bank et qu'elle se rappela qu'Emily se trouvait entre ces murs.

Sa colère redoubla, lui laissant un épais goût amer dans la bouche. Emily, qui avait fait semblant de se soucier d'elle alors qu'elle avait essayé de prendre ce qui lui appartenait ; qui était restée auprès d'elle soi-disant pour recoller les morceaux lorsque sa vie avait volé en éclats. Chaque étreinte, chaque regard empreint de compassion, chaque sourire, chaque murmure de consolation, chaque promesse d'un avenir meilleur : tout ça n'avait été qu'un gros mensonge, qui ne faisait qu'aggraver sa trahison.

Luke semblait s'être résigné à son silence. Il lui jeta un dernier regard empli de regrets tandis qu'elle sautait en bas du pick-up ; ses yeux bleus avaient perdu toute intensité, on n'y lisait plus que le doute et le remords.

— Appelle-moi. S'il te plaît.

Sans répondre, elle rejeta sa queue-de-cheval en arrière et remonta l'allée. Le pick-up s'éloigna. Elle parvint à rejoindre sa chambre à temps avant qu'un nouveau torrent de larmes ne jaillisse. Par chance, tout le monde était déjà couché et Bluebell Bank dormait profondément.

Elle s'enfonça sous les draps fraîchement lavés et laissa libre cours à la tempête de pleurs silencieux. Pour la première fois de toute sa vie à Bluebell Bank, elle avait fermé sa porte à clé pour s'isoler des Cotton.

Elle ne parvint pas à trouver le sommeil, bien sûr. Et cette longue nuit continua dans la solitude et la tristesse, dans un royaume d'ombres obscures et de pensées encore plus sombres : rampantes, insidieuses, détruisant tout sur leur passage, tourbillonnant dans son esprit, l'aspirant. Hantée et au comble du désespoir, Kate se tourna encore et encore, perdue dans les vrais souvenirs et ceux que son imagination inventait, mêlant Luke, Emily, Dan, sa mère… Tout se mélangeait tellement qu'elle ne parvenait plus à distinguer la vérité.

Ces démons nocturnes avaient une vie et une énergie qui leur étaient propres. Elle resta allongée dans son lit, assommée par la migraine, aveuglée par un voile omniprésent de malheur, jusqu'à ce qu'elle ne sache plus quoi faire d'elle-même et qu'un besoin physique de s'échapper s'empare d'elle.

Au petit matin, Emily se sentit gagnée par une angoisse sortie de nulle part tandis qu'elle préparait le thé de Lena en bâillant. Bracken n'était pas là – toujours sous la garde bienveillante de Mike – et ce faux pli dans le tissu de la journée suffisait à perturber la routine de Lena. Elle était trop agitée ce matin, il n'y aurait pas de moment souvenir, pas de récit à compiler dans les Mémoires.

L'absence du chien causait-elle aussi sa propre anxiété ? Son esprit la transposa le jour où le pauvre animal quitterait Bluebell Bank pour de bon. Elle préférait ne pas imaginer Lena confrontée au deuil de Bracken. Elle but son thé assise à la table de la cuisine, à moitié concentrée sur un livre, toujours en proie à un vague malaise. Lena n'arrêtait pas de répéter qu'elle allait être en retard à l'église – où elle n'avait pas mis les pieds depuis au moins soixante ans, à l'exception d'un mariage par-ci par-là et des enterrements de plus en plus fréquents. Puisque lui rappeler son athéisme n'avait pas suffi, Emily lui expliqua que c'était lundi, aujourd'hui.

Elle cherchait toujours un moyen de la distraire de cette lubie lorsque le téléphone sonna dans le hall. Il était à peine sept heures. Un frisson de panique la traversa : Bracken ? Ou Dan qui appelait pour dire que ça y était ? Il restait deux semaines avant la date du terme d'Abby ; à partir de maintenant, le bébé pouvait arriver à tout moment.

Elle se précipita dans le hall pour décrocher. Elle s'attendait à tout, sauf à Luke Ross. Avec une voix épouvantable qui trahissait un manque de sommeil flagrant.

— Emily, j'ai foiré, déclara-t-il sans préambule. Je croyais qu'elle était déjà au courant. J'ai voulu lui présenter de vraies excuses… pour tirer un trait sur le passé, tu comprends ?

— Luke, l'interrompit-elle sévèrement, une terreur croissante au ventre. De quoi es-tu en train de parler ?

— Désolé, il est très tôt. Je me suis retenu le plus longtemps possible avant d'appeler. Je n'ai pas pu dormir.

J'ai si peur qu'elle fasse une connerie, comme sauter dans un avion pour New York et disparaître à nouveau. Je lui ai dit, Emily. Pour toi et moi. Je croyais qu'elle savait. Je croyais que tu lui avais raconté, que tu lui avais expliqué que ça ne représentait rien…

Emily ferma les yeux et s'appuya contre le mur.

— Non, je n'ai rien dit du tout, Luke. Comment aurais-je pu ? Elle avait besoin de moi. Je ne pouvais pas lui avouer que j'étais la cause de tous ses malheurs.

Quelle sensation étrange d'enfin prononcer ces mots, à Luke qui plus est, après avoir gardé le silence pendant si longtemps. Dans son ventre, la peur se mua en bloc de glace.

— Ce n'était pas toi la cause, protesta Luke d'une voix misérable. C'était moi. Ça devenait bizarre entre elle et moi. Kate était tellement occupée à préparer l'université, il n'y en avait que pour ses nouveaux amis. Elle n'avait pas de temps à nous consacrer – tu l'as dit toi-même – et puis il y avait Dan. J'avais si peur d'être en concurrence avec lui que j'ai pris les devants et je l'ai abandonnée. Je l'ai pratiquement poussée dans ses bras.

Ses paroles se bousculaient dans un méli-mélo qui ne lui ressemblait pas.

Le « nous » était trop intime pour Emily, il suggérait une collusion qui n'avait jamais existé ; ce baiser n'était pas prévu et elle s'en était longtemps repentie, même si ça n'ôtait rien à la gravité de son acte.

— Il ne s'est jamais rien passé entre Kate et Dan.

Quelle désagréable sensation de confesser son plus horrible péché, le secret qu'elle s'était donné tant de mal à garder !

— J'ai inventé ça pour te rendre jaloux… Je suis désolée, je ne sais pas ce qui m'a pris, Luke.

— Si, il s'est passé quelque chose, insista-t-il d'un ton

maussade, mais seulement après notre rupture, elle me l'a dit, donc ça aussi, c'est ma faute.

Le cerveau en ébullition, Emily se tut. Ça n'effacerait pas ses propres erreurs, mais Kate avait couché avec Dan et elle avait tenu cette aventure secrète ! Était-elle revenue ici pour le reconquérir ? Avait-elle flirté avec lui ou lui avait-elle donné des espoirs, ne fût-ce que pendant une seconde ? Une colère pour le moins inattendue bourgeonna en elle, elle qui avait uniquement envisagé de culpabiliser pour sa bêtise.

— Si seulement tu avais embrassé quelqu'un d'autre !

Ou si seulement il n'y avait eu que ce baiser, sans tout ce qui avait suivi, cette foule de petits mensonges par omission. *Et si je n'avais pas semé le doute en lui avec mes mensonges sur Dan.* Ou plutôt, avec ses vérités sur Dan.

Et si Kate n'avait pas été Kate, avec sa peur de l'abandon reçue en héritage. Cette phobie du rejet était ancrée au plus profond d'elle.

Son cœur cognait comme un fou. Elle était brisée et morte de honte, mais aussi furieuse envers Kate et son frère. Certaines choses s'éclaircissaient à présent, comme cette réserve dans le regard de Kate et la pointe de désir dans celui de Dan.

Les mots de Luke résonnèrent en elle : « J'ai si peur qu'elle fasse une connerie, comme sauter dans un avion pour New York… »

— Je vais partir à sa recherche, dit-il, mais sa voix était désormais lointaine, noyée par la cacophonie de pensées d'Emily.

Ça fusait dans tous les sens. Elle ferma les yeux. Non, c'était à elle de partir à sa recherche.

Soudain, le choc. New York. C'était exactement ce qu'elle allait faire : s'éloigner le plus possible de la source de sa douleur.

— Je l'aime tellement, merde !

C'est la dernière chose qu'elle entendit avant de lâcher le combiné. Elle se précipita à l'étage ; la panique avait enfin percé le brouillard qui enveloppait son esprit et s'était communiquée à ses muscles.

Jamais Kate ne pourrait leur pardonner, pas en l'état.

Pourvu qu'elle n'arrive pas trop tard ! Elle se raccrocha à cet espoir tandis qu'elle grimpait les marches quatre à quatre.

Elle aurait dû tout mettre à plat depuis bien longtemps, dès l'arrivée de Kate ou, en tout cas, avant qu'elle ne découvre que ce fichu Luke Ross était de retour en ville. Et lui qui décidait tout à coup qu'il l'aimait encore ! Enfin, ça, c'était son problème. Elle aussi aimait Kate, et le plus urgent était de la retrouver pour lui dire à quel point elle était désolée…

Soudain, ses bonnes intentions se noyèrent dans la terreur : et si elle était déjà partie ? Et si elle avait appelé un taxi au beau milieu de la nuit pour disparaître de Bluebell Bank à tout jamais ? Elle jeta un coup d'œil par la fenêtre. Ouf, Jasper était toujours là.

Elle se jeta sur la porte de la chambre de Kate. Personne, comme elle le craignait. Cependant une vision à la fois rassurante et terrifiante l'accueillit : les affaires de Kate étaient toujours là, mais bien rangées dans sa valise, attendant sagement à côté de la porte. Son manteau était posé dessus.

Kate était prête à s'enfuir.

22

Elle fit irruption dans la chambre de Noah. Plongé dans la pénombre, son frère était étalé sur le ventre sans la moindre élégance, le visage écrasé sur l'oreiller. Elle le secoua vigoureusement.

Il s'éveilla en sursaut.

— Mais, que… ?

— Noah, j'ai besoin de toi.

Sans lui laisser le temps d'émerger, elle le bombarda de consignes ; il devait s'occuper de Lena et de la librairie.

— Je dois partir.

Noah leva les yeux au ciel.

— La vache, merci de m'en informer. Tu ne pouvais pas, je ne sais pas moi, te contenter de me laisser un petit mot ou m'envoyer un texto, un truc du genre ?

Il rabattit les draps sur lui.

— Il faut que je retrouve Kate.

— La retrouver ? Pourquoi, elle s'est perdue ?

— Je n'ai pas le temps de t'expliquer. Je file. Je ne sais pas encore jusqu'où je vais aller, ni quand je reviendrai, mais tu dois absolument veiller sur Lena. Et le poêle doit être livré à la librairie aujourd'hui.

Il la dévisagea, l'air sceptique, des questions se formant dans son esprit encore engourdi par le sommeil, mais elle avait déjà tourné les talons et repartait vers la porte.

— Merci, Noah ! Oh, et tu ne peux pas prendre Jasper, je risque d'en avoir besoin.

Ensuite, elle se dépêcha de se préparer, affolée, parfois obligée de repasser plusieurs fois au même endroit pour prendre ce qu'elle avait oublié. Elle s'habilla, fit une toilette sommaire, enfila ses chaussettes en sautillant sur un pied dans le couloir, exhuma une basket oubliée sous le canapé et s'obligea à se calmer pour ne pas alerter Lena.

Quelques minutes plus tard, elle était dehors. Sans bagages et sans moyen de transport, Kate n'avait pas dû aller bien loin.

Beaucoup de gens auraient estimé que la fuite était une réaction un peu excessive de la part de Kate, mais elle la comprenait. Lorsqu'on a vécu une enfance solitaire et malheureuse, dénuée de toute forme d'amour ou de sécurité, le moindre trouble émotionnel ravive les réflexes de survie comme une étincelle : fuir, se cacher.

La dernière fois que Kate avait été confrontée à une situation aussi difficile, elle s'était réfugiée en Amérique. Emily commença par fouiller le jardin. Pas question de laisser ça se reproduire.

* * *

Au fond du jardin, un sentier sinueux partait dans les bois et rejoignait une rivière. À un certain endroit, le cours d'eau se scindait en deux et formait une cascade qui dévalait à pic. Juste après la passerelle qui surmontait celle-ci, Lena avait installé une corde pour que ses petits-enfants puissent s'amuser à se balancer dans le vide en s'élançant depuis la berge, au grand dam de leur mère qui, dès la première fois, s'était fait un sang d'encre devant ce dispositif dangereux. Lena lui avait promis de l'enlever et avait fait jurer aux enfants de garder le secret. Au cours de la décennie suivante, cet endroit était devenu le préféré des enfants, plus qu'aucun autre de la propriété et même de toute la région de Galloway. Ils avaient continué à profiter de la corde sans le moindre drame, hormis quelques plongeons surprises dans la rivière en contrebas. « Heureusement, tes enfants rebondissent bien », avait un jour lancé Lena à Melanie d'un ton docte tandis qu'elle nettoyait les plaies sur les paumes et les tibias de Dan après une mauvaise chute. Kate ne se rappelait plus ce qu'ils avaient inventé comme histoire pour expliquer les éraflures de Dan.

Par contre, elle n'était pas près d'oublier les innombrables heures passées à jouer ici au cours de leur jeunesse. C'était ici qu'ils allumaient des feux de camp et fuyaient les ingérences des adultes.

Aujourd'hui, c'était ici qu'elle venait chercher un peu de réconfort et qu'elle avait choisi de faire ses adieux à Bluebell Bank et aux Cotton, en silence. Elle s'était arrêtée à côté du grand chêne qui surplombait la rivière. Cette fois c'était certain, elle ne reviendrait plus.

Rien n'avait bougé. La hauteur de la berge garantissait des sensations fortes, mais la corde était plutôt compliquée à maîtriser : la boucle simple à son extrémité offrait à peine assez de place pour un pied. S'élancer dans le vide était très amusant, mais regagner la berge était beaucoup plus ardu.

Elle avait attrapé le tour dès son premier été, grâce aux explications et à la patience de Dan ; au début, il tenait la corde pour elle, la rattrapait et la tirait pour la ramener sur la terre ferme. C'était aussi ici que Luke avait eu droit au rite d'initiation pour entrer dans le clan Cotton, le soir où ils avaient allumé un grand feu pour l'anniversaire de

Kate. Elle revoyait Fergus tendre la corde à Luke avec un petit sourire de défi. Fergus, qui avait la fâcheuse habitude de frimer un peu trop, avait connu des moments beaucoup moins glorieux juste après ça, comme lorsqu'il avait vécu l'ignominie d'atterrir dans la rivière par accident.

Elle se laissa glisser le long du chêne et resta assise contre le tronc. La tête penchée en arrière, elle contempla la canopée. Les souvenirs affluaient, bien nets. Les cris victorieux de Luke, le fou rire d'Emily qui se roulait presque par terre, les protestations de Dan, obligé de se mouiller pour voler au secours de Fergus, et puis leurs rires joyeux tandis qu'ils allumaient le feu pour que les garçons puissent se réchauffer après leur baignade improvisée.

Elle caressa le tapis de mousse qui poussait entre les racines du chêne majestueux. Cet endroit lui manquerait. Elle avait du mal à concevoir un avenir dans lequel elle ne reviendrait plus jamais s'asseoir ici pour écouter les fantômes de sa jeunesse.

Nous n'avons pas toujours conscience de l'importance de certains lieux de notre histoire ; parfois, chacun de nos pas dans la vie nous ramène vers ces précieux endroits, pour que nous puissions humer leur odeur et les ressentir sur notre peau.

Pour Kate, c'était fichu. Rien ne s'était passé comme cela aurait dû.

Emily se replongeait souvent dans ses livres d'enfance préférés ; cela devait la rassurer de retrouver les personnages tels qu'ils étaient dans son souvenir, de constater qu'ils ne s'étaient pas transformés en son absence, qu'ils l'avaient attendue. Ces livres étaient son havre de paix, le port où jeter l'ancre lorsque la tempête faisait rage dans ce monde de dingue. En revenant à Bluebell Bank, c'était exactement ce que Kate avait espéré retrouver : des personnages immuables, qui n'auraient pas continué à évoluer chacun de leur côté après son départ. En rouvrant le livre qu'elle avait fermé quelques années plus tôt, elle aurait tant aimé tous les revoir intacts.

Hélas, ils avaient bondi hors des pages pour mener des vies qui la déboussolaient totalement. Comment continuer à les considérer comme son sanctuaire, son port d'attache, quand chacun d'entre eux avait déjà du mal à s'en sortir de son côté ?

Sa gorge se noua, mais elle était à court de larmes. Les anciennes blessures et les plaies toutes fraîches la lancinaient sans relâche.

Il y avait la douleur infligée par Luke et Emily bien sûr, mais aussi une pointe de regret pour Dan. Et même, un léger remords pour Ben. Sans parler du tiraillement pour sa mère qui tentait d'obtenir son pardon depuis dix ans, pardon qu'elle était toujours incapable de lui accorder. Elle ferma les yeux et offrit son visage au petit rayon de soleil qui perçait entre les feuilles. Pouvait-elle encore rentrer à New York, faire comme si rien ne s'était passé et reprendre son histoire là où elle l'avait laissée ?

Ou bien valait-il mieux qu'elle rentre à Édimbourg et donne enfin une seconde chance à Lily ?

Ce qui était certain, c'était que ce court séjour à Solway l'avait changée à jamais. Elle ne correspondait plus à aucun des univers dans lesquels elle avait évolué jusque-là, elle n'appartenait plus à nulle part.

Elle tenta de se visualiser dans les deux versions de son avenir qu'elle venait d'envisager : mangeant des sushis dans son restaurant préféré, avec des amis dont la vie aurait sans doute beaucoup évolué en un été et qui ne la connaîtraient jamais comme Emily l'avait connue, ou en train de se balader dans le parc de Meadows avec Lily, s'efforçant de signer un accord de paix timide.

Aucun des deux tableaux ne lui convenait. Elle avait plutôt envie de sentir les cailloux sous la semelle de ses ballerines, le vent dans ses cheveux décoiffés, d'entendre résonner le rire de Luke dans son oreille, de voir son regard amusé s'illuminer en la regardant. Elle voulait revenir sur la plage de Saint-Ninian, à ce moment où l'avenir était encore plein de promesses. Si seulement elle avait su à quel point ces précieux instants étaient éphémères.

Tandis qu'elle s'apitoyait sur son sort, elle s'imprégna de l'odeur de Luke ; aussi inexplicable que ça paraisse, elle portait toujours son sweat zippé à capuche. Elle n'avait pas réussi à l'enlever. Son parfum l'accompagnait donc, impossible de lui échapper tout à fait.

Son esprit continua à voleter comme un papillon, incapable de se poser. Tout à coup, Emily s'imposa dans ses pensées. Elles avaient treize ans et riaient à gorge déployée, les cheveux secoués dans tous les sens, tandis qu'elles s'agrippaient au bord de leur petit canot pneumatique qui tanguait de façon alarmante.

Emily avait été la première personne au monde à lui faire comprendre sa vraie valeur.

Ensuite, elle la revit à dix-sept ans ; son sourire faux cachait son infâme tromperie avec Luke. La colère avait un goût amer. Emily avait tout détruit. Elle ne pouvait pas rester, faire abstraction de ce baiser comme s'il n'avait pas contaminé toute la suite. Elle avait déjà perdu Emily une fois, à cause de Joe, mais elle avait toujours su qu'elles se retrouveraient tôt ou tard. Le soir où elle avait reçu le fameux e-mail, elle n'avait jamais été aussi prête à rentrer. Si elle partait maintenant… Mais comment pouvait-il en être autrement ?

Leur amitié ne survivrait jamais à toute cette malveillance. Il lui serait impossible de faire semblant. En fait, elle n'aurait sans doute plus jamais envie de parler à Emily. Pourtant, elle ne pouvait imaginer un monde dans lequel elle ne serait pas sa meilleure amie.

Enfin, elle l'avait retrouvée. Dans sa précipitation, Emily évoluait avec maladresse entre les arbres, et le craquement des brindilles devait l'avoir alertée de sa présence. C'est en trébuchant près de la rivière, après avoir poussé un juron contre la branche qui venait de lui fouetter le visage, qu'elle avait aperçu Kate. Celle-ci se dépêcha d'essuyer ses dernières larmes avec les manches de son sweat beaucoup trop large.

Les jambes d'Emily faillirent se dérober sous elle de soulagement : ouf, elle n'arrivait pas trop tard.

— Ah ! Te voilà. Je me disais bien que tu ne pouvais pas être partie bien loin.

Elle s'avança vers elle, puis se ravisa et s'arrêta à distance. Elle s'accroupit dans l'herbe humide de rosée et étudia Kate avec attention.

— Luke a appelé.

— Ah bon ? fit-elle d'un ton morne.

— J'ai vu ta chambre, et ta valise. Tu es prête à décoller. Tu comptais quand même nous dire au revoir ?

Kate détourna le regard en haussant les épaules.

— J'avais l'intention de demander à quelqu'un de me déposer. Toi ou Dan.

— Il n'aurait sûrement pas fallu grand-chose pour persuader Dan de se plier à tes volontés, rétorqua-t-elle, sarcastique.

Aussitôt, elle se gifla mentalement. À quoi jouait-elle ?

Kate redressa la tête.

— C'est tout ce que tu trouves à dire ? Une petite pique sur ma relation avec ton frère ?

— Je n'étais pas au courant que tu en avais une jusqu'à ce que Luke me l'apprenne il y a cinq minutes.

De pire en pire. Elle s'y prenait comme un manche. Où étaient passés les excuses à cœur ouvert, le déferlement d'émotions ? Au lieu de ça, elle se perdait dans des réflexions cinglantes et se laissait emporter par la colère.

Kate ramena ses jambes contre elle et les serra, le menton posé sur les genoux.

— Je n'ai aucune explication à te donner. À Luke peut-être, mais pas à toi.

Emily parvint à adoucir le ton de sa voix.

— Eh bien, moi je t'en dois une. Et si tu pouvais reporter ton grand départ pour New York jusqu'à ce que tu aies entendu ce que j'ai à dire, ça me ferait plaisir.

— Aucune de tes justifications n'y changerait rien, répondit Kate, la voix étouffée par ses bras.

— Tu n'en sais rien. Tu as fait tout ce chemin…

— C'est vrai, quelle pauvre idiote. Faire tout ce chemin pour découvrir que tu étais responsable de mon plus grand chagrin d'amour. Tu as essayé de me piquer mon petit ami, puis tu as fait semblant d'être aussi étonnée que moi quand il m'a larguée ! Et toutes ces fois où tu m'as consolée, sans jamais rien avouer ! J'ai fait tout ce chemin pour retrouver ma meilleure amie, et j'apprends qu'elle m'a poignardée dans le dos. Qui me dit que vous ne sortiez pas ensemble en parallèle depuis le début ?

— Pitié, épargne-moi le psychodrame ! Il n'y a jamais rien eu entre nous, voyons. Ne sois pas bête.

Une petite partie de sa rage contenue menaçait d'exploser. Heureusement, elle parvint à se maîtriser à temps.

— D'accord, reprit-elle avec douceur. Je suis peut-être en partie coupable de ta rupture avec Luke, mais ce n'est pas toute l'histoire. Et j'ai aussi d'autres choses à te raconter. Sur Joe par exemple.

Kate releva la tête, les yeux rougis, luisants de détermination.

— Pourquoi ? Vous vous remettez ensemble ? Tu as retrouvé une infime pellicule d'estime de toi qu'il n'avait pas encore détruite ? Tu comptes y retourner pour qu'il t'achève ?

Emily grimaça.

— Dis-moi juste que tu n'as pas encore réservé ton vol ?

— Ce n'est pas encore fait, non, répondit Kate en soupirant.

— Très bien, alors on a encore le temps.

Kate laissa retomber sa tête sur ses genoux.

— Le temps de quoi ?

— De parler. D'avoir une vraie discussion. Allez, viens, Kate, on prend Jasper et on va faire un tour. Je t'expliquerai tout en chemin. S'il te plaît, je ne te demande que quelques heures de ta vie. Ensuite, tu feras ce que tu veux.

Kate se leva, s'ébroua et repartit vers la maison d'un pas vif.

— C'est ça ! cria Emily. Prends la fuite, une fois de plus. C'est ta spécialité, après tout.

Elle se raidit et fit volte-face.

— À ce jeu-là, il me semble que nous sommes toutes les deux très douées.

— Mais nous ne sommes plus des ados, Kate, lui rappela-t-elle en la dévisageant calmement. Nous devrions avoir une bonne conversation, entre adultes.

Elle secoua la tête, l'air désespérée.

— Impossible, Em. Je suis beaucoup trop en colère contre toi.

Emily prit une profonde inspiration. Elle aussi était en colère, que croyait-elle ? Elle détestait le chantage affectif, mais visiblement elle n'avait pas le choix.

— Donc tu préfères t'échapper ? Et Noah ? Et Lena ? Comment vais-je leur annoncer ça ? Ils ont besoin de toi, eux aussi.

Elles se toisèrent pendant un instant.

Soudain, le téléphone d'Emily se mit à sonner. Elle fouilla la poche de son jean en poussant un juron et finit par en extraire son portable. Elle déverrouilla l'écran avec hargne.

— Oui ! aboya-t-elle.

— Em, c'est Dan.

— Je suis occupée. Ça ne peut pas attendre ?

— Euh… pas vraiment. Abby a commencé à avoir des contractions. Nous prenons la route pour l'hôpital.

— C'est vrai ? Oh, Dan ! C'est…

— Dingue ? Terrifiant ? Excitant ? Ouais, tout ça à la fois. Écoute, il faut que j'y aille. Je vous tiens au courant. Noah et Kate sont avec toi ?

— Kate, oui. On est en train de… se balader. Noah sera à la librairie aujourd'hui et Lena reste à la maison. Je vais les prévenir tout de suite. Enfin, sauf Lena. Je préfère éviter qu'elle s'affole avant qu'on en sache plus. Tu veux que j'appelle maman et papa ?

— Pas encore. Attendons qu'il y ait un bébé à célébrer avant de leur donner des émotions aussi. Ça risque de prendre un peu de temps, mais je tenais à partager la nouvelle avec toi. Écoute, je dois te laisser, Abby m'appelle…

Il raccrocha.

Elle baissa lentement son téléphone. Kate l'interrogea du regard.

— Le bébé arrive, lui annonça-t-elle, émerveillée, avec une pointe de triomphe dans la voix. Tu ne peux pas partir comme ça.

— Quoi, maintenant ? Il arrive maintenant ?

— Oui. Mon frère va avoir un bébé ! Enfin, si je puis dire.

Étrange : en d'autres circonstances, elle se serait jetée au cou de Kate. Elles auraient sauté dans tous les sens comme des folles, au comble de la joie.

Kate se frotta le visage en soupirant.

— Ça ne change rien. Je ne veux pas te parler. Je suis furieuse contre toi.

Sa voix tremblait et toute sa douleur se lisait dans ses yeux. On sentait presque des vibrations de rage émaner d'elle. Deux hommes en seraient déjà venus aux mains depuis longtemps.

— Ça tombe bien, tu n'auras pas besoin de parler. Je veux que tu m'écoutes.

— Tu peux me détester tant que tu veux, mais nous savons toutes les deux que tu ne partiras pas sans dire un mot à Lena et à Noah, ni tant que le bébé ne sera pas né. Alors, en route.

Elle commença à remonter la pente, puis se tourna à moitié pour vérifier que Kate suivait.

Celle-ci hésita. Elle était au bout du rouleau. Emily n'avait pas tort : trop de choses la retenaient – Lena, Noah, Dan, le bébé. Elle était coincée dans le présent, obligée d'affronter le passé plutôt que de céder à l'urgence de la fuite.

Très bien, elle irait faire un tour avec elle, puisqu'elle y tenait, mais elle risquait de le regretter. Elle ne se gênerait pas pour exprimer le fond de sa pensée. Et à la seconde où cet enfant aurait poussé son premier cri, elle partirait.

23

— Alors ? Où va-t-on ?

Appuyée contre la vitre, Kate feignait le désintérêt, le regard ailleurs, mais Emily savait qu'elle était curieuse. Elles avaient pris la route vers Newton Stewart en silence, profitant toutes les deux de ce moment de répit pour mettre de l'ordre dans leurs pensées et préparer leurs arguments. La colère les rendait égoïstes et moralisatrices. Jasper vrombissait de rancœur et d'anticipation.

— D'abord, je vais m'arrêter pour faire le plein et acheter de quoi grignoter, répondit-elle sèchement.

À la station, elle étudia avec attention le présentoir à CD tandis qu'elle attendait dans la file, à la caisse. Ce fut l'électrochoc habituel lorsqu'elle repéra Joe qui l'observait depuis la pochette de son nouvel album. Il avait les yeux empreints de mélancolie et les joues creuses. Elle toucha le boîtier du bout des doigts.

Elle connaissait bien les démons de Joe, sa difficulté à traduire dans la réalité les sentiments qu'il exprimait si facilement dans ses chansons. Une chance qu'ils se soient séparés avant qu'il ne connaisse le succès : les médias ne s'intéressaient pas du tout à elle, petite chose insignifiante. Elle appartenait à son passé et c'était très bien comme ça.

Elle avait longtemps cru qu'il lui manquait, mais elle avait fini par comprendre que ce qui lui manquait, c'était de se sentir aimée. Elle ne voulait pas être cette fille agrippée à son cou sur les photos qui le montraient en train de quitter un night-club, ni le petit paragraphe qui s'incrustait dans chaque interview, et encore moins le gros titre clinquant quand il la trompait avec une starlette ou une groupie à la langue un peu trop pendue. Elle laissa le CD à sa place – franchement, qui achetait encore des CD de nos jours ? Elle s'avança jusqu'au comptoir pour payer, envahie par un grand sentiment de liberté.

L'époque où Joe avait encore une emprise sur elle était bel et bien révolue.

Elles reprirent la route vers la côte et l'estuaire de Solway commença à apparaître par intermittence, d'un bleu estival, étincelant sous le soleil. Kate se détourna de la fenêtre pour regarder Emily.

— Tu comptes te mettre à table un jour ? C'est pour quand, ta fameuse conversation ?

Elle se sentait toujours prise au piège, mais puisqu'elle était là, autant en découdre. Son cerveau bourdonnait de mots, tout ce qu'elle n'avait jamais osé dire et qui ne demandait qu'à sortir. Cependant, une chose demeurait certaine, et elle serait catégorique là-dessus : elle partirait dès que possible, dès que la bienséance le lui permettrait.

Chaque fois que Luke se matérialisait dans son esprit – ce qui était fréquent –, la lame de la trahison transperçait de nouveau son cœur et renforçait sa décision. La journée qui les attendait lui paraissait informe, vide. Elle avait besoin d'un but, d'un endroit où aller.

— On a tout le temps devant nous, répondit Emily avec imprudence. Par où veux-tu commencer ?

— Par le commencement, je suppose. Dis-moi d'abord où on va. On ne peut pas trop s'éloigner ; il faudra peut-être bientôt aller à l'hôpital.

Emily attrapa ses lunettes de soleil.

— L'hôpital est à Dumfries. On se dirige dans la bonne direction, mais les bébés mettent une éternité à arriver, tu sais. J'ai pensé qu'une petite randonnée nous ferait du bien.

— Une randonnée ?

Emily lui jeta un coup d'œil, puis se dépêcha de se focaliser sur la route ; Kate avait toujours autant de vitriol dans les yeux.

— Oui. Je sais que je râlais souvent quand on partait se promener, mais toi, tu as toujours adoré marcher et on ne l'a pas encore fait depuis ton retour, alors…

— Quelle merveilleuse idée, railla Kate en remuant sur son siège. En plus, c'est le jour idéal pour aller en pèlerinage dans les endroits préférés de notre jeunesse.

Elle se tourna de nouveau vers la fenêtre. Pas moyen de supprimer le ton cassant de sa voix, mais, franchement, à quoi pensait Emily ? Croyait-elle vraiment que c'était le bon moment pour une gentille petite escapade dans les collines, au milieu des souvenirs et du bon vieux temps, avec Luke, telle une grenade dégoupillée, entre elles ? Peut-être s'imaginait-elle qu'elle serait incapable de couper le lien qui la reliait à cette région une fois qu'elle l'aurait revue, que lui montrer le Solway de ses jeunes années était le meilleur moyen de la reconnecter à ces paysages qui habitaient son cœur. Un coup de maître.

— Et où va-t-on faire cette randonnée, exactement ?

— Une colline que nous n'avons grimpée qu'une fois, juste toi et moi.

— On ne pouvait pas se contenter d'aller à la plage ou un truc comme ça ? lança-t-elle, par esprit de contradiction.

— Si, mais y a-t-il encore une plage de la région qui ne te rappelle pas Luke ?

Touché.

— Je n'ai que des tongs avec moi, fit-elle encore remarquer en remuant un pied nu pour appuyer son propos.

— Parce que tu crois que je n'y ai pas pensé ? Je garde en permanence deux vieilles paires de chaussures dans le coffre pour les promenades avec Lena et Bracken.

Emily sourit en son for intérieur : elle aurait réponse à toutes les excuses bidon de Kate. Possible qu'elles ne s'adressent plus jamais la parole après ça, mais aujourd'hui, elles parleraient, coûte que coûte.

La route se poursuivit dans le calme. À peine quelques heures plus tôt, Kate était au lit avec Luke et nageait dans un bonheur parfait, et surtout ridicule. Tout avait si vite été réduit en cendres. Jamais elle n'aurait imaginé que la journée se déroulerait comme ça après la soirée qu'elle avait vécue.

Cela dit, elle n'aurait jamais imaginé non plus sauter dans un avion pour New York ; pourtant, sans l'accouchement inopiné d'Abby, c'était ce qu'elle aurait fait.

Elles se garèrent sur le parking ombragé de Glentrool. Le moteur cliqueta doucement dans le silence. Elles échangèrent un regard, puis Emily ouvrit sa portière et descendit. Elle tendit une vieille paire de bottines et des chaussettes élimées à Kate.

— Tiens, enfile ça.

Kate descendit à son tour en soupirant et obéit. Les conditions étaient idéales pour la randonnée : une journée chaude et ensoleillée, mais tempérée par une légère brise malgré tout.

Emily partagea leurs provisions avec soin et tendit sa part à Kate.

— Je ne veux rien.

— Ne dis pas de bêtises, tu ne peux pas escalader une colline sans…

— Emily ! C'est ridicule ! Arrête de faire comme si tout allait bien ! Ce n'est pas une gentille petite randonnée pour le plaisir. Nous sommes venues ici dans un but précis, et toi, tout ce qui t'intéresse, c'est la collation ? Tu voulais parler ? Très bien ! Alors, parlons.

Emily balaya le parking du regard ; les autres randonneurs avaient déjà entamé leur ascension, elles étaient seules.

— Bon, d'accord, répondit-elle sèchement.

Elle verrouilla Jasper et s'élança dans le sentier d'un pas rapide et déterminé.

Kate se précipita derrière elle.

— Ça te dérangerait de m'expliquer pourquoi *tu* es en colère ?

S'il y en avait une, ici, qui avait de bonnes raisons de l'être, c'était elle.

— Oh, je ne sais pas, rétorqua Emily avec agressivité. Peut-être parce que tu as couché avec mon frère sans jamais avoir jugé bon de m'en informer, qu'ensuite tu as débarqué comme une ingénue et que tu t'es permis de jouer avec ses sentiments alors qu'il était heureux, droit dans ses bottes, sur le point d'être papa. Ou alors, peut-être parce que tu étais sur le point de t'enfuir une fois de plus, exactement comme quand tu m'as abandonnée pour mettre les voiles en Amérique.

— Une petite minute. C'est toi qui as mis les voiles avec Joe, je te signale. Tu t'es enfuie la première, avant que je ne parte pour les États-Unis.

— Tu as toujours détesté Joe. Tu ne t'en cachais pas d'ailleurs. En réalité, tu étais jalouse de tout l'amour qu'il y avait entre nous. Tu avais perdu Luke et…

— Jalouse ? Je crois qu'on a déjà bien établi qui était

la plus jalouse des deux. Moi, au moins, je n'ai pas essayé de coucher avec Joe.

— Ce n'était qu'un baiser ! Et même si tu avais essayé, Joe n'aurait jamais fait ça.

Le silence retomba tandis que Kate digérait son vilain sous-entendu.

— Désolée, ajouta Emily sans en avoir l'air du tout. Ce n'est pas ce que j'ai voulu dire.

— Tu ne voulais pas insinuer que Luke s'est facilement laissé séduire ?

— Tu avais la tête ailleurs, tu le négligeais. Pourtant il t'aimait. Il n'y en avait jamais que pour toi. Même quand…

Elle laissa la phrase en suspens. Elle n'avait pas eu l'intention de choisir l'attaque pour se défendre, mais l'air blessé qu'affichait Kate était vexant. Elle avait sa part de responsabilité aussi dans cette histoire.

— Tu ne peux pas comparer, argua Kate. Luke n'avait pas le contrôle sur moi et je n'étais pas obsédée comme tu l'étais par Joe. Votre relation était malsaine. Franchement, Emily, qu'est-ce qui t'a pris ?

Cela dit, elle connaissait déjà la réponse : avec Joe, elle avait découvert son pouvoir de séduction pour la première fois, et c'était une puissante sensation.

— De toute façon, il n'est pas question de Joe et moi, mais de Luke, décréta Emily.

— Alors ça, je veux l'entendre ! Vas-y, explique-moi ce qui t'a motivée, en dehors du fait que je le négligeais d'après toi. Comme c'est gentil de ta part d'avoir voulu lui offrir du réconfort !

Ses sarcasmes étaient cinglants, mais Emily brava sa fureur. Elle avait décidé de vider son sac, elle irait jusqu'au bout.

— J'ai raconté à Luke que tu avais des sentiments

pour Dan. Je lui ai peut-être laissé entendre – non, pas « peut-être » –, je lui ai laissé entendre qu'il y avait quelque chose entre vous.

Kate la dévisagea, bouche bée. La pilule avait du mal à passer. Un silence pesant s'installa entre elles, ce qui était bien pire que des cris et des invectives.

— Tu as délibérément ruiné ma relation avec Luke.

Ça allait bien au-delà du simple baiser. C'était de la préméditation, c'était l'anéantissement pur et simple, et surtout volontaire, de son bonheur.

Emily prit une courte inspiration.

— Je… J'étais jalouse, d'accord ? Tu avais Luke et tous les étés, il était là. Je le trouvais sympa, mais il accaparait toute ton attention. Alors, c'est vrai : à l'époque, j'en étais arrivée à le détester. J'étais aussi jalouse qu'il t'aime à ce point. Moi, aucun garçon ne m'aimait. C'est à peine si j'en avais déjà embrassé un, alors que toi, tu vivais cette histoire d'amour incroyable et sans fin. En plus, tout le monde t'appréciait, ce qui était loin d'être mon cas. Cette année-là, tu es partie avec quelqu'un d'autre en vacances au lieu de venir à Bluebell Bank…

— Emily, l'interrompit Kate avec sévérité.

Elle n'en revenait toujours pas qu'elle ait démoli sa relation avec Luke, ni qu'elle ait ensuite gardé le silence pendant toutes ces années. Et le nombre incalculable de fois où elle lui avait offert son épaule pendant ses crises de larmes…

— Aucune autre amitié n'a jamais réellement compté pour moi, lui assura-t-elle. Tu as toujours été ma meilleure amie. Luke ne t'avait pas « remplacée ». Ni personne d'autre.

Emily poussa un soupir épuisé, empreint de douleur.

— Ce soir-là, il m'a accordé un peu d'attention, et il avait besoin de moi. Sans toi, il était perdu et, oui, ça m'a fait du bien de le réconforter. Je… Je ne sais pas pourquoi je l'ai embrassé, ou laissé m'embrasser. Il était saoul…

— Luke ne buvait pas à cette époque.

— Cette fois-là, si. Il était différent, plus sombre. On a noyé notre chagrin ensemble et on a beaucoup parlé… de toi. À quel point tu nous manquais. C'est comme ça que ça a commencé. Nous n'avons fait que parler et boire, et je serais bien incapable de te dire à quel moment ça a dérapé.

Mais c'était faux, elle s'en souvenait très bien. Les quelques affinités de départ s'étaient muées en quelque chose de plus profond. Ils avaient flirté, puis s'étaient embrassés ; sa bouche s'était faite plus insistante sur la sienne et elle avait perdu pied ; la part d'elle-même qui n'aurait jamais rêvé d'embrasser Luke avait disjoncté.

Elle s'arrêta quelques instants, les mains posées sur les hanches, pour reprendre son souffle. Le premier raidillon de la colline les avait bien mises à l'épreuve. Elle se tourna vers Kate :

— Voilà. Tu sais tout. Maintenant, tu connais l'ampleur de ma trahison.

Les dés étaient jetés. Une sensation proche du soulagement la gagna, mais celle-ci serait de courte durée.

Rien de plus qu'un baiser. Un moment étonnant, qui les avait tous les deux pris au dépourvu, mais ce n'était qu'un baiser. Les mains de Luke s'étaient brièvement baladées sur elle et, pendant un court instant, elle avait été submergée de désir, mais ils avaient tout arrêté avant que ça n'aille plus loin. Luke s'était brusquement écarté comme si elle l'avait brûlé. Il l'avait dévisagée, une main sur la bouche, le regard empreint d'une horreur indicible. Il l'avait détestée pour ce qu'ils avaient fait.

Elle ferma les yeux et sentit de nouveau ses lèvres pressées contre les siennes, revit l'angoisse sur ses traits.

Elle aurait beau essayer de se décharger de toute responsabilité, c'était bien elle qui avait tout déclenché ce soir-là. C'était sa faute, mais Luke était prêt pour ça : pétri de doutes et d'incertitudes, et en manque de Kate.

Le baiser ne constituait pas la trahison en elle-même. Non, celle-ci était venue après, à travers son silence, à travers chaque mot de réconfort qu'elle avait fourni à Kate alors que celle-ci tentait de surmonter le naufrage.

Au cours du long et triste été qui avait suivi, elle avait soutenu Kate dans sa quête de réponses, lorsqu'elle cherchait les raisons de sa rupture et se heurtait au silence retentissant de Luke.

C'était impardonnable.

Kate avait le visage fermé et la voix dure comme l'acier.

— D'où as-tu sorti qu'il y avait quelque chose entre Dan et moi ? Il ne s'est jamais rien passé avant ma rupture avec Luke. J'ai toujours eu des sentiments pour lui, bien sûr, mais…

— Je n'en savais rien. C'est une affreuse coïncidence. Si ça peut t'aider, je ne crois pas que Luke ait avalé mon histoire sur le moment. Jamais il n'aurait pu croire que tu le trompais.

Kate secoua la tête.

— Je ne l'ai jamais trompé, même s'il ne m'a pas fallu longtemps pour aller me réfugier dans les bras de Dan, c'est vrai.

De toute façon, ce qu'elle avait ou n'avait pas fait importait peu. Ce qui comptait, c'était ce que Luke s'était imaginé.

— Dan était amoureux de toi, tu sais. Et tu l'as abandonné, lui aussi. Quand tu es partie, il a été dévasté.

Kate déglutit et baissa la tête. Dan avait-il réellement été si amoureux d'elle ? Avait-elle flirté avec lui ? Lui avait-elle laissé croire… ? Oui, bien sûr. Elle l'avait compris au moment même où elle avait franchi le seuil de sa ferme et posé les yeux sur lui.

— Je n'ai pas été très correcte avec lui, reconnut-elle. Mais comment peux-tu imaginer une seconde qu'il me vienne à l'idée de le faire souffrir à nouveau ? Je te jure qu'il ne s'est plus rien passé entre nous depuis mes dix-huit ans.

— Peut-être, mais qui sait ce qui se passe dans sa tête ? Je parie qu'il est toujours dingue de toi.

— Je ne suis pas venue ici pour foutre sa vie en l'air. Jamais je ne ferais une chose pareille. D'ailleurs, je l'ai dit à Dan.

Emily plissa les yeux.

— Donc vous avez quand même abordé le sujet ? Lui as-tu donné des raisons d'espérer ?

— Non !

Mais elle ne lâcha pas le morceau.

— Alors, vous avez flirté ? Partagé un moment, quelque chose ? As-tu envisagé qu'il quitte Abby pour toi, ne serait-ce qu'une fraction de seconde ?

— Non ! Emily… Non. Dès que j'ai appris qu'il était marié et qu'Abby était enceinte, il a été rangé dans la zone interdite.

Cependant, sa conscience la titillait. N'avait-elle pas un peu savouré le pouvoir qu'elle avait sur Dan ? N'avait-elle pas, pendant une toute petite seconde, eu envie qu'il la désire encore, qu'il flirte avec elle, qu'il se sente déchiré à cause d'elle ? Au fond, était-ce si différent de ce qu'Emily avait fait avec Luke ? Non, Emily n'avait aucune excuse. Et elle non plus.

Deux randonneurs arrivaient en face d'elles. Elles se murèrent dans le silence et recommencèrent à marcher. Elles sourirent et murmurèrent un « Bonjour » au moment de croiser les autres. Lorsqu'ils eurent disparu de leur vue, Emily posa une main sur le bras de Kate qui sursauta et se libéra vivement.

— Je voulais juste te proposer de faire une pause un peu plus loin, expliqua-t-elle, l'air blessée.

Elles dénichèrent donc un endroit où s'asseoir sur la pente baignée de soleil. De là, elles avaient vue sur les champs et les pâtures jusqu'à la côte. Emily était assise avec les jambes ramenées contre elle, le menton sur les genoux et les cheveux tombant de chaque côté de son visage ; elle trouvait cette position réconfortante. Lorsqu'elle reprit la parole, toute forme d'agressivité avait déserté sa voix.

— Il était en train de m'embrasser, je le laissais faire et puis, tout à coup, il s'est arrêté. Il a prononcé ton nom. Je… J'avais envie qu'il continue. Je suis désolée, c'est la vérité. J'en avais envie, alors j'ai essayé de le distraire, pour qu'il arrête de penser à toi. Je lui ai raconté que de toute façon tu devais être avec Dan et que tu étais bien trop occupée pour te soucier de lui. Il s'est mis en colère. Tout son corps s'est tendu de fureur. Il a eu cette expression sauvage, proche de la folie même, pour être honnête. Et puis… Tu es sûre que tu veux entendre ça ?

Kate hocha la tête d'un air grave.

— Il m'a embrassée avec rage, comme s'il ne se rendait même pas compte que j'étais là. C'était très bizarre et tout sauf romantique. Il était surtout en colère contre lui-même, et encore plus contre moi. Je me suis tout de suite sentie très mal. Après ça, j'ai cru que nous pourrions tout oublier et passer à autre chose. Jamais je n'aurais imaginé qu'il prendrait ça tellement à cœur, au point de disjoncter comme il l'a fait. Quand il a rompu avec toi sans un mot sur notre baiser, sans aucune allusion à Dan…

Kate fronça les sourcils.

— C'est du Luke tout craché. Il est comme moi, il fuit la confrontation comme la peste. Du coup, tu t'es dit que c'était trop beau et tu en as profité pour t'en sortir en toute impunité, c'est ça ?

— Non !

Emily secoua vivement la tête, horrifiée.

— Pas du tout. Si ce n'est… Je suppose que mon instinct de survie a pris le dessus. J'avais été à deux doigts de tout foutre en l'air et je ne voulais surtout pas te perdre. J'ai été égoïste, mais je ne cautionne pas du tout ce que Luke et moi avons fait. Surtout moi.

Elle releva la tête, redressa les épaules et rejeta sa masse de boucles en arrière d'un geste impatient.

— J'aurais dû t'en parler, reprit-elle. Ça me démangeait, et en même temps je ne voulais pas que tu apprennes ce que j'avais fait, le monstre que j'étais. Mais, Kate, ça s'est passé il y a dix ans. Je le regrette bien plus que tu ne peux l'imaginer. C'est affreux, ignoble, et pourtant… Je trouve que tu devrais me pardonner. Nous pardonner.

Elle avait achevé sa phrase dans la précipitation, avec obstination. Elle tendit les mains, paumes tournées vers le haut. Voilà, c'était tout ce qu'elle avait à proposer. Kate en ferait ce qu'elle voudrait.

Elle retint son souffle tandis qu'une kyrielle d'émotions traversaient le visage de Kate. Ce moment était celui de tous les possibles.

— Tu as essayé de me le prendre, finit-elle par déclarer avec un regard affligé, dur. Il était tout pour moi, et tu as essayé de me le prendre. Je ne sais pas si je pourrai vous pardonner un jour, ni toi ni lui.

24

Kate rejeta la tête en arrière. Au-dessus d'elle, l'immensité bleue du ciel et le sommet arrondi des collines qui émerge des ondulations vertes des bois. Maintenir un tel niveau de colère était épuisant à la longue et, au bout d'un moment, celle-ci se mit à affluer et refluer comme une vague, se réduisant parfois à une pulsation de douleur engourdie.

Elle ne pourrait peut-être jamais pardonner Emily, mais il lui restait encore quelques petites choses à comprendre.

Elle tourna la tête vers elle. Retranchée derrière l'écran de ses cheveux et de ses lunettes de soleil, celle-ci observait le paysage d'un air morose, comme si le décor ne lui plaisait pas du tout.

— Au fait, et pour Joe…

Elle soupçonnait Emily de ne pas lui avoir tout raconté sur lui et sur son mariage.

— Que veux-tu savoir de plus ? Je t'ai déjà expliqué que ça ne s'était pas du tout passé comme je me l'étais imaginé. C'était horrible. Je suis partie. On a divorcé.

— Quelle vision de toi-même a-t-il bien pu t'insuffler ? Comment a-t-il réussi à te rendre comme ça ? Je veux comprendre.

Elle tourna vivement la tête vers elle.

— « Comme ça » ?

— Tu n'étais plus que l'ombre de toi-même. Tout te faisait peur, le monde, l'avenir… Quand je t'ai retrouvée planquée dans cette librairie, tu n'allais nulle part, Em. Tu n'étais plus du tout la même.

— Tandis que maintenant… ?

— Maintenant, je commence à revoir des petits bouts de l'Em que je connaissais et…

Elle s'interrompit, la gorge nouée. Les larmes lui montaient aux yeux. Emily pleurait-elle derrière ses lunettes noires ? De son côté, la colère s'était muée en tristesse incommensurable. C'était à prévoir. Une tristesse si aiguë qu'elle en était malade. Perdre Emily et Luke en même temps, c'était comme être amputée d'un membre. Elle finirait sans doute par l'accepter un jour, mais elle ne s'en remettrait jamais tout à fait.

— Tu as tout bon, dit Emily avec douceur. C'est exactement comme ça que je me sentais : comme une moins que rien. Je ne savais plus qui j'étais et, pour finir, je me pliais en quatre pour tenter de lui plaire. J'ai fermé les yeux sur ses infidélités parce que j'ai toujours pensé qu'il changerait. Je me persuadais aussi que c'était tout ce que je méritais… je ne sais pas. Avec Bronwyn, ça a été différent. Elle était si jeune. À cause d'eux, j'ai perdu mon boulot et toute confiance en moi. C'est là que j'ai compris qu'il était temps de tirer un trait sur cette histoire, même s'il m'a encore fallu longtemps après ça pour passer à l'acte. Il m'a brisée et j'ai dû me reconstruire. Le chemin a été long, conclut-elle.

Kate fronça les sourcils.

— Mais tu n'as plus de sentiments pour lui, n'est-ce pas ?

Elle ôta ses lunettes de soleil et lui jeta un petit regard coupable. Kate avait sa réponse : oui, elle était au bord des larmes, même si celles-ci ne dépassaient pas la barrière de ses cils.

— J'en ai tellement marre de pleurer à cause de lui, répondit-elle en se frottant les yeux avec un petit sourire. Je lui ai encore souvent parlé après notre divorce, Kate. Je… Je te l'ai dit : au début, j'étais soulagée que ce soit terminé, mais au bout d'un moment, j'ai commencé à avoir des malaises. Certains jours, je ne parvenais même pas à sortir du lit. J'avais emménagé avec Lena, mais je me sentais si mal. Et puis un jour, je l'ai appelé et le simple fait d'entendre sa voix m'a fait un bien fou. Je me suis sentie mieux pendant quelque temps, mais ça m'arrivait de plus en plus. Ensuite, tu es arrivée et tout a changé. J'ai réussi à me sevrer.

Elle s'arrêta pour reprendre son souffle et posa une main sur le bras de Kate, le visage baigné de larmes.

— C'est pour ça aussi que tu ne peux pas partir, pas encore. Pas à cause d'une connerie que j'ai faite il y a dix ans. Déjà à l'époque, j'avais peur de te perdre et ça n'a pas changé. Comment vais-je y arriver sans toi ?

— Arriver à quoi ?

— À faire tourner la librairie. À vivre, tout simplement. Avant ton retour, j'avais tout le temps peur de tout.

Kate soupira.

— Tu n'as peut-être pas remarqué de changement, mais moi, oui. Tu n'es plus cette fille recluse dans une vieille librairie moisie. Tu es forte, tu as toutes les capacités nécessaires pour y arriver. Tu as presque tout fait toute seule, en plus. Je t'ai guidée un peu au début, mais maintenant, tu peux voler de tes propres ailes.

— Mais je n'en ai pas envie. Je croyais être très en colère contre toi, mais maintenant tout ce que je vois, c'est à quel point ma vie sera horrible si tu pars.

Kate pressa la paume de ses mains sur ses paupières.

— Pourtant il le faut, Emily. Je ne peux plus rester, pas après tout ça. Tu vas faire des merveilles avec le Coin Lecture, maintenant que tu as compris que tu n'avais pas besoin de Joe. Et tu comprendras bientôt que tu n'as pas besoin de moi non plus.

Emily songea à sa guérison encore si fragile. Il n'y a pas si longtemps encore, elle était persuadée que seul le son de la voix de cet homme était capable de l'apaiser, et elle aurait tout donné pour l'entendre chanter encore une fois. Si Kate s'en allait, la culpabilité et les doutes reviendraient en force et démoliraient tout.

« Au moins, vous n'avez pas eu d'enfants », avait dit Kate lorsqu'elle lui avait raconté sa rupture. Comme si cette absence d'enfant permettait une scission nette, une incision précise au scalpel qui les séparait définitivement de la vie qu'ils avaient partagée. Elle tressaillit en pensant à Abby, à l'hôpital, en train de pousser pour faire naître une vie minuscule. Son avenir serait donc désormais indissociable de celui de Dan.

Tout à coup, le silence qui régnait dans les bois derrière elle devint trop oppressant et elle se leva d'un bond.

— Et si on continuait ?

* * *

Environ une heure plus tard, elles firent une deuxième halte près du sommet. Emily choisit un endroit où la vallée se déployait dans toute sa splendeur devant elles. Le dernier morceau de la colline se dressait dans leur dos. Kate sourit devant le spectacle qu'offraient la tache bleue de l'estuaire à l'horizon et les pentes vertes veloutées, parsemées de pierres. Elle voyait clair dans le jeu d'Emily. En effet, toute confrontation ou réflexion houleuse paraîtrait déplacée devant ce paysage ondoyant de prairies et buissons denses, avec en toile de fond un ciel d'une beauté sans pareille : vaste étendue bleu pâle tachetée de petits nuages défilant gentiment.

Pendant toute l'ascension de la colline, elle avait ruminé. Une part d'elle-même avait envie de pardonner Emily et de lui demander pardon en retour. Après tout, elles avaient toutes les deux dit des choses qu'elles ne pensaient pas. Ou plutôt, elles avaient dit des choses qu'elles pensaient, mais dont elles auraient dû se débarrasser depuis bien longtemps. Et c'était bon, cathartique même. Cependant, elle ne parvenait toujours pas à surmonter l'image d'Emily et Luke ensemble. Avec le recul, elle se rappelait l'inquiétude sur les traits d'Emily au cours des jours qui avaient suivi sa rupture, lorsqu'elle suppliait Luke de lui expliquer ce qu'elle avait fait de mal et demandait sans cesse à Emily ce qui clochait chez elle pour qu'il ne puisse plus l'aimer.

Elle avait même essayé de lui trouver des excuses : elle avait répondu aux avances de Luke, avait agi par jalousie, avec l'instinct d'une ado un peu trop romantique qui n'avait jamais connu l'histoire d'amour dont elle rêvait. Au fond, ce n'était pas Luke qui l'avait séduite, mais ce qu'il représentait.

— Tu n'avais pas l'intention de me faire du mal, je le sais. Tu as agi sur l'impulsion du moment. Je pourrais passer l'éponge sur le baiser volé, mais ce qui s'est passé ensuite… c'est comme si toute notre amitié n'était qu'un mensonge géant.

Emily acquiesça.

— Je sais. J'ai été lâche. J'aurais dû te l'avouer tout de suite. Tu m'aurais détestée pendant un moment, mais tu aurais sans doute fini par me pardonner. Je suis désolée, Kate, pour ce que ça vaut.

— Je suis désolée aussi. De vous avoir délaissés Luke et toi, de m'être montrée si égoïste. J'ai conscience de m'être mal comportée. Je n'ai pas été très compréhensive. Pourtant, je voyais bien que tu avais du mal à l'époque. Je t'ai négligée, j'aurais dû être une meilleure amie.

Le visage d'Emily s'illumina et une lueur d'espoir apparut dans ses yeux.

— Est-ce que ça veut dire…

Kate soupira et laissa plusieurs secondes s'écouler. Le vent jouait dans ses cheveux, rabattant des mèches dans son champ de vision.

— Non, Em. Ça ne veut rien dire. J'ai toujours besoin de rentrer chez moi.

Emily haussa un sourcil. Elle essaya d'étouffer la douleur, de réprimer les arguments qui se pressaient dans sa gorge. Ses paroles avaient un accent si définitif que rien ne pourrait les contredire. Toute tentative paraîtrait pathétique.

— Mais où est-ce, chez toi, exactement ?

Kate la dévisagea avec une grande confusion sur les traits. C'était même la première fois, depuis la période sombre de sa rupture avec Luke, qu'elle semblait désorientée à ce point. Emily avait l'habitude d'être la plus faible des deux, celle qui pataugeait là où Kate nageait comme un poisson dans l'eau. Que lui avait-elle dit, déjà ? Qu'elle avait changé et qu'elle s'en sortirait très bien toute seule. Oui, c'était possible, mais elle n'en avait pas envie pour autant.

— New York ? Ben ? insista-t-elle.

— Non. Mieux vaut ne pas regarder en arrière. Je l'ai appris à mes dépens et j'ai retenu la leçon.

Bon sang, ce que ça faisait mal ! Kate rejetait tout en bloc. Solway, la librairie, Luke, Emily : écartés d'un revers de la main. Elle était prête à passer à l'étape suivante. Emily l'imagina montant à bord d'un avion sans même jeter un coup d'œil en arrière. Elle n'aurait pas cru possible d'éprouver encore plus de chagrin.

Elle entendait encore Luke, ce matin : « Je l'aime tellement, merde ! » Quel gâchis, tout ce temps perdu ! Comment une simple erreur avait-elle pu tout foutre en l'air ?

— Si ce n'est pas à New York, alors où ? demanda-t-elle d'une voix beaucoup plus calme qu'elle-même ne l'était.

— Je ne renonce pas nécessairement à New York. Je parlais surtout de Ben. En fait, je pensais à Édimbourg, à ma mère.

Pourquoi pas ? Édimbourg n'était qu'à quelques heures de route de Wigtown. Toutefois, la distance n'importait pas autant que toute la symbolique qu'il y avait derrière ce départ. Si Kate s'en allait, elle couperait les ponts. Ou pire : Emily serait réduite au rang « d'amie » Facebook et n'aurait droit qu'à quelques aperçus de sa vie qui ne raconteraient rien du tout.

Elle abattit une dernière carte.

— Si tu ne peux pas me pardonner, ne peux-tu pas au moins donner une chance à Luke ? Il était saoul et…

Elle s'arrêta juste à temps. Elle allait révéler à Kate qu'il l'aimait, mais ça devait venir de lui. Pour peu qu'il en ait l'occasion, bien sûr.

Kate secoua la tête.

— Nous nous sommes laissé emporter par nos souvenirs. Ce n'était qu'un moment d'égarement fondé sur d'anciens sentiments plutôt que sur ce que nous ressentons maintenant. On ne peut pas remonter dans le passé et réécrire l'histoire. Alors, autant laisser cette relation là où elle est : parmi les souvenirs d'une époque magique.

Emily poussa un soupir. Son tout dernier espoir venait de couler à pic.

25

Lorsqu'elles atteignirent le sommet, ni l'une ni l'autre n'étaient en état de profiter de la vue. Alors, maussades, elles entamèrent la descente presque aussitôt.

— C'est bien que tu projettes d'aller voir ta mère, dit Emily, sans grand enthousiasme.

N'importe quelle conversation valait mieux que pas de conversation du tout, c'était l'occasion de prolonger un peu le supplice de ce départ, et puis, pour l'heure, elles étaient toutes les deux coincées ici. Cependant, tout échange paraissait désormais terne et insipide.

— Je doute que nous ayons une vraie relation un jour, répondit Kate, consciente du ton dur qu'elle employait. Cela dit, je me sens un peu obligée de la revoir. Je le vois comme un devoir.

Emily fronça les sourcils.

— Mais pourquoi, si tu penses que ça ne marchera pas ? Je ne comprends pas. Tu devrais peut-être lui donner une vraie chance. Après tout, ça fait très longtemps.

Kate se concentra sur le sentier qui se déroulait devant elle, une pierre après l'autre, pour ne pas laisser exploser sa fureur. Qu'est-ce qu'elle y connaissait, Emily, avec sa famille parfaite toujours aux petits soins pour elle et ses parents qui ne buvaient que pour de grandes occasions ?

Elle avait peut-être gravité autour du chaos qu'avait été son enfance, mais en être témoin n'était pas la même chose que la vivre de l'intérieur.

La vérité, c'était qu'elle avait peur. D'aimer sa mère et d'aimer Luke, de les perdre à nouveau. Et cette peur la paralysait. Le souvenir des chagrins de son passé était si précis qu'elle se démènerait pour ne plus jamais ressentir ça. Elle était même prête à ne plus accorder de deuxième chance à personne.

Devant son silence, Emily enclencha le moulin à paroles, comme si c'était plus fort qu'elle mais qu'en même temps elle appréhendait l'impact.

— Le problème avec toi, c'est que tout doit toujours être blanc ou noir. Il suffit qu'il y ait une minuscule tache d'encre sur une page pour que tout le livre soit bon à jeter. Si tout n'est pas parfait, alors ça ne vaut pas la peine. Mais les gens ont des défauts, Kate. Et parfois, ce sont ces défauts qui nous permettent de les apprécier. Prenons ta mère, par exemple…

— Je préfère pas, rétorqua-t-elle d'une voix glaciale.

— Pourtant, il est grand temps.

Prise d'un regain de courage, Emily s'exprimait avec passion.

— Tu es au courant que ses problèmes découlent d'une maladie mentale, n'est-ce pas ? Elle n'a pas choisi d'être cette horrible mère.

Kate contint ses émotions d'une poigne de fer.

— Parce que tu crois que je ne le sais pas ? Mais ça ne change rien. Ça n'efface pas ce qu'elle a fait. Ou, en l'occurrence, ce qu'elle n'a pas fait.

— Bien sûr que si. Et Lena ? Tu la tiendrais responsable de ses actes s'ils étaient directement imputables à son Alzheimer ? Ou tu serais plus tolérante ?

— Ça n'a strictement rien à voir.

— Si.

— Laisse tomber, Emily.

— On n'en a jamais parlé. Pourquoi pas maintenant ?

Après tout, elles n'avaient plus rien à perdre.

— Si je n'ai jamais parlé d'elle, c'est qu'il y a une bonne raison.

— Oui, c'est parce que tu as peur.

— C'est faux.

Elle avait peur, bien sûr, mais elle n'était pas prête à l'admettre devant quelqu'un qui avait fait semblant de l'aimer pendant tout ce temps.

— Ça ne sert à rien, continua-t-elle. Tu crois que si je pardonne à ma mère, tout va s'arranger dans ma vie, comme par enchantement ? Ce n'est pas aussi simple. Et si tu veux tout savoir, je lui ai déjà pardonné son comportement il y a longtemps, mais…

Emily hocha la tête.

— Mais il y a un fossé entre la pensée rationnelle et les émotions qui nous gouvernent.

Kate la dévisagea, surprise.

— Exactement.

Elle fronça les sourcils, mais la confession lui échappa :

— Quand je la vois, je *sais* que c'est ma mère et j'admire la façon dont elle a transformé sa vie, mais… pour être honnête, Em, je ne ressens rien. Rien du tout. Qu'est-ce que ça révèle sur moi ?

— Rien de mal, lui assura-t-elle, radoucie.

— Alors, pourquoi est-ce que je ressens un grand vide ?

— Parce que tu auras beau regarder sous tous les angles, le constat restera le même : tu as eu une enfance pourrie. Ça n'aurait jamais dû se passer comme ça, alors c'est normal de ressentir… ce que tu ressens, peu importe ce que c'est. C'est à toi, et à toi seule, de décider si tu veux renouer le contact avec ta mère. Mais tu en as envie, je me trompe ?

Le silence retomba, à l'exception du bruit de leurs pas sur le sentier de gravillons qui slalomait vers l'orée du bois. Kate murmura quelque chose, puis s'éclaircit la voix et reprit la parole avec plus d'assurance.

— Oui. Oui, je crois que j'en ai envie. Luke a dit qu'il regrettait de ne pas avoir réglé ses différends avec son père avant sa mort. Maintenant, c'est trop tard. Je ne veux pas que ça m'arrive avec maman.

C'était la première fois qu'Emily entendait Kate la qualifier comme telle. En général, elle était très froide et détachée : « ma mère », ou juste « Lily », quand elle parlait d'elle, ce qui était bien sûr plutôt rare. Après ça, Kate se referma comme une huître et pressa le pas. La distance augmenta entre elles.

Emily la laissa partir devant. Elle avait matière à réfléchir et peut-être avaient-elles toutes les deux besoin d'un peu d'air.

* * *

Abattue, Emily acheva le parcours seule. De temps en temps, un éclair coloré apparaissait loin devant elle, le T-shirt de Kate. Elle ferma les yeux et se revit à l'âge de dix ans, assise dans la classe avec une petite Kate qui vivait son premier jour dans cette école. Leurs pinceaux étaient entrés en collision pendant le cours de dessin et Kate avait automatiquement baissé la tête alors que personne ne l'avait réprimandée. Timide, pâle, frêle et effacée, elle était arrivée de façon inattendue, au beau milieu de l'année, parce que sa mère avait fui l'une de ses relations désastreuses. Ce déménagement précipité, en pleine nuit, avait propulsé Kate à Édimbourg, dans un appartement miteux, et, tout à fait par hasard, dans la classe d'Emily.

Déjà à l'époque, elle s'était sentie attirée par cette fille. Au moment où celle-ci s'était excusée d'avoir heurté son pinceau en voulant tremper le sien dans un pot d'eau, son subconscient avait compris qu'elle avait besoin d'elle.

Et elle avait besoin de Kate en retour.

Lorsqu'elle arriva près de Jasper, Kate l'attendait, appuyée contre la portière poussiéreuse côté passager. Elle buvait de l'eau.

— Et maintenant ? s'enquit Emily.

Kate haussa les épaules.

— On rentre à Bluebell Bank et on attend, je suppose.

Attendre que le bébé arrive, pour qu'elle puisse partir.

— On a toute la journée, s'empressa de lui rappeler Emily. Alors, passons-la ensemble. Même si c'est la dernière.

Kate sembla y réfléchir. Le concept risquait de lui paraître morbide.

— Je suis sur le point de devenir tante, insista Emily. C'est un jour spécial. Un jour où il faut faire un truc qui sort de l'ordinaire. Que reste-t-il sur ta liste de choses à revoir à Solway ?

— En fait, j'ai réellement écrit une liste, dit-elle en fouillant les poches de son short dont elle sortit un bout de papier chiffonné.

Emily leva les yeux au ciel.

— Je n'en attendais pas moins de toi.

Elle passa la liste en revue.

— Bien. Alors, en route, rayons encore quelques endroits de cette liste. Comme ça, nous nous rappellerons pour toujours ce que nous faisions le jour où ma nièce ou mon neveu est né. Je voudrais juste ajouter, et ensuite je la boucle sur le sujet, promis juré, que je suis vraiment désolée que ça se soit passé comme ça. Ce n'est pas du tout ce que je voulais.

— Les regrets ne servent à rien, Em, répondit-elle, toujours pragmatique.

Pourtant Kate n'avait jamais eu l'impression d'être plus insultante. Elle se sentait péremptoire et ignoble, de faire ainsi une croix sur Luke et Emily et sur sa deuxième chance d'être heureuse. C'était comme si cette croix, une fois tracée, ne pouvait plus jamais être effacée, même si elle changeait d'avis.

— Je ne te laisserai plus jamais tomber, affirma Emily.

Kate esquissa un petit sourire triste tandis qu'elle empruntait les mots de Luke :

— Jamais, ça fait long.

— Je sais que tu as dit que Luke et toi, c'était terminé, mais…

Kate ferma les yeux.

— Emily, s'il te plaît, pourrait-on arrêter de parler de lui ?

— Désolée, mais je voulais juste te rappeler – au cas où tu ne t'en serais pas aperçue – qu'il est ta *putain d'âme sœur.*

Kate rejeta cette affirmation en bloc.

— Ta définition d'âme sœur est un peu biaisée, alors excuse-moi si je n'y crois pas. Et puis, si nous étions de véritables âmes sœurs, ça aurait marché entre nous.

— Pas nécessairement, peut-être que vous n'étiez pas prêts. Au fait, je crois que j'ai rencontré quelqu'un.

Emily croyait-elle l'amadouer avec des confidences, comme lorsqu'elles avaient quatorze ans et échangeaient des confidences à voix basse en feuilletant le *Jeune et Jolie* ?

— Je ne sais pas si c'est une bonne idée, en fin de compte. Je ferais mieux de rentrer et de commencer à chercher un vol.

— Non ! Juste une petite balade à Sandyhills, puis un *fish and chips* à Kirkcudbright.

Le ton de la voix d'Emily était passé de désespéré à enjôleur.

Kate céda.

— Bon, alors tu as intérêt à me parler de Mike sur la route.

— Comment as-tu deviné que c'est lui ?

— Tu es tout sauf subtile. C'était écrit partout sur ton visage la première fois que tu as prononcé son nom.

Emily redressa le menton.

— Et moi qui aime penser que je suis une énigme. Une fille sombre et mystérieuse.

Kate poussa un reniflement moqueur.

— Désolée de te décevoir, mais pour le mystère, tu repasseras. Tu es un livre ouvert, Em.

Ses paroles restèrent en suspens avec un léger malaise. Ce n'était pas tout à fait vrai. Si Emily avait été un livre ouvert, alors Kate aurait deviné le terrible secret qu'elle recelait, perçu sa trahison. Peut-être était-elle bel et bien une énigme, en fin de compte. Leur amitié n'avait pas été bâtie sur des bases si solides, puisqu'elles avaient toutes les deux entretenu de lourds secrets : Emily et Luke ; Kate et Dan. Des vérités qui leur étaient restées sur le cœur et qui, petit à petit, avaient tourné au vinaigre.

26

Cette journée était placée sous le signe de la mélancolie et de l'irrévocabilité, même si Emily faisait semblant que ce n'était pas leur dernier déjeuner ensemble, la dernière promenade sur la plage, le sable entre les orteils et le « chhhh » apaisant de l'océan dans le dos, la dernière virée en voiture, les dernières chamailleries pour le choix de la musique, les dernières fois que Kate posait les pieds sur le tableau de bord.

Elle attendit sur un banc devant le parking tandis que Kate allait leur chercher des crèmes glacées. Autour d'elle, des gens repus de soleil rentraient chez eux après une longue journée à la plage, jonglant avec serviettes de bain, seaux, pelles et autres petits trésors du littoral qui leur échappaient parfois des mains. L'un ou l'autre bambin récalcitrant s'évadait de temps en temps, courant sur ses petites jambes potelées avec détermination ; un groupe d'ados vêtus de shorts larges traînaient avec une balle de foot et se bousculaient les uns les autres sous le regard d'une bande de filles aux jambes filiformes qui feignaient de ne pas les remarquer, rejetant leurs cheveux brillants en arrière et se passant leur téléphone à tour de rôle en gloussant ; quelques couples de personnes âgées flânaient, chaises longues sous le bras, équipés de chapeaux de soleil à large bord et de tenues décontractées, et armés de paniers avec tout un attirail de plage « à l'ancienne ». Emily regarda défiler ce petit échantillon du monde pendant un moment. Si seulement il existait des mots capables de faire changer Kate d'avis ! Elle fouilla le moindre recoin de son cerveau, mais n'y déterra rien de plus qu'un très insuffisant « je suis désolée ». Tout ça parce que Kate était incapable d'accepter l'imperfection, chez les autres comme chez elle-même. Sur ce point, et bien d'autres, la responsabilité incombait à Lily.

Même si, au fond, la seule à blâmer c'était elle, elle qui avait osé embrasser le petit copain de sa meilleure amie, péché capital s'il en est, et elle ne méritait plus de faire partie de la vie de Kate.

Elle gratta un reste de vernis sur son ongle en soupirant, puis composa le numéro de son frère.

Noah répondit presque aussitôt.

— Salut, Em. Où es-tu ?

— À Sandyhills. Avant ça, nous avons déjeuné à Kippford et fait une balade sur la plage jusqu'à Rockcliffe. Des nouvelles de Dan ?

— Non.

— Moi non plus. Ce serait bien qu'il se dépêche un peu, ce bébé. J'ai tellement hâte de le rencontrer.

Ce n'était qu'à moitié vrai ; il ne fallait pas qu'il arrive trop vite non plus, puisque sa naissance marquerait aussi le départ de Kate. Et puis, la présence physique de ce petit être entérinerait le changement de façon incontestable, ce qui n'était pas encore le cas tant qu'il était dans le ventre de sa mère. Les sentiments contradictoires et troublants qui l'avaient assaillie tout au long de la grossesse d'Abby l'inquiétaient un peu. Et s'ils finissaient par éclater au grand jour, l'empêchant d'aimer cet enfant et dévoilant le plus hideux aspect de sa personnalité au monde ? La jalousie lui avait déjà valu de sérieux ennuis par le passé…

— Au fait, le poêle est bien arrivé.

— Super, merci, Noah. Je suis désolée de t'avoir mis tout ça sur le dos. Et je n'ai même pas pensé à la ferme.

Ce matin, elle avait été trop occupée à persuader Kate de retarder son départ assez longtemps pour qu'elles aient une bonne conversation. Avec le résultat que l'on connaissait. Quel fiasco !

— Tout va bien, Niall de Stoneburn Farm est venu en renfort aujourd'hui. Dan a tout arrangé avec lui. J'irai lui donner un coup de main pour traire les bêtes, mais…

Emily l'entendit presque hausser les épaules avec sa nonchalance toute adolescente.

— Tout est sous contrôle, conclut-il.

— Et Lena ? Elle va bien ? Je l'ai trouvée un peu à l'ouest, ce matin.

— Oui, ne t'inquiète pas. Je vois ce que tu veux dire, mais on a déjeuné ensemble et on est allés se promener cet après-midi. C'était sympa. Je n'ai pas l'habitude de passer du temps comme ça, juste avec elle. Kate va bien ?

Emily jeta un coup d'œil à cette dernière. Elle négocia la descente des marches du marchand de glaces, puis esquiva gracieusement les gens qui étaient sur son chemin ; les glaces dégoulinaient déjà sur sa main.

— Oui. On fait une sorte de pèlerinage. On revisite tous les endroits où nous n'étions pas encore retournées. C'est sympa.

Le ton de sa voix était morne et elle croisa les doigts pour que Noah ne soit pas assez perspicace pour lui en faire la remarque.

— Si tu es d'accord pour tenir encore un peu la barre à Bluebell Bank, il est possible qu'on rentre tard.

Pendant un instant, elle faillit dire la vérité à Noah,

mais il prendrait de toute façon le parti de Kate ; il était trop jeune pour être objectif. À moins que ce ne soit son péché qui était trop grave. Peut-être devait-elle se préparer à être condamnée par tout le monde à tout jamais. Cette trahison finirait par faire partie d'elle, par la définir.

Elle chassa ses pensées geignardes et se secoua.

— Te bile pas. Par contre, il est possible que j'aille retrouver Becca tout à l'heure.

Il avait ce ton à la fois désinvolte et fier de se voir confier des responsabilités.

— Ce n'est pas une bonne idée de laisser Lena toute seule. Elle est un peu perdue sans Bracken.

Un mauvais pressentiment dont elle ne s'expliquait pas l'origine la troublait.

— Je ne m'absenterai pas longtemps, Em. Ne te tracasse pas. Il n'y en aura que pour une petite heure, Lena s'en sortira très bien.

— D'accord. Nous aurons peut-être des nouvelles du bébé avant de rentrer à la maison.

— À mon avis, on ne pourra pas lui rendre visite à l'hôpital avant demain. Dan a cédé, il a prévenu maman et papa tout à l'heure. Depuis ils m'ont déjà téléphoné, genre, cinq fois sur l'après-midi. Si ça continue, ils vont exploser.

— C'est énorme pour eux, rends-toi compte. Leur premier petit-fils ou première petite-fille.

— Ouais, j'imagine. Je ne comprends pas pourquoi on fait tout un foin autour des bébés.

— Attends d'avoir rencontré celui-ci. Je parie que tu vas en tomber raide dingue. Je te vois très bien en tonton poule.

— Mmh, fit-il, dubitatif. Tu crois que ça va radoucir un peu Dan ? On ne s'est toujours pas adressé la parole, lui et moi.

— Une fois que le bébé sera là, tout ça vous paraîtra ridicule, lui assura Emily.

Ce petit n'était même pas encore né qu'elle était déjà convaincue du rôle pacificateur qu'il jouerait. Grâce à lui, les problèmes s'envoleraient.

Avec un peu de chance, elle mettrait ses convoitises de côté et fondrait elle aussi en posant les yeux sur le nourrisson. Kate la rejoignit en brandissant deux cônes. Elle lécha un peu de crème sur son pouce.

— Il faut que je te laisse, Noah. À tout à l'heure.

— À plus, Em.

Du bout de la langue, Kate avala la glace qui coulait sur tout le pourtour de son cône à la fraise.

— Tout va bien ?

Emily goûta la sienne et hocha la tête.

— Oui. Noah joue les blasés, mais il est ravi d'être aux commandes, ça s'entend. Et il est tout excité pour le bébé, même s'il ne l'admettra jamais.

— Moi aussi, je suis aussi tout excitée pour ce bébé, même si je n'arrive toujours pas à réaliser que Dan est papa, pas toi ?

— Mon cinglé de grand frère ? Sûrement pas.

Elle jeta un coup d'œil hésitant à Kate.

— Tu trouves ça bizarre, toi ? Je veux dire, si je découvrais que Joe était marié avec des enfants…

— Non, non. Ça n'a rien à voir. Dan et moi n'avons jamais réellement été ensemble. J'ai toujours eu des sentiments pour lui, mais…

— Mais Abby n'a pas de soucis à se faire.

Kate la dévisagea.

— Non, Em. Bien sûr que non, je te l'ai déjà dit.

— Ça ne t'a même pas traversé l'esprit ? Je veux dire, l'amour nous rend fous, parfois, non ?

Elles flânèrent sur le chemin en caillebotis qui s'avançait sur le sable. Il était dix-sept heures passées et la plage se vidait peu à peu : les gens regagnaient leur cottage de vacances ou leur caravane pour le thé. Le moment préféré d'Emily à la mer était le soir. Le sable était doux et frais. Elle se débarrassa de ses chaussures et les tint à la main ; Kate ne tarda pas à l'imiter avec ses tongs.

— On s'arrêtera à la friterie de Kirkcudbright en rentrant ? On sera sûrement affamées.

— D'accord, Em.

Kate engloutit le reste de sa boule de glace et se mit à grignoter le cornet. Penser à Dan suscitait une sorte de vide au creux de son ventre, en plus du lancinement engourdi lié à Luke. Emily avait été franche avec elle à propos de Luke, allant jusqu'à lui donner des détails dont elle se serait bien passée. Elle lui devait une réponse claire sur son frère.

— Je suppose… Je suppose que l'idée m'a traversé l'esprit. Je veux dire, j'ai toujours considéré que Dan m'appartenait à moitié.

— Il t'appartenait. Il aurait fait n'importe quoi pour toi et il n'a pas arrêté de se languir de toi jusqu'à ce qu'il rencontre Abby. À l'époque, je ne savais pas que c'était toi son problème, mais maintenant tout s'éclaire. Il craquait déjà pour toi quand nous étions plus jeunes, mais je ne m'étais jamais rendu compte que c'était réciproque. Il était dans un sale état quand tu es partie.

— Oh, ne dis pas ça.

Elle détestait être tenue pour responsable des sentiments des autres. Il était bien plus simple de se persuader que Dan l'avait vite oubliée lorsqu'elle avait quitté l'orbite des Cotton.

Luke se matérialisa de nouveau dans son esprit, il revenait inlassablement. Il faudrait qu'elle lui passe un coup de fil pour une dernière mise au point. Elle ne partirait plus en laissant planer le moindre doute derrière elle. Des regrets, peut-être, mais pas de doutes.

Elle lui dirait que c'était terminé, bel et bien terminé, définitivement, pour toujours. Elle lui expliquerait qu'elle ignorait encore où aller, mais qu'elle avait par exemple beaucoup de choses à mettre à plat avec Lily…

Non, elle ne prendrait pas sa mère comme excuse ; Luke risquait d'y voir une raison d'espérer. Autant lui annoncer tout net qu'elle ne l'aimait pas.

Pas possible non plus ; ce serait mentir et elle ne pouvait pas partir sur un mensonge. Elle avait toujours des sentiments pour lui, mais ça ne marcherait jamais parce qu'elle ne pouvait pas passer l'éponge sur ce qui s'était passé avec Emily. Voilà, ça, c'était la vérité.

Ou encore : ils s'étaient leurrés à cause des bons moments passés autrefois, ils avaient voulu raviver une vieille flamme qui n'avait plus lieu d'être, mais il valait mieux reléguer cette relation au royaume des souvenirs. Pas tout à fait vrai, mais plausible.

Elle grogna en son for intérieur ; qu'allait-elle bien pouvoir lui dire, en fin de compte ?

Et puis, elle avait d'autres détails à régler : Dan, Lena, Noah. Tout à son euphorie de jeune papa, Dan remarquerait à peine son départ, non ? Elle tirerait sa révérence en douce et le laisserait vivre heureux, en paix. Ce qui s'était passé entre eux – ou ne s'était pas passé ou s'était presque passé, elle n'était plus sûre – n'était qu'un moment d'égarement, une passade. Là encore, le souvenir de vieux sentiments était venu ternir le présent. Un bref instant de doute, le fameux « et si ? ». Par chance, ça n'avait pas été plus loin.

Par contre, elle resterait en contact avec Noah, mais elle lui ferait jurer de garder le secret. Des choix difficiles attendaient le jeune homme et aucun des Cotton ne le comprenait vraiment, alors elle tenait à être là pour lui.

Elle dirait au revoir à Lena avec beaucoup de tendresse, en espérant qu'elle la reconnaisse encore. Quoique, ça faciliterait peut-être les choses si sa mémoire lui faisait défaut à ce moment-là. En tout cas, ces adieux seraient les plus poignants de tous, parce qu'elle ne reverrait sans doute plus jamais la grand-mère Cotton.

Une petite minute : présenté comme ça, ça voulait dire qu'elle laissait une porte ouverte quelque part pour le reste des Cotton, une possibilité de les revoir dans le futur. Il fallait tout de suite rectifier le tir dans son esprit : lorsqu'elle partirait, elle partirait pour de bon. Elle prendrait un nouveau départ, se réinventerait une fois de plus. Elle était douée pour ça. Elle se sentit gagnée par un sentiment de liberté, ou était-ce de la terreur ? Impossible à déterminer.

Et enfin, Lily. Peut-être.

Encore des décisions à prendre. L'été lui faussait compagnie bien trop tôt. Nous étions en juillet et elle avait espéré bénéficier d'un mois supplémentaire au moins. Et dire qu'elle avait songé à rester plus longtemps ces derniers temps. Mais ça, c'était avant.

Elle avait promis à Emily de rester pour l'inauguration de la librairie. Désormais, elle était libérée de ses engagements. Pendant une fraction de seconde, elle s'autorisa un petit rêve éveillé avec Luke : elle et lui, ensemble, parvenant à bâtir quelque chose de merveilleux, alors que la distance, leur passé, bref tout se liguait contre eux. Elle s'imagina aussi travaillant côte à côte avec Emily à la librairie. Puis, elle secoua vivement la tête pour chasser ce magnifique leurre.

La nuit était tombée. Les lumières du port luisaient dans l'obscurité. Il régnait dans la voiture à l'arrêt une atmosphère soporifique. Pelotonnée sur son siège, repue de *fish and chips* et d'air frais, Kate sentait le sommeil la gagner.

La radio diffusait une chanson acoustique sirupeuse, légère. Emily avait les yeux bien ouverts, mais le regard perdu dans le vide. Elle était perdue dans ses pensées.

« Au moins, vous n'avez pas eu d'enfants. » Les mots de Kate résonnaient de nouveau en elle.

Elle tâcha de se focaliser sur la silhouette noire des bateaux qui dansaient dans le port, sur sa respiration, tandis que la ligne bleu pâle qui s'était affichée sur le test de grossesse s'imposait dans son esprit. Le bond de joie de son cœur et le regard horrifié de Joe. Ils étaient à un festival : longues soirées d'été, musique, danse et bière pas chère à gogo.

Elle se tourna vers Kate.

— J'aimerais encore te raconter une chose, murmura-t-elle non loin de son oreille.

Elle se pelotonna de la même façon qu'elle, en miroir.

— Mmmh, murmura Kate, somnolente.

— J'aimerais que tu comprennes pourquoi j'ai fui pour l'épouser. Je sais que tu t'es toujours posé la question.

Kate battit des paupières, de longs clignements alourdis par la fatigue.

— Ça m'a déboussolée, c'est vrai. Surtout quelques mois à peine après son histoire avec An… Après son infidélité.

— C'est simple. Il me l'a demandé. Je me suis sentie désirée, nécessaire. Et surtout… il y avait un bébé. J'étais tombée enceinte. Je crois que je me suis laissé entraîner par cette lubie de fonder une famille.

Le silence de Kate fit écho à l'intensité du propos, pulsant comme un battement de cœur. Puis elle enveloppa les doigts d'Emily avec sa main et l'observa. L'espace d'un instant, elle entrevit quelqu'un de tout à fait différent dans cette jeune femme enroulée comme une virgule, en position fœtale, si vulnérable : elle vit une maman.

— Que s'est-il passé ? murmura-t-elle, sidérée.

Emily esquissa un pâle sourire.

— Mon rêve a volé en éclats au bout de quelques heures seulement, quand je le lui ai annoncé. Il voulait que je m'en débarrasse. J'ai refusé. Ensuite, on s'est disputés et jeté des reproches à la figure pendant des jours ; Joe répétait que tout ce qu'il voulait, c'était qu'on se marie, qu'on mène une vie insouciante, qu'on s'amuse, pas qu'on s'encombre d'un mouflet. De toute façon, ça n'a pas duré parce que… j'ai perdu le bébé.

Tout lui revint : cette sensation d'être exsangue, amorphe, la fatigue incommensurable, l'incapacité de gérer quoi que ce soit et surtout pas elle-même. Elle s'était raccrochée au brouillard, plus rien n'avait d'importance, tout au plus son instinct de survie lui avait-il permis de s'agripper à Joe.

— Tu vois, Kate ? L'épouser n'a pas été un acte tout à fait irresponsable. Je pensais à notre bébé. À l'avenir.

Ce bébé serait devenu une personne, une personne qui aurait peut-être tout changé.

— Em...

— Non, tu ne dois pas être désolée pour moi.

— Mais…

— Je ne te raconte pas ça pour t'inspirer de la pitié ou pour te convaincre de rester. Je le fais parce que je ne veux plus qu'il y ait de secrets entre nous. Et parce qu'il fallait que je me libère de ce poids avant l'arrivée du bébé de Dan et Abby.

Ses paupières se gonflèrent de larmes au moment où la musique allait crescendo à la radio, puis le barrage se rompit et celles-ci se mirent à couler sans entraves, mettant définitivement un terme à un long et pénible silence, nettoyant sur leur passage les derniers vestiges de Joe et toute cette culpabilité refoulée.

— J'ai été si jalouse, hoqueta-t-elle entre

deux sanglots. Chaque fois que je regardais Abby, je me sentais pitoyable. Pourtant, je ne voulais pas ressentir ça. J'ai envie de l'aimer ce bébé, d'être soulagée de tout ça.

— Oh, Em...

Kate la prit dans ses bras et la serra contre elle de toutes ses forces. Ses pleurs étaient si puissants qu'elle craignit de ne pas suffire à les contenir, même l'habitacle de la voiture lui parut trop petit. Elles tremblèrent ensemble sous la violence de ses sanglots.

Au bout d'un moment, la tempête se calma. Emily s'écarta de Kate avec un faible sourire. Maintenant que tout était sorti, elle se sentait légère. Des mois de sourires crispés, des mois qu'elle était obligée de faire semblant de se réjouir pour Abby, des mois qu'elle se sentait monstrueuse de lui en vouloir à chaque fois qu'elle se plaignait d'un petit élancement.

— On devrait rentrer.

Elle tourna la clé dans le contact et Jasper vrombit.

— Tu devrais me laisser le volant, suggéra Kate.

— Ça va, je vais bien.

— Non, ça ne va pas, mais ça va aller. Tu es forte, Em. Et surtout complètement dingue. Comment as-tu réussi à garder ça pour toi aussi longtemps ? Tu devais avoir envie de hurler la moitié du temps.

— C'est à peu près ça. Tu as déjà hérité de tous mes problèmes au moment où tu as passé le pas de la porte de ma librairie. Je ne pouvais pas t'infliger ça en plus. Alors j'ai pensé que si je parvenais à me convaincre que mon aigreur n'existait pas, elle finirait par disparaître.

Elles échangèrent de siège sans sortir de la voiture, se glissant l'une au-dessus de l'autre dans une grande mêlée de bras et de jambes.

— Et ta technique a marché ?

Emily sourit.

— Pas trop.

— Tu serais prête à te faire aider ? Je pense à un psychologue ou quelque chose comme ça.

Emily haussa les sourcils.

— Tu ferais ça, toi ?

— Touché, reconnut Kate avec un sourire en coin.

Elle enclencha la marche arrière et fit sortir Jasper du parking.

— On rentre ? On ne va pas s'éterniser dehors dans l'espoir de recevoir un appel de l'hôpital. Le bébé arrivera sans doute cette nuit et tu ne pourras de toute façon pas leur rendre visite avant demain matin.

— Nous, rectifia Emily.

— Quoi ?

— Nous ne pourrons pas leur rendre visite, pas juste moi.

Kate essaya de s'imaginer à l'hôpital, dans l'intimité des parents et de leur nouveau-né. Et dire que Dan avait failli foutre sa vie en l'air…

— Non. Ce sera sans moi, rétorqua-t-elle en plissant le front.

Emily la dévisagea.

— Tu as le droit, tu sais.

— De quoi ?

— De dire que tu as toujours des sentiments pour lui, que c'est dur de le voir heureux avec Abby.

— Non ! Je ne peux pas dire ça. Je crois que je n'ai même pas le droit de le penser.

Elle jeta un petit coup d'œil à Emily. À cet instant précis, elles devaient toutes les deux avoir l'air aussi malheureuses l'une que l'autre.

27

Épuisée par sa confession, Emily somnola sur le siège passager. Kate ne s'en formalisa pas ; au contraire, se retrouver un peu seule avec ses pensées n'était pas pour lui déplaire.

Une atmosphère étrange, anxiogène, s'était installée entre elles au fur et à mesure que leur absence de Bluebell Bank se prolongeait, comme s'il fallait qu'elles y retournent le plus vite possible afin de restaurer l'ordre naturel des choses. Ce besoin inexplicable de rentrer à la maison était même en train de se muer en urgence absolue et elle appuya sur l'accélérateur, s'efforçant d'oublier que Bluebell Bank ne serait bientôt plus « sa maison » – en admettant qu'elle l'ait déjà été. Tout à coup, elle était de nouveau la petite Kate de cet appartement insalubre, négligée par sa mère, et ce malgré toute la distance qu'elle avait mise entre son passé et elle. C'était ridicule : l'appartement en question avait disparu depuis longtemps et Lily était apparemment – ça restait à confirmer – sobre depuis plus de cinq ans.

Lena était seule, sans Emily, sans Bracken. Cette pensée la poussa à faire monter Jasper dans les tours et elle fonça, pied au plancher.

Lena avait vécu seule pendant plusieurs décennies, selon ses propres horaires ; accepter l'intrusion d'Emily dans sa vie paisible et bien réglée avait dû être un sacré défi. Toutefois, depuis qu'elle était malade, le temps ne représentait plus rien pour elle ; sans Emily pour rythmer ses journées, aménager son emploi du temps en fonction de leurs nouvelles habitudes, où en serait-elle aujourd'hui ? Elle avait besoin du pragmatisme un peu brusque d'Em, de ses listes et de ses pense-bêtes joyeux rédigés au feutre. Elle était désormais aussi vulnérable qu'un enfant.

La dépendance de sa grand-mère pesait-elle sur Emily ? Après avoir quitté Kirkcudbright et pris la route pour Wigtown, Emily s'était inquiétée parce qu'elle avait oublié de prévenir Noah que Lena avait l'habitude de faire une partie de Scrabble avant d'aller au lit. En effet, Kate les avait observées chaque soir, pendant qu'elle faisait des croquis en écoutant la radio. Elle avait d'ailleurs été épatée par la patience d'Emily face à la frustration de sa grand-mère lorsque celle-ci prenait une éternité à trouver un mot pour ensuite se rendre compte, au moment de placer enfin ses lettres, qu'elle n'avait pas toutes celles qu'il lui fallait. Noah ne savait peut-être pas non plus comment préparer le thé de Lena tel qu'elle l'aimait : aussi noir que du goudron et beaucoup trop sucré.

Emily devait accorder plus de crédit à Noah, Kate lui en avait d'ailleurs fait part.

— Il est temps que tu acceptes de te faire aider avec Lena. Tu ne peux pas continuer à porter ce fardeau toute seule.

Emily lui avait décoché un regard aussi farouche qu'au moment où elle lui avait avoué avoir perdu son bébé.

— Je suis peut-être incapable de lâcher prise, avait-elle répondu. M'occuper de Lena est le seul pan de ma vie que je maîtrise totalement, et la seule chose qui vaille la peine.

À présent Emily dormait à côté d'elle. Elle avait pu se libérer d'un grand nombre d'émotions refoulées, mais cette catharsis bienfaitrice l'avait épuisée. Pour la première fois, Kate avait compris la dépendance mutuelle qui liait Lena et Emily. Car Emily, pour réapprendre à vivre et se reconstruire, avait besoin de ce sanctuaire qu'était Bluebell Bank et de sa grand-mère si vive et si inflexible, certes amoindrie, mais qui avait eu tant d'influence sur elle.

Prendre soin de Lena lui avait donné un but.

La maison de Bluebell Bank était chargée d'histoire. Ça ne se limitait pas aux Mémoires qu'Emily rédigeait, avec ses récits et ses précieuses anecdotes. Il y avait aussi tous les albums photo de la famille de Lena, toutes ces images sépia de gens souriants disparus depuis longtemps : parents, grands-parents, son frère Austin dans son uniforme militaire. Les pièces de la maison elles-mêmes abritaient de nombreux trésors ; les meubles, les babioles et les collections excentriques, amassés et conservés avec amour par Lena. Rien n'avait changé depuis la toute première visite de Kate ; alors âgée de dix ans, elle était restée abasourdie devant ces merveilles.

Un jour, Lena avait elle-même rédigé une autobiographie. Une fois le manuscrit terminé, elle l'avait emporté dans le jardin, allumé un feu et nourri les flammes avec ses pages. Emily avait été furieuse ; pour elle, la destruction d'un document écrit, quel qu'il soit, était inconcevable. Avec ses Mémoires, elle essayait de réparer ce sacrilège. De son côté, Kate était plutôt comme Lena à cet égard : si elle avait écrit le récit de son enfance – ce qu'elle ne ferait jamais parce que ressasser le passé n'était pas son genre –, elle aussi aurait eu envie de le détruire ensuite, page après page, et d'observer les flammes consumer ses mots, avec l'espoir que la douleur disparaisse en même temps que le manuscrit.

Ces dernières semaines, elle avait adoré trouver Lena et Emily penchées sur les Mémoires, souvent le matin. Armée d'un stylo et d'un carnet, Emily grattait le papier avec frénésie tandis que Lena, volubile, se perdait dans les méandres de sa mémoire et racontait des histoires envoûtantes en agitant les mains dans tous les sens. Parfois, elles éclataient de rire. Parfois, elles pleuraient toutes les deux. Kate s'éclipsait alors dans la cuisine et se préparait un café avant de les déranger, le temps qu'elles reprennent leurs esprits.

Pour Emily, ces moments uniques, au petit matin, n'avaient pas de prix.

Le jour se réduisait à une fine bande dorée à l'horizon, se reflétant dans le rétroviseur, lorsque Emily se réveilla en sursaut. Les émotions de la journée, l'exercice, le grand air et l'effort constant qu'elle avait fourni pour éviter toute décision fatale avaient eu raison d'elle. Le passage de Kate à Solway lui faisait l'impression d'une vague : avant qu'elle n'ait eu le temps d'en apprécier la perfection, la mer la reprenait déjà, ne laissant de sa présence qu'une empreinte dans le sable. Kate ne pouvait pas se réduire à un souvenir, une empreinte, la réminiscence d'un amour disparu. Emily avait besoin d'elle, de sa présence physique à Bluebell Bank et, par-dessus tout, de son pardon. Elle voulait que tout redevienne comme avant. Non, ça ne suffisait pas ; elle voulait que tout soit encore mieux qu'avant, plus léger, que Kate ne soit plus obligée de lui servir de béquille. Fini la jalousie et les comparaisons douteuses.

La route était étroite et sombre, bordée d'arbres qui défilaient à toute vitesse de chaque côté de la voiture ;

Kate roulait vite et prit un virage serré. Emily eut du mal à se redresser.

— Où sommes-nous ? demanda-t-elle d'une voix encore endormie.

Elle s'était assoupie sans s'en rendre compte, par contre elle avait été réveillée par la musique tonitruante. Elle avait hâte de rentrer, de s'assurer que Lena allait bien, de prendre une douche et de se glisser dans son lit.

Kate lui adressa un petit sourire désabusé.

— Désolée. C'était ça ou terminer contre un arbre.

Emily bâilla, puis baissa un peu le volume.

— Un choix judicieux. Je vais te faire la conversation pour te maintenir éveillée. Où sommes-nous ?

Kate entrouvrit la vitre et une bouffée d'air frais s'engouffra dans l'habitacle. Elle frissonna.

— Ah, ça va mieux. Je me sentais vraiment partir. On sera à Bluebell Bank dans dix minutes.

Emily se frotta les yeux. Elle aurait bien demandé à Kate de ralentir, mais elle était paralysée par une terreur irrationnelle et non identifiée. Il lui tardait de voir Lena ; depuis qu'elle s'était installée à Wigtown pour prendre soin d'elle, c'était la première fois qu'elles étaient séparées si longtemps.

Kate n'avait aucune intention, ni aucun besoin de ralentir. La conduite était un vrai plaisir pour elle et, maintenant qu'elle était de nouveau en pleine possession de ses moyens, elle s'amusait à prendre les tournants façon rallye. Peut-être la vitesse finirait-elle par balayer Luke de son esprit. Elle brûlait d'entendre sa voix, mais ne s'autoriserait pas à l'appeler. Pas question de lui donner de faux espoirs.

Bientôt elle grimperait sans doute l'allée de Bluebell Bank pour la dernière fois ; demain, ou après-demain, elle serait déjà loin d'ici.

Réprimant une bouffée de tristesse, elle visualisa Luke allongé dans sa caravane, les chiens roulés en boule au pied de sa couchette. Était-il en train de regarder la télévision ou de lire un livre ? Portait-il des lunettes pour lire ? Pour dormir, était-il plutôt pyjama en tartan, boxer ou rien du tout ? Elle savait si peu de choses sur lui.

L'habitacle de la voiture s'était refroidi. Elle frissonna et bâilla à s'en décrocher la mâchoire. Elle irait au lit tout de suite en rentrant, tout paraîtrait plus clair après une bonne nuit de sommeil. Sa détermination n'en serait que plus forte et elle serait plus à même de chasser toutes ces pensées traîtresses ; la fatigue la rendait faible.

Au dernier virage, elle ralentit, enclencha le clignotant, et s'engagea dans l'allée de Bluebell Bank.

Quelque chose clochait.

Le ciel était bien trop éclairé… ces lueurs jaunes qui vacillaient. Des bruits inhabituels s'élevaient dans la nuit. Et l'odeur : une odeur âcre de fumée qui appesantissait l'air. Une terreur effroyable s'abattit sur Kate. Elle jeta un coup d'œil à Emily : son visage horrifié devait refléter le sien. Ni l'une ni l'autre ne prononcèrent un mot tandis que Jasper gravissait la côte en cahotant.

N'y tenant plus, Kate bondit hors de la voiture au bout d'un moment, aussitôt imitée par Emily. Laissant les portières grandes ouvertes, elles piquèrent un sprint sur les quelques derniers mètres.

Elles gardèrent le silence. Il n'y avait pas de mots. Seul leur souffle saccadé les accompagnait lorsqu'elles atteignirent le haut de la butte de Bluebell Bank.

Semblables à des voiles de navire, de grandes flammes s'échappaient de l'une des chambres. L'incendie faisait rage au milieu d'un épais brouillard de fumée. Elles s'arrêtèrent net. Une scène apocalyptique se déroulait sous leurs yeux : entourée d'un halo infernal qui ondoyait dans le ciel nocturne, la maison était la proie de langues de feu et de volutes de fumée toxique. Une fenêtre de l'étage en particulier crachait des pluies d'étincelles. Celle de Lena. Un fragment de rideau brûlait en dansant dans le souffle de l'air.

28

Lena comprit qu'elle devait s'éveiller. Elle lutta pour ouvrir les yeux.

Elle était en train de partir à la dérive : dans un océan profond, très profond, loin de la surface. L'eau froide apaisait sa peau. Son corps était si léger. Il n'y avait pas d'air, mais elle n'avait plus besoin de respirer ; la réalité n'était plus qu'un lointain souvenir, flou, éphémère.

Le bruit de l'océan emplissait ses oreilles ; aucun autre son ne lui parvenait à part ce timbre fluide, ce souffle continu, comme le bruit de la mer dans un coquillage ou comme lorsqu'on plonge la tête sous l'eau dans un bain chaud. C'était le même engourdissement sourd.

Les poumons de Lena se contractèrent, mais c'était idiot, puisqu'elle n'avait pas besoin de respirer sous l'eau. Elle retint son souffle, surmonta la vague jusqu'à ce que le besoin d'avaler de l'air disparaisse. Tout devint sombre, insensible, serein. La douleur était restée sur le rivage, au loin.

Annabelle et Austin. Ils nagèrent devant elle, côte à côte, puis ils déviérent à la lisière de son champ de vision avant de disparaître complètement. Le garçon-soldat, si fier dans son uniforme, et la petite fille au visage rieur quelques secondes encore avant de grimper à cet arbre.

Ensuite, elle croisa un petit garçon à lunettes, pâle, sérieux ; il se métamorphosa en homme et une jolie femme le rejoignit, cheveux blonds comme les blés et sourire intelligent. Leurs quatre enfants : un beau petit garçon aux cheveux noirs, têtu comme une mule et si cher à son cœur, un petit rouquin couvert de taches de rousseur qu'*elle* seule comprenait, un autre garçon, très doux, dont le sourire ferait fondre les cœurs un jour et sa jolie sœur jumelle au caractère bien trempé, douée pour les mots. Elle repéra aussi la petite fille aux bracelets et un bébé aux cheveux d'or.

Soudain, changement de décor. Un homme émergea du brouillard blanc, comme il le faisait toujours lorsque la brume était basse sur les champs. Il rentrait auprès d'elle. Les manches de chemise retroussées, un sourire ironique aux lèvres, le menton volontaire, il s'avança, les bras tendus, avec un regard qui en disait long. Telles furent les dernières images qui défilèrent sur l'écran de son esprit avant que la fumée ne l'emporte.

Des gens couraient partout dans les graviers, criaient. Soudain, quelque chose explosa ou céda et il y eut un grand déplacement d'air suivi d'un sifflement ; la fumée redoubla. La maison commençait à s'effondrer. À l'étage, la lueur orange qui illuminait les fenêtres de l'intérieur donnait à la façade des allures de citrouille d'Halloween.

Kate et Emily, qui avaient été coupées dans leur élan par le choc, restaient muettes. Emily tremblait, livide, et Kate la retenait par le bras d'une poigne de fer pour l'empêcher de se précipiter avec les pompiers dans le bâtiment dévoré par les flammes rugissantes.

Tout n'était que chaos et confusion, pourtant tout le monde semblait savoir ce qu'il faisait. Les ambulances, les camions de pompiers, les voitures de police. Traces de pneus dans l'herbe, empreintes de pas, voix, crachotements des radios, leurs sens étaient saturés.

Malgré la force de Kate, Emily fit un pas en avant ; les hautes herbes s'accrochèrent à ses lacets et ses tennis en toile s'enfoncèrent dans la boue. Un homme se détacha d'un petit groupe d'agents de police et s'avança lentement vers elles en tendant les mains pour les faire reculer.

Aucun mot ne faisait le poids face au choc. Les questions tourbillonnaient, des questions dont elles ne voulaient même pas entendre les réponses, mais de toute façon, le silence s'imposait. Le policier mit une éternité à les rejoindre, une main accrochée à son gilet, l'autre posée sur sa radio – un automatisme, un signe d'autorité. Son visage fermé, sombre, révélait tout et rien à la fois.

Tout à coup, une silhouette s'échappa d'une ambulance et fonça dans leur direction. Noah ! Il se jeta vers elles et elles le rattrapèrent en même temps. Impossible de déterminer qui il visait, ni qui il serra dans ses bras en premier.

— Oh, mon Dieu !

Il répéta ces trois mots pendant un moment, incapable de s'arrêter.

— Lena, fit-il ensuite dans un murmure étranglé.

Les événements se succédaient sans aucune logique apparente. La chronologie des minutes et des heures qui allaient suivre resterait floue et chaotique. Plus tard, les bribes de souvenir de Kate s'accumuleraient pêle-mêle sans former de tableau complet : des visages sérieux, des pompiers couverts de suie et de sueur, l'arc parfait des lances à incendie qui arrosaient la maison ruisselante… Une secouriste trotta vers Noah, l'enveloppa dans une couverture de survie argentée et essaya de le convaincre de revenir dans l'ambulance.

Noah l'ignora.

— Luke, dit-il.

Le cœur de Kate s'arrêta et un grand coup de tonnerre retentit dans son crâne.

Non. Ce n'était pas possible. Ni Lena ni Luke ne pouvaient être prisonniers de cette fournaise infernale, de cet amas de gravats noircis qui autrefois avait été une maison entière et majestueuse. Elle fouilla les décombres du regard, s'attendant à les voir surgir par la porte d'entrée en titubant, sains et saufs. Luke. Que serait-il venu faire ici, pour commencer ? Puis elle aperçut son pick-up garé dans l'allée, sur le côté, et ses poumons se vidèrent d'un coup.

Quelqu'un cria son nom, mais elle était incapable de répondre. Noah, débarrassé de sa cape d'aluminium, le visage maculé de suie, l'attrapa par les épaules et la regarda droit dans les yeux.

Elle toucha sa joue.

— Quoi ? Pourquoi ? Vous étiez à l'intérieur ?

Le visage anxieux d'Emily apparut dans son champ de vision.

— J'y étais, répondit Noah. Je suis arrivé en même temps que Luke en haut de l'allée quand… J'ai appelé les secours et j'ai foncé à l'intérieur.

Sa voix se désagrégea dans un sanglot et Emily essaya de le réconforter. Kate se répéta ce qu'il venait de dire, encore et encore, jusqu'à ce que les mots prennent un sens.

— Luke est toujours à l'intérieur ?

Brusquement, elle s'éloigna d'eux. Elle avait conscience d'être en mouvement, mais ne savait pas où elle allait. Noah la rattrapa par le bras.

— Attends, Kate, non ! Ils l'ont tiré de là. Il est dans l'autre ambulance.

L'agent de police se mit à parler aussi en gesticulant ;

il leur demandait s'ils connaissaient le jeune homme qui avait été sorti des décombres.

Comme dans un rêve, Kate se dirigea vers l'ambulance. Un secouriste claqua les portières et le véhicule démarra en trombe, gyrophare bleu actionné.

— Non !

La prise de conscience la frappa de plein fouet, avec la force d'un coup de feu, puis une profonde certitude l'envahit, comme une décharge d'adrénaline. L'amour. Elle l'avait ressenti pour la première fois à quatorze ans, avait compris sa valeur à dix-sept, puis il lui avait manqué pendant une bonne partie de sa vie ; elle en avait pris peur lorsqu'il était revenu vers elle quelques jours plus tôt et elle l'avait une fois de plus laissé filer entre ses doigts. À présent il était là.

Tous ses muscles se contractèrent et elle se lança à la poursuite de l'ambulance. Elle parvint à toucher le flanc de la camionnette au moment où celle-ci prit de la vitesse et amorça la descente de l'allée. Sa main rebondit sur le métal, puis retomba, inutile, le long de son corps.

Luke était parti. Les lumières bleues disparurent entre les arbres.

Elle se laissa tomber à genoux dans la boue. Combien de temps resta-t-elle là, assommée ? Aucune idée. C'est Noah qui vint la relever.

— Kate. Lena ! s'écria-t-il.

Son cœur se déchira en deux, son monde était divisé. D'un côté Luke – fonçant à toute allure vers l'hôpital de Dumfries – et de l'autre les Cotton, ici, qui avaient plus besoin d'elle que jamais. Elle fut prise de vertiges. Si seulement elle avait pu sauter à bord de Jasper et foncer derrière Luke, enfreignant toutes les limitations de vitesse au passage !

— Emily, ajouta Noah.

Il n'en fallut pas plus pour la sortir de sa torpeur.

Elle se tourna vers la maison fumante, les dernières braises agonisaient peu à peu. Cette vue la rendait malade, et la scène qu'elle découvrit sur les marches du perron plus encore.

Un brancard sur roulettes, escorté par trois pompiers à la mine sombre. L'un d'eux fit une halte et releva la tête pour essuyer son visage gris. Son regard croisa celui de Kate et elle lut dans ses yeux que c'était dans ces moments-là qu'il détestait son boulot ; c'était ces moments-là qui le hantaient au beau milieu de la nuit pendant les crises d'insomnie, qui le tourmentaient lorsqu'il contemplait le visage de ses enfants, de ceux qu'il aimait.

Lena.

* * *

Emily comprit au même instant que Kate. Ce paquet, ce sac muni d'une fermeture Éclair à l'intérieur duquel on devinait la silhouette d'un être humain, contenait Lena.

Et Lena était morte.

— Je suis désolé, dit l'agent de police.

Peut-être ajouta-t-il quelque chose, peut-être avait-il déjà demandé son nom, Emily ne s'en souvenait pas. Il avait ce timbre de voix monocorde typique des représentants de l'ordre en pareilles circonstances : un mélange de rigueur et de compassion insipide. Tout à coup, le film tourna au ralenti, tout se déroula à une cadence sirupeuse.

Certains événements étaient trop énormes, trop horribles à supporter. Emily se sentit gagnée par une certaine apathie. C'était le seul moyen de survivre à une telle épreuve : alimenter le cerveau, qui ne pouvait pas encaisser le déluge, au compte-gouttes. Un torrent trop puissant pouvait anéantir quelqu'un. Par conséquent, l'état de choc était une bénédiction.

Des remparts moelleux s'élevèrent autour d'elle, capitonnant son environnement direct pour qu'elle puisse continuer à fonctionner. Tout lui semblait irréel : l'odeur âcre du feu, charriée par la brise, mêlée à celle de l'eau de Cologne du policier qui se tenait à côté d'elle, Kate qui s'approcha d'elle, les deux mains plaquées sur la bouche, le poids de Noah affaissé sur elle. Des petites flèches de réalité percèrent malgré tout son armure lorsque le brancard descendit les marches du perron avec une lenteur impossible. Morte. Lena était morte. Partie.

Non.

Cela faisait une heure au moins qu'elle suivait la progression de ce brancard, plantée là. Pas quelques secondes. Comment pouvait-il avancer si lentement ?

Son téléphone se mit à vibrer, un frisson contre sa jambe. Hébétée, elle le sortit de sa poche et vit le numéro de Dan clignoter joyeusement à l'écran. Aussitôt, elle sut.

Le bébé.

Un sanglot nerveux enfla dans sa gorge et son regard fit plusieurs allers-retours entre le téléphone, la maison en ruine et le corps qui continuait sa procession macabre devant elle. Le passé, le présent et le futur se télescopaient. Une collision fracassante et une certitude : rien ne serait jamais plus comme avant.

29

Soudain, le monde reprit vie autour de Kate, trop brutalement, trop crûment ; comme si quelqu'un avait ouvert les rideaux d'un coup sec par un matin ensoleillé, l'arrachant au sommeil sans ménagement, agressant tous ses sens. Emily avait repoussé Noah et s'était mise à courir vers le brancard, malgré les gens qui gênaient le passage. Kate n'avait pas pu se lancer à sa poursuite parce qu'elle avait rattrapé Noah qui la serrait contre lui, le corps secoué de sanglots. Impuissante, elle dut donc regarder son amie d'enfance s'éloigner tandis que les larmes de son frère lui coulaient dans le cou.

Emily se dégagea des mains qui la retenaient et continua en titubant, essayant par tous les moyens de réduire la distance entre elle et sa grand-mère. Toutes les têtes se tournèrent vers elle lorsqu'elle tenta de franchir un mur d'agents. Qu'avait-elle l'intention de faire, une fois là-bas ? Seule Emily le savait. Un policier l'intercepta et la maintint sans violence, mais avec fermeté. Il lui parla avec douceur.

De nouveau, Kate se sentit déchirée. Luke. Emily.

Elle continua à soutenir Noah qui tremblait sous sa couverture de survie. Lena disparut dans l'ambulance qui démarra sans précipitation cette fois. Pour elle, il n'y avait plus aucune urgence. Le policier ramena

Emily – dont les jambes ne semblaient plus reliées au reste du corps – vers eux.

Un officier de police nommé Fraser Youngs conduisit Emily, Noah et Kate à l'hôpital, Noah ayant refusé d'attendre une autre ambulance. Dans la pénombre de la voiture de police, trois mots tournèrent en boucle dans l'esprit de Kate : *Lena est morte*, jusqu'à ce qu'ils commencent à prendre sens.

Luke était blessé, mais quelle était la gravité de son état ? La peur déferla en elle comme une tornade, dévastant tout sur son passage. Elle serra les dents et les poings pour conserver un semblant de calme, sans cela elle risquait de sombrer dans l'hystérie totale.

Emily rappela Dan – elle l'avait laissé tomber sur sa boîte vocale la première fois. Son regard croisa celui de Kate par-dessus la tête de Noah. Qu'allait-elle lui dire ?

Félicitations pour le bébé. Au fait, Lena est morte.

Dans quelques instants, elle ferait basculer son monde à lui aussi.

Kate enfonça ses ongles dans la paume de ses mains tandis qu'elle écoutait la fin de la conversation. Emily avait félicité son frère et réussi à lui poser toutes les bonnes questions.

— Dan, il s'est passé quelque chose, dit-elle avec douceur.

Puis, les mots s'enchaînèrent : « … un incendie. Bluebell Bank… en fumée. Lena… morte. » Pas le genre de mots qu'il aurait dû entendre ce soir. Ce soir, il aurait dû être à la fête, célébrer un nouveau départ, se tourner vers l'avenir avec confiance, pas être confronté à la tragédie, à une fin horrible, à la confusion, au chagrin. Emily se remit à pleurer avant la fin de la communication.

— Je suis désolée, n'arrêtait-elle pas de répéter. Je suis désolée de t'apprendre ça.

Kate se pencha par-dessus un Noah muet pour prendre la main d'Emily.

Après avoir raccroché, Emily sanglota encore pendant un moment, puis elle redressa les épaules et s'essuya les yeux d'un geste furieux.

— Il faut que je prévienne aussi mes parents, déclara-t-elle. Et Ally, et Fergus.

— Attends un peu, lui conseilla Kate. Attends au moins d'être à l'hôpital.

— Abby n'aurait pas dû avoir son bébé ce soir. C'est trop cruel.

Pourtant, le nouveau-né était bien là, en bonne santé, et Lena était partie. Un dur rappel de la fragilité de la vie, mais aussi de sa faculté à surgir quoi qu'il arrive. Était-ce si cruel, au fond ?

On pouvait y voir un départ de mauvais augure pour l'arrière-petit-fils ou fille de Lena, ou bien une magnifique ode à la vie.

Il y avait quelque chose de rassurant dans les bruits et l'activité des gens qui n'avaient aucune idée que la vie des trois personnes débraillées qui franchirent les portes de l'hôpital d'un pas incertain venait de basculer dans le drame.

L'agent Youngs parla à quelqu'un et on les sortit de l'anonymat de la grande salle d'attente pour les emmener dans une pièce réservée aux familles : un endroit silencieux et aseptisé où il n'y avait rien pour accrocher le regard ni détourner l'attention. Chaque seconde confrontait un peu plus Emily à la dure réalité du sort de Lena. Son esprit sous le choc avait beau l'écarter de la vérité, elle finissait toujours par y revenir. Elle s'efforça de penser à autre chose : *J'ai une nièce. Je suis tatie.* Mais ce nouveau titre lui paraissait encore trop abstrait, alors que la perte de sa grand-mère, hélas, commençait à devenir très concrète.

L'agent Youngs n'était jamais bien loin. Il arpentait le couloir. De temps à autre, elle apercevait sa tête et ses épaules par la petite vitre carrée de la porte. Une fois, le beuglement d'un message radio retentit non loin, suivi d'une réponse succincte de sa part. Au bout d'un certain temps – combien, elle n'aurait pu le dire –, il entra dans la pièce et vint s'asseoir sur l'une des chaises vertes inconfortables en plastique.

— Les premières conclusions suggèrent que le feu a pris dans une chambre, expliqua-t-il d'une voix douce et prudente. Les lieux du sinistre sont encore trop dangereux pour une inspection complète. Une équipe de pompiers spécialisés continuera l'enquête demain.

Horrifiée, Emily plaqua une main sur sa bouche et appuya de toutes ses forces, jusqu'à ce que l'empreinte de ses dents se dessine dans sa chair.

— Oh non !

Kate passa un bras autour d'elle. Dès leur arrivée, Noah avait été emmené pour être examiné. Elles se retrouvaient donc toutes les deux pour affronter l'imperturbable agent Youngs. S'asseoir avec les membres d'une famille en deuil anéantie et regarder leurs vies s'effilocher devait être la routine pour lui. Il était professionnel et plutôt gentil, pourtant Emily le détestait.

Elle releva la tête vers Kate, les yeux écarquillés.

— La chambre.

Elle frissonna violemment.

— Tout a dû se passer très vite, lui assura Kate en se tournant vers l'agent Youngs pour en avoir confirmation.

Il hocha la tête, puis s'éclaircit la voix.

— L'inhalation des fumées peut rendre quelqu'un inconscient en quelques secondes. Bien sûr, vous devrez attendre les conclusions de l'autopsie pour connaître… hem…

Il fut pris d'une quinte de toux. Même s'il était resté à distance raisonnable de l'incendie, ses poumons en gardaient quelques traces. Emily ressentait aussi ces effets, et avait un arrière-goût de fumée noire dans la gorge.

Elle dévisagea l'officier, les yeux luisant de fureur.

— Je ne veux pas qu'on la… découpe.

— Pourtant, c'est obligatoire dans ce genre de cas, j'en ai peur. Je suis désolé.

Elle pressa les paupières pour refouler ses larmes.

À côté d'elle, la présence calme et bienveillante de Kate lui insuffla du courage. Elle attendait depuis des heures avec elle, sans se plaindre, prête à satisfaire ses besoins.

— Nous devrions peut-être aller faire un tour à la maternité pour voir Dan, Abby et le bébé, suggéra-t-elle.

Emily la regarda avec tristesse.

— Je ne suis pas sûre de réussir à faire semblant. Abby ne mérite pas de me voir dans cet état pitoyable.

Soudain, la porte s'ouvrit.

— Abby n'a pas besoin que tu fasses semblant, lança Dan avec sévérité.

Il traversa la pièce en trois grandes enjambées, attrapa sa sœur et la serra dans ses bras.

— Sa famille à elle est si loin, continua-t-il, la voix chargée d'émotion, tu es tout ce qu'elle a, après moi. Abby est anéantie, évidemment, ce qui ne veut pas dire qu'elle n'est pas heureuse de l'arrivée de notre fille. Pareil pour moi. Nous voulons absolument te la présenter. S'il te plaît, viens.

Il tint Emily à bout de bras pour l'étudier. Dan avait les traits crispés tant il s'efforçait de camoufler ses propres émotions et de rester fort : pour Abby, pour Emily. Son regard croisa celui de Kate et elle détourna les yeux de cet homme à vif, à la fois en colère, terrassé par le chagrin, et euphorique. Emily acquiesça.

— J'aurais dû monter près de vous tout de suite… je suis désolée. C'est juste que… Oh, Dan, c'est affreux.

Elle enfouit le visage contre son épaule et il lui tapota le dos. Une fois de plus, son regard chercha celui de Kate par-dessus la tête d'Emily. Cette fois, elle céda.

Encore une fin, un autre point final. Cette nuit, il avait changé, beaucoup changé. Il affichait une expression gênée, voire honteuse. Accablé de chagrin, mais déterminé, il adressa un signe de tête à Kate : des excuses, et un adieu.

Elle lui rendit son signe de tête.

* * *

Kate suivit l'officier de police dans le couloir, tandis qu'Emily et Dan continuaient leur conversation à voix basse. Encore hésitants, ils commençaient à aborder « la suite », tout ce qui gravitait autour d'un décès.

— Comment va Luke Ross ? s'empressa-t-elle de demander. Je ne suis pas de la famille, mais…

L'officier hocha solennellement la tête.

— Son frère devrait bientôt arriver et nous avons aussi contacté sa mère. Elle vient d'Italie, je crois.

Kate serra les mâchoires.

— S'il vous plaît, dites-moi au moins s'il va s'en sortir.

— Je ne peux pas, désolé. Tout ce que je sais, c'est qu'il a été admis pour une intoxication aux fumées, des brûlures et des blessures aux jambes. Il a été heurté par une poutre. C'est un miracle qu'il ait réussi à sortir cette femme de la maison. Dommage qu'il soit arrivé trop tard. Voilà tout ce que je peux vous dire. Quand son frère sera là, je vous l'enverrai.

Kate soupira. Elle n'obtiendrait rien de mieux.

— Merci.

L'agent Youngs jeta un coup d'œil à Emily, toujours dans les bras de Dan, par la baie vitrée de leur salle d'attente.

— A-t-elle réussi à contacter ses parents ? Nous aurions besoin de nous entretenir avec un proche de Mme Cotton.

— Ils sont en route. Ils viennent d'Édimbourg. Merci pour votre aide.

Le coup de fil à Jonathon et Melanie, encore une épreuve atroce. Normalement, Dan aurait dû s'en charger, puisqu'il était l'aîné, mais il était bien trop occupé à accueillir son bébé. Cet instant resterait sans doute à jamais gravé dans la mémoire d'Emily, celui où elle avait appris la nouvelle fracassante à son père. « La nouvelle fracassante », voilà une expression qui portait bien son nom, elle avait en effet l'impression d'avoir été fracassée en mille morceaux.

Petit à petit, les Cotton éparpillés un peu partout commençaient à converger en un même point, comme attirés par aimant, comme autant de petites planètes en orbite autour de Lena et Bluebell Bank.

Une fois que la force de gravitation de Lena aurait disparu, resteraient-ils groupés ou se sépareraient-ils de nouveau ? Kate n'était pas sûre de la réponse.

Dan et Emily partirent à la recherche de Noah, laissant Kate auprès d'Abby endormie. Perchée sur une chaise à côté du lit, mal à l'aise, Kate observait le petit paquet emballé dans une couverture rose qui dormait dans le berceau à côté d'elle.

Emily longea le couloir, soulagée d'avoir son frère à côté d'elle. Un peu réticents, ils évoquèrent ce qu'il y avait lieu de faire dans l'immédiat, comme libérer Niall de ses obligations à la ferme et préparer des chambres pour tous ceux qui allaient arriver. Leurs parents et Ally étaient déjà en route ; ils avaient laissé à ce dernier le soin de contacter Fergus.

Ils passèrent sous le panneau qui indiquait à la fois *Maternité* et *Morgue*. Les deux extrémités de la vie réunies sur la même pancarte, mais dans des directions opposées. Cette nuit, les représentants de l'ancienne et de la nouvelle génération de Cotton se reposeraient sous le même toit.

Aux urgences, ils retrouvèrent Noah entouré d'une foule de gens. Paradoxalement, il semblait très seul, coupé du reste du monde par la profondeur de son chagrin. Ce n'était pas une question de tragédie : il était incapable de parler aux autres parce que c'était trop personnel, il était encore à vif et surtout la catastrophe aurait pu être évitée. La première vague de culpabilité monta en Emily, mais elle eut la force de la réprimer, de la maintenir à bonne distance. Celle-ci sévissait chez Noah aussi, c'était certain.

Des instants et des actions. Des tournants décisifs et des choix. De petites et de grosses conséquences. Parfois, on prenait conscience de leur ampleur trop tard.

Comme lorsqu'on embarquait un couteau pour partir à l'école un matin ; comme lorsqu'on s'enfuyait pour se marier sans même une pensée pour les autres ; comme lorsqu'on n'appelait pas assez souvent sa meilleure amie ; comme lorsqu'on laissait Lena seule.

Lena… et sa petite sœur qui avait grimpé dans cet arbre. Elle jeta un coup d'œil à son frère. Pourvu qu'il comprenne que culpabiliser ne servait à rien. La mort était irréversible. Quelles que soient les circonstances dans lesquelles elle survenait, on ne pouvait jamais revenir en arrière. Inutile de s'imputer la faute.

Avachi sur un lit à côté d'un rempart de couvertures, Noah avait l'air grotesque à cause des larmes qui avaient dessiné des rigoles dans la suie, mais il était surtout incapable de les regarder.

— Je suis désolé, dit-il en cachant son visage.

Emily grimpa sur le lit à côté de lui, ignorant les panneaux qui l'invitaient à ne pas le faire.

— Ça va aller, Noah. Rien de tout ça n'est ta faute.

Dan resta debout, l'air embarrassé, les mains dans les poches, tandis qu'Emily apaisait leur cadet et le serrait dans ses bras.

Il s'accrocha à elle, puis leva la tête, sans assurance, toujours pétri de culpabilité, et croisa le regard de son frère.

— Je suis désolé d'avoir été aussi idiot. Pour la ferme et… tout le reste. Je sais que tu voulais juste m'aider. Félicitations, au fait.

Il essaya de sourire, mais grimaça à cause de la douleur dans sa poitrine et dans sa gorge. La fumée ne l'avait pas épargné non plus.

Dan se percha de l'autre côté du lit et posa une main sur son épaule.

— Merci. Ta nièce a hâte de rencontrer son tonton préféré, mais elle ne peut pas bouger pour l'instant et Abby dort, alors dépêche-toi d'aller mieux.

— Que s'est-il passé, Noah ? Tu peux nous le raconter ? demanda Emily avec une infinie douceur.

Il grimaça de nouveau, se redressa sur le lit et se tortilla pour échapper à l'étreinte d'Emily. Puis ses mains retombèrent mollement sur les draps.

— Je n'étais pas à la maison. J'avais dit que je ne sortirais qu'une petite heure, mais…

— Tu étais avec Becca, acheva Emily sans le moindre reproche dans la voix.

Elle jeta un coup d'œil à Dan, le défiant d'émettre un commentaire.

— Ce n'est rien, continua-t-elle. Il m'arrive de sortir aussi, Noah. Personne ne surveille Lena 24 heures sur 24.

Elle eut les larmes aux yeux rien que de prononcer son prénom. Cependant, si elle pleurait de nouveau, ce serait un torrent impossible à arrêter, une inondation qui les submergerait tous. Là, tout de suite, il fallait qu'elle soit forte, pour ses frères.

— Continue, l'encouragea-t-elle.

— Je suis rentré. À pied bien sûr, puisque tu avais la voiture. J'avais un peu perdu la notion de temps.

Ses joues couvertes de suie se colorèrent légèrement.

— Je ne sais pas l'heure qu'il était, mais en remontant le sentier, j'ai aperçu la lueur orange du feu. Alors j'ai couru. Quelqu'un d'autre arrivait justement de l'autre côté, par le jardin. Il avait contourné la maison. C'était Luke. Je ne sais pas ce qu'il faisait là, mais on a découvert l'incendie tous les deux en même temps et on a foncé vers la maison. Quand on est arrivés devant la porte, Luke m'a repoussé et m'a ordonné d'appeler les secours. Je… Je voulais l'aider, mais il avait déjà disparu à l'intérieur et on avait besoin de renforts, et vite, alors je suis allé téléphoner. Il m'a fallu une éternité pour leur donner tous les détails et la femme au bout du fil m'a interdit d'entrer dans la maison, mais…

Emily écarquilla les yeux.

— Tu l'as fait quand même ? Oh, Noah !

— Je n'ai pas pu aller plus loin que le bas de l'escalier. La fumée était si épaisse et les flammes commençaient à lécher la cage d'escalier. Je sentais la chaleur du feu sur mon visage, c'était si intense… Je n'arrivais plus à respirer. J'ai essayé de couvrir mon nez et ma bouche, c'est là que j'ai entendu les sirènes et je…

Il baissa les yeux.

— Luke a réussi à redescendre avec Lena, mais il était blessé. Je l'ai aidé à la traîner dehors, mais…

— Tu as fait ce qu'il fallait, lui assura Emily en échangeant de nouveau un regard avec Dan. Tu as fait du mieux que tu pouvais.

— Oui, confirma Dan.

— Mais Luke… et Lena…

Les yeux de Noah s'emplirent de larmes.

— On n'a pas pu la sauver. Si j'étais entré directement dans la maison avec Luke…

— … tu aurais peut-être été blessé très, très gravement aussi, acheva Dan avec fermeté. Et les pompiers et l'ambulance ne seraient peut-être pas arrivés à temps pour sauver Luke. Ni aucun d'entre vous.

— Luke a choisi de foncer dans la maison pour sauver Lena. Et c'était très courageux. Vous avez été très courageux tous les deux, mais on aurait pu te perdre aussi.

Emily pressa une main sur sa bouche jusqu'à ce que la bouffée d'angoisse régresse et qu'elle cesse de trembler.

— La police a dit que le feu avait pris dans sa chambre, je… je ne suis pas sûre que quiconque aurait pu la sauver.

Sa voix avait vacillé. Elle déglutit avec peine.

Sois forte, se rappela-t-elle.

— Et si on allait chercher une infirmière pour voir si tu peux revenir dans la salle d'attente avec Kate et moi ? Aucun de nous ne devrait rester seul ce soir.

30

— Et la maison ? demanda Emily à l'agent Youngs. Elle est vraiment en piteux état ?

L'infirmière responsable des urgences avait donné l'autorisation de sortir à Noah et ils avaient regagné leur salle d'attente privée.

Kate avait été chassée du service où Abby et le bébé dormaient tous les deux paisiblement et les avait rejoints ; Dan avait décidé de laisser Abby se reposer et d'attendre ses parents avec son frère et sa sœur. Ceux-ci étaient sur la route et arriveraient au petit matin.

Kate retint son souffle, elle attendait la réponse du policier avec impatience : les Cotton ne pouvaient pas perdre Lena *et* Bluebell Bank. Mais l'agent Youngs joua la carte de la prudence.

— Je ne sais pas, il est trop tôt pour se prononcer et je ne suis pas pompier. Vous recevrez un rapport d'expertise complet le moment venu. J'imagine qu'ils vont consolider le bâtiment, le sécuriser. En tout cas, il y aura de sacrées rénovations à faire, mais ce n'est que mon avis.

— Alors elle n'a pas été complètement détruite ?

— Si j'ai bien suivi, la partie est s'en tire un peu mieux que le reste : il n'y aurait que des dégâts causés par la fumée et l'eau. Les pompiers ont pu maîtriser le feu avant qu'il n'atteigne le hall principal. Et la majeure partie du rez-de-chaussée est intacte. Mais ce n'est…

— … que votre avis, compléta Emily. Oui.

Cependant, il lui avait rendu un peu d'espoir. S'il restait quelque chose de Bluebell Bank – autres que des briques calcinées et des souvenirs d'enfance carbonisés – alors ils avaient peut-être encore un avenir là-bas.

— Oh ! Avant que j'oublie, fit l'agent Youngs. Encore une chose…

Il se tourna vers Noah.

— Lorsque nous vous avons trouvé avec Luke à l'extérieur, vous aviez quelque chose dans la main. Un livre.

Il se leva.

— Je vais vous le chercher. Il a été mis en lieu sûr dans le local des infirmières.

— Ah oui, j'avais oublié ! Ce sont les Mémoires, Emily. Je savais à quel point Lena et toi y teniez. Il était posé sur la table de la cuisine. Lena l'avait lu un peu plus tôt dans la soirée, alors je l'ai pris…

Emily se tourna vers lui avec de grands yeux brillants, le gris de ses iris avait viré au violet. Elle le saisit par les épaules.

— Noah, tu es incroyable !

Dans toute cette effervescence, elle n'avait même pas pensé à la perte de ce livre parmi toutes les autres, mais à présent, cette possibilité lui était tout bonnement insupportable.

L'agent Youngs revint avec un livre à la reliure en cuir sous le bras et quatre gobelets en polystyrène de café fumant dans les mains. Emily lui arracha presque le livre et l'examina, des larmes plein les yeux.

Elle avait déjà tellement pleuré, pour Lena, pour Bluebell Bank et pour eux tous. De joie aussi, pour ce bébé né au mauvais moment… Et aussi en souvenir d'un autre bébé qui n'avait jamais vu le jour.

Les Mémoires étaient là, en sécurité dans ses mains, intacts, plus précieux qu'elle ne l'aurait jamais imaginé. Elle se tourna vers Kate.

— Regarde, il n'a pas du tout été abîmé, murmura-t-elle.

Kate était heureuse pour Emily ; elle avait retrouvé ce livre, elle avait Noah à ses côtés et Dan assis en face d'elle. Ils passaient tous du rire aux larmes en un clin d'œil, les émotions à fleur de peau.

Maintenant qu'elle avait été là pour les Cotton et qu'elle les avait soutenus du mieux possible, maintenant qu'ils étaient unis dans leur tristesse et attendaient l'arrivée de ceux qui manquaient encore à l'appel, elle s'autorisa à penser à Luke. Elle mit temporairement de côté son propre chagrin pour la disparition de Lena et réfléchit. Peut-être n'aurait-elle jamais la chance de dire à Luke ce qu'elle ressentait…

Et que ressentait-elle ? Qu'allait-elle lui dire, au juste ?

Qu'elle était follement amoureuse de lui et l'avait toujours été ? Que peu importe les obstacles qui se dresseraient devant eux et les stupides erreurs du passé, c'était lui et lui seul qu'elle voulait, pour le restant de ses jours ?

Cela paraissait si simple à présent, si évident. Et si c'était l'état de choc qui parlait, l'adrénaline ? Elle préférait croire que l'horreur du drame qu'ils subissaient lui avait ouvert les yeux, que pour la première fois elle voyait clair.

Elle avait failli le perdre pour de bon. Et avant ça, elle avait failli l'abandonner pour toujours, sans penser une seconde à ce que représenterait une vie tout entière sans lui. Lorsqu'elle avait assisté, impuissante, au départ de cette ambulance qui l'emportait loin d'elle, elle avait eu un aperçu de ce que serait l'absence de Luke, et elle avait été envahie par un grand désespoir.

Submergée par la brutalité de ses émotions, elle s'éclipsa de la pièce pour se réfugier dans les toilettes au bout du couloir. Elle remplit un lavabo d'eau fraîche et s'en aspergea le visage et le cou, sans se soucier de mouiller ses cheveux. Elle se redressa et s'épongea le visage avec du papier essuie-main.

Elle était si lasse, la fatigue s'était insinuée au plus profond d'elle.

Elle tomba à genoux à côté de l'évier et, les poings pressés sur les paupières, laissa les larmes couler librement pendant quelques instants. Ensuite elle se releva, s'aspergea de nouveau le visage, se moucha et tenta de se recoiffer dans le miroir.

En sortant, elle faillit entrer en collision avec l'agent Fraser Youngs. Il était accompagné d'un homme grand et débraillé dont le teint basané, les cheveux noirs ébouriffés et les traits avaient plus qu'une vague ressemblance avec Luke.

— Mademoiselle Vincent, voici Nick Ross. Il est disposé à vous parler.

Kate ne prit même pas la peine de saluer Nick.

— Tu l'as vu ? Est-ce qu'il va bien ?

Il avait l'air épuisé.

— Il me faut un café. Tu veux descendre à la cafétéria avec moi, je te ferai le topo de ce que les médecins m'ont expliqué ?

Devant la mine affligée de Kate, il s'empressa d'ajouter :

— Il va s'en tirer.

Elle aurait pu se jeter à son cou. Soudain, ses genoux flanchèrent et la seconde suivante l'agent Youngs l'entraînait vers une chaise en plastique et lui conseillait de se pencher avec la tête entre les jambes.

— Je vais bien, protesta-t-elle d'une voix faible. J'ai juste besoin de manger un peu et d'entendre ce que Nick a à me dire sur Luke.

Pour finir, il la laissa partir et elle lui adressa un sourire reconnaissant avant d'emboîter le pas au frère de Luke.

— Alors, tu es sa petite amie ou quelque chose comme ça ? demanda Nick tandis qu'ils se dirigeaient vers l'escalier.

Kate fronça les sourcils.

— Peut-être. Ou quelque chose comme ça.

Ils passèrent sous une horloge. Il était quatre heures du matin passées. Pour elle, le temps était devenu extensible et flou ; il aurait pu être n'importe quelle heure.

— Le médecin a certifié qu'il allait s'en tirer, répéta Nick d'un ton bourru lorsqu'ils furent assis à une table en Formica avec des tasses de café devant eux.

Pas assez fort au goût de Kate. Heureusement, elle avait déjà eu sa dose de caféine.

— Apparemment, il a inhalé pas mal de fumée et toutes sortes de substances chimiques qu'elle renferme. Il a aussi une jambe cassée et des brûlures.

— Mais il va s'en remettre ?

C'était tout ce qui comptait.

Nick hocha la tête.

— D'après le spécialiste, il risque d'avoir des séquelles aux poumons, mais ils ne sont pas encore en mesure de l'affirmer.

Quel soulagement ! Ils franchiraient tous les obstacles ensemble au cours des prochains jours, et des prochaines semaines. Ils soigneraient ses blessures, ensemble.

Elle fut de nouveau prise de vertiges, mais cette fois c'était le choc de la prise de conscience : elle était désormais capable d'imaginer son avenir mêlé à celui de Luke. À condition qu'il ait toujours envie d'elle, bien sûr, et qu'elle ne se décourage pas au point de s'enfuir une fois de plus. Et puis l'euphorie d'apprendre que Luke avait toujours un avenir.

— Tu es la nana qu'il a emmenée faire de la voile l'autre jour, c'est ça ?

Nick l'étudiait d'un peu plus près. Elle se contenta de hocher la tête : inutile de relever ce « nana » pour l'instant.

— Il paraît que Luke a voulu jouer les héros, secourir une vieille femme qui était coincée dans l'incendie ?

Kate acquiesça sobrement.

— La grand-mère de mon amie. Elle n'a pas survécu.

Nick remua, mal à l'aise, sur sa chaise.

— Je suis désolé. Alors, il était dans cette maison pour te rendre visite ? Il n'était pas au courant que tu n'étais pas là ? Il t'attendait ?

Il tentait de reconstituer la soirée de Luke et semblait perplexe.

Au fait, que faisait Luke dans le jardin de Bluebell Bank ? Un pèlerinage dans leur ancien repaire, dans l'espoir d'avoir une chance de s'expliquer ? Elle coupa court aux questions de Nick.

— On devrait remonter. Ça t'ennuie si je vais lui rendre visite ?

Nick sourit. Un beau sourire, songea Kate, mais qui n'arrivait pas à la cheville de celui de son frère.

— Bien sûr. Il préférera voir ta tête à son réveil que la mienne. Ma mère est en route. Je suppose qu'elle aura envie de te rencontrer aussi. En général, Luke est plutôt cachottier sur sa vie sentimentale.

— Ça ne fait pas longtemps qu'on est ensemble, précisa Kate de façon un peu précipitée.

Et nous ne le sommes pas tout à fait.

— Je passe m'assurer que mon amie va bien, puis j'irai m'asseoir un peu près de lui si tu es d'accord.

Au cours des heures suivantes, elle enchaîna les allers-retours entre l'unité des soins intensifs et la salle d'attente des Cotton.

Elle appréciait la pénombre et le calme qui régnait dans la chambre de Luke. Elle se pelotonna dans un fauteuil, parmi les « bips » rassurants et les pulsations des machines. Les perfusions et le masque à oxygène ne l'effrayaient pas, elle y trouvait même un certain réconfort. Une gentille infirmière au visage très ridé était passée un peu plus tôt pour les rassurer, Nick et elle, et les informer qu'on lui ôterait de toute façon bientôt les machines. Son état évoluait très bien ; lorsqu'il s'éveillerait, il serait un peu dans les vapes à cause de la morphine qu'on lui avait administrée contre la douleur à la jambe, mais à part ça tout irait bien. Nick avait menti à l'infirmière, il avait prétendu que Kate faisait partie de la famille. Il était incapable de rester assis très longtemps et n'arrêtait pas de disparaître pour aller fumer sur le parking. Ça tombait bien, elle préférait être seule avec la silhouette endormie de Luke.

Jonathon et Melanie arrivèrent peu après six heures. Elle descendit les saluer. De nouveau, des larmes et des étreintes.

— Je ne peux pas partir sans avoir rencontré ma petite-fille, déclara Melanie en essuyant ses joues, agrippée à Noah.

— Partir ? lança Emily avec un regard interrogateur.

Où ça ? Ils n'avaient nulle part où aller.

— Je devrais peut-être rester…, commença Jonathon, mais Melanie posa une main sur son épaule.

— Tu ne pourras rien faire de plus pour Lena ici.

Elle s'avança vers son fils aîné et prit son visage dans ses mains, comme s'il était encore son bébé.

— Encore toutes mes félicitations. Tu nous autorises à nous installer à la ferme ?

— Bien sûr, répondit Dan. Nous serons peut-être un peu à l'étroit, mais nous nous débrouillerons. Ally est sur la route ?

— Oui, il devrait arriver demain soir. Nous pouvons dormir n'importe où, nous ne sommes pas difficiles, affirma Melanie avec désinvolture, ce qui provoqua l'hilarité générale car ce n'était absolument pas vrai. Allons voir Abby et le bébé, et ensuite nous tâcherons de nous reposer un peu.

— Vous avez déjà choisi un prénom ? s'enquit Emily en suivant Dan hors de la pièce.

Il secoua la tête.

— On y réfléchit toujours. Abby est un peu groggy et je n'ai pas le droit de prendre une telle décision seul.

Après avoir roucoulé et s'être agitée autour du nouveau bébé Cotton, la famille quitta l'hôpital. Kate et Emily se saluèrent aux portes de la maternité, puis Kate se dépêcha de regagner le chevet de Luke. Elle assista à son premier réveil. Complètement défoncé par tous les médicaments, il tendit la main vers elle et murmura son nom ; elle vola à côté de lui, prit sa main et lui chuchota qu'elle était toute à lui.

Vu son état, il ne se souviendrait sûrement pas de cette conversation plus tard, mais elle se sentit mieux après lui avoir dit ce qu'elle avait sur le cœur. Luke esquissa un sourire apathique et adorable et tenta de rester focalisé sur son visage, les pupilles dilatées, embuées par le sommeil et la morphine.

— Kate, articula-t-il avec peine.

Il serra sa main et l'attira plus près de lui. Puis il ferma les yeux et sourit de nouveau, entre béatitude et confusion.

— Épouse-moi.

Il revint tout à fait à lui quelques heures plus tard, encore un peu confus après son long et profond sommeil, déboussolé d'émerger dans cet univers : plafond de dalles blanches alvéolées, murs blancs, le corps immobilisé, lourd dans un lit d'hôpital. Il jeta un coup d'œil au cathéter planté dans le dos de sa main droite et tenta d'humecter ses lèvres sèches et craquelées.

Mal assis sur une chaise en plastique, Nick s'impatientait, un bras posé sur le dossier, agitant les jambes avec nervosité, martelant le sol en linoléum avec ses grosses chaussures de chantier. Il avait l'air de s'ennuyer. Les yeux rivés sur Luke, il se pencha en avant et s'anima tout à coup.

— Eh ! Tu es réveillé !

Dans le dos de Nick, il y avait une fenêtre qui donnait sur un couloir ; des silhouettes grises évoluaient derrière le fin rideau qui l'occultait. Le monde avait continué de tourner pendant qu'il était endormi. Il tourna la tête de l'autre côté. Un fauteuil bas, moelleux, avec des bras en bois. Kate s'étira et ôta la couverture verte de l'hôpital. Luke était sorti des soins intensifs et avait été transféré dans cette unité pendant la nuit, mais Kate avait refusé de partir.

Elle préférait laisser les Cotton s'installer tranquillement à la ferme et s'habituer à leur nouvelle réalité.

— Luke, fit-elle, avec beaucoup plus de prudence que la première fois.

Elle se leva, laissant la couverture tomber à ses pieds. Nick vint se placer de l'autre côté du lit en roulant les épaules, sans trop savoir quoi faire à présent que son frère était éveillé.

Kate se pencha sur lui.

— Comment te sens-tu ?

Il grogna, toussa.

— J'ai soif, coassa-t-il. Sinon, fatigué, mais comme si j'avais dormi trop longtemps. Et j'ai un peu mal.

Il leva la main en entraînant tous ses tubes et se frotta le torse, comme si la douleur était profonde, au cœur de ses poumons.

— J'ai aussi une drôle de sensation dans la jambe.

— Tu te rappelles ce qui s'est passé ? L'incendie ?

Luke hocha lentement la tête.

— Lena ? demanda-t-il avec une note d'espoir.

Sa voix paraissait rouillée.

Kate secoua la tête en pinçant les lèvres.

— Elle ne s'en est pas tirée.

— Je n'arrivais pas à l'atteindre. Il faisait si chaud là-dedans et si sombre.

Il fronça les sourcils, comme s'il revivait la scène.

— Je n'ai jamais pensé qu'il ferait si sombre. Je ne voyais pas où j'allais. Je n'arrêtais pas de trébucher et la fumée obscurcissait tout. Je suis retourné la chercher, mais ensuite il y a eu un grand fracas et puis plus rien. Le trou noir.

— Tout va bien, le rassura Kate. Tu as fait de ton mieux. En fait, tu as réussi à la sortir de la maison, mais elle était déjà…

Elle marqua une longue pause.

— Noah va bien, par contre ! Prends le temps, tu es resté inconscient pendant longtemps.

— Est-ce que je suis… salement amoché ?

— Tu vas bien, répondit-elle d'un ton apaisant. Tu as des brûlures ; il est possible que tu aies des douleurs pendant quelque temps. Et tu as la jambe cassée, mais elle est déjà plâtrée et elle va guérir.

Luke hocha la tête et se détendit sur ses oreillers.

Tout à coup, la porte s'ouvrit et une infirmière entra.

— Bonjour. Je m'appelle Mandy. Contente de vous voir parmi nous, M. Ross.

Il parvint à lui adresser un sourire fatigué. Mandy appuya sur quelques boutons et régla les diverses machines qui entouraient Luke, puis elle l'ausculta pendant quelques minutes, moment qu'il endura avec un silence circonspect.

— Mmmh, votre tension est un peu élevée.

— La vôtre ne le serait pas, si vous étiez à ma place ? rétorqua Luke.

— Oh, elle serait sûrement au plafond. Vu les circonstances, vous ne vous en sortez pas trop mal. Maintenant, vous devez vous reposer. Ces deux-là ont à peine quitté votre chevet depuis qu'on vous a amené ici, dit-elle en regardant Kate et Nick. Peut-être qu'il est temps de le laisser un peu respirer, vous avez vu qu'il allait bien. M. Ross, nous allons tout mettre en œuvre pour vous remettre sur pied aussi vite que possible. Le kiné passera tout à l'heure, mais dans l'immédiat, je vais vous envoyer le spécialiste.

Elle adressa de nouveau un regard appuyé à Nick et à Kate, pour bien faire passer le message.

Nick obtempéra.

— J'avoue que je ne dirais pas non à une cigarette. Et toi, tu as sûrement besoin d'un café, ça fait au moins trois heures que tu n'en as pas bu. Tu sais, Luka, cette nana est dingue de café.

— Nicolo, le réprimanda Luke d'un ton sévère. Ne l'appelle pas comme ça. Elle a un prénom. Tu vas bientôt avoir trente ans, bon sang.

— Ça, c'est envoyé, lança Mandy en gloussant.

Elle consulta le dossier médical de Luke d'un œil averti.

Nick sourit, nullement décontenancé.

— Allez, viens, Kate.

Elle hésitait à abandonner Luke.

— On fait un saut à la cafétéria, dit-elle en glissant les doigts sur son bras. Toi, tu ne bouges pas.

Avant de partir, elle se pencha et déposa un baiser sur son front, puis elle lui jeta un dernier regard timide depuis l'embrasure de la porte. Elle avait tant de choses à lui dire.

Dans le couloir, elle se tourna vers Nick, les mains sur les hanches.

— Luka ? Nicolo ?

— Mère italienne, lui rappela Nick. Ça a le don de l'agacer quand quelqu'un d'autre qu'elle l'appelle comme ça. Raison pour laquelle je ne m'en prive pas, bien sûr.

Elle sourit. Elle commençait à apprécier Nick, même s'il était maladroit et ne trouvait jamais les bons mots. En tout cas, il se souciait de Luke, ça, c'était évident.

— Va fumer ta cigarette. Je dois appeler Emily pour savoir comment ça se passe là-bas. On se retrouve à la cafétéria, d'accord ?

Elle sortit pour téléphoner tranquillement. Nous étions dans la journée qui suivait leur nuit en enfer, tard dans l'après-midi. Quand avait-elle dormi correctement pour la dernière fois ? Hormis quelques heures volées dans un fauteuil d'hôpital. *Ça fait bien trop longtemps.* La fatigue s'était insinuée jusque dans ses os, elle avait la tête dans le cirage.

Emily décrocha presque instantanément.

— Kate !

— Salut. Je voulais juste t'annoncer que Luke était réveillé. Le médecin est avec lui pour l'instant, mais il est conscient et il parle. Il va s'en sortir.

— Excellente nouvelle. Remets-lui mon bonjour et remercie-le de ma part. Pour ce qu'il a fait. Pour avoir essayé de sauver Lena.

Kate s'appuya contre le mur. L'épuisement menaçait de la consumer, un os à la fois.

— Il a beaucoup de mal à encaisser le fait de ne pas y être arrivé. Et de votre côté, comment ça va ?

— Ça va. Enfin, je crois. C'est bizarre de camper ici. Abby et Dan sortent de l'hôpital avec le bébé ce soir – et si tu rentrais avec eux, au fait ? – et Ally arrive. Je ne sais pas où nous allons tous dormir. Noah et moi allons peut-être finir dans une tente au milieu du jardin. Tout à l'heure, je vais en ville pour récupérer Bracken. Mike s'en est occupé jusque-là. C'est gentil, non ? Enfin, bref, je tiens à ce que Bracken soit avec nous, maintenant. Il fait un peu partie de Lena…

La voix d'Emily se brisa.

— Ils ont trouvé un nom pour le bébé ? Elle est trop mignonne, non ?

— Un vrai petit ange, confirma Emily. Non, ils n'ont pas encore décidé.

— Et Noah, ça va ? Il tient le coup ?

— Mmmh. J'évite de le laisser seul. Ça va être difficile pour lui. Enfin, pour nous tous, mais pour lui en particulier.

— Du moment que vous restez soudés.

— C'est vrai. Alors, tu rentres bientôt ? Tu as besoin de sommeil aussi, Kate.

— Bientôt. Je suis sur les rotules. J'aimerais juste passer encore un peu de temps avec Luke. Je dois lui parler, lui dire…

— Que tu l'aimes *bien ?* Ou que tu l'aimes tout court ? demanda Emily avec une note taquine et espiègle dans la voix, avant de s'esclaffer.

Que c'était bon de l'entendre rire ! Kate sourit et appuya sa tête endolorie contre le mur carrelé.

— Je dois te laisser, Em. À tout à l'heure.

Le lendemain, Kate venait de commander un sandwich au thon et un Coca lorsque Nick entra dans la cafétéria en compagnie d'une petite femme mince vêtue d'un jean délavé, d'un top noir et d'un long cardigan jaune qui flottait gracieusement autour d'elle. Elle slaloma entre les tables, tenant son sac d'une main tandis qu'elle passait l'autre dans son épaisse crinière noire. Elle avait les traits marqués, un long visage et une superbe peau bronzée. Ses grands yeux noirs et expressifs étaient empreints d'inquiétude.

— Kate, l'appela Nick. Je te présente ma mère, Ella.

Ella entraîna Kate dans une longue étreinte parfumée et l'embrassa sur les deux joues.

— Ma chère, fit-elle avec un accent prononcé. C'est donc toi.

Kate fronça le nez.

— Comment ça ?

— Eh bien, oui, c'est toi, répéta Ella en gesticulant. Celle que Luka aime depuis toujours.

— Vous devez me confondre avec quelqu'un d'autre. Je connais Luka – Luke – depuis longtemps, mais ça ne fait que quelques semaines que nous nous sommes retrouvés.

— Non, insista Ella avec impatience.

Elle se tourna vers son fils aîné et claqua des doigts.

— Son portefeuille. Tu as le portefeuille de Luka ?

— Oui, ils me l'ont donné.

Il sortit un portefeuille en cuir simple, marron, de sa poche. Ella le lui arracha des mains, l'ouvrit et fouilla parmi les cartes de crédit et les vieux tickets de caisse. Pour finir, elle renversa le contenu sur la table : permis de conduire, carte de supermarché, cartes de visite de divers maçons et plombiers. Enfin, elle mit la main sur ce qu'elle cherchait et brandit une photo, triomphante.

— Voilà ! Si Luka ne t'aimait pas, pourquoi aurait-il gardé ça sur lui depuis qu'il a quinze ans ?

Elle tendit la petite photo froissée à Kate : un cliché pris dans un Photomaton, mal cadré. À l'origine, c'était une série de quatre photos. Sur celle-ci, Kate était assise sur les genoux de Luke et tirait la langue à l'objectif, les yeux pétillants de malice. De son côté, Luke arborait un sourire énigmatique et n'avait d'yeux que pour elle. Tout à coup, tout lui revint. Ils avaient plongé dans cette cabine sur un coup de tête.

Par contre, elle n'avait aucune idée de ce qu'étaient devenues les trois autres photos. Pourquoi celle-ci avait-elle survécu ? Pourquoi Luke l'avait-il gardée après avoir pris la décision de rompre ?

Elle caressa l'adorable Luke adolescent du bout des doigts.

— Oui. Vous avez peut-être raison, reconnut-elle à voix basse.

— Bien sûr que j'ai raison ! J'ai toujours raison quand il s'agit de mes fils. Maintenant, emmenez-moi voir mon bébé.

31

La ferme était pleine à craquer, mais plutôt qu'un inconvénient, cette promiscuité forcée était source de réconfort pour tout le monde. Une chape de tristesse aurait dû peser sur les lieux pendant plusieurs jours, mais ce ne fut pas le cas. Se retrouver ainsi ensemble leur procurait un sentiment de justesse puissant et ils firent le choix de se focaliser sur la naissance plutôt que sur la mort. L'absence de Lena était tangible, son fauteuil préféré, à côté de la cheminée de la cuisine, restait désespérément vide, et Bracken faisait les cent pas, cherchant sa maîtresse. Abby était bien calée dans un autre fauteuil, le bébé emmailloté blotti contre elle, et les autres s'affairaient autour d'elle, comme des vagues répondant à l'attraction de la lune ; le bébé était le centre de toute l'attention : une toute nouvelle vie rose et fripée, qui bâillait, poussait des soupirs adorables et faisait des bulles, enveloppée dans sa couverture vert menthe, paisible, inconsciente du traumatisme qui accompagnait sa venue au monde.

Emily était assise à table, le livre des Mémoires ouvert devant elle, accompagnée d'une théière ornée d'un cache tricoté main. Jetant de temps à autre un coup d'œil à Abby et au bébé, elle écrivait le dernier chapitre, sa dernière conversation avec Lena. Lorsque Dan et Abby étaient rentrés avec le nourrisson, elle avait presque eu peur de le regarder, peur d'un regain de jalousie et de tous ces sentiments bizarres qu'elle avait pu éprouver pendant la grossesse, comme la perte et la haine de soi. Mais non, rien de tout ça n'était venu gâcher le moment où elle avait découvert sa nièce. Ses vieilles réactions affectives avaient été balayées sur la plage de Solway, s'étaient évaporées dans la chaleur et la bienveillance d'une voiture plongée dans le noir, et flottaient peut-être désormais quelque part dans l'estuaire.

Installé en face d'elle, Noah relevait de temps en temps la tête de son téléphone. À chaque fois, Emily se prenait le poids de sa culpabilité comme une gifle, tant son regard en était chargé. Pourtant, Noah souriait lorsqu'il était rentré un peu plus tôt. Elle se fichait de savoir quelle tactique Becca avait employée pour remonter le moral de son frère, mais elle lui avait rendu le sourire et c'était tout ce qui comptait.

Emily se tourna vers Dan. Penché au-dessus d'Abby, il s'émerveillait une fois de plus devant la minuscule création qui reposait sur les genoux de sa femme.

— Avez-vous trouvé un prénom, pour finir ? demanda-t-elle.

Melanie se détourna de l'évier avec intérêt et secoua la mousse qu'elle avait sur les mains. Jonathon faisait les cent pas dans la cuisine. Un téléphone dans une main, une liasse de documents dans l'autre, il avait entamé les pénibles démarches qui accompagnaient la mort d'un être cher. Melanie s'essuya les mains et lui caressa l'épaule quand il passa près d'elle, et ils échangèrent un petit regard. Il soupira, ôta ses lunettes et se frotta les yeux. Soudain, des voix retentirent dans la buanderie et, quelques secondes plus tard, Ally entra dans la cuisine avec, dans son sillage, son petit ami Phillip, une horde de canidés exaltés et l'odeur de la nature. La veille, leur arrivée avait créé l'événement : Ally avait débarqué avec Phillip sans crier gare. Emily croisa le regard de son jumeau et lui sourit. Phillip et lui s'occupaient des chiens de Luke, des border collies de la ferme, ainsi que de Bracken, qui était tout à fait guéri. Les chiens firent un rapide tour de la pièce avant de s'installer sur leur couverture respective. Phillip était entré en chaussettes.

— Quelqu'un veut une tasse de thé ? demanda-t-il en attrapant la théière.

Au cours des dernières vingt-quatre heures, personne n'avait manqué de thé ni de nourriture ; préparer le repas était un excellent moyen de se rendre utile, alors tout le monde y allait de sa contribution.

— Je veux bien, merci, Phillip.

Melanie se montrait irréprochable avec lui dans son rôle de belle-mère parfaite. Celui de grand-mère lui allait aussi comme un gant. Elle irradiait de fierté.

Kate se leva du coussin qu'elle avait posé à terre devant le feu. Elle était en train de griffonner des idées, elle préparait un prospectus pour le Coin Lecture.

Phillip et Ally préparèrent le thé.

— Nous venions justement de lancer le sujet des prénoms pour notre petite chérie, leur expliqua Melanie.

Cette cohabitation forcée leur mettait du baume au cœur et les aidait à traverser l'épreuve qui avait mis leur vie en suspens ; elle leur offrait un refuge à travers des routines temporaires : préparer les repas, sortir les chiens, changer les couches, passer des coups de fil, remplir les formalités administratives et, dès qu'ils le pouvaient, se souvenir et rire ensemble. Noah s'était jeté à corps perdu dans les tâches de la ferme et tout le monde se portait volontaire pour l'aider.

Noah et Dan avaient eu une longue conversation. La veille, lorsque Emily s'était levée pour aller chercher Noah dans l'étable, au moment de passer à table pour le dîner, Dan l'avait arrêtée et décrété que c'était à lui d'y aller. Ni l'un ni l'autre n'étaient réapparus pour le dîner et ni l'un ni l'autre n'avaient divulgué ce qui s'était passé, mais à leur retour, ils semblaient avoir tout mis à plat.

Melanie s'installa confortablement en bout de table.

— Alors, lançons ce débat sur les prénoms une bonne fois pour toutes.

Abby releva la tête vivement, alarmée.

— Il n'y aura pas de débat, dit-elle d'un ton ferme. Ce n'est pas une décision qui se prend en famille.

— Bien sûr que non, la rassura Melanie en tendant les bras pour lui prendre son petit paquet.

Abby le lui laissa à contrecœur.

Dan adressa un regard apaisant à sa femme.

— En fait, si, nous avons besoin de vos conseils, dit-il. Nous sommes dans une impasse.

Jonathon s'effondra dans un fauteuil, comme une marionnette dont on aurait coupé tous les fils. Le poids et le choc de la perte de sa mère le rattrapaient régulièrement par surprise. Cette petite distraction tombait à pic.

— Allons-y.

Les corvées inhérentes à la mort impliquaient tellement de décisions, de documents, de lourdeurs administratives qu'il avait parfois l'impression de ne plus avoir le temps de faire son deuil, de penser à Lena, de digérer les conditions dans lesquelles elle était partie. Dan s'assit sur le bras du fauteuil d'Abby en tenant sa tasse avec précaution.

— On pensait… et pas uniquement à cause de ce qui s'est passé, mais on aimerait rendre hommage à Lena. Elle nous a tout donné : sans elle, jamais je n'aurais eu la ferme et jamais je n'aurais rencontré Abby. Nous avons quelques idées, comme Selena ou Helena, mais pas moyen de choisir. Quelqu'un a d'autres suggestions ?

Melanie roucoula devant le petit paquet encore anonyme.

— Pauvre petite chérie, il te faut un joli nom, et vite. Quoi que vous décidiez, c'est maintenant.

— L'idée de rendre hommage à ma mère est touchante, dit Jonathon d'une voix chevrotante, mais si ce choix ne vous convient pas, s'il vous plaît, ne vous sentez pas obligés de rester focalisés là-dessus. Lena n'aurait jamais voulu vous causer du tracas.

Dan hocha la tête.

— Je sais. Le choix nous convient, c'est juste que…

Il haussa les épaules et Abby posa ses mains sur les siennes. Son bébé exerçait une véritable attraction magnétique sur elle et elle ne put s'empêcher de surveiller qu'il allait bien dans les bras de Melanie.

— Personne n'a d'autres idées ? Lena avait-elle un deuxième prénom ou quelque chose comme ça ?

— Moi, j'ai une idée, déclara Emily en posant son stylo. Que pensez-vous d'Annabelle ?

Dans la pièce, tous les visages adoptèrent la même expression perplexe. Même son père faisait chou blanc, ce qui n'échappa pas à Emily.

— Mais si, tu sais, la petite sœur de Lena, insista-t-elle.

Jonathon fronça les sourcils.

— Elle avait un frère, Austin, qui a été blessé pendant la guerre et est mort un peu plus tard des suites de ses blessures.

Il parut de nouveau accablé par la fatigue et se frotta les yeux. Emily se mit à feuilleter les Mémoires jusqu'à ce qu'elle trouve ce qu'elle cherchait.

— Ah, voilà.

Elle s'éclaircit la voix, pris une profonde inspiration et entama la lecture d'un passage d'une voix posée. Les autres se rassemblèrent autour d'elle pour l'écouter.

« *Une enfant magnifique, aux yeux verts, flamboyants, aux cheveux châtain et à la voix douce et cristalline. Elle m'adorait et je l'adorais, même si j'aurais voulu qu'elle m'idolâtre un peu moins, qu'elle ne désire pas exactement les mêmes choses que moi avec une telle détermination. Je grimpais aux arbres devant elle parce qu'elle aurait grimpé de toute façon. Père comprenait ça, mais pas Mère : pas au début en tout cas, et peut-être même n'a-t-elle jamais compris, les blessures de son bébé l'ayant anéantie.* »

« *Pendant si longtemps, je me suis tourmentée avec des peut-être, des pourquoi et des comment ; j'ai négocié avec Dieu pour qu'il lui rende l'usage de ses jambes. J'ai même commencé à écouter les sermons à l'église, à prier avec une ferveur sincère : à tel point que James ne me reconnaissait plus. Il ne comprenait pas qu'un changement aussi radical se soit produit en moi. Tout le monde connaissait l'histoire de cette pauvre petite fille qui était tombée d'un arbre et ne marcherait plus jamais, mais personne n'avait idée des ténèbres qui s'étaient abattues sur mon âme, de la culpabilité qui me dévorait, à tel point que je n'étais plus que l'ombre de moi-même.* »

« *Et puis elle a attrapé une fièvre et elle est morte. Un vilain coup du sort, a déclaré le docteur, sans aucun rapport avec son accident, mais je ne l'ai pas cru. Après sa mort, j'ai arrêté de manger. C'est bien simple, j'ai arrêté de vivre. Personne ne parvenait à me faire entendre raison. Les semaines passaient et ma mère a compris qu'elle était en train de perdre un autre de ses bébés. Elle seule avait le pouvoir de me ramener à la vie. Elle m'a assuré que ce qui était arrivé n'était pas ma faute et, pour la première fois, j'ai senti qu'elle le pensait réellement. Elle m'a sauvée, grâce à son pardon. »*

« Je suis la seule de ses enfants à avoir survécu. »

« Et j'ai pris conscience – pas sur le moment, mais plus tard – qu'il était possible d'être coupable de quelque chose (d'un point de vue technique, comme être ou ne pas être présent au moment fatidique, comme intervenir ou ne pas intervenir pour changer l'issue d'un événement) sans pour autant que ce soit ta faute. Et ça, c'est un paradoxe avec lequel tout le monde devrait simplement apprendre à vivre. »

Emily releva la tête et croisa le regard de Noah ; elle avait envie d'ajouter une remarque, mais s'abstint. Autour de la table, tout le monde resta silencieux et immobile. Les larmes ruisselèrent en chœur, mais sans le moindre bruit ; la perte de cette enfant qu'ils n'avaient même pas connue les aidait à pleurer la femme qu'ils avaient connue.

Abby se couvrit le visage et sanglota quelques instants, puis elle tendit les bras pour récupérer son bébé, l'arrachant presque à Melanie avec une volonté de jeune mère.

— Désolée, dit Emily. Ce n'est pas une histoire très joyeuse. Je comprendrais que vous n'ayez pas envie de donner à votre bébé le nom d'une personne au destin si tragique… Je pensais plutôt au fait qu'Annabelle avait beaucoup compté pour Lena, mais vous vous dites peut-être que ce nom risque de porter malheur.

— Je n'avais jamais entendu cette histoire, murmura Jonathon, rêveur. Je n'arrive pas à croire qu'elle ne m'ait jamais mis au courant.

Puis il se tourna vers sa fille et sa voix prit de l'assurance :

— Un prénom ne porte jamais malheur ! Ton nom devient ce que tu en fais. Il évolue avec toi, avec ta vie.

Dan se leva et se plaça à côté de son père.

— Bien parlé, dit-il en lui pressant l'épaule.

Il consulta Abby du regard.

— Qu'en penses-tu ? Annabelle ? En grandissant, elle pourra choisir Anna ou Bella comme surnom.

Abby acquiesça.

— Je trouve ce prénom magnifique. C'est exactement ce qu'il nous fallait. Merci, Em.

Jonathon désigna les Mémoires.

— Il y a d'autres histoires là-dedans que je ne connais pas ?

Emily referma le manuscrit et caressa la couverture avec révérence en souriant.

— Je t'invite avec plaisir à le lire et à le découvrir par toi-même. Ou alors, tu peux attendre sa publication. Comme ça, tu liras enfin un vrai titre d'Emily Cotton.

— J'ai une annonce à faire, déclara Noah au dîner. Puisque nous sommes tous là.

Il se tourna vers chacun des visages réunis autour de la table. Melanie releva vivement la tête, l'air agacé.

— Quoi encore ?

Ces derniers jours, elle avait eu plus que sa dose de révélations en tous genres.

— Kate et moi…, commença Noah, en cherchant son soutien.

Elle hocha la tête pour l'encourager.

— On a parlé avec Fergus sur Skype tout à l'heure. Pendant que tout le monde était parti faire un tour.

— Pourquoi avoir fait ça dans le secret ? protesta Dan. Je crois qu'on aurait tous été heureux de pouvoir lui parler…

— C'était mon idée, intervint Kate, qui n'avait plus aucun scrupule envers lui. Je trouvais que sa place était ici, avec vous tous, alors je voulais le persuader de revenir pour l'enterrement. J'ai proposé de lui payer le billet d'avion…

Noah lui coupa la parole.

— Et là, Fergus a ri et lui a dit qu'elle n'avait pas idée du paquet de fric qu'il se faisait rien que sur une seule saison à tondre les moutons. Beaucoup, au cas où ça intéresse quelqu'un. Il avait eu la même idée que Kate et avait déjà regardé le prix des vols pour l'Écosse. Il arrive dimanche. Est-ce qu'on pourra reporter les funérailles de Lena jusqu'à son arrivée ?

Melanie se couvrit le visage des mains.

— Oh, mon Dieu ! Fergus. Ça fait si longtemps.

Elle se remit à pleurer. En ce moment, les larmes n'étaient jamais bien loin.

Kate donna un coup de coude dans les côtes de Noah.

— Ce n'est pas tout, continua-t-il. Fergus m'a proposé de repartir avec lui, quand tout sera terminé. En Australie. Juste pour quelque temps.

Silence. Noah jeta un coup d'œil à ses parents, à ses frères et à sa sœur. Kate continuait à sourire pour l'encourager. L'idée était d'elle et de Fergus, mais dès qu'il l'avait entendue, c'était devenu une évidence pour lui. Une chance unique de voyager et de passer du temps avec son frère. De se faire un peu d'argent aussi, si Fergus parvenait à lui dégoter un job, ce pour quoi il était plutôt doué.

« Mais c'est un boulot difficile, l'avait prévenu Fergus. Le plus difficile de tous. »

Ça ne lui faisait pas peur. Il était temps qu'il canalise son énergie sur quelque chose qui vaille la peine.

— Et l'école ? s'écria Melanie. Tu es trop jeune pour prendre toi-même ce genre de décision. Tu *dois* achever ta scolarité.

Elle chercha un peu de soutien du côté de son mari, mais celui-ci semblait en proie à une profonde incertitude. Alors elle se tourna vers ses autres enfants avec un soupir exaspéré.

— Mais enfin, dites-lui, vous, qu'il doit terminer son parcours scolaire.

Noah semblait inquiet. Emily le jaugea du regard.

— Tu sais, répondit-elle, il va apprendre plein de choses, là où il va.

Ally acquiesça.

— Il aura dix-huit ans dans quelques mois. Parcourir la moitié de la planète l'aidera peut-être à grandir. Plus que retourner sur les bancs de l'école, en tout cas.

— Dan, toi au moins tu vas leur faire entendre raison ? supplia Melanie.

Noah soupira. Dan n'allait sûrement pas le louper et condamner son projet.

— Il a la tête sur les épaules. Il ne fera rien de stupide.

Noah le dévisagea, incrédule. Dan sourit.

— Et puis, il faudra qu'il travaille réellement, là-bas il n'aura pas le choix. Ça lui fera du bien.

— Oh ! Pour l'amour de Dieu, suis-je donc la seule à avoir conservé un peu de bon sens, ici ?

Melanie balaya l'assistance du regard et s'arrêta sur Kate.

— Inutile de te poser la question, j'imagine ? Ni à Abby. Vous serez toutes deux du côté de Noah.

Jonathon, cette fois je n'ai pas le choix, je vais devoir opposer mon veto.

Jonathon avait écouté ce que chacun avait à dire. Il étudia son fils cadet, l'air songeur, et vit la lueur dans ses yeux : la première étincelle depuis très longtemps chez ce gamin. Melanie s'était longuement tracassée pour son avenir, avait passé beaucoup de temps à se demander ce qu'ils allaient bien pouvoir faire de lui, à parler de psychologue et de réparation. Non. L'obliger à retourner à l'école contre son gré serait inutile.

— Tu sais quoi ? Moi je trouve que c'est un super projet.

Noah baissa les yeux sur son assiette.

— Le truc aussi, c'est que… je pourrais utiliser l'argent que je vais gagner pour aller à l'université, à mon retour. J'en ai parlé à Becca. Après le lycée, l'an prochain, elle envisage d'étudier à Dundee. Elle… elle est au courant de tout ce que j'ai fait et elle comprend.

Son visage s'illumina ; grâce à l'amour, il avait réussi à s'accepter et s'autorisait enfin à aller de l'avant.

— Je pourrais peut-être passer mon bac et y aller avec elle.

Il s'interrompit et haussa les épaules, embarrassé.

— C'est juste une idée comme ça.

Emily, qui était assise juste à côté de lui, posa sa main sur la sienne.

— J'ai tout de suite su que c'était une chouette fille, cette Becca. Ça ne peut que bien se passer avec une passionnée de littérature. Oh, pardon ! ajouta-t-elle avec un coup d'œil malicieux à Kate.

Celle-ci lui tira la langue et feignit d'être vexée, ce qui fit rire tout le monde.

32

Les nouvelles odeurs, fraîches et propres, n'avaient pas totalement recouvert celle des vieux livres. La librairie était prête. Emily était prête. Toutes ces semaines de labeur, peinture, travaux, rénovation, nettoyage avaient porté leurs fruits. Son objectif était atteint ; si seulement elle avait pu en dire autant des autres sphères de sa vie ! La partie préférée de Kate avait été les dernières touches de déco et l'organisation du grand gala d'ouverture, gala qui était sur le point de démarrer. De son côté, Emily avait trié le stock et rempli les étagères avec le plus grand soin, accueillant chaque livre comme un vieil ami et caressant chaque tranche avec émotion.

Elle avait choisi de proposer à la fois des ouvrages neufs et d'occasion. La partie « bouquiniste » était présentée dans de grands paniers en osier classés par genres afin de rendre la fouille attrayante. La juxtaposition du neuf et de l'ancien ne jurait pas du tout, au contraire, leur coexistence était naturelle et harmonieuse. Elle adorait les rayonnages bien nets de livres neufs, leur odeur particulière, le bruissement des pages, les couvertures brillantes, mais elle vouait une passion secrète aux vieux volumes, ceux qui étaient déjà passés entre plusieurs mains, qui avaient été appréciés, lus et relus, écornés et parfois marqués par l'humidité.

Aux murs, elles avaient encadré des couvertures d'ouvrages marquants et des citations sélectionnées par Emily que Kate avait ensuite calligraphiées de sa plus belle plume. Emily avait aussi compilé un certain nombre de dédicaces, ces petites histoires dans l'histoire, en se demandant quelle avait été la vie des gens qui avaient possédé ces œuvres avant elle, qui les avaient appréciées, dévorées, chéries. Elle les avait imprimées sur des affichettes bleues qu'elle avait disséminées un peu partout dans la librairie. Une magnifique chaise à bascule dans un coin, une méridienne qui rencontrait beaucoup de succès et les gros fauteuils bien moelleux dont la restauration leur avait donné tant de fil à retordre complétaient l'ameublement.

La mer était omniprésente dans la décoration : bois flotté, galets peints et murs vert sauge rappelant certaines nuances de l'estuaire. Dans l'arrière-boutique, une table avait été installée pour que les enfants puissent peindre des créatures sur des galets – elles en avaient ramassé tout un stock non loin de la grotte de Saint-Ninian. Ensuite, ils écrivaient une histoire sur une carte postale pour accompagner leur galet. À la fin, ils repartaient avec le galet et Emily conservait leur histoire. Le poêle trônait au centre de la pièce, ainsi qu'une table basse sur laquelle elle proposait du café et tout un assortiment de thés.

Kate s'était chargée de l'aspect relations publiques, donnant une image à la librairie et peaufinant sa publicité. Elle s'était aussi occupée des invitations pour le gala d'ouverture. « Bien plus gratifiant que de vendre des petites culottes », avait-elle déclaré.

Bref, tout était prêt pour la grande inauguration, tout ce qu'Emily avait à faire maintenant, c'était prendre quelques instants pour elle et rassembler ses esprits. Dehors, sous le petit chapiteau que Dan avait installé dans le jardinet, sa famille était en train de disposer les coupes de champagne, les théières et les gâteaux, et de préparer la petite estrade pour la lecture vivante que Kate avait orchestrée. Phillip et Ally étaient venus passer le week-end, mais Noah et Fergus manquaient à l'appel, trop occupés à tondre des moutons à l'autre bout du globe.

Bien sûr, l'absence la plus marquante était celle de Lena. Sa photo avait trouvé place sur le mur derrière le comptoir, perchoir depuis lequel elle décochait un regard peu amène aux clients. Elle avait toujours refusé de sourire sur les photos.

Ses funérailles avaient eu lieu la semaine précédente et presque tout Wigtown y avait assisté. Toutefois, le moment le plus poignant avait été la dispersion de ses cendres en famille, par un magnifique après-midi, sous le soleil radieux de Solway. Le décor semblait avoir été peint à la spatule : une infinité d'éclats argentés animait l'estuaire, l'herbe n'avait jamais été aussi verte ni le ciel aussi spectaculaire. Pas un nuage dans cette immensité de bleu aux mille nuances.

Ils avaient grimpé sur la falaise qui surplombait Rigg Bay, au cœur de sa région chérie de Galloway, et avaient dispersé ses cendres au milieu des vagues qui s'écrasaient contre les rochers en contrebas. Elle avait été emportée par le souffle délicat de la mer. Ce jour-là, ils avaient tous été présents : Fergus, Dan, Jonathon, Melanie, Ally, Phillip, Emily, Noah, Abby, Annabelle et Kate. Ils avaient passé tant de temps les uns sur les autres, et pourtant leur patience commençait seulement à montrer des signes de lassitude. Luke était encore à l'hôpital, il avait entamé sa longue convalescence.

Ils avaient fait une petite cérémonie. Chacun avait prononcé quelques mots. Personne n'avait prévu son texte, l'inspiration était venue d'elle-même. Juste après ça, Emily avait été prise d'une étrange euphorie, un sentiment de liberté, comme si un poids s'envolait de sa poitrine. Elle avait beaucoup culpabilisé, jusqu'à ce qu'elle comprenne qu'en réalité, c'était bien mieux comme ça.

Quelques jours plus tôt, des échafaudages étaient apparus autour de Bluebell Bank et les travaux de rénovation avaient commencé. Lena avait légué la propriété à Emily, à condition qu'elle ne la vende pas et que celle-ci reste un refuge pour la famille Cotton. Ally, Fergus et Noah avaient hérité d'une coquette somme d'argent ; assez pour que Noah puisse aller à l'université ou dans l'école de son choix – s'il rentrait un jour de ses pérégrinations, mais elle n'en doutait pas, son attirance pour Becca étant trop forte. L'avenir dirait ce que Fergus ferait de cet argent. Il était tellement imprévisible.

Dan conservait la ferme et Ally avait décidé de verser presque l'intégralité de sa part sur un livret pour Annabelle et ses potentiels futurs neveux et nièces. Si elle en avait eu la capacité, c'était ce que Lena aurait fait, avait-il insisté.

Au milieu de ce tourbillon d'épreuves et de changements, Mike avait été d'un soutien inestimable. Emily avait cessé de faire croire aux autres qu'il n'était que le véto et n'hésitait plus désormais à prononcer son nom, juste pour le plaisir de l'entendre. Il l'avait aidée à traverser la difficile étape des funérailles et, le soir de la dispersion des cendres, l'avait invitée à sortir, sans se formaliser de l'entendre évoquer Lena pendant tout le dîner, alternant crise de larmes et fous rires.

Soudain, son portable se mit à gazouiller gaiement. Sans doute Kate qui voulait parler serviettes en papier ou guirlandes, ou bien l'un des auteurs conviés à la lecture qui avait besoin d'être rassuré, ou, mieux encore, Mike qui l'appelait juste pour lui faire « un petit coucou ».

Le « allô ? » mourut sur ses lèvres lorsqu'elle entendit sa voix.

Joe.

— Salut, Em. Surprise.

— Que veux-tu ? demanda-t-elle avec une moue dédaigneuse, comme s'il pouvait la voir.

— C'est le jour de ton grand gala d'ouverture, non ? Je voulais juste te souhaiter bonne chance.

Sceptique, elle haussa un sourcil.

— Vraiment ?

— Écoute, Em, je n'ai rien d'autre derrière la tête. Je voulais simplement te souhaiter bonne chance. Je pars pour une tournée en Asie ce soir et je serai absent pendant un bon moment. J'avais envie de t'entendre avant de partir.

Sa voix ressemblait plus à celle du jeune homme instable qu'elle avait rencontré à l'université qu'à celle de l'ex-mari un peu trop rock'n'roll de son souvenir.

— Et puis, ça m'intéressait aussi de savoir dans quoi tu avais dépensé mon argent.

Elle se crispa. Elle aurait dû se douter que ça ne se passerait pas aussi facilement, qu'il viendrait lui demander des comptes. Voilà ce qu'elle récoltait pour l'avoir harcelé, puis rejeté comme une vieille chaussette lorsqu'il avait fini par décider qu'il avait peut-être encore envie d'elle.

— S'il te plaît, je sais que ce que j'ai fait est injustifiable, mais cet endroit, c'était mon rêve. Je l'adore. Je te rembourserai, je…

— Tout doux, Em. C'était une blague. D'accord, je reconnais qu'elle était mauvaise. Je suis curieux, c'est tout. Tu en connais beaucoup, toi, des femmes qui piquent du pognon à leur ex pour s'acheter une étable et en faire une librairie ? Tu aurais pu t'offrir un bel appartement, une grosse bagnole…

— Mais je n'ai pas besoin de tout ça. J'ai eu exactement ce que je voulais. Je suis désolée. C'est sincère, tu sais ? Je n'étais pas dans mon état normal. Je n'aurais jamais dû te faire chanter pour t'extorquer cet argent.

À l'époque, elle se sentait bafouée, désespérée, et la célébrité de Joe ne cessait de grimper en flèche : un cocktail détonant et dangereux. Ce qu'elle qualifiait innocemment de « procédure de divorce » cachait en réalité une manœuvre frauduleuse.

— Je me fiche de ce pognon. Tu aurais obtenu la même chose si tu avais engagé un bon avocat et bien plus encore si tu avais raconté tes malheurs à un tabloïd. En plus, j'ai été un vrai connard. Ça m'apprendra. Tu méritais cet argent. Bon, alors si c'est ce que tu voulais… je te souhaite que ça marche. Et encore bonne chance.

Emily hocha la tête.

— Merci, Joe. Cela dit, je ne plaisantais pas pour l'argent. Je compte vraiment te rembourser.

— Ne le prends pas mal, Em, mais, même si je sais que tu te débrouilleras très bien, je doute que tu t'en mettes assez dans les poches pour ça. Considère que je t'en fais cadeau, je ne veux pas que tu me rembourses.

Emily releva le menton.

— Mais j'ai besoin de te le rendre. Tu ne veux quand même pas que je garde sur la conscience que j'ai extorqué de l'argent à mon mari pour le restant de mes jours ?

Et il ne fallait surtout pas qu'il conserve le moindre moyen de pression sur elle.

— Si, je le veux. Ta conscience te rappellera peut-être que tu n'es pas taillée pour la vie de criminelle. Bien sûr, tu peux toujours aller te dénoncer pour extorsion à la police, mais je nierai tout en bloc…

Soudain, Kate fit irruption.

— « Extorqué de l'argent » !? Mais, bordel, de quoi tu parles, Em ? Avec qui es-tu au téléphone ?

De toute évidence, elle se trouvait dans l'arrière-boutique et avait écouté aux portes sans vergogne. Sa voix avait grimpé dans les aigus avec un accent comique : on aurait dit une maman poule s'attaquant à un renard.

À l'autre bout du fil, Joe s'esclaffa.

— N'est-ce pas la redoutable Kate Vincent que j'entends ? Qui l'eût cru ?

— Écoute, Joe, il faut que j'y aille. J'ai un gala qui m'attend.

— D'accord. Bonne chance pour ce soir et avec la librairie. Salut !

Emily resta hypnotisée par sa voix pendant quelques instants. Elle laissa ses paupières se baisser et inspira profondément.

Derrière elle, Kate émit un son proche du grondement.

— C'est Joe, hein ? Je suis sûre que Mike serait ravi d'apprendre que ton ex t'appelle…

Emily lui jeta un regard noir, puis lui tourna le dos pour terminer la conversation et raccrocher. Comme toujours, il s'arrangea pour avoir le dernier mot et pas des moindres.

Ensuite, Kate se rua sur elle comme une nounou inquiète.

— Quel culot… Est-ce que ça va ? C'est quoi ce sourire et ce petit air ? Ne t'avise pas de prendre cet air quand tu penses à Joe ! Et Mike alors ?

Emily continua à sourire béatement en regardant la porte.

— Je sais. Donne-moi juste une minute, d'accord ?

— Bordel de merde ! éructa Kate. Ce type n'est qu'un cliché de *boys-band* sur pattes, avec la mâchoire carrée, le jeans skinny et tout, et tout. Je l'ai vu dans une interview l'autre jour. Il faut vraiment qu'il grandisse un peu. Il t'a traitée comme de la merde, je te rappelle.

— Ce n'est pas un *boys-band,* objecta Emily. Ce sont de « vrais » musiciens. Et puis, tu ne peux pas t'en servir comme insulte vu tout l'argent que ça lui rapporte.

Kate la dévisagea avec un air suspicieux.

— Qu'est-ce qu'il t'a dit ?

— Il m'a susurré que j'étais toujours sa muse.

La dernière flèche qu'il avait décochée avant de raccrocher.

— Non mais, quel âge a-t-il ? Sa « muse » ! N'importe quoi ! Non seulement il n'a plus le droit de t'appeler comme ça, mais il n'a plus dix-neuf ans non plus, bon sang !

— Calme-toi, Kate. Je vais bien. Promis.

Elles se regardèrent droit dans les yeux et Kate comprit qu'il y aurait toujours une toute petite place pour Joe dans son cœur, peu importe ses méfaits. C'était bien triste pour Mike ; et si Joe avait réellement été sa seule chance d'être heureuse ? Est-ce qu'une vie entière de sourires figés, à faire semblant d'être heureuse avec d'autres hommes, l'attendait ?

C'est le moment que choisit Mike pour passer la porte, avec ses larges épaules de rugbyman et sa coupe de cheveux bien nette. Il tenait un bouquet de fleurs avec maladresse et sentait bon le savon.

Aussitôt, Kate changea d'avis. Il lui suffit de voir le regard sans équivoque du vétérinaire lorsqu'il aperçut Emily. Il faut dire qu'elle était particulièrement en beauté dans la superbe robe rouge qu'elles avaient achetée ensemble à Glasgow et qui dissimulait à peine ses courbes. Et puis ses yeux brillants, ses magnifiques boucles brunes… Elle rayonnait.

Le sourire d'Emily en disait aussi long que le regard de Mike. Rien à voir avec celui empreint de nostalgie d'un peu plus tôt. Celui-ci n'évoquait pas de vieil amour perdu, mais des sentiments bien réels, solides.

Mike l'attira dans ses bras, l'embrassa tendrement et lui chuchota qu'elle était resplendissante. Pendant un instant, elle incarna le bonheur à l'état pur. Ils se séparèrent à contrecœur et Mike salua Kate, un peu gêné par ses effusions de cœur en public. Il la complimenta poliment sur sa robe aussi, puis leur demanda s'il pouvait les aider. Kate désigna une caisse de bouteilles de vin à ses pieds.

— Tu veux bien apporter ça sous le chapiteau, s'il te plaît ?

Il hocha la tête, souleva la caisse et ressortit non sans adresser un dernier regard à Emily en jouant des sourcils de façon comique. Elle éclata de rire. Kate l'attrapa par le coude et l'emmena vers la porte. Sur la défensive, Emily la fusilla du regard, la défiant de remettre en cause sa sincérité.

— Je peux l'aimer aussi, siffla-t-elle avec ardeur. Je peux l'aimer plus encore.

— Je sais, dit Kate. Je le vois. Mais j'ai encore quelques questions à te poser. C'est quoi, cette histoire de chantage ?

Emily passa son bras sous celui de Kate en souriant et l'entraîna vers le chapiteau.

— Une autre fois. Là, tout de suite, nous avons du pain sur la planche, un gala à animer, une librairie à faire tourner. On n'en a pas terminé, toi et moi.

Épilogue

Kate entra dans l'hôpital d'un pas décidé, sa robe en soie vert olive tourbillonnant autour de ses jambes. Une infirmière épuisée vint lui ouvrir la porte du service où se trouvait Luke.

— Je sais que les heures de visite sont presque terminées, s'excusa Kate, mais j'ai promis de passer voir quelqu'un. Ce ne sera pas long.

Pour ça, elle avait dû quitter la fête d'inauguration d'Emily, mais dans la vie, les moments les plus importants n'étaient pas nécessairement les plus grandioses. Parfois, ceux qui comptaient le plus étaient les plus modestes, ceux qui paraissaient anodins de prime abord.

À l'image du premier coup de fil hésitant qu'elle avait passé à sa mère, la veille. Elles avaient parlé de tout et de rien. Ce qui l'avait convaincue de l'appeler ? Le texto qu'elle avait reçu en rentrant de l'hôpital, un soir. Il ne disait pas grand-chose et tout en même temps. Quelques mots insignifiants et pourtant d'une importance capitale :

Il est plus que temps que je te dise à quel point je suis désolée.

Lily avait décroché avec une petite voix prudente – la peur de l'effaroucher sans doute – mais on devinait sa fébrilité contenue à grand-peine.

— Comment vas-tu ? avait demandé Kate, comme si elles s'appelaient chaque semaine pour bavarder.

— Bien. Je rentre de mon cours de yoga à l'instant.

Voix douce, hésitante.

— Du yoga ?

— Mmh. Je m'entraîne beaucoup pour devenir professeur.

— C'est… super. Je… Je suis de retour au pays, maman.

— Tu es en Écosse ?

— Oui, je suis rentrée depuis… un petit moment.

Elle ne voulait pas blesser Lily en lui apprenant qu'elle était déjà là depuis des semaines.

— Je suis à Solway, avec les Cotton.

— Bien sûr, les Cotton.

On sentait qu'elle luttait pour conserver une voix neutre ; elle n'avait pas le droit d'être jalouse de la famille qui avait pris soin de sa fille à l'époque où elle était, à tous points de vue, absente. Cependant, il y avait un grand fossé entre la pensée rationnelle et les émotions, Kate en savait quelque chose.

Elle prit une inspiration.

— Lena est morte.

— Oh, je suis vraiment désolée. Je l'ignorais. Comment est-ce arrivé ?

— C'est une longue histoire. Je pourrais peut-être te la raconter de vive voix ?

Silence.

— Tu… Tu as envie de me voir ?

— Oui.

Cette fois, la digue céda et Lily laissa exploser son excitation.

— Tu peux venir chez moi ! Ou alors je viens chez toi. L'un ou l'autre. Comme tu veux ! Nous pouvons aussi nous retrouver quelque part au milieu, si tu préfères et…

— Maman, arrête.

— Pardon.

— Je viendrai te voir, si tu es d'accord.

Lily retrouva son masque neutre.

— Bien sûr que je suis d'accord. Convenons d'une date. Veux-tu venir déjeuner ? Tu pourras rester aussi longtemps – ou aussi peu – que tu le désireras.

Je pourrais peut-être, je dis bien peut-être, inviter Lily au festival du livre de Wigtown en septembre. Ça lui ferait sûrement plaisir. Elles pourraient même passer Noël ensemble. Enfin, tout dépendrait de ce fameux déjeuner programmé la semaine suivante.

Une longue convalescence les attendait tous. Luke devait guérir de ses brûlures et de sa fracture ; Kate devait redéfinir sa relation avec sa mère, se remettre de la trahison d'Emily et Luke et faire un gros travail sur elle-même pour intégrer que le présent et le futur étaient mille fois plus importants que les erreurs du passé ; Emily devait panser son cœur et apprendre à voler de ses propres ailes.

L'infirmière haussa les épaules et lui fit signe d'entrer.

— Dix minutes, pas plus. Désolée.

— C'est parfait.

Kate se précipita dans la chambre particulière de Luke. Il était éveillé et regardait *Grand Designs*, la fameuse émission sur la rénovation de luxueuses maisons. Il tourna la tête vers elle et écarquilla les yeux.

— Salut. Je peux te distraire quelques minutes ou tu

es trop absorbé par les différents types d'isolation pour façade ?

Luke éteignit aussitôt la télévision et tenta de se redresser, mais l'imposant plâtre blanc qui lui immobilisait la jambe rendit l'opération difficile.

— Dans cette robe, tu as toute mon attention.

Kate fit une timide pirouette, puis s'installa dans le fauteuil à côté du lit.

— Ce soir, c'était le grand gala d'ouverture. Tu m'as beaucoup manqué, alors je t'ai apporté ça.

Elle plongea dans son sac et en sortit quelques zakouskis emballés dans une serviette de table.

— J'aurais voulu prendre du champagne, mais c'était plus compliqué à introduire au nez et à la barbe des infirmières.

Luke posa les canapés sur la table de chevet et tendit la main vers elle. Elle se leva et vint se percher sur le bord du lit.

— Merci d'être venue, murmura-t-il. Je suis désolé que tu rates la fête à cause de moi.

Elle haussa les épaules. Depuis l'incendie, elle passait du temps avec lui tous les jours.

— Je préfère être ici. En fait, j'avais quelque chose à te dire.

— Aïe, ça ne me rassure pas.

Elle secoua la tête.

— Ne t'inquiète pas, c'est juste… J'aimerais mettre un truc au clair, parce que je ne suis pas sûre que tu t'en souviennes. Tu étais dans les vapes à cause de la morphine à ce moment-là.

— Oh non, ne me dis pas que je me suis mis à chanter n'importe quoi ? geignit Luke. J'ai fait une connerie ?

Kate secoua de nouveau la tête en souriant.

— Pas à ma connaissance. Enfin, à toi de me le dire : tu m'as demandé de t'épouser.

Elle coinça une mèche de cheveux derrière son oreille. Luke écarquilla les yeux et toussota.

— Pardon ?

— Tu m'as demandée en mariage. Au moment où tu as repris connaissance.

Il semblait mortifié.

— Je ne m'en souviens pas… Je suis désolé. Je…

Elle posa un doigt sur ses lèvres pour le faire taire.

— Chut. Je ne te raconte pas ça pour t'embarrasser, mais je préférais éclaircir la situation. J'avais peur que tu attendes une réponse de ma part.

Luke fronça les sourcils.

— Kate, je… Ce n'est pas que je ne t'aime pas, mais…

Kate se raidit, puis éclata de rire.

— Attends, c'est une façon de me dire que tu m'aimes ? Un peu alambiqué. Je ne t'imaginais pas du tout me déclarer ta flamme comme ça. Ni me demander en mariage, ajouta-t-elle, presque pour elle-même.

Luke rit à son tour.

— Bien sûr que je t'aime.

Il lui caressa la joue, puis glissa les doigts dans ses cheveux et attira son visage vers lui.

Elle frôla ses lèvres, puis posa le front contre le sien.

— Je n'ai jamais cessé de t'aimer, Kate.

Il huma le parfum de ses cheveux, puis déposa un premier baiser sur sa tempe et continua à l'embrasser en descendant le long de sa mâchoire pour terminer à la naissance de sa clavicule, juste au-dessus de son bustier en soie. Un frisson la traversa.

— On devrait peut-être se marier…, hasarda-t-il.

Kate s'empara de ses lèvres et le fit taire avec un baiser plein de fougue.

— Non ! fit-elle avec colère lorsqu'elle s'écarta. Pas comme ça.

Elle en avait marre des montagnes russes émotionnelles, elle voulait sentir la terre ferme sous ses pieds pendant quelque temps. Elle voulait de la banalité, de l'ordinaire. Elle ne put s'empêcher de sourire devant la mine contrite de Luke.

— Je ne veux plus risquer de briser ton pauvre cœur sans avoir un sérieux antidouleur sous la main, plaisanta-t-elle.

— Alors… ta réponse était – est – non ?

— À ton avis ! De toute façon ce n'était pas une vraie demande en mariage, et la deuxième non plus.

Elle se redressa et s'écarta de lui. Luke avait les mâchoires serrées.

— Je veux profiter des choses telles qu'elles sont.

— Tu veux dire profiter d'un pauvre handicapé couché sur le dos et incapable de bouger ?

Kate haussa un sourcil.

— Pour être honnête, couché sur le dos, ça m'intéresse. Mais à choisir, je préférerais que tu sois capable de bouger.

Luke esquissa un sourire en coin.

— Ce que j'essaie de dire, c'est que je voudrais qu'on soit ensemble sans se prendre la tête, précisa-t-elle. Que tu sois mon petit copain, point barre.

— J'adore ce petit côté adolescent, lança-t-il en riant.

Il tendit le bras au-dessus du fossé de draps blancs qui les séparait pour lui toucher la main. Kate enlaça ses doigts en le regardant droit dans les yeux.

— Je t'aime, murmura-t-elle. Redevenons deux adolescents, Luka.

Pour la première fois, il ne tressaillit pas en entendant ce nom. Dans la bouche de Kate, il lui plaisait. Il l'attira de nouveau contre lui pour réclamer un autre baiser. Elle l'embrassa comme jamais et lorsqu'elle lui laissa reprendre son souffle, il resta blotti contre elle, le visage enfoui dans son cou.

— Est-ce que tu m'aimeras malgré mes cicatrices ?

Kate lui caressa les cheveux.

— Je les chérirai toutes.

Il acquiesça contre son épaule et ferma les yeux.

— Je te promets que la prochaine fois que je te demanderai en mariage, je serai en pleine possession de mes moyens.

— D'accord.

— Seulement...

Il l'écarta gentiment et la dévisagea. Toute trace d'humour s'était envolée de ses traits. Il avait besoin d'un engagement plus significatif. Kate soutint son regard.

— Quoi ?

— Est-ce que tu envisages de rester pour un bon moment, Kate ? Parce que, même si c'est tout ce que je mérite, je ne pourrais jamais supporter que tu me quittes à nouveau pour rentrer chez toi.

Elle serra sa main avec un peu plus de force.

— Ne sois pas bête, Luka. Je suis chez moi.

Remerciements

La publication de mon premier roman a été une aventure terriblement passionnante. J'aimerais remercier toutes les personnes qui ont contribué à sa naissance, en particulier Brittany Dundas, ma meilleure amie et première lectrice, qui m'a encouragée lorsque j'hésitais (ce qui est arrivé bien plus d'une fois) et m'a aidée à faire quelque chose de cette histoire.

Je remercie également mon agent, Jenny Brown, et mon éditrice, Victoria Oundijian de HQ Digital, pour leurs encouragements et leur expérience ; elles ont souvent compris où je voulais en venir quand moi-même je n'en savais rien !

Ce livre n'aurait jamais vu le jour sans *The Big Pitch*, organisé par le Wigtown Book Festival. Je ne remercierai jamais assez les organisateurs de ce festival – non seulement parce que c'est l'un de mes événements préférés, mais aussi parce que, sans eux, je n'aurais jamais eu la merveilleuse et terrifiante occasion de présenter le pitch de mon roman à Jenny.

Ma famille a été d'une aide inestimable – les Crow tout autant que les Mouat – lorsque j'essayais de concilier écriture, révision et enseignement. Je veux également exprimer ma plus profonde reconnaissance envers mon mari, Chris, qui a toujours cru en moi et m'apporte un soutien sans faille. En m'emmenant à Solway pour me demander en mariage, il a involontairement ravivé mon histoire d'amour avec cet endroit.

Je me dois aussi de remercier Midge. En effet, qui n'aime pas être interrompu en pleine séance d'écriture par les coups de patte insistants d'un adorable petit chien ? Je suis parvenue au bout de ce livre malgré tous ses efforts pour me distraire, et je suis désolée qu'il n'y ait pas plus de chiens dans cette histoire – j'en ai casé autant que je le pouvais, dans la mesure du « plausible ».

Enfin, je dois mon amour des mots à Granny Hendry – ma Lena à moi, celle qui m'a appris à jouer au Scrabble. Elle a autrefois écrit un livre, elle aussi, pour ensuite le brûler aussitôt terminé. J'aurais tellement aimé qu'elle vive assez longtemps pour voir le mien publié.

Achevé d'imprimer en août 2020
sur les presses de la Nouvelle Imprimerie Laballery
58500 Clamecy
Numéro d'impression : 008070

Imprimé en France

La Nouvelle Imprimerie Laballery est titulaire de la marque Imprim'Vert®